Dan

① Société Historique
② Société Nationale des A
③ Ralliement
④ mouv. Néo-nat.

gouvernement
politiques
parlementaires
ensembles

L'ACADIE
DU DISCOURS

« HISTOIRE ET SOCIOLOGIE DE LA CULTURE »

Collection dirigée par
Fernand Dumont et Pierre Savard

1. *Idéologies au Canada français (1850-1900)*. Ouvrage collectif publié sous la direction de Fernand Dumont, Jean-Paul Montminy et Jean Hamelin, 1971.

2. *Savoir et Pouvoir. Philosophie thomiste et politique cléricale au XIXe siècle*, par Pierre Thibault, 1972.

3. *Les Religions populaires. Colloque international 1970.* Textes présentés par Benoît Lacroix et Pietro Boglioni, 1972.

4. *Le Merveilleux. Deuxième colloque sur les religions populaires 1971.* Textes présentés par Fernand Dumont, Jean-Paul Montminy et Michel Stein, 1973.

5. *Idéologies au Canada français (1900-1929)*. Ouvrage collectif publié sous la direction de Fernand Dumont, Jean Hamelin, Fernand Harvey et Jean-Paul Montminy, 1974.

6. *Les Manuels d'histoire du Canada au Québec et en Ontario, de 1867 à 1914*, par Geneviève Laloux-Jain, 1974.

7. *L'Apolitisme des idéologies québécoises. Le grand tournant 1934-1936*, par André-J. Bélanger, 1974.

8. *La Religion au Canada. Bibliographie annotée des travaux en sciences humaines des religions (1945-1970) / Religion in Canada. Annotated Inventory of Scientific Studies of Religion (1945-1972)*, par Stewart Crysdale et Jean-Paul Montminy, 1974.

9. *L'Idéologie de l'Action catholique (1917-1939)*, par Richard Jones, 1974.

10. *L'Acadie du discours*, par Jean-Paul Hautecœur, 1975.

Jean-Paul HAUTECŒUR

L'ACADIE
DU DISCOURS

Pour une sociologie
de la culture acadienne

HISTOIRE ET
SOCIOLOGIE
DE LA CULTURE

10

LES PRESSES DE L'UNIVERSITÉ LAVAL

Québec, 1975

*Cet ouvrage est publié
grâce à une subvention du
Conseil canadien de
recherche en sciences sociales
provenant de fonds fournis
par le Conseil des arts du Canada.*

À Fernand Dumont
qui inspira ce travail.

PRÉFACE

Les minorités doivent se garder
d'un trop grand culte pour l'histoire

Louis-J. ROBICHAUD,
ex-premier ministre du
Nouveau-Brunswick.

Écrire une préface à ce livre troublant et lucide, d'une lucidité qui nous faisait défaut sur nous-mêmes, ne m'a pas été facile. J'ai longtemps cherché la manière de m'en tirer sans dommage. Avec élégance. À chaque reprise je me retrouvais au même point, incapable de prendre et garder mes distances; en toute subjectivité. Aussi bien me suis-je résigné à me mettre en cause et à vous impliquer. Car nous sommes, vous et moi, pour ainsi dire, partenaires dans cette humble tragédie : quel autre nom prétendez-vous donner à ce mal dont je souffre et vous tiens responsable ? Si un jour vous acceptiez de nommer cette instance, peut-être pourrions-nous enfin la résoudre. Mais cela serait beaucoup vous demander. Aussi bien par mes propos je m'efforcerai de vous y astreindre. De cet effort je n'attends pas grand-chose sauf de découvrir le chemin de ma liberté en nommant mes empêchements. Je prétends exaspérer en moi le sentiment de l'obstacle qui est la seule explication valable de mon insignifiance en terre d'Amérique. Nous sommes, paraît-il, six millions et n'avons laissé de trace que sur les arbres. Je chercherai donc à vous décrire tel que je vous perçois, c'est-à-dire en tant que colonisateur de ma conscience de colonisé, et à en récolter un sentiment adéquat.

Je ne vous étonnerai pas en affirmant tout de suite que je me sens visé par l'Acadie dont vous êtes la négation par personne interposée. Vous avez confié cette sale besogne au maire Jones et vous en lavez les mains. Tant que nous avons vécu dans le vase clos d'un royaume qui n'était pas de ce monde, nous pouvions facilement nous payer de mots. Dès lors que nous avons entrepris de quitter nos villages et notre silence nous avons rencontré notre réduction. Toute tentation d'être s'est butée à vos refus. Vous aviez déjà, pour ainsi dire, réfuté, éliminé les francophones de l'Ouest. Ceux d'Acadie ne sont pas en très bonne posture. Vous avez partout suscité des maires Jones. Vous n'êtes pas le maire Jones mais vous le permettez, vous ne l'avez pas empêché tout du long de notre histoire. Vous êtes celui qui se cache derrière. Le maire Jones je n'ai rien à lui reprocher. C'est un pauvre type. C'est aux autres que je m'adresse non pour qu'ils me comprennent mais pour bien les identifier, pour mieux les connaître. Non pas pour les réfuter mais pour ne plus rien espérer. Et c'est de ce refus d'espérer que je voudrais m'entretenir avec moi-même et avec vous sans prétendre éveiller votre attention mais pour nommer mon désespoir de cause. Car je n'ai plus rien à confier à une providence des conquêtes.

L'Acadie, je vous le dirai tout de suite, est une autre forme, et des plus amères, de mon propre exil. Je suis délogé d'Acadie comme de moi-même. C'est là que j'ai réalisé le plus cruellement à quel point j'étais relégué au discours que je vous tiens depuis deux siècles et présentement. Vous êtes partout ailleurs et sans l'ombre d'un doute. Je ne suis que dans le discours où j'ai élu domicile. Autrefois je pouvais encore garder le silence. Ma preuve était faite. Elle avait la forme d'un toit et le goût du pain. Aujourd'hui quand je dépose la parole et ses intentions et ses chimères, je m'expatrie, je réintègre la capitulation, je deviens locataire du quotidien, je change d'identité. Tous mes gestes, tous mes actes me contredisent. Je m'absente de mes propres définitions. J'achète le pain des autres. Je range mes images dans l'imagerie. J'endosse une citoyenneté, une étrangeté, une conformité que je n'ai pas choisies. Je m'évanouis dans la force des choses. Je me renie en toutes lettres. Et le coq a chanté depuis deux siècles sur mes innombrables capitulations. Je me comporte comme si jamais je n'avais envisagé autre chose, comme si aucune légitimité ne rongeait mes entraves. Comme si l'alouette avait pour toujours renoncé à la colère. Au point que l'autre en arrive à se laisser réconforter par une telle soumission, par les apparences. Il est satisfait de réduire tout mon entêtement, tous mes discours et poèmes et chansons au pittoresque des caléchiers du Château Frontenac puisque les portiers obséquieux, les garçons d'ascenseur, de table, de chambre, les bagagiers, les cuisiniers, et les managers *parlent angleterrien. Il les trouve irréprochables et d'une politesse exquise. Il refuse d'entendre le silence qui en dit long. Comment mettre en doute sa légitimité ? Toutes les apparences lui donnent raison. Il n'arrive pas à se percevoir comme* l'autre. *Et comme le maire Jones quand il refuse de nous entendre, vous êtes persuadé que nous n'existons pas. Notre impuissance vous donne raison. Quand nous ressentons l'offense, c'est pour réintégrer le discours. Paternellement vous nous dissuadez même de notre langage pour nous remettre à notre place, qui est celle de tout le monde. Et vous croyez nous avoir rendu justice en nous confondant, en nous concédant le droit de n'être rien d'autre que vous, en nous réduisant à une citoyenneté britannique sans nuance. Et nous ne pouvons que protester pour la forme.*

Prétendre que l'Acadie n'a de lieu que dans le discours, n'est-ce pas désavouer le discours lui-même ? N'est-ce pas donner raison à l'autre ? Pourtant Jean-Paul Hautecœur y consacre cet ouvrage et toute son application. Est-ce pure dérision ? Et cet étrange discours ne connaît qu'un seul propos. Il décrit, il raconte, il s'efforce de cerner, de situer, de nommer un royaume qui n'existe pas ailleurs que dans le discours. Quelqu'un a rayé le mot Acadie *sur la carte du monde. Un peuple se dit acadien et se retranche dans cette géographie de l'âme : le discours. Et il n'a d'autre certitude, d'autre prétexte, d'autre entreprise que cette parole qu'il tient comme une auberge. L'auberge du rêve. Tout le reste lui est dérobé. Il est réduit à une parole qui ne change pas le cours des événements. Et je reconnais cette parole où j'ai investi tous mes désespoirs, qui me sert à aménager le refuge où je préserve contre votre confédération une identité chimérique, illégale et clandestine. Une parole qui s'effrite, qui s'érode, d'avoir à n'être jamais vécue. Une parole à refaire chaque jour, à recommencer, précaire, instable, fuyante, anachronique. Car je ne m'y reconnais pas moi-même, ni mes fils voués à d'autres musiques. Comme celui, dont parle Fernand Dumont, forcé de vivre dans une maison imaginée par l'autre, qui « refait sans cesse son lieu par la parole », sans cesse je m'acharne à une parole étrangère au vécu. Sorte de cinéma qu'on se fait à soi-même pour ne pas se résoudre tout de suite à cette plus que mort : une identité suspendue, détournée, falsifiée. Ce qu'on pourrait appeler une parole en l'air, provision en vue d'un voyage purement hypothétique. De la poésie en somme. C'est en toutes lettres ce qu'on a bien nommé l'aliénation, cette chimère qui s'accommode laborieusement d'un vécu détrôné, qui entretient un espace irréel où les projets se consument d'eux-mêmes. Il y eut l'homme des cavernes. Comme l'Acadien j'habite une légende, un discours auquel je ressemble de moins en moins, une citoyenneté idéologique et sans passeport. Je suis l'homme des tavernes où le vendredi je fourbis des colères inoffensives.*

Ce livre nous permet donc d'assister à l'étrange construction d'un immense édifice de paroles. Ne cherchez l'Acadie nulle part ailleurs. Elle est tout entière dans ce discours que les Acadiens tiennent sur eux-mêmes parfois sans trop y croire. Un château de cartes qui s'écroule au moindre vent de la réalité. Elle n'a nulle part ailleurs la moindre signification tangible, ni dans la géographie du New Brunswick (sauf quelques noms de villages encore tolérés), ni dans la politique de la Nova Scotia, ni dans le commerce de la Prince Edward Island, ni surtout dans la bière et le pain quotidiens. Quand un peuple s'est résigné à ne plus faire son pain ni à brasser lui-même sa bière, à quoi peut lui servir de préserver le discours ? Sinon à souffrir. Peut-être se trouve-t-il encore quelque part dans la maison du bout du rang d'une dernière concession un colon périmé qui cherche à tenir, à la hache, l'antique langage des défricheurs qui est le seul discours que nous ayons tenu dans la réalité. Et il s'efforce pour le compte d'un avenir illusoire à enclore avec les perches de cèdre une ancienne idée de royaume. Il est le dernier responsable d'une entreprise partout ailleurs avortée. Comme l'Abitibi, il est sur le point de rendre les armes. On lui avait pourtant promis un royaume. Ses curés, ses hommes politiques les plus éminents (c'était pas des trous-de-cul, dirait Hauris) lui ont dit en toutes lettres : « un royaume vous attend » et il a cru, le colon du bout du rang, qu'il défrichait pour « les années à venir et futures » sa part du royaume. Et il a passé aux actes comme en Octobre. Il a recommencé toute l'histoire à la hache. Il a enclos un royaume « grand comme la France ». Et maintenant il est seul au bout du rang à ne pas y croire. À refuser de réfuter lui-même toute une vie. À ne pas comprendre qu'il était rachetable. À ne pas comprendre que ce qu'il a défriché puisse être tombé entre les mains de la Noranda Mines, de la Domtar, de l'autre. Entre vos mains. Et ni moi je ne comprends rien au courage. Je ne comprends pas comment à chaque coup vous avez récupéré tous nos coups de hache. Et si ce n'est vous, c'est donc votre frère. Mais il y a quelque part une trahison. Peut-être faut-il questionner le colon du bout du rang pour savoir qui a accepté les trente deniers. Peut-être le savons-nous déjà trop bien.

Nous avons donc déserté le réel pour le poème. Les haches ne sont plus possibles. Comment désormais passer aux actes ? Quelle énergie reste

possible qui fasse éclater le discours ? Les haches qui autrefois agrandis-
saient le royaume, les haches elles-mêmes sont devenues mercenaires et
travaillent pour les compagnies. Il ne nous reste qu'une imitation du réel
(carnavals pour touristes bien intentionnés et logés au Hilton et au Holiday
Inn) qu'on pourrait appeler folklore si cela n'était pas outrager un mot qui
n'a pas mérité telle mauvaise fortune. L'Acadien s'est réfugié dans son
propre pittoresque et il a lui aussi, comme nous, timidement, entrepris d'en
avoir honte et de vendre ses courtepointes et ses chansons. D'ailleurs c'est
par cette fenêtre du grenier que l'autre le regarde. C'est la seule différence
qu'il lui concède. Il est devenu le typical french canadian, une variété négli-
geable des sujets de Sa Majesté. L'autre refuse même de considérer autre
chose que la chanson et les courtepointes inoffensives. Pour le reste ils sont
sujets de Sa Majesté, soldats de Sa Majesté. Et le discours nous est renvoyé
comme une balle par un mur : celui de votre indifférence à notre singu-
larité. Et certains finissent par vous croire :

> Quand c'qu'on a joint le service... dans
> la dernière guerre... ils nous ont pas demandé
> si on était Acadiens ou... Ils nous ont demandé...
> On était un Canadien. Pas même français, ni anglais
> On était un Canadien.

Voilà comment un Acadien répond de son identité. En questionnant ceux qui
l'ont forcé à « joindre le service » et qui l'ont privé pour autant de sa
langue. Mais peut-être qu'il ne s'intéresse plus à sa langue et à son identité.
Peut-être que vous l'avez persuadé par votre discours. Car à notre discours
vous avez opposé le vôtre pour nous dépouiller de nous-mêmes. Ce qui est
une tricherie. Vous avez falsifié notre âme et nous sommes quelques-uns à
vouloir la déterrer, l'éveiller, la mettre en œuvre.

La parole ainsi définie par les murs, ainsi réduite à n'avoir plus d'objet
que la chimère, inlassablement, s'achemine à la rencontre de l'histoire
qu'elle invoque sans cesse comme « une permission de Dieu ». Sans toute-
fois soupçonner que l'histoire a été dérobée, soustraite, rachetée comme
l'Abitibi, investie par l'autre. Elle reste belle, la parole, ou médiocre, selon
les porte-parole. Elle trouve un sens et ne trouve pas d'application. C'est
pourquoi elle se récuse elle-même, ayant expérimenté sa vanité. C'est pour-
quoi les fils renient la chouenne des pères incapables de passer aux actes, et
à l'histoire. C'est pourquoi Octobre. C'est pourquoi l'exil des uns, la litté-

rature des autres, la chanson facile de tous les royaumes proposés par la chanson, c'est pourquoi toutes les autres tentations qui nous désolidarisent du discours collectif. Car les images s'usent rapidement qu'on ne récolte jamais. Quel travail harassant de toujours recommencer dans l'esprit sa propre justification ! Les Juifs y sont parvenus d'une certaine manière. Mais une telle fidélité à la couleur des yeux et à une certaine façon d'invoquer les violons a-t-elle un sens ? Ce que nous tentons de préserver, ce que nous cherchons désespérément à mettre au pouvoir, est-ce autre chose qu'une forme que nous avons au préalable abandonnée, cédée comme un dernier carré ? Une âme depuis longtemps inhabitée, livrée, résignée, rendue comme une place. Un costume que nous tirons des coffres de cèdre pour la Saint-Jean, cette fête annuelle des chimères que vous subventionnez et qui ne nous donne en vérité aucune raison de nous réjouir.

Et il nous arrive de douter de notre propre légende. Nous n'avons guère produit de vérités parce que la géographie n'appartient pas à la soumission mais au pouvoir. Si le pouvoir n'a pas supprimé d'avance le mot Québec *comme il a effacé le mot* Acadie, *c'est seulement qu'il n'avait pas prévu que nous allions nous l'approprier pour nommer nos intentions. Nous n'étions à leurs yeux que des Canadiens-français-catholiques, donc inoffensive succursale d'une géographie entièrement usurpée par l'autre. Mais je vous soupçonne de l'intention d'investir à son tour la québécoisie, cette idée généreuse et concrète, cette forme enfin tangible du royaume à venir.*

Vous n'arrivez pas à tolérer autre chose que le discours. La moindre prise sur le réel vous importune. Notre seule maîtrise, notre seule vérité qui n'était pas confinée au discours a été énoncée par la hache des défricheurs occupés à enclore le royaume. Jusqu'au jour où à leur tour ils furent réduits en esclavage, devenant bûcherons, cédant l'être à l'avoir, préférant le petit pain des Anglais à leur maîtrise. Toute la défaite est là et nulle part ailleurs. La conquête est récente. Elle est d'hier et presque achevée. Il ne reste que les gâteaux Vachon et les skidous Bombardier. Le sens du royaume nous l'avons perdu ce jour-là. Menaud a manqué de courage. Il s'est à son tour réfugié dans le discours, comme son auteur incapable de tirer les conséquences de son imagination. Car pour tirer il faut des armes et ils n'avaient que la hache et l'écriture. Nous avons tout confié à l'écriture et cédé la politique aux foremen. *Nous avons jeté avec les vieux ostensoirs ostensibles notre entêtement à enclore le territoire. Nous avons perdu le sens de la hache et cherchons vainement l'outil, l'arme d'une conquête. Nous n'avons rien trouvé de mieux que la parole pour l'instant. Et je vous parle. Mais c'est moi que je cherche à convaincre. J'ai désespéré depuis longtemps de faire entendre raison aux chiens méchants de Moncton ou d'Ottawa et à ceux qui les laissent japper. Je me nomme Québec dans l'espoir fou de prendre racine dans ma propre reconnaissance.*

Sans doute n'avons-nous plus que le choix d'imposer une justice qui ne nous sera pas rendue. Il s'agit pour nous de nous rendre à cette évidence. Je m'excuse de la longueur du cheminement. Nous avons même besoin de votre assistance pour rendre notre prétention irréconciliable. Votre indifférence nous réduit à la haine. Mais la haine est un territoire, une réalité qui donne un sens à l'avenir. C'est pourquoi j'ai choisi de me mettre en cause et de vous écrire. Je connais d'avance toutes les réponses mais je prétends les éprouver encore une fois comme pour me couper la retraite. J'aurais pu m'adresser au maire Jones. J'ai préféré vous inventer de toutes pièces, vous concéder toute la noblesse de l'esprit, vous faire crédit de sagesse, vous choisir parmi les meilleurs. Et vous demander ce que vous pensez de ceux qui ont proposé en votre nom la fin des nationalismes à une nation qui a mis trois siècles à se nommer. Je vous propose donc mon discours, ce candidat au réel. Allez-vous l'empêcher de naître ? Le renvoyer à l'utopie par la force que vous détenez ? Et j'invoque ici l'esprit. Qu'est-ce que l'esprit ? N'est-ce pas un lieu où nous avons en commun cette capacité de ne pas réduire l'homme à la loi du plus fort. Et qu'est-ce que l'homme sinon cette force qui finit toujours par venir à bout de la force et des oppressions. Si je suis l'opprimé dont j'ai la conscience, il doit bien y avoir quelque part un oppresseur. Aurez-vous le courage de le nommer vous-mêmes ? J'en appelle non pas à votre peuple, non pas à l'histoire, non pas à la rentabilité dont vos marchands prétendent qu'elle est la seule règle, mais à ce qui en vous répugne au meurtre, au génocide et à l'hypocrisie du bilinguisme où on nous pousse pour mieux nous enliser. Est-il parmi vous un seul juste pour prendre la peine de répondre autrement que par la force à mon inquiétude désespérée ? Ou alors n'êtes-vous tous que les humbles sujets de la barbarie fondamentale ? et rentable ?

Je ne prétends pas pour l'instant refaire l'histoire mais la soumettre à votre réflexion. Le monde est parsemé d'hypothèses généreuses qui souvent refusent de tenir compte de quelques indigènes d'Amazonie qui se permettent, en 1975, de cribler de flèches quelques inoffensifs explorateurs blancs. Qu'est-ce qui est inoffensif quand il s'agit de l'histoire ? Vous invoquez l'histoire et ne reconnaissez que la force. Ce qui ne vous empêche pas de prétendre que pour éviter les rapports de domination entre individus, entre groupes, il faudrait s'ouvrir sur le plus grand système possible : l'humanité. On y vient lentement depuis des siècles. Dans le sang. (Henri LABORIT)

Un jour je vous parlerai du sang. En attendant je ne vous tiens pas responsable des Croisades, ni des génocides qui ont assuré votre empire. Ni même de cette intention de dépasser les confédérations, un jour, vers le haut, vers le plus grand système possible; l'humanité, ce qui vous autorise à ne pas entendre pour l'instant mon discours ni celui des Indiens d'Amazonie. Du système actuel je retiens que vous êtes le bénéficiaire, l'héritier légitime si on ne respecte que les règles du système. Vous avez hérité de la force. Avez-vous retenu d'autres leçons ? Nous avons hérité de la faiblesse et invoquons l'usurpation. Tous vos pères ne furent pas guerriers. Certains étaient musiciens, peintres, humanistes, pieux, réformateurs. Tous ont profité de la force. Votre cinéma Western est une preuve éclatante de la barbarie. Vous avez été criblés de flèches par les Sauvages. Vous avez fait justice. Vous avez pris vos mesures de guerre. Vous n'avez épargné que les vaincus... dont je suis. Vous êtes donc l'héritier d'une conquête, et moi celui d'une défaite. Je n'ai dans votre système pas plus de droit à la souveraineté que l'Indien montagnais qui contemple la mine de fer de Schefferville. Je pourrais vous cribler de flèches si j'avais l'innocence d'un indigène d'Amazonie. Je pourrais m'engager dans les événements d'Octobre. D'où vient que je m'en tiens au discours ? À cette entreprise dérisoire de vous expliquer que nous sommes six millions à ne pas vous ressembler. Six millions réduits à cet apprentissage de la haine qui progresse en moi comme une identité.

Bien sûr je n'attends pas que le Canada donne au monde l'exemple d'une sagesse capable de nous rendre à nous-mêmes, de nous restituer un avenir. Je reconnais que seule la force nous donnera raison. Mais j'imagine parfois que l'esprit que je vous concède pourrait dénoncer la domination dont vous tirez, je le reconnais, beaucoup d'avantages, un certain sentiment de puissance dont vous prétendez ne pas abuser mais dont vous ne songez pas à vous départir. J'en appelle donc à votre humanité, ce plus grand système possible dont parle un certain Laborit, à qui vous avez donné le prix Lasker. Démarche désespérée, s'il en fut, sauf pour sauvegarder l'estime. Démarche stérile, sans doute, sauf pour démontrer l'irréconciliable, sauf pour vous exclure de mon humanité. Celui qui n'a pas d'allié, il doit avant tout pouvoir bien nommer ses ennemis. Je tiens à vous signaler que vous

*êtes plus excusable de m'opprimer dans les faits que de ne pas l'admettre
dans l'esprit. Je refuse votre neutralité. En cette occurrence ayez au moins le
courage de prendre votre parti même s'il contredit la justice. Nous nous
sommes confiés à la parole, n'ayant pas d'autre gardien. Vous avez pu en
toute liberté vous laisser aller à l'imaginaire, à l'invention, à la connaissance, ayant confié aux armes, à la force et à la politique le soin des basses
besognes, dont l'extermination des Beotuks, la déportation des Acadiens et
l'assimilation des Québécois. Vous avez l'âme belle pour autant et il vous
arrive de vous apitoyer sur les bébés-phoques, ce qui ne demande pas un
bien grand courage. Or je suis un bébé-phoque et ma race est en péril. Que
vous importe ? Je n'ai pour me défendre qu'un discours qui ne parvient pas
à vos oreilles. Et ce discours qui n'en peut plus de ne pas passer aux actes
(mais que reste-t-il à faire en dehors du désespoir) je lui confie le soin de
vous questionner en votre âme et conscience, de vous expliquer que votre
force est en creux dans ma faiblesse, que vous êtes à mon détriment. Je vous
propose de me rendre possible en théorie. N'avez-vous pas d'autres outils
pour vous faire valoir que l'usurpation ? N'avez-vous pas sur l'univers une
vision moins grossière que celle de la United Fruit ? Je n'ai pour me
défendre que ce discours et mon exaspération croissante, et mon ignorance.
Vous êtes devenu ce que vous avez usurpé. Mais ne vous réjouissez pas
outre mesure de votre culture. Elle pue de mes sueurs de bûcheron. Il y a du
sang de Nègre dans les veines du marbre de vos salles de bain. Mais je ne
vous demande pas de me rendre mon passé. Je vous acquitte de tout ce que
vous m'avez dérobé. J'accepte de me recommencer à zéro, au bout du rang.
Je n'exige qu'une simple chose que vous nommez, si je ne m'abuse, vous
aussi, liberté. Je ne demande que mon destin, ma légitimité, pour les
« années à venir et futures ». Je n'implore pas votre aide. Je ne prétends
pas que vous ayez le courage de Byron en faveur de ma libération. Je sais
que j'aurai à me battre, et que le dominateur considère la féodalité comme
un droit. Mais que vous l'admettiez seulement. Verbalement. Rien n'est plus
platonique. Une simple reconnaissance du bout des lèvres sans engagement
de votre part. Mais j'ai bien peur que vous n'ayez pas même cet élémentaire
courage de l'esprit et cela équivaut à nier l'existence à six millions
d'hommes, à endosser leur éventuel et prochain anéantissement. Il faut
admettre que vous avez l'habitude de ces malheureux accidents de parcours.
On ne domine pas le monde avec des prières, diraient Duplessis et Trudeau.
Ils sont allés à bonne école, il faut l'avouer.*

*Allons-nous nous résigner à cette loi de la jungle, à ces douteuses légiti-
mités de la force qui donnent droit aux femelles en rut ? N'avons-nous pas
envie d'un autre orgueil pour satisfaire la pensée et pour écrire l'histoire ?
L'aristocratie n'a jamais été autre chose que la domination du plus fort. En
sommes-nous toujours à cette règle grossière pour établir les souverainetés ?
Je sais bien que vous n'êtes pas responsables des mécanismes quasi biolo-
giques qui ont érigé la force, enclos le territoire, endoctriné les sentinelles,
pointé les canons et généré cet hybride effarant et robotique qui obéit aux
ordres sans poser de question à la tragédie : le policier. Qu'un tel comportement suggère une comparaison avec celui des rats n'étonnera personne.
Par contre l'homme dispose d'un cerveau qui est le siège de l'imaginaire.
Il peut inventer le monde et ses règles. Pourquoi faut-il que l'homme qui
pense recule toujours devant celui qui agit ? Il ne proteste qu'à distance
respectueuse et encore pourvu qu'il y trouve son avantage. Les poètes ont
souvent servi les princes. La pensée n'a pas encore fait la conquête du
pouvoir et s'il lui arrive de le prendre elle ne se résout pas à le remettre à
l'imaginaire. Et c'est l'imaginaire toujours qui cède à la force, à l'armée,
aux corps expéditionnaires, aux grands électeurs du royaume comme ITT,
Canadian Bechtel, Alcan, Domtar. Tout se passe toujours comme si l'action
déformait la pensée, l'asservissait, la conscrivait de telle sorte que celle-ci
finisse toujours, à l'extrême, par défroquer de son humanité. Comme si le
biologique l'emportait infailliblement sur le pathétique. Pourtant vous
n'avez pas l'excuse du pouvoir, comme les colombes, pour ainsi contraindre
l'imaginaire au silence complice, pour obéir aux ordres.*

*Je n'ignore pas en conséquence que l'homme se sente perpétuellement
menacé par l'homme. Et que vous soyez prêt à défendre votre pays contre
tout agresseur. Comme moi le mien. Or il se trouve que c'est le même, du
moins en partie. Il reste à déterminer qui est l'agresseur. Est-il possible
d'en douter ? Et faut-il préférer son pays à la justice ?*

*« J'aime trop mon pays pour être nationaliste », a dit Camus et dirait
Trudeau s'il pouvait s'exprimer avec adresse. Encore faut-il avoir un pays
pour en dire autant. Vous m'avez privé de cette liberté en exerçant votre
force, votre richesse, en vous portant acquéreur de mes vieilles armoires
pour les exorciser, en satisfaisant votre énorme appétit de richesses naturelles, en dévorant nos forêts avec nos bras, en fondant vos universités sur
une richesse que vous avez réussi à nous rendre inaccessible. En refusant le
partage vous me forcez à la séparation. Cette puissance d'attraction, vous
la nommez instinct de conservation. Quand cet instinct s'exerce aux anti-
podes, vous le qualifiez d'impérialisme. Il s'agit encore et toujours de*

s'approprier l'histoire par tous les moyens. Toute conquête relève de cet instinct et d'un désir inavoué de pillage. Voulez-vous connaître vos motivations ? Il suffit de lire ce qu'écrivait en octobre 1755, un certain Lawrence (connaissez-vous cet homme qui était en quelque sorte le maire Jones de son époque ?) : « Je me flatte d'espérer que l'évacuation du pays par les habitants hâtera grandement cet état de choses *(soit l'établissement de colons anglais sur les terres acadiennes)* parce qu'elle nous met immédiatement en possession de grandes quantités de bonnes terres prêtes à la culture. » *Voilà pour le pillage. Aujourd'hui les méthodes ne sont plus les mêmes mais je maintiens que la fermeture actuelle de l'Abitibi au seul profit des compagnies minières et forestières relève de la même intention fondamentale qui organise l'évacuation du pays en déportant les Acadiens. Il s'agit toujours de reprendre le royaume, de le dérober.*

Une lettre datée du 9 août 1755 est encore plus explicite à propos de ce que Lawrence lui-même nomme pieusement l'évacuation :

> Nous formons actuellement le noble et grand projet de chasser de cette province les Français neutres qui ont toujours été nos ennemis secrets et ont encouragé nos sauvages à nous couper la gorge. Si nous pouvons réussir à les expulser cet exploit sera le plus grand qu'aient accompli les Anglais en Amérique car, au dire de tous, dans la partie de la Province que ces Français habitent, se trouvent les meilleures terres du monde.

En deux mots, vous aviez peur des Sauvages et envie des terres. Mais je ne vous cite pas, pour la millième fois, ce discours lamentable dans le but de vous accuser de méfaits anciens mais pour décrire la situation présente. Vous n'avez pas cessé depuis 1755, depuis 1760 de vous comporter en agresseur, de nous assiéger dans toutes nos maîtrises. Encore un peu, vous rachetiez l'Oratoire Saint-Joseph pour mieux nous exploiter. Nous n'avons même plus d'orgueil tellement vous nous avez dépouillés. Et quand vous levez le drapeau blanc du bilinguisme c'est pour mieux camoufler les dernières opérations qui consistent à nous dissuader de nos intentions désespérées.

Quand le maire Jones en février 1968 oblige le conseil municipal de Moncton en dépit des protestations timides de maître Léonide Cyr, échevin francophone mais bilingue, à prêter le serment d'allégeance à la reine d'Angleterre, n'est-il pas lui aussi inspiré par la même peur des sauvages (les étudiants) et par la cupidité ? Et voici, pour votre édification, le texte de ce serment qui nous est odieux :

> I do sincerely promise and swear that I will be faithful and bear true allegiance to her Majesty Queen Elizabeth the Second and that I will defend her to the utmost of my power against all traitors, conspiracies or attempts whatsoever.

Qu'en dites-vous ? Or donc si vous ne récusez Jones et Lawrence je suis votre ennemi. Car Jones obligeait le pauvre Léonide Cyr à prêter tel serment à cause de la menace terrifiante d'une timide délégation d'étudiants francophones réclamant du bilinguisme à l'hôtel de ville, ce qui leur fut refusé. Et mon pays serait le vôtre ? Or je réclame de Jones et de vous bien davantage. Je suis donc un traître. Je menace vos fortifications. Que ferez-vous de mon exaspération ? Bien sûr je me sens mal à l'aise de vous en demander plus qu'à Léonide Cyr, plus qu'aux Acadiens eux-mêmes. Mais les faibles, tout compte fait, se taisent, récusent leurs poètes, votent pour le maire Jones, respectent la loi et l'ordre, s'efforcent de passer inaperçus. Et quand ils viennent à l'hôtel de ville, il suffit de les interrompre, de les forcer à parler anglais, pour les désarçonner, pour les vaincre une fois de plus sans avoir à les déporter. Il suffit de ne pas comprendre leur langue pour qu'ils se sentent coupables. Et alors ils reculent. Ils prêtent le serment d'allégeance qui les dénonce. Ou encore ils prononcent leur nom avec un accent anglais.

> J'sais pas pourquoi...
> J'ai même dit mon nom en anglais
> tabarouette
> chu tannée, kaline
>
> Irène DOIRON

Je sais que vous allez me dire que la souffrance d'Irène et la mienne ne sont qu'exceptions. Que nous ne sommes que quelques poètes à ressentir l'humiliation. Que les autres s'en accommodent. Que, jusqu'à ce jour, nous n'avons pas assez aimé la liberté. Que ça n'est pas à vous de faire ce travail. Que nous sommes à notre compte dans la défaite et l'humiliation. Et vous me citez notre grand silence d'Octobre. Nos prisonniers des mesures de guerre, du moins ceux que le cinéma nous a montrés, étaient comme vidés de toute substance. Humiliés sans orgueil. Prisonniers subissant la prison. Anéantis par les ordres. Je le reconnais. Mais l'homme n'a jamais que le courage de sa force. Et vous avez retenu toute la force par tous les moyens, de Lawrence à Jones. Mais ce silence majoritaire que vous invoquez si souvent pour justifier votre royaume, il n'en aime pas moins la liberté que nous n'avons pas prise de passer aux actes. C'est cela que vous nous reprochez. Dans notre amour de la liberté, il y a un mépris de la force qui nous retient encore de vous combattre. Nous avons trop appris à avoir peur du meurtre, peur de ressembler à Lawrence, d'imiter Jones, de vous remplacer tout bonnement dans la domination. C'est pourquoi nous résistons à notre propre révolution. Votre histoire n'a pas souvent reculé devant la mort des autres. Nous, au contraire, nous méfions outre mesure de la violence. Et si nous y parvenons, un jour, collectivement, cela sera peut-être grâce à vous mais cela sera certainement de mauvais gré. Nous n'avons pas appris à bâtir un royaume par ces moyens. Nous avions bien naïvement confié cette charge aux défricheurs. Et nous espérons encore leur rendre, aux défricheurs, le pays qu'ils ont aimé, qu'ils aiment encore secrètement et qui est celui que vous exploitez. Chacun sa manière. Considérez la différence. L'amour de la liberté que nous avons choisi ne s'accommode pas facilement de la violence que vous pratiquez. Et c'est pourquoi nous hésitons encore. Et c'est pourquoi nous comptons encore sur votre bonne foi, sur votre esprit... et que vous ne garderez pas pour vous toutes les femelles en rut.

Est-il une liberté des peuples sans souveraineté ? Est-il un courage des hommes désarmés ? Je veux répondre à votre accusation. Nous sommes un peuple soumis, dites-vous. Il est vrai que nos pères ont invoqué la providence pour se justifier avec le destin. Le ciel leur servait d'exil. Pour rendre sa soumission habitable, le pauvre s'invente des alliances célestes. Il s'intitule comme il peut. Il s'intercède un royaume dont personne ne veut. Il devient folklorique au sens où il perpétue un habitat archaïque qui le retranche du présent, d'autant qu'il n'a aucune maîtrise sur ce présent qui le manipule à sa guise. Il se donne donc une contenance. Il se promet un royaume qui n'est pas de ce monde. Une telle stratégie n'est pas appréciable en terme d'efficacité. Ceux qui méprisent une telle résistance ne savent pas ce qu'il en coûtait de vivre dans les conditions qui leur furent faites. Qui peut dénoncer son père à bout d'âge sans risque d'erreur ? Je ne doute pas, pour ma part, que nos pères (je ne parle pas de nos évêques comme tous les princes et de nos politiciens) aient résisté au meurtre, au génocide, à l'incessante agression de vos politiques impérialistes. Ils ont été rebelles à leur manière. À main nue. À la mitaine. À la hache et au goden-dard. Ils ont en quelque sorte amorcé la misère : le blasphème qui rapièce notre langage n'est-il pas la trace futile d'une colère impuissante ? Un jour je vous parlerai de la colère. Ils ont porté sur leur dos la colère jusqu'à ce jour qui s'apprête à l'embaucher. Bien sûr nos pères ne reconnaissent pas tous leur discours dans le nôtre. Certains sont même étonnés qu'on les aime. D'autres ont fini par vous ressembler. Et ils ont voté contre notre espérance en octobre pour sauvegarder leurs maigres rentes. Et j'irai jus-qu'à dire par loyauté. Ils sont contradictoires et explicables. Ils n'ont pas la force aujourd'hui de sortir de l'ombre et de rentrer dans l'écriture. Quand vous justifiez sur leur dos votre domination, considérez qu'il leur a fallu trois siècles pour passer de Pierre Tremblay qui « a déclaré ne savoir signer de ce interpelé » par le notaire qui rédigeait son contrat d'engagement pour la Nouvelle-France au début du XVIIᵉ siècle, à la troisième année primaire d'Alexis Tremblay qui n'est pas membre du St. Lawrence Yacht Club; onze générations pour franchir à la mitaine trois années de scolarisation. Faut-il s'étonner que nos vieux hésitent à apposer leur croix sur nos propositions ? Moraliser sur le silence et l'inertie d'un peuple c'est souvent oublier les circonstances exténuantes, le poids de l'histoire, une déportation, un maire Jones. J'admire votre culture sans oublier que la connaissance est une richesse et que nous étions pauvres, pauvres de tout ce que vous aviez usurpé. De cela ils finiront bien par se rendre compte... Ce jour-là nos pères enfin réconciliés avec les fils auront appris que la royauté dont vous vous prétendez n'était qu'une image falsifiée d'eux-mêmes. Et alors ils se confondront avec le royaume et deviendront irréductibles.

Déjà ce sentiment vous inquiète qui surgit de tous les violons. Nous nous sommes payé des poètes avant de faire fortune. Et les poètes devancent les événements. Ils précèdent même le rêve. Ils le fomentent. Ils induisent en révolution pour dépasser toute éventualité. La sagesse traditionnelle finira-t-elle par se reconnaître dans cette logique de sept lieues ? N'ont-ils pas eux-mêmes imaginé « la suite du monde » que nous prétendons tenir ? Je n'ai d'argument que la constance de l'homme du bout du rang. Nous cher-chons avec ce goût du Québec ancien et nouveau à découvrir et nommer un lieu à notre mesure. Souvent à défaut du vocabulaire de la lutte des classes nous le nommons pays, Québécoisie, Terre-Québec, la Batèche ou autrement. Vous êtes-vous avisé d'une telle chose ? Avez-vous lu les poètes qui nous posent de terribles questions ? Et si oui, qu'avez-vous fait quand on a mis Miron en prison ?

Ce que vous avez fait, je vais vous le dire. Vous avez ouvert vos coffres-forts et vérifié vos titres. Je me rends compte que je suis dépossédé... que vous me possédez en toute légalité : car, il faut bien le dire, vos titres sont en règle avec la loi du plus fort. Et nous y revoilà. Toujours la même question de vie ou de mort. Faudra-t-il encore une fois reprendre le pénible travail de cantonnier d'amener l'eau au moulin d'une parole tricentenaire, de nourrir le même grand discours incohérent des peuples asservis ? Car il ne reste nulle part dans les greffes des notaires aucune trace de l'héritage que nous revendiquons. Nous sommes hors la loi et le savons fort bien puisque de temps à autre nous cherchons refuge dans la clandestinité et la colère impuissante. La colère est-elle aussi une preuve d'impuissance ? Il nous reste le discours pour échapper à l'espace de la farine qui nous étreint. Nous sommes prisonniers du pain et de la bière des autres. Sur le point de disparaître. Écrasés par le mépris des notaires qui s'en tiennent aux actes. Vous vous apprêtez à nous mettre à l'imparfait. Déjà vous possédez nos croix de chemin et nos coqs de clocher. En guise d'oraison vous direz : il s'appelait Menaud, il a bu le Kakebongué. Vous direz : il invoquait le violon, il a donné un mauvais coup d'archet. Déjà vous nous décomptez sans tenir compte du désespoir de cause.

J'ai parfois l'impression d'avoir été libéré sur paroles et n'avoir pas le droit de me taire. Je radote. Je chouenne. Je réinvestis mon parolis dans le désert, suspectant l'imprévisible, coincé entre l'imparfait et l'éventuel. Le présent m'est dérobé. Un pied dans la mémoire et l'autre dans l'espérance. Je vous écris cela parce qu'il le fallait bien, parce que c'est plus fort que moi, parce que j'ai la mort dans l'âme d'avoir lu ce livre cruel, lucide, implacable de Jean-Paul Hautecœur. Livre lourd de conséquences, livre constituant presque une reddition. Livre qui évoque une liberté inexprimable, un égoïsme timide, une inimitié peureuse, une mort dans l'âme qui n'accuse personne. Description lucide, cruelle, involontaire, désespérée du masochisme de l'opprimé qui cherche par tous les moyens à élaborer un projet collectif susceptible de concilier un maigre possible de servitude et un timide rêve de liberté. À travers le discours officiel d'une douteuse élite et les propos plus agressifs d'une jeunesse déjà partie pour l'exil, Jean-Paul Hautecœur examine à la loupe, sans merci, le nationalisme acadien, son triste échec incessant et son lamentable discours. Mais ce discours est le mien. Il me raconte. Il est l'image de mon propre débat avec les images, avec les mots. Le décalque de mon ignorance et de mes redondances. De mes colères futiles et de mes soumissions rentables. De ma lâcheté quand Michel Blanchard cherche à obtenir le droit élémentaire de parler ma langue devant les tribunaux d'un pays qu'on prétend le mien. Je tiens ici le même discours aplati :

Il est temps qu'on se le dise : nous sommes chez nous ici, au Nouveau-Brunswick ! Notre devise ne pourrait pas être « maîtres chez nous », comme diraient nos voisins, mais bien « partenaires chez nous ».

Qu'est-ce qu'un partenaire minoritaire, sinon un perdant ? Qu'est-ce que ce discours timide, peureux, bonne-ententiste, lâche, sinon celui qui règne à Québec sans couleur, sans poésie, sans audace, vendu, traître au royaume ? Ils ont « de la patience à revendre », disent-ils d'eux-mêmes. Et ils désapprouvent les étudiants d'avoir tenu un discours concret, d'avoir pris pied un instant dans la réalité, d'avoir démontré que vous ne voulez pas de nous d'un océan à l'autre. Ils ont accepté la défaite et le verdict de Jones mais ils ont l'excuse de leur pauvreté, de leur faiblesse, d'être minoritaires. Mais nous et notre gouvernement outrageusement majoritaire et libéral ?

Depuis 1760 nous tenons ce discours honteux. Et vous ricanez. Vous savez que nous sommes inoffensifs. Lord Durham vous a rassuré sur ce « peuple ignare, apathique et rétrograde ». Ce qui ne l'a pas empêché de constater par ailleurs notre goût pour la bonne entente.

Ils sont doux et accueillants, frugaux, ingénieux et honnêtes, très sociables, gais et hospitaliers; ils se distinguent par une courtoisie et une vraie politesse qui pénètrent toutes les classes de leur société.

Vraies victimes de choix pour un conquérant ayant les vices de ces vertus et les vertus de ces vices.

De prime abord, j'ai eu l'intention d'écrire une lettre de rupture, comme on dit en amour, à un ami anglais. Encore m'eût-il fallu pour y parvenir avoir eu droit dans ma petite vie à une telle amitié. J'ai cherché autour de moi cet interlocuteur de choix susceptible d'entendre mes raisons et de me donner les siennes sur cette longue querelle de frontières. Je n'ai trouvé personne à qui écrire ces mots simples, presque banals : dear friend, *ce qui ne peut manquer de vous paraître douloureux. Vos prétentions de m'obliger à partager avec vous une citoyenneté britannique et une reine étrangère résistent-elles à pareille épreuve ? Mais vous savez vous accommoder de telles contradictions quand elles n'écorchent que les autres et pourvu qu'elles soient rentables comme le fédéralisme. Camus avait un ami allemand et leur querelle était possible. Mais on n'a pas d'amis parmi ses valets. Et je suis votre serviteur. Je reconnais que vous n'aimez pas la servilité des serviteurs mais vous n'avez pas su vous en passer pour accomplir vos conquêtes. Je suis donc votre serviteur pour avoir abandonné toute résistance. C'est déjà tout de même quelque chose qui m'attache à vous. Je connais mon mal : il se nomme la servitude. Et depuis que je m'en suis avisé je cherche une délivrance. Nos rapports, vous le regrettez, se sont gâtés depuis que j'ai perdu l'usage de la servilité, depuis que je n'accepte plus la servitude, parce que je me suis rendu compte grâce à Trudeau, grâce au maire Jones et grâce au courage que vous n'aurez pas de faire taire les chiens méchants et de prendre fait et cause pour mon courage, que vous voulez ma peau. Et je me sens, malgré toutes les bassesses de mon discours patriotique, irréfutable d'avoir été si longtemps irréductible.*

Je ne veux plus être votre serviteur. Je cherche un nouveau prétexte à nos distances respectueuses. Et si je ne suis pas votre ami que me reste-t-il qui restaure mon orgueil ? C'est pourquoi cette préface je la destine et la dédie à celui que je nomme enfin mon ennemi pour l'avoir reconnu à ses fruits. Je n'ai à vous proposer pour faire comprendre mon incompatibilité que cette image du petit train de Town of Mount-Royal *qui amène chaque matin à leur bureau du centre-ville ces messieurs très dignes qui tiennent toutes les ficelles de nos destins et dont vous êtes un peu complice, innocemment barricadés derrière les colonnes, insensibles à l'humiliation des autres, du* Financiel Post... *et je vous avouerai que je ne prends plus jamais le petit train pour ne pas abuser de la colère. Un jour je vous parlerai de la colère.*

PIERRE PERRAULT.

INTRODUCTION

« *La tradition de toutes les générations mortes pèse
d'un poids très lourd sur le cerveau des vivants.* »

(Karl MARX, *le 18 Brumaire de Louis Bonaparte*,
Paris, Éditions sociales, 1946, p. 7.)

I. Le choix de l'objet

L'Acadie. Le mot, pour le quidam, oriente la pensée vers l'imaginaire, dans le jardin analogique des mythologies plus que vers le temps de l'histoire ou l'espace objectif qu'on nomme avec trop de sûreté et de certitude le réel. On a beau en faire un adjectif — la société acadienne par exemple — le mot reste énigmatique, presque mystérieux, comme un secret jamais violé depuis la fameuse déportation des Acadiens où il fut enterré. Alors que le Québec s'est fait tout histoire pour imposer au monde son existence objective et connaissance pour revendiquer et reprendre son droit le plus légitime à la vie, l'Acadie demeure légende, aux confins de l'histoire et du rêve ou de la révélation, poésie du silence et de l'absence, onde muette, couleur invisible, lieu de nulle part :

> S'il m'est difficile de vous vivre
>   en mon soulèvement d'azur
> Gens de mon pays chimère sans frontières
>   et sans avenirs
> C'est que je suis trop petit pour vous faire
>   renaître en moi
> Hommes sans visages femmes sans seins
> Enfants sans langage
>
> S'il m'est douloureux de vous tendre mes deux mains
> Pour vous rejoindre vous toucher
>   où que vous soyez
> C'est que vous êtes trop loin
>   et dispersés partout
> Gens de mon pays dans l'absence de vous-mêmes
> . . . .
> S'il m'est angoissant de vous regarder
>   droit dans les yeux
> Au cadran d'un soleil déplacé
>   divisant le jour
> C'est que l'Acadie vous berce en ses souvenirs
> En ses ombres en sa nuit irréelle symphonie
> Gens de mon pays
>   sans identité et sans vie[1].

Bien sûr, une telle évocation reste lointaine et peut constituer, aux yeux du « savant », un aveu d'ignorance. Et pourtant... On peut élire résidence en une contrée acadienne du Nouveau-Brunswick et continuer de

---

[1]Raymond LEBLANC, « Acadie », *Liberté*, 65, août-octobre 1969, p. 97.

chercher l'Acadie, comme beaucoup d'Acadiens le font toujours, avec naïveté et passion, aussi comme le poète qui la cherche en sa parole. On peut suivre des pistes, trouver des indices, consacrer des lieux et ériger des monuments, et l'on sera toujours loin du compte juste, égaré ici ou là, lâché par l'investigation méthodique. C'est dans l'histoire écrite, dit-on, qu'on trouvera le plus de documentation sur ce qu'a pu être la « véritable Acadie ». Mais il suffit d'ouvrir au hasard les traités des historiens, des plus illustres aux plus méconnus, pour se retrouver dans l'un des multiples sentiers de la légende ou du mythe. Dire que l'Acadie n'a pas d'histoire, c'est dire que son histoire n'est pas écrite. Dire que l'Acadie est légende, c'est aussi en attendre la connaissance de plus en plus approchée, c'est déjà poser la question.

Qu'est-ce que l'Acadie ? Où est-elle ? Comment s'en approcher ? Qui interroger ou consulter ? Le sociologue qui voudrait se documenter sur la société québécoise avant d'entreprendre une recherche aurait la possibilité de fouiller plusieurs collections de revues, de lire sur le sujet qui l'intéresse un nombre déjà impressionnant de livres généraux ou spécialisés, une somme historiographique encore plus volumineuse. Il trouverait au Québec plusieurs traditions scientifiques, des centres de recherche, des bibliothèques, des sociétés savantes, et il aurait sûrement la chance de rencontrer des gens qui ont déjà travaillé sur les sujets qui l'intéressent. Tradition peut-être déjà encombrante pour le chercheur néophyte et ambitieux pionnier, mais tradition accueillante et réconfortante s'il est humaniste, culture sédimentée, histoire, écriture. Là où sont passés des hommes, un chemin a été tracé...

L'Acadie serait-elle « sauvage », « nature » par opposition à « culture » ? Oui, si l'on se réfère aux traditions et aux connaissances scientifiques des pays ou des peuples qui l'entourent. Elle vit dans sa tradition, dans son interprétation ancestrale, dans ses rites, dans son savoir coutumier, en un mot, en son mythe. Bienheureuse ? C'est aux poètes de la dire ou de la chanter, d'en décider. Mais de connaissance réflexive, de retour critique, de traitement contrôlé de son savoir, point. La tradition fait office de science humaine. La tradition exclut la sociologie quand celle-ci pénètre sur son propre terrain et lui livre une concurrence seigneuriale. Le Ralliement en 1966, puis la « purge » à l'Université de Moncton en 1969 en sont deux exemples remarquables. Jusqu'à tout récemment, la tradition avait entièrement investi l'historiographie, et les historiens actuels les plus connus sont aussi des idéologues et des chefs des plus écoutés de la société. Les « spécialistes » de la société acadienne sont aussi les chefs de la nation. Tout converge vers le même centre, le lieu du pouvoir démiurgique.

Alors. par où commencer des recherches sur l'Acadie, sinon par la tradition acadienne ? Pour avoir une connaissance plus approchée de cette Acadie mythique, ne faut-il pas commencer par l'écoute attentive, méthodique et systématique de sa parole collective pour en découvrir toutes les articulations et en comprendre toutes les subtilités ? Car après tout, même si la tradition orale n'est qu'un savoir empirique, même si le savoir qu'elle véhicule doit toute sa force à sa non-réflexivité, ou à sa coïncidence avec le vécu, elle reste néanmoins la seule connaissance disponible sur la société, le lieu d'une connaissance possible par la rectification contrôlée de ses erreurs ou prénotions et par le retour à ses fondements. Le mythe ou l'idéologie de la société globale est l'interprétation de laquelle il faut partir quand les interprétations « scientifiques » font défaut. Et quand bien même celles-ci existeraient, le retour au discours original peut être un moyen de vérification efficace des interprétations « savantes ».

L'approche ainsi définie prend pour objet principal le ou les discours que la société tient sur elle-même et pour elle-même, soit les *idéologies*. Fait social par excellence : comment se définissent les hommes d'une société donnée et dans telle situation historique ? Qui parle ou écrit ? Qu'est-ce qui est dit ? Comment ? Pourquoi ? L'univers de la parole collective fonctionne en relative autonomie, mais il renvoie aussi à tous les niveaux ou paliers de la société.

Partir des idéologies pour déchiffrer une société, ce n'est pas lâcher la proie pour l'ombre ou laisser de côté le prétendu « réel ». « Quiconque veut comprendre comment la question du Québec se pose aujourd'hui, dit Marcel Rioux, doit avant tout connaître comment elle s'est posée et se pose aux Québécois eux-mêmes[2]. » Et, selon Fernand Dumont et Guy Rocher, « la meilleure manière d'introduire à la sociologie d'une société serait de cheminer par les divers aspects de la conscience sociale du pays en question, plus précisément par les idéologies où cette société se définit elle-même[3] ». S'interroger sur l'Acadie, c'est d'abord interroger l'Acadie, soit l'idéologie qui la constitue et les hommes qui la définissent. C'est objectiver le mythe ou l'idéologie, en dessiner la forme, le contour, la structure, peut-être en retracer la genèse et en expliquer l'histoire, aussi en comprendre le fonctionnement interne et la relation au système social global. S'il existe

---

[2] Marcel Rioux, *la Question du Québec*, p. 16.
[3] « Introduction à une sociologie du Canada français », *Recherches et Débats*, mars 1961, pp. 13-38.

plusieurs idéologies, c'est les soumettre au même traitement, en faire l'analyse comparée, identifier les conflits, les lieux d'opposition et d'identité afin de saisir le jeu de la culture et par là le jeu des multiples forces dans la société globale.

Plusieurs dangers sont inhérents à ce genre d'approche par la parole collective qu'il est bon dès maintenant d'identifier.

Le premier, c'est l'hyper-empirisme et la tentation du collectionneur, ou encore l'extase descriptive. L'excès ici dénoncé est celui de l'attachement pathologique à l'objet, la fixation prolongée sur le doigt plutôt que la recherche de ce qu'il montre[4], et la conservation pointilliste de chaque discours, de chaque phrase ou chaque morceau de phrase comme si la plus petite parcelle de discours était digne de catalogage ou d'exhibition. Le travail ethnographique n'est qu'un moment de la recherche, long, astreignant, minutieux, mais préalable. La description ne devient significative qu'après le traitement de l'objet. Tout n'est pas également significatif, et la surabondance de matériel ethnographique risque de noyer le sens. La découverte puis la prise de possession du document doivent être suivies d'un « grand ménage » de printemps.

Le second danger, plus spécifique au traitement du discours, c'est celui que Bourdieu, Passeron et Chamboredon appellent la « tentation de la sociologie spontanée[5] ». En effet, il faut redoubler de vigilance quand l'objet de recherche est le discours, soit déjà une interprétation ou une organisation du sens suivant les catégories de la société, de la classe, de l'individu qui parle. Le traitement statistique du matériel que pratiquent le plus fréquemment les sociologues est déjà mise à distance de l'objet. Mais le discours, s'il n'est pas traité mécaniquement comme en linguistique, risque sans cesse d'imposer au chercheur son sens immédiat ou donné, son sens premier. La tradition guette inlassablement la sociologie pour la ramener à son ordre et à son ordonnance. Plus la fréquentation de l'objet est assidue, plus les textes deviennent familiers, plus le recul critique vis-à-vis de l'objet doit être cultivé. Cette règle de méthode est des plus difficiles à appliquer, surtout si l'observateur-chercheur participe de quelque façon au débat idéologique de la société étudiée.

---

[4] « Si nous voulons comprendre et approfondir le sens des visions, il nous faut, je ne dirais pas être des visionnaires nous-mêmes, mais au moins suivre la direction de leur « geste », aller vers ce qu'elles nous indiquent, non pas nous fixer sur la matérialité du geste. » (Henry Corbin, « Songe visionnaire en spiritualité islamique », dans *le Rêve et les Sociétés humaines*, p. 402.)

[5] P. Bourdieu, J.-C. Passeron, J.-C. Chamboredon, *le Métier de sociologue*, I, p. 43.

Troisièmement, le séjour prolongé dans l'univers idéologique de la société, surtout quand celui-ci est volumineux et passionnant, risque d'atrophier l'observation des autres langages sociaux et de fixer l'attention sur le seul discours aux dépens de sa relation avec les autres niveaux de la société. C'est le danger de la fixation sur une partie au détriment de l'intelligence du tout, danger qui guette toute monographie et toute sociologie régionalisée. Les idéologies sont des faits sociaux spécifiques et isolables, mais en rapport fonctionnel et structurel avec l'ensemble des faits collectifs les plus significatifs. Elles peuvent être étudiées en soi, abstraites de toute relation, fermées. Mais l'intérêt d'une telle étude pour une introduction à une sociologie générale de la société acadienne serait réduit. Les idéologies renvoient directement aux classes sociales, à leur praxis, à leurs affrontements, à leurs conditions de production. Elles participent à l'histoire d'une façon différente dans chaque situation. Il faut interroger leurs fonctions dans le système social global et dans l'histoire au risque de laisser échapper leurs principales significations.

Enfin, se limiter aux idéologies d'une société, c'est-à-dire à son discours patent, explicite, officiel, c'est s'empêcher de traiter les documents non publiés, échoués, abandonnés, ou bien précieusement cachés, jalousement conservés dans les bureaux privés, prudemment gardés inconnus. Remarques générales certes, mais qui prennent un intérêt particulier en Acadie où l'accès à l'information n'est pas toujours aisé pour le sociologue et où de nombreux documents importants sont tenus secrets par les dirigeants. Tradition de la Patente[6] et d'une élite à peine dirigeante, régente d'une société minoritaire et encore condamnée à la prudence, souvent au silence. La survivance était peut-être à ce prix. Réflexe protectionniste face à l'agression étrangère, qu'elle soit anglo-protestante comme dans l'histoire, ou française, québécoise, sociologique, socialiste, athée comme on la décrit volontiers dans le présent. Une sociologie-espionnage serait sûrement féconde en Acadie comme une sociologie des poubelles le serait pour les sociétés d'abondance et de gaspillage. Mais une sociologie sans loup ni gants doit se contenter des matériaux qu'on lui laisse découvrir. D'ailleurs, il n'est pas sûr que l'accès aux documents « secrets » serait aussi révélateur que leur énigme le laisse soupçonner. Car une analyse bien menée et une compréhension en profondeur des phénomènes relèguent le document au niveau

---

[6]Roger CYR, *la Patente*; Médard LÉGER, *Du miel au fiel*; « La Patente », *Mysterious East*, Fredericton, March-April 1971; « La vérité sur l'Ordre de Jacques-Cartier », *le Magazine Maclean*, 1963.

souvent anecdotique. Le caché n'est pas toujours celui qu'on croit. Un document manquant à une collection peut être fort précieux pour le collectionneur mais secondaire pour le critique. Tout au plus viendrait-il ajouter valeur de preuve à une déduction ou à une hypothèse.

Les principaux écueils qui jalonnent le travail sur les idéologies étant signalés, il faut présenter tous les avantages de cette approche qui n'est nullement exclusive.

Parce que la société acadienne est de petite dimension, parce que l'écriture n'y est pas un usage quotidien, parce que jusqu'à ces dernières années la parole collective était unitaire et quasi unanime, on peut espérer faire le tour de son discours sans s'engager dans un projet démesurément long et hasardeux. Le matériel idéologique pour une courte période est aisément systématisable, surtout s'il s'agit de la période contemporaine.

Mais aussi parce que la fonction idéologique est primordiale en Acadie, parce que la survivance acadienne était au prix de la force de définition idéologique, parce que les idéologues y sont aussi les chefs nationaux, il est essentiel de s'arrêter au discours pour en saisir toute l'importance. Dans les sociétés constituées, stables, au pouvoir politique propre, aux traditions multiples, aux pouvoirs divers et superposés, aux idéologies nombreuses, la fonction idéologique n'est peut-être pas décisive. Mais qu'est-ce que l'Acadie sinon un lieu qu'un discours rituel — le nationalisme — que des cérémonies privées ou publiques viennent confirmer, sans cesse réaffirmer parce que perpétuellement menacé ? Où est objectivement l'Acadie, sinon dans un certain discours et dans certaines cérémonies ritualisées qui la représentent ? Certains peuples affirment leur existence par la force des armées, d'autres par le combat politique, d'autres encore par leur production. L'Acadie, elle, n'eut que la force créatrice de la parole de ses rhéteurs et de ses prêtres pour imposer au monde son existence. Elle s'efforçait de conserver églises et collèges classiques pour perpétuer sa parole. Contre l'agression du fait, sa seule arme était la valeur, le symbole, le messianisme, le verbe. C'est par « l'insurrection de la valeur » qu'elle répondait à la domination du fait, qu'elle trouvait son identité. « Des personnes, écrit Jacques Berque, des peuples et des cultures cherchent leur réintégration aux choses, aux autres et à soi-même. Elles procèdent apparemment de réserves inentamées par la période précédente, et leur grande arme, semble-t-il, est la valeur[7]. » Il serait certainement du plus grand intérêt d'étudier par exemple

---

[7] Jacques BERQUE, l'Orient second, p. 50. Voir sur le même thème Georges BALANDIER, « Contribution à l'étude des nationalismes en Afrique noire », Zaïre, VIII, avril 1965, p. 379;

l'histoire politique de l'Acadie, ses rapports économiques et juridiques avec la société anglaise. Ces recherches encore inexistantes sont indispensables. Mais on ne saurait trouver la signification ultime du « fait acadien » en ce pays loyaliste sans privilégier la culture, la fonction idéologique et symbolique.

Travailler sur les idéologies comporte ce danger épistémologique de se perdre dans les catégories et les significations premières. Mais cela comporte aussi l'avantage épistémologique du recul par rapport au vécu quand la société étudiée n'est pas étrangère au chercheur. De même que l'observation et la participation à la vie de la société étudiée servent de contrôle aux interprétations des idéologies, de même le traitement autonome et systématique des idéologies peut servir de repère à l'observation ethnographique comme à la participation. Le travail « en fauteuil » sur les idéologies est mise à distance de l'« expérience du terrain », comme disent certains anthropologues; il est le recul qui permet le retour réflexif au vécu et son contour, cette fois expérimental.

Il est de peu d'importance que le sociologue soit un indigène ou un étranger. La vieille thèse qui défendait les vertus scientifiques du dépaysement et qui justifiait le voyage, l'expédition, l'exploration avec tous leurs rites, du costume au porteur en passant par l'« informateur » de service et le ridicule protocole du « contact », a toutes les odeurs d'un succédané colonial[8]. La fameuse objectivité du savant peut être objectivation de l'expérience vécue et de la subjectivité. « L'objectivité, écrit Fernand Dumont, est donc ici non pas négation du vécu mais négation de sa cohérence et de son histoire habituelles. L'objectivité est toujours retour à quelque instant originaire... Les sciences de l'homme sont donc, en définitive, décomposition de la cohérence existentielle de l'histoire commune[9]. » Pour faire œuvre de science, il suffit d'obéir aux règles de la pratique sociologique et non pas d'être un étranger ou un indigène. La vertu épistémologique de la distanciation est affaire de technique, non pas de morphologie sociale ni de culture.

Enfin, l'approche par les idéologies a ce dernier avantage de rejoindre une tradition sociologique québécoise vivante et par conséquent une commu-

---

« Messianismes et nationalismes en Afrique noire », *Cahiers internationaux de sociologie*, XIV, 1953, pp. 41-65.

[8]Cf. « Anthropologie et Impérialisme », I et II, *les Temps modernes*, nos 293-294, 299-300, 1970-1971.

[9]Fernand DUMONT, *la Dialectique de l'objet économique*, p. 10.

nauté de chercheurs canadiens-français. Outre l'intérêt sentimental d'une telle présence et solidarité (très importantes car nombre de recherches ont été abandonnées à cause de l'isolement dans lequel étaient tenus leurs auteurs), il faut insister sur l'importance théorique et méthodologique de cet enracinement de la recherche. En beaucoup de points, la société acadienne est comparable à la société québécoise. Des techniques, des instruments, des méthodes ont été expérimentés et appliqués au Québec qui peuvent l'être en Acadie. Un capital de connaissances sociologiques est prêt à être investi dans de nouveaux projets de recherches sur la société acadienne pour une connaissance plus approchée. La sociologie de l'Acadie n'est pas au point zéro. Bien avant la création hésitante d'une section de sociologie à l'Université de Moncton, il y eut un Edmond de Nevers, un Léon Gérin pour publier les premiers essais sociologiques sur le Canada français. À défaut d'un héritage scientifique acadien[10], il faut partir de l'héritage québécois.

Dans un cours polycopié[11], Fernand Dumont déplorait l'état de dépendance de la sociologie québécoise vis-à-vis des théories générales importées et montrait comment une théorie de la société québécoise était possible à partir de l'expérience et de la théorie spontanée que cette société a d'elle-même : « Si l'on accepte nos postulats sur la perception, sa magie, les reprises nécessaires à partir de ses implications, comment peut-on nier que cette perception, ses luttes internes, ses contestations — d'où peut naître l'objectivité, la théorie — dépendent des sociétés où elles trouvent leurs intuitions et leurs intentions premières ? Durkeim, Marx, Merton, Parsons, Touraine ne sont pas des hommes d'ici : ils représentent la traduction abstraite des sociétés et des sociologies où peut se faire jour progressivement une sociologie générale. Mais l'écoute de ces voix qui nous viennent des autres sociétés ne doit pas nous dispenser de préciser notre voix, sans quoi notre accueil ne trouvera pas son propre lieu, sa faculté d'entendre à partir

---

[10]Il faut pourtant mentionner tout l'intérêt des travaux très récents de Camille Richard et Alain Even qui ont inauguré en Acadie la recherche sociologique et dont les travaux seront plusieurs fois cités dans le présent travail. Malheureusement, leurs études resteront peut-être sans suite à cause de l'impossibilité dans laquelle ils ont été de poursuivre leurs recherches à l'Université de Moncton, le seul lieu en Acadie où elles pouvaient voir le jour. Il faut encore citer les travaux de Marc-Adélard Tremblay sur les Acadiens de la Nouvelle-Écosse, essentiellement des études de désintégration d'isolats sociologiques. Enfin, les thèses de maîtrise de Roger de la Garde et Francine Chartrand (université Laval, Québec) et des travaux inédits comme ceux de Pierre Poulin.

[11]*La Société québécoise*, Schéma établi par Pierre SAINT-ARNAUD, université Laval, Québec, 1970.

des questions qui viendraient de nous[12]. »

La pratique scientifique s'insère dans une pratique sociale globale et ne prend toute sa signification et sa fonction historique que dans son rapport aux pratiques connexes : qu'on peut appeler l'engagement de la recherche. Une sociologie du Québec ou de l'Acadie prend une signification différente selon qu'elle est située dans la communauté sociologique internationale ou située dans la production culturelle de la société originaire. Il n'est pas alors indifférent que la théorie soit conçue en rapport dialectique avec la pratique collective plutôt que catapultée dans cette pratique. Question épistémologique; question sociologique; question politique[13]...

II. Sur l'idéologie et la méthode

Partir des idéologies et en faire l'objet premier de l'investigation sociologique, cela suppose tout d'abord que soit écartée une certaine acceptation de l'instance idéologique selon laquelle cette dernière se trouve réduite à un statut inconsistant, celui de l'inessentiel ou de l'illusoire dans la dichotomie survalorisée du réel et de l'imaginaire. En effet, dans le langage commun, idéologie se trouve automatiquement associée avec illusion, mensonge, mystification, rêverie, irréalité, soit toute une série de substantifs à connotation souvent péjorative qui présupposent le moindre degré de vérité et de réalité de l'idéologie par rapport à la connaissance du réel comme à la réalité de la connaissance[14]. Dans le langage scientifique, cette conception de l'idéologie a engendré les théories qu'on connaît de l'aliénation et de la fausse conscience, soit toute une interprétation du monde et de l'histoire basée sur l'opposition normative infrastructure/superstructure, la seconde

---

[12] « Dans les sciences de la culture, écrit Max Weber, la construction de concepts dépend de la façon de poser les problèmes, laquelle varie à son tour avec le contenu même de la civilisation. » (*Essais sur la théorie de la science*, p. 203.)

[13] Cf. Anouar ABDEL-MALEK, *Anthologie de la littérature arabe contemporaine* (l'introduction); « Esquisse d'une typologie des formations nationales dans les trois continents », *Cahiers internationaux de sociologie*, XLII, 1967, pp. 49-57. Voir aussi l'œuvre sociologique de Frantz Fanon.

[14] Cf. par exemple Pierre Elliott TRUDEAU : « Le nationalisme rend aveugle sur les forces réelles qui orientent l'économie d'une nation; le bien commun aurait sans doute été mieux servi si nos chercheurs s'étaient moins inquiétés de la maldistribution de nos recherches provinciales du point de vue ethnique, et plus de la maldistribution inhérente au libéralisme économique du point de vue des classes sociales. » (Dans *la Grève de l'amiante*, Montréal, Éditions du Jour, 1970, p. 45.)

étant considérée comme un sous-produit, un résidu ou un reflet de la première et dont la fonction serait une d'obscurcissement ou d'« occultation » du rapport objectif non médiatisé à l'objet[15]. Partir d'une telle théorie de l'idéologie, c'est s'interdire au départ la connaissance de l'objet idéologique comme tel et orienter l'analyse vers d'autres lieux en supposant connus le rapport de l'idéologie aux autres niveaux de la structure sociale et la fonction qu'elle remplit.

Vouloir traiter scientifiquement des idéologies, c'est laisser tomber tout jugement normatif sur la réalité, la valeur ou la vérité de l'objet, c'est se dégager une fois pour toutes de l'opposition non opératoire entre le réel ou la base et l'irréel ou les essences imaginaires pour considérer l'objet idéologique en toute positivité, comme partie intégrante d'un système social et d'une pratique collective[16]. Dans une étude critique sur Marx, Pierre Ansart montre que dans *le Capital* Marx a réservé une fonction essentielle à l'imaginaire dans le processus de production et dans ses rapports, comme dans *le 18 Brumaire* pour expliquer l'entrée surprise de Louis Bonaparte dans la France de l'époque : « De même peut-on vérifier, à ce niveau, que l'imaginaire social n'est pas exactement un « reflet » de la pratique des échanges : Marx ne décompose pas cette description en deux moments qui désigneraient successivement la pratique de l'échange et sa représentation dans l'esprit des échangistes. C'est dans sa description de la pratique de l'échange qu'il en montre la nécessité. L'imaginaire ne reflète pas une pratique, mais au contraire participe à cette pratique comme une part constituante de celle-ci... À ce titre, peut-on considérer l'imaginaire social comme l'un des éléments des forces productives, contrairement à cette représentation étroite qui limiterait celles-ci aux seuls moyens matériels[17]. » Semblable position est aussi soutenue par Louis Althusser[18] et Poulantzas : « L'idéolo-

---

[15] Cf. *l'Idéologie allemande* de MARX et l'interprétation dite « historiciste » de LUKACS dans *Histoire et Conscience de classe*.

[16] Cf. Fernand DUMONT : « Au lieu d'être un simple sous-produit, l'idéologie est un achèvement de la structure sociale. L'idéologie ajoute des éléments à la structure : par conséquent, toute recherche de corrélation doit être exclue au départ. Il s'agira de définir les deux termes non pas dans leur correspondance, mais dans leur complémentarité, sans préjuger du poids de réalité de l'un ou de l'autre. On devra, en somme, conserver à l'idéologie sa consistance et sa spécificité. » (« Notes sur l'analyse des idéologies », *Recherches sociographiques*, IV, 2, 1963, p. 60.)

[17] Pierre ANSART, « Marx et la théorie de l'imaginaire social », *Cahiers internationaux de sociologie*, XLV, 1968, p. 102.

[18] Louis ALTHUSSER, *Pour Marx*, pp. 227-249.

gie consiste en fait en un niveau objectif spécifique, en un ensemble à *cohé-*
rence relative de représentations, valeurs, croyances : tout comme les
« hommes », les agents dans une formation participent à une activité économique et politique, ils participent aussi à des activités religieuse, morale,
esthétique, philosophique[19]. »

Fait de pensée, fait linguistique, fait de culture, l'idéologie n'est pas identique ni entièrement confondue à la culture. Elle en constitue un niveau spécifique sinon essentiel, doté de sa propre structure et présentant sa propre
cohérence; elle en est un mécanisme spécifique aux fonctions déterminées.
D'où la double approche ou plutôt les deux entrées complémentaires pour
l'analyse des idéologies : la structure interne de l'objet et la fonction dans le
système social global.

Mais avant d'aller plus loin dans le contour de la notion d'idéologie, il
faut en introduire une autre, celle de *vision du monde*. En effet, il est impossible de comprendre la nature de l'idéologie si on ne la situe pas dans son
rapport à un antérieur et à un plus caché, soit la vision du monde.

Qu'est-ce qu'une vision du monde ? Ce n'est pas une donnée empirique
immédiate qui s'imposerait à l'observation comme peut le faire le discours
idéologique. C'est un construit ou un instrument conceptuel dont on a besoin
pour rendre compte de la dialectique de l'idéologie entre l'implicite et l'explicite, entre le caché et le manifeste. C'est ce « troisième terme fondamental », selon F. Dumont, qu'on est bien obligé d'introduire entre la praxis et
l'idéologie pour donner un fondement à cette dernière si l'on refuse de la réduire à un pur reflet ou produit de la praxis.

Lucien Goldmann a fait de ce concept l'instrument clé de son analyse de
Pascal et Racine, plus généralement des œuvres de littérature. Voici comment il en justifie la nécessité : « Si, donc, la plupart des éléments *essen-*
tiels qui composent la structure schématique des écrits de Kant, Pascal et
Racine sont analogues malgré les différences qui séparent ces écrivains en
tant qu'individus empiriques vivants, nous sommes obligés de conclure à
l'existence d'une réalité qui n'est plus purement individuelle et qui
s'exprime à travers leurs œuvres. C'est précisément la vision du monde, et,
dans le cas précis des auteurs que nous venons de citer, la vision tragique[20]. »

Une vision du monde, ce serait « cet ensemble d'aspirations, de sentiments et d'idées qui réunit les membres d'un groupe (le plus souvent, d'une

[19] Nicos POULANTZAS, *Pouvoir politique et Classes sociales*, p. 223.
[20] Lucien GOLDMANN, *le Dieu caché*, p. 24.

classe sociale), et les oppose aux autres groupes[21] ». Mais cette définition pèche par trop grande hétérogénéité et généralité. En effet, aspirations, idées et sentiments assemblés on ne sait comment peuvent constituer toutes sortes de visions du monde réunissant des groupes divers et multiples sans qu'on sache où se situe leur lieu commun. C'est un peu comme cette définition fourre-tout de la culture qui n'aurait que cet avantage de recueillir tous les résidus d'autres définitions, celles de structure, de praxis, d'institution, etc. Fernand Dumont donne du concept une définition plus précise : c'est un « *foyer d'attitudes fondamentales envers le monde* » ou encore la « *matrice des intentions fondamentales à partir desquelles les hommes d'une culture donnée donnent un sens à leur rapport avec l'histoire[22]* ».

C'est donc par nécessité épistémologique qu'il faut postuler l'existence d'un tel foyer, d'un antérieur implicite aux représentations données que sont les idéologies. À partir de celui-ci, on peut alors saisir les idéologies comme des mécanismes d'explicitation des visions du monde ou, par analogie avec la conduite individuelle, comme des mécanismes de rationalisation des attitudes ou des motivations inconscientes. Par conséquent, analyser les idéologies revient à suivre le chemin qu'elles ont parcouru, mais inversement : partir du donné pour retrouver le caché, passer de l'explicite à l'implicite en identifiant bien les divers mécanismes qui ont accompagné le passage, en expliquant aussi les transformations subies dans l'opération car une vision du monde peut être *l'originaire* d'idéologies multiples et concurrentes. Ce passage du niveau caché au niveau patent ne saurait se réduire à une simple traduction. L'idéologie voile autant qu'elle dévoile la vision du monde, et c'est à l'interprétation de déjouer les ruses des associations premières et des lectures termes à termes.

Il faut encore distinguer vision du monde et *culture* et préciser leur rapport. Une culture, au sens usuel, c'est l'ensemble ou la « fédération » des comportements et des modèles d'action dans une société donnée[23]. « *La culture est un ensemble de modèles qui confèrent cohérence aux conduites de l'homme et qui lui renvoient une image objective de lui-même[24].* » Toute *tradition* serait alors une certaine actualisation d'une culture pour un groupe ou une société

---

[21] *Ibid.*, p. 26.

[22] Définition donnée dans un cours de sociologie de la connaissance, université Laval, 1969.

[23] Cf. Ralph LINTON : « A culture is the configuration of learned behavior and results of behavior whose component elements are shared and transmitted by the members of a particular society. » (*The Cultural Background of Personality*, p. 32.)

[24] Fernand DUMONT, *la Dialectique de l'objet économique*, p. 19.

donnée, comme une normalisation de cette cohérence qui agirait par contrainte, ou encore comme la fixation d'un des multiples et indéfinis possibles inclus dans une culture. Une tradition est un certain rapport historique à la culture, caractéristique d'un groupe social à une époque déterminée.

Mais le postulat d'une forme ou « configuration générale » qui définit pour une société un ensemble indéfini de modèles aux combinaisons indéfiniment variables suppose encore un mécanisme de sélection et de totalisation valable pour toute une collectivité, *une façon particulière de viser le monde* qui soit cohérente et qui aurait force de *schème idéal* pour les divers comportements particuliers, qui imposerait aussi sa permanence relative par rapport aux variations et changements de la praxis sociale comme des idéologies : c'est la vision du monde. D'où sa double nécessité, tant épistémologique que sociologique.

On peut maintenant donner de l'idéologie une définition concise et opératoire : c'est une lecture d'une situation en vue de l'action. « *Les idéologies apparaissent comme les systèmes symboliques les plus explicites requis par les urgences de l'unanimité sociale devant les situations à définir et les actions à poser*[25]. »

L'idéologie est donc caractérisée par une certaine cohérence, irréductible à celle de la praxis comme à celle de la vision du monde, et par ses fonctions. Les deux sont d'ailleurs directement dépendantes. Sa fonction essentielle, c'est de « combler l'indétermination de la praxis », soit de doter le monde d'une signification pleine et unitaire quand l'univers de l'action est pour l'agent social parcellaire, détotalisé, conflictuel, contradictoire. L'idéologie doit être comprise comme un mécanisme de totalisation du sens errant qui cherche à définir pour l'action collective une finalité unanime. D'où la fonction de « ciment » du sens et des « agents d'une formation » selon Poulantzas : « L'idéologie a précisément pour fonction, à l'encontre de la science, d'occulter les contradictions réelles, de *reconstituer*, sur le plan imaginaire, un discours relativement cohérent qui serve d'« horizon » au « vécu » des agents, en façonnant leurs représentations sur les rapports réels et en les insérant dans l'unité des rapports d'une formation[26]. »

Pour remplir cette fonction, l'idéologie doit tendre à la plus grande cohérence possible. Son attribut essentiel est d'être syncrétique. Des failles, des trous dans son argumentation viendraient compromettre sa fonction de tota-

---

[25] Fernand Dumont, « Notes sur l'analyse des idéologies », *loco cit.*, p. 163.
[26] *Pouvoir politique et Classes sociales*, p. 163.

lisation et de réunification du sens en un projet unitaire. « L'idéologie, à l'encontre de la notion scientifique de système, n'admet pas en son sein la contradiction, elle tente de la résoudre par son absence[27]. » L'idéologie est une rhétorique collective qui obéit aux exigences comme aux techniques de l'argumentation[28] et qui vise, comme l'ancienne rhétorique, à constituer autour du discours le plus grand public possible, à la limite la totalité des effectifs d'une société globale. L'idéologue serait comme l'orateur qui part d'un certain consensus ou lieu commun pour agglomérer autour de son discours un public converti et le constituer en groupe unanime. C'est en effet une autre fonction de l'idéologie de créer, et non plus seulement de « cimenter », un groupe social et de lui donner une définition « pour-soi ». Une tribu, une classe sociale, une nation, c'est, selon S.F. Nadel, « la théorie que les membres s'en font[29] ». Cette fonction n'a pas échappé à L. Althusser : « L'idéologie est active sur la classe dominante elle-même et contribue à la façonner, à modifier ses attitudes pour l'adapter à ses conditions réelles d'existence[30] »...

À partir de ces fragments d'une théorie de l'idéologie dont ce n'est pas l'objet de ce travail de réunir la totalité, l'analyse des idéologies d'une société donnée consistera d'une part à en découvrir la syntaxe et la logique interne, d'autre part à en chercher les fonctions dans le système social global, en dernier lieu à en retracer la genèse à partir des visions du monde qu'il faudra identifier. C'est tout le champ sociologique qu'on peut tenter de découvrir à partir des idéologies, soit la ou les situation(s) en présence, les idéologues, les classes sociales et les groupes en jeu, les conflits et les crises qui nécessitent le recours au mécanisme idéologique, les pouvoirs, leur mode d'exercice et le rapport des agents sociaux aux pouvoirs, etc. La dialectique idéologique doit permettre de passer du plus explicite au plus caché, en identifiant tout au long des allers et retours entre les rationalisations, les justifications et les fondements culturels les divers mécanismes de la parole.

L'analyse des idéologies peut informer sur elles-mêmes comme sur la pratique globale d'une société donnée puisqu'elles sont partie prenante de cette pratique. De même que l'observation de la pratique sociale et une certaine

---

[27] *Ibid.*

[28] Cf. D. PERELMAN, *Éléments d'une théorie de l'argumentation*; E. BENVENISTE, *Problèmes de linguistique générale*, p. 86.

[29] Cf. MERCIER, « Remarques sur la signification du « tribalisme » actuel en Afrique Noire », *Cahiers internationaux de sociologie*, XXXI, 1961, pp. 61-68.

[30] *Pour Marx*, p. 242.

connaissance préalable du « milieu » comme de la situation peuvent informer sur les idéologies et en faciliter l'analyse. Si les idéologies ne sont qu'un niveau d'un système social, il est méthodologiquement opératoire de partir d'elles pour viser la compréhension du système global.

Sans un traitement mécanique ou électronique du discours idéologique, sans sa réduction à quelque magique modèle formel — cette « grande manœuvre » que doit souvent donner en spectacle l'apprenti-sociologue devant les doctes et qui sanctionnera son passage à la maîtrise (noblesse oblige) — est-il encore possible de maintenir un rapport d'objectivité avec l'objet ? Quels sont les moyens de contrôle de l'analyse ?

Il y a d'abord la méthode de compréhension qu'on peut résumer par le terme *d'empathie*. Pour arriver à décoder les multiples rapports qui existent dans le champ idéologique, soit ceux de l'idéologue à son public, des idéologues et des publics entre eux, aussi des autres agents signifiants tels que les chefs qui ne sont pas aussi idéologues, il faut arriver à se situer dans ce champ et à modifier sa propre situation à volonté. L'observateur ou l'analyste doit parvenir à se mettre dans le vécu de l'autre — son objet — indépendamment de ses affinités, sympathies et antipathies dans la vie quotidienne. C'est alors seulement qu'il pourra donner des vécus une interprétation première adéquate, par *compréhension*[31].

Un exemple magistral de ce traval a été donné par J.-P. Sartre dans ses travaux sur Flaubert[32]. L'auteur a pu écrire plusieurs milliers de pages sur un écrivain qui, au départ, lui inspirait beaucoup de répugnance. Mais par la fréquentation assidue de ses œuvres et par l'étude minutieuse de la situation de l'époque, il est arrivé à dépasser ce rapport « naturel » de répulsion et à se placer dans le vécu de Flaubert comme dans sa maison et au XIXᵉ siècle comme dans son temps.

Il n'y a pas au départ de technique ni d'instrument préfabriqué pour la pratique de cette méthode par compréhension. C'est l'objet lui-même qui doit déterminer la méthode de pénétration. Chaque situation de recherche sera différente, parce que chaque rapport unique. Il suffit de trouver le lieu du « contact ». Pour cela, une seule règle : la fréquentation régulière,

---

[31] « Comme l'a montré, à maintes reprises, l'étude des sociétés sans écriture, les sentiments de crainte mystique, de répulsion, d'exotisme que l'on éprouve à l'égard d'une culture étrangère peuvent s'affaiblir, au point que l'on peut parvenir à la familiarité la plus parfaite avec la vision du monde des sujets que l'on étudie. » (Erving GOFFMAN, *Asiles*, p. 182.)

[32] J.-P. SARTRE, *l'Idiot de la famille*.

assidue des textes, les lectures multiples, les recours méthodiques aux documents complémentaires, annexes et connexes, bref, la fouille passionnée à la recherche du détail significatif. Ce travail est similaire à celui de l'historien, avec cette différence qu'il est souvent possible — comme c'est le cas pour cette étude — de retourner à la source *vivante* pour contrôler une interprétation. L'historien est privé de l'expérience ethnographique, le magnétophone lui est inutile. Dans la recherche historiographique, le sujet et l'objet sont tous deux historiques; dans la recherche sociologique, ils sont aussi historiques, mais encore vivants, contemporains.

Cette approche par compréhension est d'autant plus difficile que l'analyste est étranger à l'objet, à la situation, à la société à étudier. Encore une fois, et contrairement à une idée trop bien reçue, la familiarité avec l'objet et sa connaissance de l'intérieur sont un pré-requis à l'analyse. Le passage d'une culture à une autre est aussi pénible pour l'anthropologue que pour l'immigrant, l'euphorie du dépaysement et l'avantage heuristique du voyage n'étant qu'illusions hallucinantes du touriste de l'esprit comme de la géographie[33].

« L'interprétation, écrit Paul Ricœur, est le travail de pensée qui consiste à déchiffrer le sens caché dans le sens apparent, à déployer les niveaux des significations impliqués dans la signification littérale[34]. » L'histoire est superposition de sens : Michel Foucault a popularisé dans les sciences humaines cette image des « couches géologiques » de la signification. L'analyse des idéologies doit être ce va-et-vient entre les significations, des plus apparentes aux plus cachées, dans une coupe synchronique comme dans l'histoire, l'analyse la plus « géniale » étant celle qui est allée au plus profond comme le plus loin latéralement. Au-delà du langage « réel » (de surface) et du sens donné, elle doit pouvoir découvrir un langage et un sens *possibles*, ce que Lucien Goldmann désignait aussi par le concept de « conscience possible[35] ».

L'interprétation, objectera-t-on, peut se poursuivre indéfiniment : on a pu parler du « temps circulaire » de l'interprétation. Elle est toujours ouverte et, comme l'histoire, inachevée. Michel Foucault la comparait à l'expérience de la folie : « Cette expérience de la folie serait la sanction d'un mouvement de

---

[33]Cf. Robert JAULIN, *la Paix blanche*; voir aussi le très révélateur journal posthume de MALINOWSKI, *A Diary in the Strict Sense of the Term.*

[34]Paul RICŒUR, « Existence et herméneutique », *Dialogue*, IV, 1965, pp. 5-16.

[35]Lucien GOLDMANN, *Recherches dialectiques.*

l'interprétation qui s'approche à l'infini de son centre, et qui s'effondre, cal-
ciné[36]. » Mais, outre qu'elle peut revenir sur elle-même, on peut la confronter avec les interprétations d'autres objets ou niveaux du système social et
interroger leur compatibilité, la logique de l'ensemble, passer des idéologies
aux classes, aux pouvoirs, à certains événements, à d'autres idéologies etc.
Plus les unités d'analyse sont circonscrites, plus leur contrôle par comparaison avec d'autres unités est aisé. Mais quand il s'agit d'un objet à grandes
dimensions comme une société globale, alors le contrôle consiste à confronter plusieurs interprétations, si elles existent. « Une chose est certaine, écrit
Max Weber : plus le problème en question est « général », ce qui veut dire
en l'occurrence plus sa signification pour la culture est importante, moins il
est susceptible d'une solution univoque à partir des matériaux que fournit le
savoir empirique, car plus aussi interviennent les axiomes ultimes, éminemment personnels, de la foi et des idées axiologiques[37]. »

Une interprétation globale devrait revenir, non seulement sur son cheminement afin d'éliminer au maximum l'arbitraire, mais aussi sur l'interprète
et sa propre expérience afin de pouvoir justifier, en toute connaissance de
cause, la démarche de l'interprétation. À la différence d'une démarche
scientifique mécaniciste qui prétend pouvoir « démontrer » ses résultats par
la seule administration de la preuve, l'interprétation ne peut prétendre qu'à
justifier son propre « style ». C'est pourquoi l'interprétation, selon Granger,
« est essentiellement affaire de style[38] ». Ce qui ne veut pas dire qu'elle est

---

[36]Michel FOUCAULT, « Nietzsche, Freud, Marx », dans *Nietzsche*, Cahiers de Royaumont,
Philosophie VI, Paris, Éditions de Minuit, 1967, p. 189.

[37]*Essais sur la théorie de la science, op. cit.*, p. 129.

[38]Gaston GRANGER, *Essai d'une philosophie du style*, p. 302. L'épistémologie moderne a depuis longtemps fait la critique du positivisme, et pourtant l'attitude et l'éthos positivistes continuent de régenter la sociologie appliquée. L'opposition de l'individuel et de l'universel, de
l'objectif et du subjectif est encore souvent considérée comme pertinente. Voici par exemple en
quels termes Rudolph Steiner, en 1895, faisait la critique de cet éthos scientifique : « That the
human personality, out of its own capacities, can instill meaning into the happenings of reality,
and can supplement the *unknown factors* which rule in the transition of events : modern scholars
do not think at all about this. They want merely to observe and describe the appearances, but
not *interpret* (souligné par moi) them. They want to remain with the factual, and will not allow
the creative fantasy to make a dismembered picture of reality... It is the ascetic ideal which
controls the fanatics of factualty. They would like a truth *beyond* the personal individual
judgment. What the human being can « imagine into » things, does not concern these fanatics.
« Truth » to them is something absolutely perfect — a God; man should discover it, should sur-
render to it, but should not create it... » (Dans *Friedrich Nietzsche*, pp. 86-89.)

subjective, ni qu'elle est réductible au seul individu qui la fait. Dans le cas de l'interprétation, l'individuation stylistique est aussi fait de culture, non pas fait individuel comme peut l'être une œuvre d'art[39]. C'est le *point de vue* qui crée l'objet et qui oriente la méthode de son analyse, et le point de vue est finalement affaire de culture. Nous sommes renvoyés à la proposition déjà formulée selon laquelle toute sociologie est un parti-pris sur l'objet et à son corollaire selon lequel toute théorie sociologique doit être enracinée, « paysanne » si on accepte le mot dans toute sa noblesse.

Enfin, la *théorie* constitue un efficace et permanent repère pour l'interprétation. La médiation de la théorie entre le sujet et l'objet a pour effet de briser le syncrétisme totalisant de leur association et de réfléchir les significations premières ou vécues de leur rapport. La théorie est technique d'objectivation et de distanciation, autant qu'instrument d'interprétation. Elle crée l'objet, mais elle situe aussi le sujet dans un noùveau rapport à cet objet. C'est en ce sens que F. Dumont a pu parler des théories comme de « traditions critiques ». « Traditions », car elles ont une histoire et un fondement dans la culture qui les a vues naître. F. Dumont parle aussi de « culture seconde[40] », pour les distinguer des traditions communes. Mais traditions « critiques » en tant qu'elles agissent sur les premières par contestation permanente : « La théorie, l'explication serait donc essentiellement, comme les techniques d'observation, un ensemble de *feintes* par rapport à l'expérience habituelle du monde que l'observateur scientifique partage avec tous les hommes[41]. »

III. Le découpage de l'objet

Quatre unités de discours ont été jugées suffisamment singulières et fournies pour faire l'objet d'analyses séparées et pour ensemble rendre compte de la production idéologique de la société globale et, par la suite, de cette société elle-même : celles de la Société Historique Acadienne, de la Société Nationale des Acadiens, du Ralliement de la Jeunesse Acadienne de 1966 et du mouvement néo-nationaliste des années 1967–1970. Un tel découpage de la parole collective ne va pas de soi et peut même surprendre quand de tradition en Acadie on n'a connu et reconnu qu'un seul discours national et

---

[39]Gaston GRANGER, *op. cit.*
[40]Cf. *le Lieu de l'homme.*
[41]*La Dialectique de l'objet économique*, p. 11.

une source unique d'émission de ce discours. Aussi faut-il exposer et expliquer toutes les « raisons » de ce traitement.

1. Les quatre discours ont en commun d'être écrits, même si souvent l'écrit n'est que la transcription d'un discours qui fut d'abord donné oralement. Ce caractère d'écrit est très important, outre l'avantage qu'il a pour la recherche de se livrer dans son achèvement et d'être totalement indépendant de la relation au chercheur (ce qui n'est jamais le cas dans une entrevue, pour un questionnaire ou généralement pour toute situation expérimentale).

Le passage de l'oral à l'écrit est comme la sanction collective d'une parole individuelle. Il n'est pas systématique, mais sélectif. On ne publie pas dans la société acadienne n'importe quoi, n'importe où et n'importe comment. Là où les écrits sont rares, toute publication d'une parole imprimée devient un fait social très significatif qui n'a pas d'équivalent dans les sociétés « bavardes », surproductrices d'écriture.

Ce qui caractérise l'écriture acadienne, ce n'est pas une certaine valeur d'échange sur le marché des biens culturels (dans les quatre cas considérés, l'impression et la diffusion des écrits est déficitaire). La fonction idéologique est essentielle, quasi absolue. Voici par exemple ce que pouvait dire le président de la Société Nationale : « Je formule le vœu que le Conseil de la Société consente à consigner le texte des conférences, causeries et discours prononcés au cours de ce congrès dans un volume qui reçoive la plus large dissémination possible. Je formule le vœu que ce livre devienne la Bible de la Société Nationale... Ainsi, il attestera que la nation acadienne prend bel et bien, elle aussi, figure d'un peuple aux idées claires et au parler franc[42]. » L'écriture est sacralisation de la parole, aussi institutionnalisation du discours qui prend désormais valeur d'exemple, valeur normative.

2. Les quatre discours ont aussi en commun, du fait qu'ils sont écrits, le caractère de légitimité. Les Cahiers de la Société Historique, les écrits de la Société Nationale, les textes du Ralliement et les journaux des étudiants empruntent les mêmes canaux de diffusion, sont imprimés dans les mêmes ateliers, passent par les mêmes instances de légitimation. Chacun a statut reconnu dans la société, chacun répond officiellement à une fonction sociale distincte. On ne peut donc considérer aucun de ces discours comme marginal et par conséquent contester de ce point de vue l'égalité de traitement que l'analyse leur fait subir.

---

[42] Louis Lebel, « Séance d'affaire du XIIe Congrès national », S.N.A., 1960.

3. Chaque discours a un public, des définiteurs, des fonctions manifestes spécifiques. Ils permettent de situer quatre lieux de définition idéologique dans la société. Pourtant, la séparation des publics et des idéologues n'est pas toujours rigoureuse. On rencontrera parfois les mêmes signatures aux bas des textes importants de la Société Historique et de la Société Nationale, le passage aussi de certains idéologues du Ralliement dans le mouvement néo-nationaliste qui lui succède.

4. Finalement, le caractère commun essentiel à ces quatre discours est qu'ils visent chacun directement ou indirectement à définir le nationalisme acadien et à conquérir le même public, soit l'ensemble de la population acadienne (essentiellement du Nouveau-Brunswick). Celui qui s'attire tous les titres de noblesse est bien sûr émis par la Société Nationale. Elle revendique l'unique pouvoir légitime de définition du nationalisme, elle prétend être l'interlocuteur représentatif du peuple acadien tout entier dans les relations avec l'extérieur.

Le discours historique, lui, par définition, vise à donner un sens à l'histoire passée. Dans sa spécialisation, il est partie intégrante du discours national. Il revendique l'autorité dans l'interprétation de l'histoire, il donne le code à partir duquel on chiffre et déchiffre l'histoire à faire comme l'histoire passée. Il pourrait facilement entrer en conflit avec le premier, donner en son autonomie définition différente du nationalisme acadien. Mais il n'en est rien. On verra que les deux discours sont intimement complémentaires, souvent identiques.

Quant au Ralliement et au mouvement néo-nationaliste qui lui succède, ils n'avaient pas pour fonction explicite de définir eux aussi le nationalisme acadien. Mais ce sont deux lieux que de nouveaux idéologues ont investis pour donner définition concurrente du nationalisme, que les auteurs ont appelé néo-nationalisme. Des intellectuels et des leaders étudiants ont défini de nouvelles fonctions aux lieux spécialisés qu'ils occupaient dans la société et de là ont créé un nouveau langage. Ils ont visé, à partir de leur public restreint, le même public que la Société Nationale et la Société Historique. Problème de pouvoir et de légitimité. Mais aussi — et en ce qui concerne ce travail : surtout — problème de culture où un discours originellement unique se dédouble en deux discours concurrents, finalement en deux projets collectifs différents, chacun exclusif.

Quatre unités de discours, mais deux forces visant le même but et entrant en concurrence, tel est l'enjeu du présent découpage de la production idéologique. Les sujets ? D'un côté l'élite traditionnelle définitrice légitime du

vieux nationalisme acadien, la bourgeoisie professionnelle militant dans les
œuvres nationales. De l'autre, une élite potentielle que l'Université de
Moncton a regroupée, qui a trouvé en ses lieux un public d'élection, qui n'a
pas accès autonome à tous les privilèges de l'élite traditionnelle ni à tous ses
pouvoirs, à qui échappe en partie la définition de ses rôles et de ses statuts,
qui, régionalisée, séparée, minorisée, va tenter d'un même coup de créer
parole collective, public, lieu, statut, fonction, pouvoir, en même temps
nouveau monde et nouveau rapport au monde.

Nouvelle élite ou jeune élite ? Reproduction des mêmes caractéristiques
fondamentales de classe ou bien émergence d'un nouveau personnage, l'intellectuel ? Modernisation d'un discours ancien ou bien création d'un discours nouveau ? L'université, lieu d'émission du discours néo-nationaliste,
est-elle un nouveau lieu de définition des finalités collectives réellement
concurrent de la Société Nationale ou est-ce le lieu d'initiation et l'espace de
consécration des passages rituels dans l'ordre des notables et dans la lignée
des chefs nationaux ? Car l'université, extension du collège classique, ne
produit-elle pas encore ce même type de leader, d'idéologue et de chef national dont il n'est d'autre exemple que celui de l'actuelle bourgeoisie professionnelle au pouvoir ?

Quelle est la place du clergé dans ce découpage ? Question qui vient tout
de suite à l'esprit quand on sait le rôle qu'il a joué tant au Québec que dans
l'histoire acadienne. Le clergé n'émet pas dans la société un discours particulier, mais il est présent dans toutes les institutions nationales et il contribue à définir l'idéologie nationale. Il est là, à la Société Nationale comme à
la Société Historique, il est encore là au Ralliement. Mais il est significatif
que son rôle s'exerce avec discrétion, voire dans l'anonymat[43]. Dans la dernière décade, on a assisté en Acadie à la laïcisation des institutions nationales, notamment l'Université de Moncton et l'*Évangéline*. Le prêtre est définiteur au même titre que le patriote laïc ; l'évêque a toujours rôle idéologique prépondérant, mais non exclusif. L'élite nationale porte indifféremment
cravate ou soutane, la préférence allant de plus en plus à la première.

Quel peut-être le rôle idéologique des leaders populaires, par exemple de
représentants syndicaux, de chefs de mouvements professionnels, de coopératives etc. ? Nul, s'il n'est canalisé vers la Société Nationale. Les nouveaux
leaders sont encore indifférenciés des notables traditionnels qui se frayent une

---

[43]Cf. document cité plus loin concernant la politique du clergé dans l'administration et la direction du journal l'*Évangéline*.

réputation à partir de l'unité paroissiale. La structure sociale traditionnelle et la vieille idéologie unitaire qui tire toute sa force de la fonction mythique ferment l'univers de l'action et celui de la parole.

Il faut pourtant signaler l'apparition de nouveaux leaders locaux à l'occasion de la création (importée) des Comités Régionaux d'Aménagement (C.R.A.N., C.R.A.S.E., C.R.A.N.O., dépendant du programme fédéral A.R.D.A.) dans plusieurs régions d'Acadie. Il est significatif que ces institutions soient d'initiative fédérale et que leur organisation et leur financement dépendent en grande partie d'Ottawa[44]. La pratique de l'animation par villages et régions et le développement de l'idéologie, de la politique comme de la pratique de la participation ont révélé de nouveaux leaders populaires. C'est aussi vers ces organismes de « développement » que se sont dirigés d'anciens leaders étudiants, interdits qu'ils étaient d'œuvrer dans les institutions traditionnelles acadiennes et attirés par l'aspect « pratique » du travail « à la base ». Création de nouveaux pouvoirs ? Création de nouveaux lieux d'émission idéologique et d'un nouveau discours collectif ? Certainement. Cependant, le phénomène est très nouveau, encore localisé et il n'a pas permis pour la période considérée l'explicitation d'un discours concurrent du vieux nationalisme et autonome vis-à-vis du néo-nationalisme. Il faudra, à l'avenir, y accorder toute l'importance qu'il mérite et y attacher la plus grande attention.

Quant aux leaders et élus politiques, ils œuvrent et parlent dans le cadre provincial, ils se sont inscrits dans le jeu politique de la société anglaise qui définit ses règles. Ils peuvent être les idéologues d'un parti, non pas les idéologues du nationalisme acadien. Car il entre dans les règles du nationalisme acadien comme de la politique anglaise de ne pas confondre les rôles, de ne pas mêler les discours. Les attentes des deux publics sont fort différentes, sinon incompatibles. Le code de la « bonne entente » entre les deux sociétés définit toujours les lieux et les modes d'exclusion et de participation : « We should remember that together we have touched the grandeur and sweetness of CANADA and we should not allow it to be spoiled by either English or French nationalism[45]. »

---

[44] Cf. la thèse d'Alain EVEN, *les Blocages socio-culturels au développement économique dans le Territoire Pilote.* Des extraits ont été publiés dans *Recherches sociographiques,* septembre-décembre 1971, 3.

[45] Claude CAIN, éditorial de CKCW reproduit dans *l'Évangéline* du 14 février 1968. Ces remarques sont bien sûr très générales à défaut de recherches précises dans ce domaine. Il serait fort intéressant d'analyser le changement qu'a pu provoquer l'élection de Louis Robichaud à la tête du gouvernement provincial, tant du côté acadien que dans le rapport à la société anglaise.

Ainsi, les quatre unités de discours se réduisent à deux discours nationalistes définis, l'un par la bourgeoisie traditionnelle et le clergé, l'autre par une jeune génération d'étudiants et d'intellectuels regroupés surtout à l'Université de Moncton. Les deux forces sociales en présence ne sont certes pas égales, mais leurs discours sont comparables, tous les deux visant à se donner la plus grande cohérence possible, chacun définissant aussi un projet pour la collectivité tout entière.

Il reste à rendre compte des exclusions et des limites du présent découpage de la parole collective acadienne.

1. D'abord, quel traitement a été réservé au journal l'*Évangéline* ? Pourquoi n'a-t-il pas été analysé systématiquement alors qu'il offrait d'emblée le matériel le plus régulier de diffusion idéologique ?

Premièrement, j'ai considéré que le journal ne faisait que vulgariser les thèmes idéologiques définis par les chefs de la nation. Il ne donnait qu'une « routinisation » du discours original, une sorte de document de deuxième main. En effet, les idéologues n'écrivaient pas directement dans le journal. Ce qu'on y trouvait, c'était des extraits ou des compte rendus de leurs discours.

Deuxièmement, alors qu'il y avait grande continuité à la S.N.A. et dans les rangs du collège des notables, on assistait à l'*Évangéline* à une succession chaotique de rédacteurs après les départs de Jean Hubert et Émery Leblanc en 1963 et 1964. Ce qui avait pour conséquence des variations sensibles dans l'idéologie des éditoriaux. Tantôt un éditorialiste non acadien prenait ses distances vis-à-vis de l'idéologie officielle à l'exemple de Jean Hubert, tantôt un éditorialiste acadien redéfinissait les positions du journal dans la plus orthodoxe tradition. Il fut même des périodes sans éditoriaux, comme après le départ de Jacques Filteau en 1968.

Troisièmement, ce n'était pas toujours des journalistes qui écrivaient les éditoriaux. En effet, en 1969-1970, un comité de rédaction fut institué à l'*Évangéline* qui groupait quelques-uns des idéologues les plus écoutés de la société. Leurs éditoriaux parurent pendant environ un an, anonymement. Ces documents prennent une importance exceptionnelle, mais ils s'apparentent au discours de la S.N.A. plus qu'à celui du journal. Le journal prenait pendant cette période le relais de la Société Nationale en crise.

Pour ces différentes raisons, a été privilégié avant tout le discours original de l'élite plutôt que les éditoriaux réguliers des journalistes (qui n'étaient pas toujours sans originalité) en attachant pourtant la plus grande attention aux éditoriaux de 1969-1970 émanant du « comité de rédaction ». J'ai dû feuilleter tous les journaux de 1955 à 1971 à la recherche de documents concernant surtout la Société Nationale, par exemple, des extraits de discours ou des commentaires d'un chef ou d'un grand dignitaire du clergé sur un événement important. La lecture du journal, outre le découpage de morceaux idéologiques, est indispensable pour se situer dans l'époque étudiée et revivre l'histoire de la façon dont elle a été écrite par les protagonistes.

De quels autres documents écrits pouvait-on disposer dans la société acadienne pour l'analyse des idéologies ?

2. La *Revue Économique* et la *Revue de l'Université de Moncton*. Ces deux revues universitaires successives ne fournissent pas grand matériel idéologique sur le nationalisme acadien. Leurs articles sont très spécialisés, très divers aussi. Les auteurs sont professeurs à l'Université, souvent étrangers à la société et à la culture acadienne. Les deux revues n'ont aucune unité idéologique, elles ne sont pas le canal d'expression d'un groupe social homogène comme pouvait l'être par exemple le journal des étudiants.

Pourtant, des idéologues se sont servis de la revue pour diffuser leurs analyses sur la société acadienne. Il s'agit en particulier de Jean Cadieux et de Camille Richard, respectivement professeurs de sciences commerciales et de sociologie. Parce que leurs analyses étaient spécialisées et qu'elles marquaient un décalage par rapport au discours traditionnel, il était attendu qu'elles soient publiées dans une revue à public restreint. Mais aussi, parce que les discours de ces idéologues entraient en concurrence — subtile ou ouverte — avec le vieux discours nationaliste, ils trouvaient dans la revue leur lieu d'élection qui aurait pu devenir le lieu de contestation principal du vieux nationalisme. Ce ne fut pas le cas. Parce que les idéologues néo-nationalistes étaient trop rares et que le consensus n'était pas réalisé à la revue, elle continua d'être essentiellement un organe de publicité pour l'Université de Moncton.

3. Le journal *Liaisons*. Avant 1967, ce journal des étudiants du Collège Saint-Joseph ne touchait que de loin au nationalisme acadien et, quand il le faisait, c'était en affinité avec l'idéologie dominante. Feuille de collège, il n'était pas un lieu spécifique de définition idéologique. Son intérêt était surtout corporatiste. Même pendant le Ralliement, il resta indifférent au débat sur le nationalisme acadien. C'est en 1967 que sa formule changea, sous l'impulsion d'une nouvelle équipe de rédaction. Deux derniers journaux parurent, puis *Liaisons* fut remplacé par *l'Insecte*. Ce n'est qu'à partir de ces derniers numéros que le journal des étudiants de l'Université de Moncton prend orientation nettement nationaliste, dans le chemin défini par le Ralliement.

4. *Littérature, poésie, théâtre.* Après quelques entrevues et des tentatives de recherche, il fallut bien se rendre à l'évidence que la production littéraire contemporaine en Acadie n'était pas suffisante pour en faire une sociologie. Il y avait bien des poètes, mais leurs œuvres n'étaient pas imprimées. Dans *l'Évangéline*, on publiait régulièrement les poèmes des lecteurs, mais ces œuvres ne pouvaient être reconnues comme significatives du point de vue de la société globale. Et rarement elles étaient nationalistes. Finalement, un nom, celui de Raymond Leblanc dont on a lu un extrait de *Acadie*, s'imposait en poésie, un autre, celui de Antonine Maillet, en prose, au théâtre. Tous deux jouissaient d'une notoriété suffisante dans la société.

Le cas de Raymond Leblanc était particulier puisqu'il était idéologue du néo-nationalisme et qu'il définissait explicitement ses idées en prose. Il n'était donc pas utile de faire double usage de sa production. Restait Antonine Maillet. Un auteur de quelques œuvres ne pouvait suffire à alimenter une analyse de la parole collective, de son expression symbolique[46].

Il aurait fallu un nombre suffisant d'œuvres et d'auteurs pour soumettre le discours littéraire au même type d'analyse que le discours proprement idéologique. Ce qui avait été possible pour le discours historiographique grâce aux Cahiers de la Société Historique ne l'a malheureusement pas été pour le discours littéraire.

5. *Lacunes ou exclusions.* Restent des documents écrits importants tels que le *Madawaska*, journal hebdomadaire du Nord-Ouest du Nouveau-Brunswick, le *Reflet du Nord*, hebdomadaire du Nord-Est, et d'autres publications périodiques comme celles du C.R.A.N. (Comité Régional d'Aménagement du Nord) et autres institutions régionales. Ces journaux ont délibérément été écartés au départ pour deux raisons : premièrement, je ne connaissais ni l'une ni l'autre région, ayant vécu seulement dans la troisième région de l'Acadie, celle de Moncton. L'observation et la participation à la vie collective de la société étudiée me paraissant importantes, j'ai écarté la possibilité d'entreprendre l'étude d'une idéologie régionale sans en connaître les conditions de production ni les acteurs.

Deuxièmement, les idéologies qui étaient explicitées à Moncton étaient les idéologies de la société globale. Nationalisme et néo-nationalisme aca-

---

[46]À l'époque où ce travail a été conçu, Antonine MAILLET n'avait pas encore publié *la Sagouine*. On sait le grand succès que cette pièce a remporté depuis la consécration dont elle a bénéficié dans la société acadienne.

diens étaient définis à Moncton par la Société Historique, la Société Nationale, les intellectuels et étudiants de l'Université de Moncton où des leaders de toutes les régions étaient regroupés. Dans aucun des quatre discours le problème régional n'est traité avec une attention particulière, seulement mentionné comme étant encore une entrave à l'unité nationale. L'Acadie des trois régions est la société globale significative du point de vue des idéologies dominantes, point de vue qui a aussi été emprunté pour cette recherche.

Toutefois, ce choix ne nie pas la différence ni la possibilité d'idéologies régionales qui définiraient pour ces collectivités restreintes des projets collectifs autonomes. Il n'en traite pas. Est-ce une lacune importante ou secondaire ? Seule l'analyse systématique de ces idéologies régionales, si elles existent, pourra trancher la question. Comme je n'ai pas eu connaissance de projets autonomistes de la part du Madawaska et du Nord-Est indépendants du projet d'annexion au Québec qui fut explicité par le mouvement néo-nationaliste et dans lequel figurent plusieurs idéologues des régions et surtout du Nord-Est, j'ai cru bon de mettre le sujet entre parenthèses, de le tenir pour non significatif du point de vue de la société globale et de cette recherche.

Tel est le découpage de la parole collective qui semblait le plus adéquat aux buts visés : la compréhension et l'explication du nationalisme acadien comme idéologie de la société globale. Il avait cet avantage de rompre partiellement avec les catégories du vieux nationalisme qui refusait de reconnaître l'existence d'un néo-nationalisme concurrent dans la société et mettait tout en œuvre pour le réduire, au mieux, à son « style », au pire, à néant. Il avait aussi cet intérêt de mettre en rapport deux discours qui entrent dans le jeu du même et du différent, de la tradition et du nouveau, de la continuité et de la rupture. Le conflit et l'état de crise que chacun des discours diagnostiquait se trouvait reproduit dans la topologie de l'objet.

Mais aussi, le fait que l'un des discours soit indirectement idéologique — le discours historiographique — introduisait une autre dualité intéressante dans le travail, celle du mythe et de l'idéologie, des fondements culturels du discours et de la parole actualisante. Sans l'analyse du discours historiographique, il eût été difficile, peut-être impossible, de découvrir dans les trois autres discours leur lieu profond de résonance commune et harmonique. Dans le même sens, il est regrettable que le « matériel » littéraire ait été insuffisant pour en faire l'analyse. Car le discours littéraire et surtout le discours poétique situe en un autre lieu la ou les mêmes lectures du monde que faisaient l'historiographie et le discours proprement idéologique, il en donne une intelligibilité plus profonde, il révèle en une cohérence maximale la « conscience possible » des groupes, de la société globale[47].

Enfin, j'ai séparé le néo-nationalisme du Ralliement et du mouvement étudiant. Il aurait été possible de regrouper tous leurs textes pour n'en faire qu'une seule analyse. Mais comme il s'agissait, dans l'ordre de l'action et de l'histoire, de deux mouvements très distincts, comme chacun avait produit son propre discours, il était aussi intéressant d'en faire des analyses séparées. Les deux analyses successives ajoutaient à la dimenson synchronique de l'analyse globale la dimension historique, plutôt une deuxième phase à cette histoire du nationalisme, la première étant la genèse, à partir du nationalisme traditionnel, du néo-nationalisme.

On pourrait bien sûr continuer la lecture et l'étude de la parole collective acadienne avec les journaux nationaux et locaux et les publications périodiques de certaines institutions secondaires. Ce travail aurait surtout un but de contrôle. Car à moins que les prolégomènes à une idéologie régionale autonomiste ne soient explicités en un mystérieux sanctuaire de la région de Caraquet ou d'Edmundston, on peut considérer que les unités de discours retenues font la somme significative de la production idéologique acadienne de la dernière décade.

IV. La période considérée

Unité de lieu, unité de temps : les règles de la tragédie classique sont applicables à l'analyse sociologique. Le lieu des quatre unités de discours, c'est le nationalisme acadien, leur temps, c'est la période contemporaine ou la dernière phase de cette période dont on peut situer les débuts entre 1955 et 1960. C'est de ces dix dernières années qu'il sera question dans ce travail, la décade 1960-1970, avec très peu de références à l'histoire passée. Car les travaux scientifiques dignes d'attention sur l'histoire de la société acadienne sont rares et les recherches proprement sociologiques, à part celles en cours de Camille Richard, pratiquement inexistantes. Mais aussi, le matériel à analyser pour la période contemporaine est suffisamment abondant pour ali-

---

[47] « Les œuvres philosophiques, littéraires et artistiques s'avèrent avoir une valeur particulière pour la sociologie parce qu'elles se rapprochent du maximum de conscience possible de ces groupes sociaux privilégiés dont la mentalité, la pensée, le comportement sont orientés vers une vision globale du monde... » (Lucien GOLDMANN, la Création culturelle dans la société moderne, p. 22.)

menter ce travail. Toute analyse comparative et historique pourra et devrait faire l'objet de recherches ultérieures.

Qu'est-ce qui caractérise cette période ? Qu'est-ce qui autorise à tenir ce découpage historique pour significatif ?

La nouvelle production idéologique des années soixante correspond à une praxis nouvelle dans la société. Quatre lieux de définition idéologique, dont trois vraiment nouveaux — la S.N.A. n'étant que le renouvellement de la vieille Société Nationale l'Assomption — sont créés en l'espace de dix années. Ils ont tous pour objet le nationalisme acadien, soit la théorie qui crée la société globale. Le fait est suffisamment important pour justifier l'attention prolongée sur cette période où les principaux symboles collectifs et les anciennes définitions sont déterrés, soit pour démontrer la solidité des fondations, soit au contraire pour en prouver la vétusté.

Si l'ancien nationalisme des premières conventions acadiennes s'était prolongé comme tradition explicite jusqu'en 1955[48], il apparaît clairement que l'année 1955 marque la fin d'un règne, et l'année 1960 le début d'un nouveau. 1955 est l'année de la commémoration du bicentenaire de la déportation des Acadiens, fête nationale très importante dans le calendrier acadien, à haute signification mythique. Elle tient lieu dans l'histoire récente de cérémonie de passage, en même temps clôture et ouverture, transition symbolique entre le passé et l'avenir. Plusieurs textes et de nombreux indices viendront confirmer cette interprétation.

Après les fêtes, en 1957, après la rencontre dûment préparée des principaux chefs nationaux (anciens et nouveaux), on assiste à la naissance de la Société Nationale des Acadiens. Et, en 1960, se tient le premier grand congrès acadien du nouveau règne de la Société Nationale. C'est aussi l'année de création de la Société Historique Acadienne; l'année où Louis Robichaud, un Acadien, devient premier ministre du Nouveau-Brunswick. Et n'oublions pas que, dans la province voisine, c'est aussi l'année de la prise de pouvoir de Jean Lesage, soit le début de la fameuse « révolution tranquille » dont on n'a pas fini d'analyser les multiples implications sociologiques.

En 1960, de nouveaux chefs nationaux prennent la parole et définissent de concert les grandes orientations d'un nationalisme acadien qui se veut renouvelé, adapté aux temps présents, plus pratique que sentimental. Bref, une nouvelle théorie de la société se trouve explicitée et acclamée en ce congrès

---

[48] Ici encore se fait sentir l'urgent besoin de recherches en sociologie de l'histoire acadienne.

de Memramcook qui se donne comme la cérémonie d'inauguration d'une « ère nouvelle », aussi cérémonie d'intronisation des grands dignitaires dans le nouveau collège directorial de la nation.

Les années soixante, « l'ère Robichaud », sont marquées par quelques événements à très grande signification pour la société acadienne : la création de l'Université de Moncton, celle d'une école normale « bilingue » à Moncton, le voyage des « Quatre Acadiens » à Paris et l'accord de coopération culturelle franco-acadienne, enfin la construction au centre de Moncton de la Place l'Assomption qui sera dominée par l'immeuble de la Société Mutuelle l'Assomption, la seule entreprise financière acadienne d'envergure extra-nationale. Bien d'autres événements et indices sociologiquement pertinents pourraient être relevés pour confirmer la thèse du changement qui intervient dans les années soixante[49]. Parmi eux, il faut insister sur la naissance du mouvement néo-nationaliste, d'abord avec le Ralliement de 1966 puis avec les grèves et les nombreuses manifestations des étudiants de l'Université de Moncton en 1968 et 1969. Bien plus que « fait de jeunesse » ou mouvement folklorique estudiantin; tout autre aussi que ces faits mythiques qu'on a dit téléguidés de Moscou, de la Havane ou de Paris et déclenchés sur place par des agitateurs étrangers, le mouvement néo-nationaliste de ces dernières années est essentiel à la compréhension des changements survenus dans la société, partie intégrante et non marginale de l'histoire contemporaine acadienne.

Ainsi la tranche de dix ans qui sert de cadre temporel à ce travail apparaît comme des plus significatives de l'histoire acadienne moderne. Le point de vue de l'analyste y retrouve d'ailleurs celui de l'analysé, catégories internes et catégories externes se trouvent ici confondues[50].

L'illusion d'imminence guette toujours l'historien ou le sociologue quand ils sont amenés à considérer la signification de leur époque dans une vision projective. Mais comment ne pas voir dans l'Acadie des années 60 une transition historique essentielle ? Le proche futur sera peut-être décisif pour les nationalismes québécois et acadiens. Les années 60 seraient-elles celles de la grande « insurrection de la valeur » avant la conquête du fait ?

---

[49]Cf. les articles de Camille RICHARD, notamment « Société acadienne et transformations sociales », *Revue Économique*, janvier 1965.

[50]Cf. deuxième chapitre.

V. Sur le plan

Ce sont les analyses de quatre unités de discours qui composent cet ouvrage : celles de la Société Historique, de la Société Nationale des Acadiens, du Ralliement et du mouvement néo-nationaliste. À cause de la plus grande production idéologique de la Société Nationale, de sa plus grande diversité et aussi de son pouvoir, deux chapitres lui sont entièrement consacrés.

Il eût été possible de lire la parole collective acadienne dans l'ordre chronologique, ou encore à partir d'une grille thématique. Il y a bien d'autres possibilités, autant que de points de vue sur l'objet. Quelle est alors la logique de la succession des analyses et de leurs rapports ? Quel projet définissait au départ tel mode de lecture et d'exposition ?

Tout d'abord, si le point de vue « historique » du procès des événements n'a pas été respecté scrupuleusement, il n'en a pas moins été reconstitué et tenu pour significatif tout au long de ce travail. Voici quelques points de repère.

C'est en 1957 qu'on commence à émettre en Acadie un nouveau discours national. Le congrès de 1960 en marque toute la vigueur et en annonce toute l'importance. Ce n'est qu'après 1960 que la Société Historique publie ses premiers Cahiers, et son discours ne devient assuré qu'après 1963. Chronologiquement, le discours de la Société Nationale est premier; viennent ensuite les Cahiers, puis le Ralliement, enfin le néo-nationalisme des dernières années.

J'ai pourtant commencé l'analyse par le discours de la Société Historique. C'était le moyen d'introduire les autres discours par leur histoire. Ce discours, peu importe qu'il soit émis après celui de la Nationale, est celui à partir duquel se développent tous les autres. Il redit le mythe originaire de l'Acadie, il refait l'unanimité quant au sens de l'histoire, il rappelle et recrée les fondements de la société et de la culture. Avant les divisions sociales et idéologiques était le mythe totalisant. C'est en lui que la vision du monde qui fait la spécificité du peuple acadien et qui est le fonds commun des différents discours est la plus transparente. On retrouvera la même structure mythique de la pensée dans chaque discours séparé. Si l'on veut, cette analyse du discours historiographique donne la clé de la suite du travail. Parce que ce discours n'est pas directement idéologique, il en dit plus sur la forme et le fond du discours collectif que tous les discours idéologiques réunis. Mais en même temps, il est une unité idéologique spécifique qui a des caractéristiques propres.

Autrement dit, la temporalité significative de l'histoire a été substituée à la temporalité évidente de la succession des événements.

Un autre exemple de ce traitement du sens historique est l'utilisation dans une même démonstration de morceaux de discours parfois éloignés de dix années ou plus. Il y a dans la culture une durée historique qui est irréductible au calendrier, comme la permanence d'une structure fondamentale dans la diversité et la succession des événements culturels. La durée d'une vision du monde peut être indéfiniment prolongée en deçà du mouvement perpétuel des formes ou des rythmes de surface. L'analyse veut enregistrer les changements et suivre les mouvements historiques des formes; en même temps elle s'attache à repérer l'invariant[51]. Elle entre dans le jeu de la dialectique (plus symbolique que logique) de la culture, lieu du va-et-vient incessant entre le fond et la forme, le fini et l'indéfini. C'est un peu comme s'il y avait deux histoires, deux durées, deux logiques aux conciliations intimes et aux connexions multiples, mais dont le jeu en cet espace de l'entre-deux serait en même temps le plus mouvant et le plus stable, sûrement le moins directement accessible à l'analyse.

De même que des temporalités apparemment différentes se rencontrent, de même les grandes unités de discours participent en un même espace au jeu de la culture. Ce n'est que pour la clarté de l'exposé qu'elles ont été traitées séparément. Leur ordre et leur découpage auraient pu être tout autres sans que l'analyse en soit sérieusement modifiée. On ne s'étonnera pas alors que des discours puissent se chevaucher dans l'histoire et partiellement se recouvrir. Tout point de vue chronologique ou unidimensionnel de l'histoire est contrarié par des courants inattendus, ironique perturbation de l'« ordre des choses », irruption soudaine du contraire, de l'autre quand on s'installait dans le même, du même quand on allait méthodiquement vers l'autre[52].

La méthode, le ton et le style pourront agacer le lecteur positiviste. Je me souviens par exemple de ces étudiants, professeurs et administrateurs de l'Université de Moncton qui tenaient pour un jeu de dilettante ces cogita-

---

[51]Cf. J.-P. HAUTECŒUR, « Variations et invariance de « L'Acadie » dans le néo-nationalisme acadien », *Recherches sociographiques*, 3, septembre-décembre 1971, p. 259-270; cf. aussi Lucien GOLDMANN : « ... toutes ces formes d'activité cognitive (la création culturelle) sont d'une part liées de manière médiate ou immédiate à la praxis individuelle et sociale et d'autre part constituées par la mise en relation entre une multiplicité de données sensibles et la création active d'un invariant..., c'est-à-dire qu'elles constituent une synthèse de passivité réceptrice et d'activité organisatrice ». (*La Création culturelle dans la société moderne*, p. 29.)

[52]Pour les fondements philosophiques de ce principe de méthode, voir en particulier Eugen FINK, *le Jeu comme symbole du monde*; Kostas AXELOS, *le Jeu du monde*.

tions sur la culture, le langage symbolique et la rituelle sociétale. Nous étions de ces « littérateurs » en voyage de divertissement dans les « Sciences sociales », laboratoire du modèle et du chiffre, sanctuaire de la « pratique », lieu de la rencontre fructueuse du « positif » et du positiviste. Au plus clair, il nous était bien signifié qu'une sociologie de l'Acadie devait avant tout s'attacher au « réel » — l'économique, la pratique linguistique, la scolarisation etc. — , que l'urgent était le « décollage » acadien dans les secteurs tenus pour les plus importants, et que par conséquent une sociologie des profondeurs, du possible et de l'impossible, du verbe et du silence était un luxe déplacé ou un investissement à perte.

L'élite et sa tradition avaient un patrimoine à protéger et à reproduire : elles gardaient en leurs arpents l'initiative et le sens de la parole collective. L'Église continuait d'assumer sa vieille mission de gardienne du patrimoine spirituel, dont le substrat sacré de la « culture ». À la science était alors dévolu le rôle de connaissance des « choses »; des « sciences sociales », on attendait un complément de l'action nationale, l'aide désormais indispensable de l'« expert en la matière ». La sociologie devait faire des enquêtes, « compiler des statistiques », passer par la machine, donner en un langage « spécialisé » et avec maintes précisions chiffrées cette connaissance dont on avait déjà l'intuition ou la confuse expérience. La statistique, dans ce dénuement de connaissances positives, apparaissait comme la grande maîtresse des sciences sociales et, par suite, de l'action nationale concertée. Science, c'est-à-dire mathématiques et machines, était synonyme de progrès. La magie positiviste pouvait aussi jouer le même rôle pour les étudiants nationalistes que le mythe pour les anciens chefs patriotiques : réaliser par le langage et dans l'espace imaginaire un équilibre qui n'existait pas dans la praxis, lever l'inquiétante incertitude de la situation.

Entre le réel et le songe, le corps et le décor, le théâtre et la vie, il y a échanges et permutations : « le mythique a partout contaminé le réel », disait Roger Caillois[53]. Et encore : « La révélation issue du rêve est une duplication qui précède et qui enchaîne le réel. Elle le fixe tel qu'il devra avoir lieu. Le futur est inconnu, multiple, indéterminé; rêvé, il devient immuable. Telle est la force du songe : plier à lui la réalité[54]. »

La fonction symbolique dans les sociétés, si elle est moins « visible » que la fonction économique par exemple (mais ici encore il faut renverser les

---

[53]Roger CAILLOIS, le Mythe et l'Homme, p. 191.

[54]IDEM, « Prestiges et problèmes du rêve », dans le Rêve et les Sociétés humaines, p. 30.

lieux communs : l'échange, tel qu'objectivé par Marcel Mauss, n'est pas un donné, mais bien ce construit qu'on n'atteint qu'après la critique de la magie perceptive et les multiples détours de l'analyse), n'en est pas moins « réelle » et fondamentale. Dans la société acadienne, elle est même essentielle. « Au sein des sociétés décomposées ou insuffisamment développées selon le type objectif auquel elles appartiennent, de sociétés dégradées ou opprimées, la représentation et les actes de possession qui l'accompagnent ne seraient-ils pas la seule manière dont ces sociétés incomplètes ou inachevées trouveraient leur achèvement[55] ? » Quotidien, sens immédiat et donné sensible ne deviennent intelligibles que par leur rapport au sacré, au caché, à l'imaginaire. Sens littéral et abondance latérale, dénotation et connotation, champ du signifié et champ du possible : c'est entre ces couples que joue l'imagination sociologique, au raffinement indéfiniment perfectible.

---

[55] Jean DUVIGNAUD, *Spectacle et Société*, p. 23; voir aussi du même auteur, « Esquisse d'une sociologie du nationalisme tunisien » dans *les Nationalismes maghrébins*, Fondation nationale des Sciences politiques, Paris, 1966, et « L'idéologie nationale en Tunisie », *Revue de l'Institut de Sociologie*, 2-3, 1967.

CHAPITRE PREMIER

LA SOCIÉTÉ HISTORIQUE ACADIENNE

« J'ai dédié ces pages à la mémoire très chère des martyrs de 1755 et pour l'édification de la piété filiale de leurs nombreux descendants afin que les pères le redisent à leurs fils et que ceux-ci le redisent à leur tour à ceux qui naîtront d'eux de génération en génération. »

(Placide GAUDET, cité par Médard LÉGER, « Placide Gaudet », la Société Historique Acadienne, Cahier II, 1966, p. 21.)

I. La Société Historique Acadienne

En 1960 est fondée, à Moncton, la Société Historique Acadienne. L'événement n'est pas vraiment une création puisque deux sociétés de ce genre auraient existé dans le passé, notamment la Société Historique et Littéraire Acadienne durant les années 30[1]. Mais ce qui va la distinguer des précédentes, c'est sa longévité puisqu'en 1970 elle a célébré son dixième anniversaire[2], sa notoriété, sa productivité tant du côté des activités dites « sociales » que de la publication des Cahiers, finalement sa fonction sociologique éminente dans la société globale.

Le projet des fondateurs doit être compris globalement dans son rapport avec le grand renouveau nationaliste acadien qui se dessine depuis 1957[3] et non pas limité à un cénacle de savants amateurs d'histoire locale assistés de vénérables dévots. En 1960 a lieu le premier grand congrès de la nouvelle Société Nationale des Acadiens (S.N.A.). La même année, Louis Robichaud prend la tête du gouvernement du Nouveau-Brunswick, événement salué par les Acadiens comme une grande victoire qui annonce une ère de collaboration plus étroite entre le gouvernement de Fredericton et l'élite française. Le projet des patriotes acadiens est à l'époque de revivifier et de retotaliser la nation quand ils prennent conscience que celle-ci risque de se désagréger faute de coordination centrale et à cause de l'état d'abandon dans lequel l'avaient laissée ses chefs depuis le dernier congrès de 1937[4].

Deux types d'action sont alors menées conjointement par l'élite : l'organisation et la redéfinition idéologique. On regroupe les hommes, on réforme les vieilles institutions, on crée des « structures » et l'on redonne vigueur à la fonction idéologique en confirmant dans leur rôle d'idéologues nationaux les intellectuels patriotes qui ont fait leurs preuves. C'est ainsi qu'il faut saisir au départ la création de la Société Historique et son projet d'écrire l'histoire : organisation d'une institution qui fonctionnera en étroite coopération avec les autres institutions nationales, notamment l'Université de Moncton et la Société Nationale, regroupement de tous les individus qui sont des militants potentiels de l'histoire acadienne, fonction idéologique du projet historiographique, essentielle à l'époque où il faut recréer l'unité par l'explicita-

---

[1] *La Société Historique Acadienne*, *Cahier* 1, Moncton, 1961, p. 5. À l'avenir, la référence aux Cahiers sera faite sans autre mention.
[2] Cf. Éditorial, *le Progrès-l'Évangéline*, 17 avril 1970.
[3] Cf. deuxième chapitre.
[4] *Ibid.*

tion de la mémoire collective et la retotalisation du temps social. Faire connaître et aimer l'histoire acadienne, n'est-ce pas là définition claire du rôle idéologique primordial de la Société Historique dans la société globale ? Pour ranimer le sentiment national et refaire l'unanimité autour des projets à prétention collective, est-il de meilleure politique que de refaire l'unanimité devant l'histoire et susciter la communion collective dans le sentiment historique ? Pour provoquer la participation au grand cérémonial de la nouvelle action nationale, est-il meilleure politique que celle qui consiste à ritualiser le rapport au passé et à instituer, selon l'expression du Père Cormier, le « culte national du passé » ?

Dans la grande errance du présent, pour sortir de la tourmente du sens multiple ou de la multiplicité tournante des significations, les sociétés ont recours d'une façon ou d'une autre et périodiquement au culte d'elles-mêmes, à ce jeu rituel de la recréation qui consiste à se représenter dans l'unité indivise du Tout, à la parole unanime et sacrée qu'est le mythe et son récit litanique. Pour déjouer tous les révisionismes idéologiques possibles, les querelles de générations, les luttes de factions, de castes ou de classes, les rivalités régionales etc., il n'est peut-être d'autre possibilité que de provoquer toute la société à sa grande prière[5], dans le recueillement et dans la communion mystique aux communes origines. Le culte au passé que comprend la fonction historiographique est une variable de la Grande Représentation que les sociétés se donnent d'elles-mêmes et pour elles-mêmes, peut-être sa formule essentielle puisqu'elle va justifier toutes les autres et leur servir d'exemple.

On trouve à l'origine du projet trois hommes de grande notoriété dans la société acadienne : le Père Clément Cormier, le Père Anselme Chiasson et Émery Leblanc. Ils sont élus respectivement dès la première année président, vice-président et secrétaire de la Société. Il ne serait pas inutile de donner quelques éléments de la biographie de ces personnages à défaut d'analyses approfondies qui, dans le cas de l'analyse des idéologies, feraient souvent avancer la recherche[6].

---

[5]Cf. Marcel MAUSS, « La prière et les rites oraux », dans *OEuvres*, pp. 355-558.

[6]Les sociologues privilégient, dans le discours idéologique, le sens collectif qu'ils découvrent à partir de leur connaissance des multiples niveaux d'une société ou d'un groupe social en délaissant trop souvent les biographies, surtout quand il s'agit d'un personnage qui a laissé une marque personnelle sensible dans l'histoire. Plus qu'aux autres niveaux peut-être, la logique individuelle de l'idéologue, celle du sujet unique intervient de multiples façons déterminantes. Une anthropologie de la société acadienne devrait constituer les biographies détaillées des chefs

Le Père Cormier est à l'époque recteur de l'Université Saint-Joseph. Son rôle dans la création de la Société est essentiel, comme il le fut dans celle de la Société Nationale des Acadiens en 1957 et dans les institutions acadiennes les plus importantes comme l'université et le journal *l'Évangéline*. En 1964, il est nommé recteur de la nouvelle Université de Moncton et occupera ce poste jusqu'à ce qu'un laïc, Adélard Savoie, le remplace. On le retrouve à la présidence de l'Association Canadienne des Éducateurs de Langue Française (A.C.E.L.F.) et au sein de la Commission royale d'enquête sur le bilinguisme et le biculturalisme à titre de commissaire. Poursuivre l'énumération de ces titres serait inutile à notre propos. Ce qu'il est important de retenir, c'est que l'homme figure là où la nation est personnellement représentée. Son rôle essentiel peut-être est d'être l'un des principaux définiteurs du nationalisme acadien contemporain. Au sein du conseil directorial de la société, il jouit incontestablement d'une autorité hiérarchiquement supérieure même si son statut clérical l'empêche en maintes occasions d'agir publiquement. Alors qu'on découvre en lui un maître-idéologue, les textes destinés au public signés de sa main sont rares. Les quelques-uns qui se trouvent dans les annales de la Société Historique et de la Société Nationale des Acadiens sont cependant fondamentaux. D'autres non signés, mais que l'exégèse et l'enquête sur le terrain ont permis de lui attribuer, ne le sont pas moins[7]. Historien-généalogiste de surcroît, cet homme de grande envergure nationale contribue au lancement de la Société Historique Acadienne. On peut déjà s'attendre à ce qu'à la Société soient attribuées des fonctions nationales importantes et que l'histoire acadienne à écrire dans les Cahiers soit investie d'une importante fonction idéologique dans la société globale.

Le deuxième personnage, le Père Anselme Chiasson, est une figure plus modeste mais bien connue par ses publications sur le folklore et les traditions acadiennes[8]. À l'homme public, au chef qu'était le Père Cormier s'oppose l'image du laborieux moine scripteur, entièrement dévoué à l'histoire et

---

et idéologues les plus importants, comme d'ailleurs le fait la tradition écrite qui réserve une place importante aux monographies paroissiales et aux biographies des citoyens illustres. Dans une société petite, compacte et très hiérarchisée, obéissant encore plus ou moins au modèle de la *folk-society*, des sujets individuels font encore l'histoire même si celle-ci ne peut se réduire à l'histoire des « grands sujets » au sens où l'entend la tradition. Les rôles du chef, du prêtre, de l'évêque, du juge y sont beaucoup plus personnifiés que dans les sociétés très différenciées.

[7] Notamment de nombreux éditoriaux anonymes du journal le *Progrès-l'Évangéline* en 1970 et 1971.

[8] Anselme CHIASSON, *Chéticamp; histoire et traditions acadiennes; les légendes des Îles de la Madeleine.*

aux traditions acadiennes. Son rêve, me disait-il au cours d'une entrevue, était depuis longtemps de fonder une société historique aux Maritimes d'où il fut pendant longtemps absent. Aussi, dès son retour à Moncton en 1959, il se consacre au projet de la nouvelle Société. C'est lui qui assurera la continuité de la Société Historique en cumulant souvent les fonctions de rédacteur, de secrétaire et de président et en assurant la publication périodique des Cahiers. Mais ici encore, la fonction spécifique d'historien n'est pas exclusive ni surtout indépendante de celle d'idéologue, elle a des prolongements patriotiques. Comme le Père Cormier, le Père Chiasson jouera le rôle anonyme d'idéologue officiel en rédigeant des éditoriaux pour l'Évangéline, et comme tous les participants à l'aventure de la Société, il agira bénévolement, « sans autre rémunération que la conscience d'accomplir un devoir patriotique bienfaisant[9] ».

Le troisième fondateur de la Société Historique est le rédacteur en chef de l'Évangéline, Émery Leblanc, connu aussi par ses publications sur les Acadiens[10]. Mais on est surpris de ne trouver de lui aucun article dans les Cahiers. Avant de quitter Moncton en 1964, il agit comme secrétaire puis comme président de la Société. On dira de lui qu'il fut « une cheville ouvrière et un animateur » regretté[11]. S'il fut important comme membre fondateur, nous ne le retrouverons pas dans l'analyse de l'idéologie des Cahiers comme nous ne trouverons qu'exceptionnellement sa trace dans les écrits de la Société Nationale.

Voici comment la constitution de la Société précise spécifiquement son projet :

Article II :

Le but de la Société Historique Acadienne est de grouper les personnes qui s'intéressent à l'histoire, surtout à l'histoire acadienne.

La principale fonction de la Société sera la découverte, la collection et la publication de tout ce qui peut contribuer à mieux faire connaître et aimer l'histoire acadienne.

La Société prendra des mesures pour conserver tout ce qui se rapporte à l'histoire acadienne, pour qu'il soit accessible à ses membres présents et futurs et à tous ceux qui s'intéressent à l'histoire acadienne.

La Société fera connaître et aimer l'histoire acadienne en suscitant la préparation d'études sur des aspects particuliers de cette histoire, en publiant des études et en les faisant connaître par tous les moyens à sa disposition.

La Société coopérera avec les autres sociétés qui poursuivent un but analogue.

---

[9]Éditorial anonyme, le Progrès-l'Évangéline, 17 avril 1970.

[10]Émery LEBLANC, les Acadiens; les Entretiens du village.

[11]Cahier 5, 1964, p. 3. Son départ de l'Évangéline est-il à associer avec celui de Jean Hubert l'année précédente ? Si c'est le cas, cela pourrait expliquer son absence problématique aux avant-gardes du pouvoir idéologique légitime (cf. chap. II).

Ainsi, la Société Historique Acadienne fournira à la société globale des scribes, grands déchiffreurs de la tradition, et des écritures historico-mythiques. Elle publiera son discours dans les Cahiers. Jusqu'en 1964, elle publie un Cahier annuel qui est expédié à tous les membres. À partir de 1964, la Société publie plusieurs Cahiers par an, au total vingt-cinq Cahiers de 1961 à 1970.

Le contenu de ces Cahiers est assez divers. On y trouve des exercices généalogiques, des documents d'archives ou manuscrits inédits, beaucoup de monographies de paroisses et biographies de « personnages illustres » écrites par des érudits comme par des amateurs, les récits de voyages des membres de la Société, des recherches plus spécialisées d'un savant collaborateur, des nouvelles locales intéressant l'histoire, etc. Selon le rédacteur, tout ce qui parvient aux Cahiers doit être publié. Car le but des Cahiers n'est pas de faire une revue scientifique destinée aux seuls spécialistes, mais avant tout d'encourager tous les amateurs de l'histoire acadienne à l'écrire et d'intéresser le plus grand nombre de lecteurs[12].

En 1967, un professeur d'histoire acadienne de l'Université de Moncton est élu au comité exécutif, et dès cette année les Cahiers publient des articles plus longs et plus spécialisés. Plusieurs Cahiers sont même entièrement consacrés à des compte rendus de recherches. Au cours d'une entrevue, le Père Chiasson déclarait que la Société devait dorénavant intégrer à son équipe des « compétences en histoire » comme les universitaires pour faire des Cahiers une contribution décisive à l'histoire de l'Acadie qui reste à écrire.

J'ai déjà signalé la création du Centre d'Études Acadiennes de l'Université de Moncton dont le Père Cormier prit la direction en 1968. Il faut encore mentionner l'ouverture d'une section d'histoire acadienne à l'Université de Moncton où plusieurs professeurs font des recherches et dirigent des thèses sur le sujet. Ces événements ont contribué à modifier petit à petit le contenu des Cahiers et à en changer parfois le vecteur idéologique. Mais ces changements ne sont utiles à notre propos que s'ils affectent de quelque façon la structure et la fonction idéologique du discours. L'on verra, au cours de l'analyse des textes, que ces changements sensibles ne produiront que quelques velléités de critique de l'idéologie dominante dans les dix dernières années analysées.

Les Cahiers sont loin d'être la seule activité de la Société Historique. La Société organise des banquets, par exemple en l'honneur d'un membre émi-

---

[12]Entrevue avec le Père Chiasson, le 24 décembre 1969.

nent qui vient de publier un ouvrage généalogique, où l'on a l'occasion
d'entendre une conférence sur un sujet historique. « Afin d'intéresser la jeunesse à son glorieux passé[13] », elle lance aussi dans les écoles des concours
en histoire de l'Acadie. Elle encourage les manifestations à caractère historique dans certaines paroisses, en invitant les intéressés à ériger des monuments à leurs pionniers fondateurs, à mettre en valeur les sites historiques au
moyen d'écriteaux. Très souvent, la présidente ou un membre éminent est
invité à venir prononcer le discours de circonstance, à dévoiler une plaque
ou un écusson commémoratif, à inaugurer un monument. Aux familles qui
fêtent leur bicentenaire, elle ne manque pas d'envoyer un télégramme de fé-
licitations. Au festival du homard de Shédiac, elle inscrit même un char allé-
gorique pour être de la parade en cette ville historique. Les activités de ce
genre sont trop nombreuses pour être toutes recensées.

Mais aussi, la Société organise des « voyages historiques » vers les
« hauts lieux » acadiens et « n'oublie pas que voyager c'est s'instruire et si
les voyages sont bien organisés, c'est s'instruire en histoire[14] ». Ces voyages
en groupe prennent le nom de « pèlerinages historiques ». Ils conduisent les
membres de la Société à Grand-Pré, à Port-Royal, Louisbourg, Beauséjour,
mais aussi en France, à Belle-Île et dans le Poitou, en Nouvelle-Angleterre,
en Louisiane, au Québec, aux Îles-de-la-Madeleine, à Saint-Pierre et Miquelon et j'en oublie peut-être. Voici comment la Direction des Cahiers présentait le compte rendu d'un voyage qu'elle fit à Caraquet en 1962 :

> Le 30 novembre 1969, notre Société Historique Acadienne accomplissait un pèlerinage
> historique à Caraquet, N.-B. C'était pour rendre hommage à cette paroisse dynamique;
> rendre hommage au travail exemplaire accompli dans cette localité où tous les points histo-
> riques ont été relevés, avec un musée, un monument et des panneaux indicateurs racontant
> l'histoire de chacun de ces lieux importants; pour rendre hommage à deux de nos membres
> très méritants qui ont été les artisans de ce travail et qui nous donnent un exemple de fidé-
> lité en parcourant des centaines de milles pour venir à nos assemblées[15].

À Belle-Île, par exemple, les Acadiens étaient invités à participer aux
fêtes du bicentenaire de l'arrivée des Acadiens déportés de 1755 et 1758. À
la Société Historique qui organisa le voyage fut confié le rôle éminent de représenter « le peuple acadien d'Amérique », non seulement auprès des
« cousins » bellilois, mais aussi auprès des représentants de gouvernement
français. Et c'est à l'animateur de la Société que revenait l'honneur de parler
officiellement « au nom de tous les Acadiens » :

---

[13]*Cahier* 19, 1968, p. 311.
[14]*Cahier* 15, 1967, p. 184.
[15]*Cahier* 4, 1964, p. 9.

Le Père Chiasson, délégué officiel de la Société Nationale des Acadiens, présenta au maire Lanco pour la mairie de Le Palais, chef-lieu de Belle-Île, une sculpture évoquant le Grand Dérangement. Il l'a offerte au nom de la Société Nationale et du peuple acadien d'Amérique, avec le message suivant du Président de la Société Nationale :

« Le voyage que font cette année les Acadiens à Belle-Île-en-Mer est un peu un pèlerinage d'actions de grâce...

« Pour avoir accueilli nos pères, avoir pansé leurs plaies, soulagé leurs souffrances et leur avoir donné un asile généreux alors qu'ils étaient sans logis, la Nation Acadienne, par la voix émue de sa Société Nationale, vient aujourd'hui vous dire MERCI[16]... »

À l'occasion, la Société Historique est amenée à jouer un véritable rôle diplomatique, comme ce fut le cas en France et surtout à Paris. La réception du groupe à l'Assemblée Nationale fut la première du genre, annonçant celle de la délégation des Quatre reçue officiellement à l'Élysée par le Général de Gaulle en 1968[17] :

A Paris, le 17 juin (1966), le groupe eut l'insigne honneur d'être reçu à l'Assemblée Nationale... La France n'ayant plus de colonies comme l'Algérie désire plus ardemment que jamais resserrer les liens culturels et amicaux avec les groupements français à travers le monde, mais particulièrement avec le Canada Français et l'Acadie. Ses très sympathiques ministres ont parlé du rayonnement de la France chez nous par l'envoi possible de professeurs choisis, de livres français... Ce fut vraiment un pèlerinage des « Acadiens en Europe » comme l'indiquait une pancarte sur notre autobus. Le groupe fut reçu partout comme tel et combien chaleureusement ! Et nous savons que les contacts établis porteront des fruits[18].

La Société Historique inaugurait une ère nouvelle de coopération internationale pour les Acadiens et négociait quasiment une entente à caractère politique. Il est vrai qu'elle n'agissait pas en son nom propre, mais après directives tant du sommet acadien que du gouvernement de Fredericton.

Si j'ai insisté sur cet aspect extra-idéologique, c'est pour mieux situer l'importance nouvelle de l'institution dans le renouveau nationaliste des années 60 et pour montrer que la Société n'était pas seulement un groupe « folklorique » ni un cénacle très régional d'historiens. Il faudra tenir compte de cette dimension dans la lecture des Cahiers au risque de laisser échapper la très importante signification collective de l'écriture historiographique dans l'espace imaginaire de la société globale. Mais, au strict niveau des représentations, il est remarquable que le discours dont on vient de lire quelques échantillons soit invariablement dramaturgique, lyrique, profondément sacral. Ce n'était pas des hommes politiques, ni des diplomates, ni même

---

[16]*Cahier* 12, 1966, p. 49.

[17]Délégation composée de MM. Gilbert Finn, Adélard Savoie, Léon Richard et Euclide Daigle qui négocia un accord de coopération technique et culturelle avec la France.

[18]*Cahier* 12, 1966, p. 49.

des habitués des relations publiques qui allaient en France, mais un chœur de fidèles acadiens qui venaient pour la première fois en pèlerinage sur la terre vénérable des premiers ancêtres, qui refaisaient le voyage des rescapés de 1755 débarqués avec le secours de la Divine Providence à Belle-Île-en-Mer, qui allaient découvrir en Bretagne et dans le Poitou le village natal des premiers ancêtres qui donnèrent leur nom aux quelques grandes lignées acadiennes que des pèlerins ont peut-être reconstituées par la généalogie. Il en fut de même pour le voyage en Louisiane où l'on allait rencontrer les descendants des déportés vers le Sud et ainsi renouer le lien éternel de fidélité aux origines, proclamer la grande fraternité de la diaspora acadienne et annoncer les débuts de l'ère nouvelle, du « grand réveil culturel qui s'annonce en Acadie[19] ».

Il n'est pas de mon propos de faire une sociologie de la Société Historique dans ses rapports avec les multiples manifestations du mouvement nationaliste acadien des années 60. De ses activités, je ne retiendrai que le discours qu'elle publie dans ses Cahiers, et quelques textes publiés à l'extérieur comme dans l'Évangéline. Constituer le message historiographique en objet idéologique et en rechercher le sens interne, les significations vécues et les fonctions spécifiques par rapport à la société globale, tel est le but de cette analyse.

II. De la précarité des temps présents

On peut interroger l'historiographie telle qu'elle se fait dans une société donnée à tel moment de son avenir historique de multiples points de vue. Ne retenir d'elle que la fonction idéologique et la structure idéologique de son discours peut surprendre et irriter l'historien dont le rôle se trouve dédoublé en celui d'idéologue, rôle qui la plupart du temps ne coïncide avec aucun statut officiel ou nominal dans sa société. La fonction de connaissance qu'il revendique pour l'historiographie exclut apparemment la fonction idéologique qui aurait pour conséquence d'occulter la première et de nier tout bonnement sa définition d'historien.

Et pourtant, dans une société comme la société acadienne, l'historiographe est un des rares individus qui jouisse de la fonction spécifique d'idéologue à temps plein et de scribe national. C'est la fonction par excellence qui est attribuée aux intellectuels dont on ne saurait reconnaître et tolé-

---

[19] « Alors tous, la main dans la main, pour permettre à notre Société Historique Acadienne de faire sa part dans le réveil culturel qui s'annonce en Acadie. » *Cahier* 7, 1965, p. 4.)

rer d'autre rôle que celui d'expliciter pour aujourd'hui la tradition, de donner lecture contemporaine de la mémoire collective. L'historiographie, comme œuvre de perpétuation et de retotalisation des significations collectives, est indispensable à la continuité de la culture et de la société. Elle est pratiquement la seule qui puisse prétendre à réaliser l'unanimité quand le présent et les vivants ne peuvent échapper aux multiples fluctuations du sens et de l'action. « L'historiographie dans une société donnée n'est jamais, dans sa structure, sans analogie profonde avec les idéologies dominantes. Cela s'entend facilement. Les hommes recourent à l'histoire pour des raisons semblables à celles qui les poussent à élaborer des idéologies. Dans un milieu social où les schémas de la tradition ne suffisent plus à définir les situations qui les confrontent et à déterminer les conduites à suivre, il faut bien que les hommes édifient consciemment une vision du milieu qui éclaire l'action. Le recours au passé joue un rôle crucial. Comme les idéologies, l'historiographie est ainsi une sociologie globale du milieu[20]. »

Il faut chercher à découvrir dans le discours historiographique la représentation que la société (c'est-à-dire la classe qui parle en son nom, ici l'élite traditionnelle) a d'elle-même dans son présent et chercher à comprendre le rapport au passé en relation avec le rapport explicite au présent. Mettre en relation les rapports au présent et au passé, c'est interroger le jeu du discours dans la culture, finalement essayer d'expliquer le type de rapport que la société entretient avec ses possibles.

1. Deux lectures de la situation

Selon la perspective ou l'intention des auteurs, les temps présents en Acadie sont ou bien chargés de graves menaces qui mettent en cause l'ordre du monde, ou bien radieux et dignes des plus beaux espoirs. L'incompatibilité des deux points de vue est saisissante : dans un cas, l'Acadie est à son agonie et les présages sont funestes; dans l'autre, héritière victorieuse d'un passé héroïque, elle vit actuellement son « midi glorieux[21] ». On pourrait être amené à conclure à l'irréductibilité des subjectivités des hommes et des moments et à la relativité intégrale des perceptions.

---

[20] Fernand DUMONT, « L'étude systématique de la société globale canadienne-française », *Recherches sociographiques*, janv.-août 1962, p. 282.

[21] « Elle (l'histoire) suggère... l'élan qui fera monter le peuple acadien de l'aurore de sa résurrection à son midi glorieux. » (Mère Saint-Marc BÉDARD, « Le Révérend Père Philias Bourgeois », *Cahier* 10, 1966, p. 17.)

En fait, nous sommes en présence de deux lectures spécifiques d'une même situation par une même logique de pensée, lectures non pas incompatibles mais complémentaires. Le sombre diagnostic de la situation présente incrimine la jeunesse ou bien l'histoire extérieure comme facteurs de perturbation des temps, corrosifs pour la tradition; l'autre, radieux, est une apologie du temps continu, des œuvres et des hommes qui ont su, malgré les affres de l'histoire, perpétuer en Acadie ce qu'il y avait en elle de sacré, donc d'éternel.

Le dualisme a fait son apparition, reléguant dans le souvenir et dans l'imaginaire l'unité première et installant le présent dans l'aléa, entre le bien et le mal. Tradition et rupture se chevauchent, comme si elles devaient entraîner le monde dans la contradiction dialectique moderne, négation de l'antique harmonie de la cité et du cosmos. Depuis 1755, date de l'avènement de la souffrance et du péril en Acadie, les forces du bien et les forces du mal sont présentes et, si les apostasies menacent la communauté, la Providence veille aussi pour contrarier le désordre.

La représentation des signes pathologiques des temps nouveaux ouvre la possibilité d'un projet, elle commande pour les fins de l'action une redéfinition explicite des valeurs et des normes. Le projet de création de la Société Historique Acadienne est né de la brèche ouverte dans le devenir historique, de l'inquiétude des hommes devant les signes menaçants des temps changeants. « Les hommes fabriquent diverses idéologies, écrit encore Fernand Dumont, pour trouver quelque justification, une certaine stabilité légitime à leur existence dans des sociétés où le temps est plus ou moins générateur d'angoisse[22]. » Et pour Michel Brunet, « les Canadiens français constituaient une minorité continuellement menacée par un ordre économique et politique qu'ils ne contrôlaient pas. Ils demandèrent à l'histoire et aux historiens de leur fournir des raisons de survivre et d'espérer[23] ». La progressive détérioration de la société traditionnelle où le mythe était l'unique source de définition des fins collectives qui puisaient leur sens et leur forme dans le modèle originel a provoqué la nécessité de trouver un substitut au mythe agonisant, substitut qui devait aussi remplir les mêmes fonctions totalisantes. L'écriture de l'histoire, soit la tentative de récupération du sens perdu ou oublié et de reconstitution de la continuité conçue comme dessin du futur, pouvait remplir ce rôle.

---

[22] Fernand DUMONT, « Idéologie et savoir historique », *Cahiers internationaux de sociologie*, XXXV, 1963, p. 50.

[23] Michel BRUNET, *Canadians et Canadiens*, Montréal, Fides, 1954, p. 40.

Mais l'entreprise historiographique est ici d'un type particulier, ou, plus précisément, elle coexiste avec l'ultime tentative de sauver le mythe en l'écrivant, et par là même de sauver un type de société comme unique possible dans l'aventure de l'avenir. L'écriture de l'histoire sera écriture du mythe et la recherche historiographique son commentaire, puisant en lui son contenu et sa propre justification. La réhabilitation de l'événement serait, en quelque sorte, le moyen de renouveler les représentations concrètes des symboles archétypaux ou d'actualiser le temps mythique dans le temps historique.

C'est sur le diagnostic sombre des temps présents qu'il faut maintenant s'arrêter. Je reviendrai sur la vision bienheureuse dans la partie consacrée au mythe. Elle est corrélative de la première : c'est par rapport au mythe de la société traditionnelle qu'est porté le diagnostic et c'est parce qu'il y a diagnostic de rupture que la tradition mythique est réaffirmée par la vision enchantée du temps continu.

2. *La crise de la société traditionnelle*

Il n'y a pas si longtemps, les paroisses d'Acadie représentaient encore ce modèle de transparence et d'harmonie décrit par Mucchielli dans *le Mythe de la Cité idéale*[24]. Son évocation par les auteurs contemporains laisse filtrer une amère nostalgie même si la condamnation des temps nouveaux demeure encore implicite :

> Nos ancêtres, il n'y a pas longtemps, utilisaient encore la formule de travail en équipes, les corvées volontaires... Que de choses à dire sur les manifestations communautaires de leur vie religieuse... Nos ancêtres qui les savaient par cœur (les cantiques) possédaient souvent une instruction religieuse plus solide et plus vaste que leurs descendants actuels[25].
>
> En Acadie, chacun avait la garde de la section qui bordait la propriété près de la mer et ce système de sécurité collective a fonctionné sans faille jusqu'à près de 30 ans passés[26].

Quelque chose s'est passé qui autorise la distinction entre avant et maintenant. Parmi les signes les plus manifestes qui justifient la comparaison, il y a la désagrégation de la famille, la désaffection des traditions quotidiennes qui prenaient tout leur sens dans son cadre, l'abandon des lieux qui l'abritaient comme la ferme familiale et généralement la fuite des signifiés collectifs que la tradition perpétuait de génération en génération dans un seul but et même espace culturel.

---

[24] Paris, P.U.F., 1960.
[25] Anselme CHIASSON, « La monographie paroissiale », *Cahier* 1, 1961, p. 15.
[26] Médard LÉGER, « Les aboiteaux », *Cahier* 2, 1962, p. 62.

On parle de l'harmonie communautaire au passé. La famille, lieu géométrique de l'organisation sociale comme de la solidarité morale de tout peuple, se désagrège. Il faut en chercher l'origine dans la Révolution française, l'antithèse des enseignements bibliques.

> On pourrait dire que la généalogie est un apostolat à une époque où la famille, attaquée par tant d'artifices et d'inventions récentes, tend à se désagréger. La coutume de conserver un mémoire des lignées ancestrales est très ancienne. La Bible nous fournit de nombreux exemples de ces exposés généalogiques.
>
> Dans toutes les littérature, on trouve le même souci. En France surtout, les familles conservaient leur histoire, mais après la révolution qui a desserré les liens familiaux, cette coutume tendait à disparaître[27].
>
> Malheureusement aujourd'hui la ferme familiale disparaît de nos milieux. Ce fut pourtant la force motrice de toutes ces activités et la principale planche de salut pour notre peuple, avec la religion et le berceau de nos mères[28].

Les traditions comme la construction des levées et aboiteaux[29], créés entièrement par le génie des ancêtres qui avaient « une habileté héréditaire et une connaissance innée des marées et terrains », ne disent plus rien aux jeunes « éblouis par les découvertes scientifiques du siècle » et les terres, qui assuraient abondance et prospérité, sont aujourd'hui laissées à l'abandon[30] : « De nos jours, la plupart de ces terrains ont assez peu de valeur et l'on ne prend même plus la peine de prélever d'impôts municipaux tellement abandonnées sont devenues ces propriétés[31]. »

Beaucoup de ces citations sont tirées du même auteur qui a su expliciter ce sentiment profond d'amertume causé par l'abandon de la tradition, de nostalgie et d'impuissance aussi devant la fatalité du devenir historique.

Cette conscience de crise, vivement ressentie par d'autres auteurs, est fondamentale pour comprendre le projet d'écrire le passé afin de perpétuer son modèle et, au pire, de le préserver quoi qu'il advienne :

> Faut-il être nostalgique, jusqu'au point de vouloir regretter la venue de l'automobile ou du tracteur qui remplace les chevaux, ou de la margarine qui est à la veille de remplacer le foin des prés, les aboiteaux et sans doute le beurre et les vaches au royaume des légendes ?
>
> Dans tous les cas, arrive que pourra, nous osons espérer que nos humbles écrits pourront peut-être faire miroiter aux yeux de ceux qui nous suivront sur la scène acadienne une de

---

[27]Clément CORMIER, « Études généalogiques », *Cahier* 1, 1961, p. 40.

[28]Médard LÉGER, « Les aboiteaux », *loco cit.*, p. 62.

[29]« Les Levées, ce sont des remparts, des digues, tandis que les aboiteaux sont d'ingénieux mécanismes en forme d'écluses... pour irriguer les terres basses à marée perdante et dont les portes se refermaient contre la marée montante. » (*Ibid.*)

[30]*Ibid.*

[31]*Ibid.*, p. 65.

nos belles traditions que le progrès moderne nous enlève vite et que l'histoire pourra peut-être nous en garder, encore pour longtemps, un bon souvenir[32].

Finalement, ce n'est pas tant le remplacement du cheval par le tracteur qui est funeste que la perte ou la négation de son souvenir. Car, ce « bon souvenir » peut refaire la cohérence du monde là où le progrès l'a détruite, pour aujourd'hui et pour les générations futures. Il faut que le souvenir soit conservé, cultivé, vénéré pour que — comme les ingénieurs actuels qui retrouvent les ingénieuses formules d'antan pour faire œuvre moderne — les valeurs fondatrices de la culture demeurent. Les temps peuvent changer (la fatalité) tant que dure le principe régulateur de ce changement (la mémoire, la fidélité). Mais c'est justement dans la filiation que la société est atteinte; c'est au plus profond de la tradition acadienne, dans les valeurs ataviques, qu'est ressentie la crise moderne : « Les Dieux savent comment les temps et les valeurs ont changé, et cela dans une courte période[33]... »

3. La langue et la foi

Depuis la fondation, la vigueur de la race acadienne a été assurée, dit-on, par deux composantes fondamentales, sa foi en Dieu et sa langue française. Par la dévotion à son Dieu et par la fidélité à ses origines, le peuple acadien était armé pour surmonter la pire calamité que l'histoire pouvait lui infliger : la Déportation. Les premiers dangers de perdition apparurent à cette époque avec la présence des Anglais protestants que l'on verra représentés sous les couleurs les plus pernicieuses. Pendant la sombre période qui suivit le Grand Drame, l'Acadie connut pour la première fois les périls que comporte « la perte de l'autonomie pour un peuple vigoureux ». L'exercice de la domination de la part de l'ennemi vainqueur sur les dépouilles du « petit peuple » eut pour effet les premières apostasies, le relâchement des mœurs pour certains, l'anglicisation pour d'autres, la menace permanente d'acculturation pour tous. Or, grâce à la ténacité, au courage et à une « invincible espérance dans un avenir meilleur », ce peuple parvint à traverser la Tourmente et reconstruire, avec l'aide de la Divine Providence, ce qui fut jadis son Acadie, terre d'innocence et de bonheur.

Mais « les Dieux savent comment les temps et les valeurs ont changé, et cela dans une courte période ». Les dernières décennies ont été pour l'Acadie plus destructrices que le Grand Drame lui-même :

---

[32] Ibid., p. 67.
[33] Ibid., p. 68.

L'Acadie est sérieusement menacée dans sa foi par suite de l'anglicisation dont elle est victime. Le péril s'aggrave constamment et chaque recensement décennal révèle des apostasies de plus en plus nombreuses[34].

Jusque vers 1920, ces Acadiens formaient un groupe à peu près homogène; leur parler était doux et simple, mais vivant, expressif et imagé; nul anglicisme n'était encore venu ternir la beauté ni en troubler la limpidité... Mais avec l'évolution du temps, une telle situation ne pouvait durer toujours. Les Acadiens cessèrent d'être exclusivement des pêcheurs, ils se mêlèrent de plus en plus à la population anglaise, se mirent à fréquenter davantage l'école, puis l'anglicisme apparut, il introduisit dans le pur parler acadien les germes de la décomposition et défigura à jamais la belle langue de nos aïeux...

C'est un spectacle infiniment triste, navrant à l'excès que d'assister à l'agonie d'une langue, car quand la langue meurt, l'âme du peuple s'éteint, le peuple meurt pour toujours[35]...

L'Acadien est comme un oiseau égaré, frappé d'amnésie, qui ne sait qui il est, d'où il vient et à peu près pas où il va. Parce qu'il ne sait pas s'identifier, ne sait pas pourquoi il parle un français archaïque, les conséquences sont néfastes. De là à se demander pourquoi rester français, il n'y a qu'un pas, souvent franchi dans certains milieux[36].

Il est clair que ces arguments ne sont pas soutenus au nom de la science historique pour mieux marquer la distance entre spécialistes et profanes. Leurs auteurs se disent amateurs et non érudits ou « professionnels de l'histoire » : « Je ne suis pas un historien, ni un professeur d'histoire, mais je ne l'ignore pas totalement, elle m'intéresse beaucoup[37] »; « nous n'étions pas des compétences en histoire, nous n'étions pas des professionnels de l'histoire, simplement nous étions intéressés à l'histoire... Les Cahiers c'est un peu comme la Société, ça a été un travail d'amateurs, on ne se fait pas d'illusion. C'était des gens qui aimaient l'histoire, sans plus de compétence que cela, sans degré universitaire, sans diplôme, sans papier[38]. » Ce n'est pas sans fierté que ces hommes se définissaient négativement vis-à-vis de la science académique ou universitaire. Ce qui les distinguait avant tout, c'était leur fidélité à l'histoire du peuple acadien, leur amour commun du passé. De leur discours sur l'ignorance, il ressortait alors que le pire était finalement la mort de l'âme, soit l'absence de cette expérience spirituelle attendue à chaque évocation de l'Acadie : ignorance de l'histoire devient indifférence dans l'acadianité.

---

[34]Dr Albert SORMANY, « La nomination des premiers évêques acadiens », *Cahier* 8, 1965, p. 8.

[35]Éphrem BOUDREAU, « Le parler acadien du sud du Cap Breton », *Cahier* 15, 1967, pp. 199-200.

[36]Éditorial anonyme, *le Progrès-l'Évangéline*, 7 janvier 1971.

[37]Médard LÉGER, « La péninsule de Miscou », *l'Évangéline*, 16 déc. 1969.

[38]Entrevue avec le Père Chiasson.

On n'enseigne pas l'histoire à l'école, dit-on, les instituteurs ne connaissent pas leur propre histoire et ne peuvent donc pas l'enseigner, les manuels scolaires d'histoire du Canada ne traitent de l'Acadie qu'en un paragraphe et sont souvent écrits en anglais, dans la version anglaise de l'histoire d'Acadie. L'école est incapable de remplacer la tradition orale qui entretenait de génération en génération l'amour, le respect et la « connaissance » du passé. Alors, l'histoire comme moyen de réactualiser la tradition est à écrire et à faire connaître, car « si les Acadiens la connaissaient, eh bien ils ne pourraient y trouver que de la fierté qui pourrait les aider énormément à s'identifier et à être fiers d'être français, aussi à vouloir garder et cultiver une culture française. Il reste que, pour le peuple acadien lui-même, il n'y a dans l'histoire que des choses qui peuvent lui donner de la fierté. Comme disait Émile Lauvrière en parlant de l'histoire politique de l'Acadie : « Seul le peuple acadien est demeuré grand[39] ! »

Parmi les indices de décadence, l'ignorance, c'est-à-dire la fuite du sens devant laquelle les hommes sont désarmés et, par conséquent, incapables de situer leurs actes dans une totalité significative, est celui qui permet de déduire tous les autres parce qu'il en est la cause profonde. L'ignorance, c'est l'état d'abandon dans lequel l'homme est tombé quand la tradition a perdu son pouvoir de définition, de légitimation et de coercition. C'est aussi l'état de l'homme moderne sans mémoire, sans famille, sans racine, dépossédé de tout l'essentiel, jouet du fluctuant intégral, détaché du grand savoir parce qu'il a ignoré les commandements ou nié les commencements.

4. L'ignorance ou l'oubli

Devant la nécessité de fonder le projet historiographique, le thème de l'ignorance du passé devient ignorance de l'histoire. Au cours d'une entrevue déjà citée, le Père Chiasson me disait son désarroi devant l'ampleur que prenait la « tragédie » :

C'est un drame aujourd'hui, c'est une tragédie quand on pense que les Acadiens ne connaissent pas leur histoire. On ne l'enseigne pas dans les écoles parce que les instituteurs ne la connaissent pas. Ils n'ont pas de manuels, ils n'ont rien. Alors, qu'est-ce que tu veux ? C'est une tragédie pour un peuple de ne pas commencer par apprendre sa propre histoire... Ce qui arrive, c'est que les Acadiens, ne connaissent pas leur histoire, ne se connaissent pas, ne savent pas s'identifier, sont amorphes, n'ont aucune fierté de ce qu'ils sont : de là à s'angliciser, il n'y a qu'un pas.

---

[39] *Ibid.*

Dans un des tout premiers éditoriaux de l'année 1971, *le Progrès-l'Évangéline* prévenait ses lecteurs du grand fléau national comme pour avertir le peuple acadien en ce début d'année qu'il est pour lui de plus en plus impérieux de renouer avec les temps passés afin de ne pas mourir :

> Une des tragédies, entre plusieurs, du peuple acadien des Maritimes, c'est d'ignorer son histoire.
>
> Il y a un siècle, il y a 50 ans même, la population acadienne connaissait encore un peu son histoire qui était transmise oralement de génération en génération.
>
> Aujourd'hui, l'Acadien ne connaît plus son histoire. Il ignore d'où viennent ses ancêtres, ce qu'ils furent; à part quelques vagues idées de la déportation, il ne sait plus rien...

De tous les maux que connaît le peuple acadien aujourd'hui l'un des plus graves est donc décrit comme la béance qui sépare le passé du présent, et l'indifférence dans la séparation. C'est comme si l'histoire était le lien essentiel entre les individus, les groupes, les générations et qu'il suffirait de la refaire connaître pour conjurer toute la négativité des temps modernes. Contre la destruction des anciennes valeurs, contre l'éclatement des liens familiaux et collectifs, contre la grande séparation de l'Acadien vivant et de l'Acadien défunt, de la manifestation et du principe, il faut ranimer en chacun la connaissance, refaire participer toute la collectivité au grand rituel national qui consiste à dire l'histoire avec l'émotion, le respect, la gratitude et la pitié, toutes les grandes vertus que la cérémonie suppose. L'histoire invoquée est cette parole ritualisée qu'on croit être la seule capable de sauver les contemporains du chaos qui se dessine. Son enseignement sera réminiscence, manifestation du Grand Savoir qui repose dans le secret de l'héritage collectif. Pour conjurer l'ignorance, les historiens en appellent à la mémoire collective des origines[40].

III. L'écriture de l'histoire

L'ignorance de l'histoire, ce n'est pas l'antithèse de la connaissance historique puisque dans la société traditionnelle une telle connaissance n'a jamais existé; c'est l'oubli du passé ou la rupture du cordon ombilical qui assure la continuité de la vie. Le « sentiment d'historicité » que pouvait assurer la tradition comme modèle d'action et mode de transmission de ce modèle n'est pas requis par l'historiographie alors qu'il est essentiel pour la

---

[40]Cf. Maurice HALBWACHS, *la Mémoire collective.*

tradition[41]. Faire connaître l'histoire, ce sera aussi faire partager ce sentiment d'historicité et le ranimer chez les indifférents.

Tel est le projet de la Société Historique. Il était contenu dans la lecture de l'histoire. Plus précisément, c'est à cause des nouvelles exigences de la situation présente (le renouveau nationaliste) et dans le contexte d'un projet collectif global que le diagnostic de crise fut porté. Celui-ci n'est pas contemplation pure dans une temporalité fondamentale, excluant la succession ou la causalité et trouvant en lui-même sa propre finalité. Ce n'est pas non plus la narration pathétique d'événements devant lesquels l'homme serait complètement désarmé et passif. Le diagnostic est la mise en relation de l'événement avec la norme, il suppose donc une définition du « normal » dans le but d'agir sur la situation. Au niveau des représentations idéologiques, il est en effet essentiel de définir la situation par rapport à ce qu'elle devrait être et de connaître la cause de l'écart à la norme pour pouvoir le résorber. L'idéologie comme technique sociale consiste à réinvestir du sens là où la situation est problématique dans le but de contrôler et de diriger ses possibles. En conclure à la précarité des temps présents, c'est pour les auteurs le moyen de réaffirmer la valeur du passé comme critère de santé et c'est invoquer le culte du passé comme la voie du salut.

1. *Les Acadiens et l'histoire*

> Pour survivre et progresser, une collectivité doit cultiver l'art de s'adapter aux exigences du présent pour préparer l'avenir, tout en restant fidèle au passé. Quelles que soient les conditions de vie qui imposent à un groupe ethnique de nouveaux impératifs auxquels il ne peut et ne doit se soustraire, le culte du passé demeure une garantie de force et de persévérance[42].

On ne pourrait espérer trouver forme plus stricte et plus claire du rapport normatif du passé. Le principe général est posé, universel. Il revient alors aux épigones le rôle de l'appliquer, de le développer, de le vulgariser dans la pratique. Les développements de ce principe sont multiples dans la littérature des Cahiers :

> L'Acadien qui connaît l'histoire de nos ancêtres ne peut pas ne pas être fier d'être acadien et résolu de prendre les moyens de rester fidèle à sa race, *i.e.* catholique et français. Tandis que le pauvre Acadien qui ignore tout de son histoire n'a aucune fierté de lui-même

---

[41] Fernand DUMONT, « Idéologie et savoir historique », *loco cit.*, pp. 45-46.
[42] Clément CORMIER, « Présentation », *Cahier* 1, 1961, p. 3.

et des siens. Un complexe d'infériorité le domine et facilement le terrasse pour en faire un lâcheur...

Avec quel à-propos s'applique à nous ce qu'écrivait un jour Mgr Paquet dans « Mélanges Acadiens » : « La sève du présent s'élabore dans les racines profondes du passé. Du passé fécondé par la sueur et le sang montent les générations vigoureuses, du passé surgissent des leçons et des exemples, des expériences et des lumières. Le passé est école de respect, de magnanimité, de courage. Au souvenir de ceux qui nous ont faits ce que nous sommes, au spectacle des travaux qui ont marqué leur vie et à la pensée des vertus qu'ils ont portées jusqu'à l'héroïsme et sur lesquelles a été édifiée la patrie, nous aimons davantage ce sol que nous foulons et qui fut le théâtre, à la fois obscur et glorieux de tant de labeurs et de tant de souffrances[43].

Pour le peuple acadien, la primauté de l'impératif est d'autant plus justi-fiée que deux raisons uniques s'ajoutent à son caractère universel : c'est un petit peuple dont l'existence a depuis 1755 toujours été précaire et menacée, et c'est un grand peuple parce que son histoire fut exemplaire. Nombreux sont les rappels qui insistent sur l'unicité de l'« histoire » acadienne et sur la nécessité de sa continuité :

Nous surtout, Acadiens, nous sommes tellement redevables aux générations qui nous ont précédés et qui ont fait preuve d'héroïsme dans les fondations et de ténacité dans l'adver-sité. Notre histoire est exceptionnellement riche[44].

Émile Lauvrière écrivit : « L'histoire n'est-elle pas de nécessité primordiale pour un peuple qui se retrouve ? Si l'étude de l'histoire est utile, en effet, à toute nation organisée qui veut se bien connaître, solidement établir ses raisons d'être et de grandir, tirer de son passé des leçons pour le présent et des règles pour l'avenir, combien ce savoir historique n'est-il pas plus essentiel pour un peuple historique encore inorganisé, mal affranchi, épars, un groupe diffus, inconscient de ses destinées futures...

Seuls les enseignements de l'histoire peuvent illuminer l'âme populaire, éclairer les voies qu'elle doit suivre, fonder sur la raison le stable édifice des destins futurs; pour un peuple qui, même assujetti, ne veut pas périr, il n'est pas de science plus précieuse, plus vitale et partant plus sacrée[45]...

Ces textes sont unanimes à reconnaître la valeur et les fonctions de l'« histoire », ils expriment aussi toute l'ambiguïté d'une conscience unitaire qui ne peut dissocier « savoir historique » et « sentiment d'historicité ». C'est moins d'historiographie dont il est question ici que d'une sorte d'appel au mythe qui, dans une société traditionnelle, assure la même fonction que l'historiographie comme idéologie de la société globale dans les sociétés à longue tradition écrite. Cette ambiguïté fondamentale, logée au cœur du pro-jet idéologique des auteurs de la Société Historique, on la retrouvera dans le

---

[43]A. CHIASSON, « La monographie paroissiale », *loco cit.*, pp. 12-13.
[44]Clément CORMIER, « Présentation », *loco cit.*, p. 3.
[45]Médard LÉGER, « La péninsule de Miscou », *loco cit.*

contenu de l'histoire écrite qui sera en même temps tentative de réactualiser le mythe et recherche historiographique comme critique de l'événement. Elle est presque consciente dans ces propos du Père Anselme Chiasson :

> Quand on parle d'histoire, cette conscience du passé, je ne regarde pas ça comme un symbole ou un drapeau mythologique... C'est quelque chose de fondamental, quelque chose de naturel. C'est comme quelqu'un qui aime bien connaître son père et sa mère, c'est naturel pour n'importe qui, pour un Irlandais comme pour un Acadien. C'est naturel dans la formation d'un homme. Mais ce n'est pas une question patriotarde du tout[46].

La « conscience du passé » qu'évoque l'auteur, ce que j'ai appelé le « sentiment d'historicité », ne saurait ici se confondre avec « historiogra- phie » parce qu'elle est « consubstantielle » à l'homme, naturelle et univer- selle. Le postulat de nature qui fonde son antériorité par rapport à l'histoire ou à la culture est le même qui pose le mythe comme immanent à l'humanité et comme antérieur à l'événement[47]. La « conscience du passé » est « fon- damentale », c'est-à-dire à l'origine, l'« histoire » telle qu'entendue dans une citation précédente est la science la « plus précieuse », la « plus vitale », partant la plus « sacrée ». Si l'auteur refuse la réduction de l'histoire telle qu'il l'entend au symbole mythologique, c'est parce qu'il donne à la mytho- logie une signification péjorative, de la même façon que le sens commun re- fuse la prétention à la « vérité » de l'idéologie.

2. *Une école parallèle*

Le diagnostic des temps sombres était un appel à l'histoire comme facteur d'éducation nationale. C'était en même temps le constat de l'incapacité de l'école de transmettre le message historique, c'est-à-dire d'un vice structu- ral provoqué par la crise de la société traditionnelle. Les maîtres ne sont pas préparés à assumer la fonction jadis remplie par le père ou l'ancêtre vivant, le manuel d'histoire est inapte à remplacer la tradition orale et l'école en général a maintenant d'autres buts que celui d'assurer la continuité du passé.

---

[46]Entrevue.

[47]La transformation de l'histoire en nature est le principe même du mythe, selon Roland BARTHES : « Le mythe est à la fois imperfectible : le temps ni le savoir ne lui ajouteront rien, ne lui enlèveront rien... Le mythe a pour charge de fonder une intention historique en nature, une contingence en éternité... En passant de l'histoire à la nature, le mythe fait une économie : il abolit la complexité des actes humains, leur donne la simplicité des essences, il supprime toute dialectique, toute remontée au-delà du visible immédiat, il organise un monde sans contra- dictions parce que sans profondeur, un monde étalé dans l'évidence, il fonde une clarté heu- reuse : les choses ont l'air de signifier toutes seules. » (*Mythologies*, pp. 238-252.)

Pour certains auteurs, l'école contribue même à éloigner les jeunes des sources acadiennes en les anglicisant. Un vide est créé. Il faut une institution nouvelle pour assurer ces fonctions essentielles dans la société acadienne : ce sera le rôle de la Société Historique. Elle aura la légitimité de définir les fins collectives de la société globale et se donnera les moyens d'assurer son « apostolat ». Voici comment différents auteurs des Cahiers précisent le projet :

> Notre Société Historique arrive donc à point pour susciter un réveil chez les nôtres, leur faire prendre conscience de nos propres richesses et les inciter à les mettre en valeur[48].
> C'est là le rôle de la Société Historique de faire revivre la tradition...
> La Société Historique voudrait essayer de donner aux Acadiens, en leur faisant connaître leur histoire véritable, une identité. C'est précisément parce qu'on ne se rend pas compte que ça n'existe pas suffisamment... Il faut que la Société Historique Acadienne demeure la société du peuple, de tout le monde, de tous les Acadiens, avec des dirigeants qui visent à atteindre ce but qui est de faire connaître l'histoire par tous les moyens possibles. Les jeunes surtout, les amener à faire des travaux de recherche, à leur faire voir le beau côté de leur histoire, à leur donner cette fierté, cette identité dont a besoin toute personne humaine[49].

La Société Historique a été créée comme une école parallèle, légitime, conservatrice et propagatrice des valeurs et de l'ordre traditionnels, un peu comme l'école coranique des pays arabes qui coexiste avec l'école publique et moderne. Aux maîtres d'école s'ajoutent les maîtres spirituels que sont les historiens de la Société. Il n'est peut-être pas fortuit qu'au départ ce soient deux prêtres qui célèbrent le culte aux ancêtres et initient à l'histoire.

Mais alors que l'école publique recrute par catégories d'âges, de classes et de sexes, soit par éliminations successives, la Société Historique au contraire entend rejoindre toute la collectivité, en insistant sur l'universalité de son message et donc sur sa totale accessibilité. Ce sera une école « populaire », non limitée aux diplômés comme l'atteste déjà le recrutement des « maîtres », où pourra finalement se rejoindre et se reconnaître tout le peuple acadien :

> La Société Historique Acadienne est l'affaire de tous les Acadiens... Alors tous la main dans la main, pour permettre à notre Société Historique Acadienne de faire sa part dans le réveil culturel qui s'annonce en Acadie[50].
> Il faut dépasser les cadres de la Société Historique. Il faut atteindre tous les Acadiens en général. C'est possible jusqu'à un certain degré. Mgr François Bourgeois disait que la Société Historique était en ce moment la seule école de patriotisme[51].

---

[48] A. Chiasson, « La monographie paroissiale », loco cit., p. 17.
[49] Entrevue avec Mme Boudreau-Nelson, présidente de la S.H.A., le 26 décembre 1969.
[50] La Rédaction, « Entre Nous », Cahier 7, 1965, p. 4.
[51] Entrevue avec Mme Boudreau-Nelson.

L'école, disait Mgr Robichaud, met aujourd'hui plus l'accent sur l'instruction que sur l'éducation[52]. Par elle s'infiltre en Acadie un péril à nul autre second : la tendance matérialiste et naturaliste, la même qui met en danger la famille et les institutions nationales. La Révolution française a lancé le mouvement fatal, instauré l'école laïque en chassant Dieu de l'école, institué le culte du veau d'or, piétiné les symboles et les valeurs les plus sacrées[53]. C'est pour déjouer cette conjuration que la Société Historique conçoit son œuvre comme un « apostolat national ». À la sélectivité de l'école, à la spécialisation des disciplines, à la diffusion massive d'un académisme international, elle veut opposer son message historique, spécifique parce que acadien, universel par sa spiritualité exemplaire, en un mot : total. Atteindre tous les Acadiens, telle est la mission de la Société Historique. Elle doit être rédemptrice, salvatrice, restauratrice.

3. *Le projet historiographique*

Le but des Cahiers, disent les fondateurs, est de susciter l'intérêt pour la recherche historique afin de rassembler les éléments d'une grande histoire de l'Acadie qui reste à écrire. Parce que l'histoire écrite souffre de trop nombreuses lacunes ou bien parce qu'elle a été mal écrite, le champ du passé reste trop ouvert pour servir à l'édification des Acadiens contemporains et futurs. C'est comme si les auteurs déploraient l'absence d'une histoire écrite assez syncrétique, à l'image de cette fresque idéale, synthétique malgré la finesse du détail, réalisant l'harmonie des lignes et des nuances, hautement spirituelle mais aussi pragmatique, divine et belle comme Évangéline, courageuse et forte comme Gabriel. Il faut essayer de donner à l'écriture le parfait syncrétisme réalisé dans l'imaginaire comme pour régler le dernier compte avec l'histoire libertaire.

L'écriture de l'histoire est donc devenue nécessaire pour remédier à l'oubli[54]. Le recours à l'écriture est peut-être l'ultime possibilité de sauver

---

[52] Mgr Norbert Robichaud, *Sermon de clôture* du XIIIe Congrès National de la S.N.A., 1960 (cf. chapitre II).

[53] Cf. chapitre suivant.

[54] « Quand la mémoire d'une suite d'événements n'a plus pour support un groupe, celui-là même qui y fut mêlé ou qui en subit les conséquences, qui y assista ou en reçut un récit vivant des premiers acteurs et spectateurs, quand elle se disperse dans quelques esprits individuels, perdus dans des sociétés nouvelles que ces faits n'intéressent plus parce qu'ils leur sont décidément extérieurs, alors le seul moyen de sauver de tels souvenirs, c'est de les fixer par écrit en

l'image de la communauté traditionnelle. Ce serait comme l'adaptation de la
technique incantatoire à un monde gagné par la magie du changement dans
lequel le document écrit sur le modèle de la loi et des constitutions aurait
seul statut de légitimité et d'autoritaire vérité. Parce que la parole a perdu de
son prestige et de son efficacité, son statut et son antique fonction, il faut
bien passer par l'écriture pour lui restituer ses pouvoirs perdus. « Il y a un
siècle, il y a cinquante ans même, la population acadienne connaissait
encore un peu son histoire qui est transmise oralement de génération en génération[55]. » L'impérialisme de l'écrit réduit aujourd'hui la parole au statut
dérisoire de survivance résiduelle.

Au grand livre virtuel de l'Histoire d'Acadie il manque encore des pages,
surtout celles écrites de l'intérieur par ceux-là mêmes qui l'ont vécue et par
leurs descendants « naturels ». Il y manque le détail existentiel, « le côté le
plus humain ». Nourrir l'idée de l'événement vécu et donner à l'événement
tout le sens idéal qu'il contient, telles sont les directives des idéologues explicitement consignées dans les Cahiers :

> Et pour nous, Acadiens, il manque des pages glorieuses à notre histoire que seule la mono-
> graphie paroissiale ou régionale permettra d'écrire. Nos ancêtres ont été des héros avant,
> pendant et après la Déportation...
> Jusqu'ici, d'une façon générale, on s'est attardé trop exclusivement aux faits, événements.
> Ou, si l'on veut, il y a un côté de l'histoire qu'on a trop négligé, c'est le côté le plus hu-
> main. Ce qui manque trop souvent, c'est la vie de cette population dont on parle[56].

L'histoire de l'Acadie a surtout été écrite de l'extérieur, par des étrangers
ou des missionnaires de passage qui ne pouvaient pas reconstituer « le vrai
sens de l'histoire », la « vraie physionomie du passé ». « Écrire l'histoire
avec amour » est seulement possible de l'intérieur, surtout quand le matériel
historique est rare.

Parce que l'histoire de l'Acadie a été une histoire malheureuse qui a privé
l'historien des sources précieuses qu'ont pu conserver les autres sociétés, il
revient à tous et à chacun de participer à l'écriture de l'histoire et à la collection de ce qui reste du passé. Cette histoire existe potentiellement dans la
mémoire des familles : il revient donc à chaque famille de participer au
projet concrètement collectif :

---

une narration suivie puisque, tandis que les paroles et les pensées meurent, les écrits restent...
Un des objets de l'histoire peut être, précisément, de jeter un pont entre le passé et le présent, et
de rétablir la continuité interrompue. » (Maurice HALBWACHS, *la Mémoire collective*, p. 69.)

[55] *Le Progrès-l'Évangéline*, 7 janvier 1971.

[56] A. CHIASSON, « La monographie paroissiale », *loco cit.*, pp. 11, 14.

Notre histoire est exceptionnellement riche; on a beaucoup écrit sur nous. Pourtant, il reste tant à déblayer dans notre passé encore inconnu, incertain ou imprécis. C'est que les événements particulièrement durs pour nous, nous ont privés de sources traditionnelles de documentation que les peuples organisés sont soucieux d'accumuler et de conserver avec soin. Longtemps les Acadiens ont vécu dans l'ombre sans chroniqueurs ni archivistes, trop ignorés de l'autorité civile; les faits enregistrés à leur sujet — à part quelques documents épars — se limitent aux actes laconiques inscrits dans les registres des missionnaires à l'occasion de rapides passages.

Nous devrions, avant qu'il ne soit trop tard, nous hâter de recueillir tout ce que le temps n'a pas encore détruit[57].

Nos traditions elles-mêmes mériteraient de longues études. Et ce travail deviendrait passionnant. Au lieu d'attendre que les spécialistes d'ailleurs se mettent à la recherche et à l'étude de nos traditions, nos fervents de la petite histoire acadienne, de l'histoire régionale ou locale devraient être éveillés tout de suite à cet aspect très riche de notre histoire[58].

Le rapport ethnocentrique des idéologues à l'histoire de leur société leur fait revendiquer le patrimoine du sens profond de l'événement[59]. La « résurrection de la vie intégrale » doit être suscitée de l'intérieur. Faire connaître l'histoire est inséparable de la faire aimer. Or, pour la faire aimer, il faut l'avoir vécue ou en avoir une expérience directe. Le sentiment historique est ici consubstantiel à la recherche historiographique, sentiment qui peut difficilement être authentiquement vécu par l'historien non acadien. À cela quelques exceptions bien sûr, comme Rameau de Saint-Père et Émile Lauvrière qui auraient su pénétrer les secrets de l'âme acadienne[60].

Et pourtant, « un Acadien qui écrit l'histoire doit être objectif[61] ». La logique interne du projet historiographique a clairement été exposée par le Père Chiasson. L'histoire a besoin d'être corrigée, revisée et pour cela elle suppose l'analyse critique du document. L'objectivation de son propre passé, même opérée avec les catégories de la subjectivité, suppose la mise entre parenthèses du « sentiment faux » pour accéder à l'authentique :

Il y a des erreurs dans les livres d'histoire qu'on pourrait très bien corriger, des erreurs d'interprétation. Par exemple, on a peut-être trop insisté sur le côté contre les Anglais... Ça prendrait une étude critique qui saurait préserver l'authenticité de l'histoire, en mettant de côté tout préjugé d'un côté comme de l'autre. C'est un travail d'universitaires... D'ailleurs quand il s'agit d'histoire, il faut que ça soit authentique. Pas question d'une histoire dorée ou arrangée pour favoriser le sentiment qui serait faux...

---

[57] Clément CORMIER, « Présentation », loco cit., p. 3.
[58] A. CHIASSON, « La monographie paroissiale », loco cit., p. 14.
[59] Marcel RIOUX notait à ce sujet : « Tentation de minoritaire que d'estimer que l'étranger, même sympathique, ne peut absolument pas pénétrer les arcanes du caractère national de son groupe, tellement il lui semble complexe et unique. » (Dans la Question du Québec)
[60] Entrevue avec le Père Anselme Chiasson.
[61] Ibid.

> On a eu des livres à thèse, d'autres de vulgarisation, sans approfondissement, sans quelque chose de vraiment critique comme il s'en fait dans la Province de Québec. On espère que l'Université finira par nous donner ça, une histoire vraiment critique d'Acadie[62].

Il est difficile de nier le grand intérêt de l'historiographie « scientifique » telle qu'on pense qu'elle se pratique dans les universités selon des méthodes rigoureuses. Elle jouit d'un tel prestige et s'entoure d'un tel statut d'objectivité qu'il serait manifestement réactionnaire de défendre aujourd'hui la vieille façon d'écrire l'histoire. Ce serait tout bonnement refuser la science au nom d'occultes préjugés que l'on a condamnés par ailleurs. Non. Il faut maintenant des historiens de métier pour écrire une histoire « vraiment critique » d'Acadie.

Une telle orientation ne peut que venir confirmer l'authenticité de l'histoire qui est « belle en elle-même ». Au nom d'une logique imperturbable, la critique identifiera le « faux » sentiment historique et le « vrai », le pastiche et l'original, l'ajouté et l'originel. Mais cela ne veut pas dire que le sentiment en lui-même doive être écarté de la recherche, que l'histoire doive être « sèche ». Au contraire. « La vérité qui prime tout en histoire » doit révéler le sentiment juste de même qu'écrire l'histoire avec amour ne peut que contribuer à épurer l'histoire déjà écrite de tout ce qu'elle contenait de résiduel :

> J'admets que les intellectuels, des professionnels de l'histoire mettent de côté tout sentiment pour être capable de traiter l'histoire. Mais il reste que l'histoire du peuple acadien comme telle est assez belle en elle-même... Tout ce qui se fera pour l'histoire d'Acadie ne peut qu'aider[63].

L'« Idée » de l'histoire acadienne ne peut être remise en question par des intellectuels qui ne peuvent que mieux la faire connaître en faisant une glose[64]. Un « mariage de la science et du sentiment historique serait idéal », pour « garder à la société son caractère populaire » et « éviter qu'elle devienne une spécialité de certaines gens qualifiés qui ne toucherait plus la

---

[62] *Ibid.*

[63] *Ibid.*

[64] En 1971, *l'Évangéline* publie toujours en certaines occasions des vieux textes comme celui-ci, d'Antoine BERNARD : « Deux siècles d'inviolable fidélité au passé, de courageuse adaptation au présent, de marche vers l'avenir à la lumière de l'Étoile mariale, sous la bannière de Notre-Dame de l'Assomption. Est-il possible en une page, de donner même une idée de tant de choses consolantes, parfois merveilleuses qui tiennent au dénouement du Drame acadien ?... On dit que la vitalité d'une nation, d'un groupe humain, persiste en raison directe de l'importance de l'IDÉE que cette nation personnifie ou représente. En ce qui concerne le groupe acadien, l'idée qu'il personnifie, aux yeux de l'histoire, ne serait-elle pas la JUSTICE ? » (« L'histoire de l'Acadie », *le Progrès-l'Évangéline*, 3 août 1971.)

masse ». Aussi, les Cahiers doivent publier tout ce qui peut contribuer à faire une histoire objective de l'Acadie : « la vraie physionomie du passé », c'est cela que doit refléter l'histoire si elle veut être l'expression du vrai[65] : « Le père Clarence d'Entremont est un historien comme on doit l'être : la vérité prime tout en histoire, même si elle doit heurter une tradition[66]. » Nous verrons que la libéralité avec laquelle les Cahiers acceptent la critique interne dans la certitude qu'elle contribuera à la réalisation de leur projet permettra à la critique externe, corrosive pour le mythe, de s'exprimer.

4. La généalogie, les biographies et la petite histoire

Il revient à la Société Historique de propager le goût des recherches généalogiques dans lesquelles on découvre un moyen infaillible de renouer avec la tradition et de redécouvrir le sens profond de la filiation avec les ancêtres. Car la généalogie est plus que la collection systématique des lignées ancestrales et des registres paroissiaux qui se réduirait à un inventaire de noms et dates:

> Elle suppose une investigation à la découverte de faits familiaux. Chacun de nos ancêtres fut une personne humaine qui a vécu assez longtemps pour se marier, élever une famille; il a habité un coin du pays; il a peut-être émigré à divers endroits; il a travaillé quelque part; il a aimé; il a subi des revers; il a connu des joies. Il faut s'appliquer à reconstituer la vie des personnes dont on trouve les noms. Et c'est alors que la généalogie prend vraiment un sens et devient intéressante[67].

« Ressusciter la vie intégrale », c'est à cela que doit viser la science généalogique. Comme recherche des origines, elle doit contribuer à sauver la mémoire primordiale en faisant redécouvrir la permanence ou la continuité dans la succession des générations. « Il est remarquable, écrit le même auteur, qu'en se familiarisant avec leurs ancêtres, les jeunes voient les événements historiques dans une nouvelle perspective[68]. » La nouvelle perspective, c'est bien le dévoilement de l'horizon infini jusqu'alors caché par la courte vue de l'événementiel, en même temps que l'origine en deçà des fétiches du passé[69].

---

[65] A. CHIASSON, « La monographie paroissiale », loco cit., p. 16.

[66] LA RÉDACTION, « Entre Nous », Cahier 12, 1966, p. 42.

[67] Ibid., p. 45.

[68] Ibid., p. 39.

[69] « Le passé ainsi dévoilé, selon J.-P. VERNANT, est plus que l'antécédent du présent : il en est la source. En remontant jusqu'à lui, la remémoration cherche, non à situer les événements dans un cadre temporel, mais à atteindre le fond de l'être, à découvrir l'original, la réalité primordiale dont est issu le cosmos et qui permet de comprendre le devenir dans son ensemble. » (Dans Mircéa ÉLIADE, Aspects du mythe, p. 149.)

Pour le peuple acadien en particulier, la recherche généalogique est indispensable. Elle est un moyen essentiel de repossession d'un passé dont les traces ont été effacées :

> Des raisons plus profondes établissent l'utilité des recherches généalogiques acadiennes...
> Les archives proprement dites, à partir du Traité d'Utrecht, sont pratiquement inexistantes.
> La tempête de 1755 ravagea la population, occasionnant des déplacements incalculables.
> Pour retracer l'histoire des Acadiens pendant cette période obscure et orageuse, il faut
> commencer par retracer l'histoire des familles et des individus; il faut les suivre dans leurs
> pérégrinations, établir les dates et les lieux des naissances, des mariages et des décès...
> Il est souhaitable que le plus grand nombre possible de nos Acadiens adoptent ce genre de
> sport intellectuel qui, en plus de procurer les joies inhérentes à toute recherche, contribue à
> regrouper les facettes de l'histoire des Acadiens[70].

La généalogie est cette façon d'appréhender l'histoire qui concilie admirablement la fonction critique de l'historiographie « scientifique » et la fonction idéologique. Elle permet de dépasser l'opposition provisoire entre tradition et critique. Instrument privilégié du culte du passé, elle est aussi présentée comme la technique indispensable en Acadie à l'historiographie nationale. La généalogie vient faire coïncider tradition et histoire, rite et pratique scientifique, toujours à partir de l'argument qui consiste à poser comme unique le destin acadien. Exercice intellectuel et apostolat national (« On pourrait dire que la généalogie est un apostolat[71] ») ne pouvaient être mieux accouplés pour dépasser dans leur union sacrée le dualisme intolérable du temps historique, c'est-à-dire la séparation refusée du mythe et de l'histoire.

Tout aussi importante est la monographie paroissiale qui n'est que l'extension de la généalogie. En effet, les nombreuses monographies écrites pour les Cahiers ne sont souvent que l'addition d'éléments généalogiques de plusieurs familles complétés par des biographies de personnages singuliers et la succession des curés de la paroisse :

> La monographie paroissiale est très importante pour le grand rôle qu'elle doit jouer,
> d'abord à l'égard de la grande histoire, puis, dans l'éducation d'un peuple. Elle mérite
> donc d'être bien faite... C'est Taine qui dit : « La monographie est le meilleur instrument de
> l'historien; il la plonge dans le passé comme une sonde et la retire chargée de spécimens
> authentiques et complets. On connaît une époque après vingt ou trente de ces sondages; il
> n'y a qu'à les bien faire et bien interpréter. » La véritable histoire du peuple acadien, de
> ses déportés et de leurs fils, de leur retour, de leurs pérégrinations, de leur courage, de leur
> ténacité, de leurs vertus, de leurs défauts, de leur manière de vivre, de leur labeur, de leur
> débrouillardise, en un mot, l'histoire de la longue gestation de notre peuple actuel, n'est

---

[70] Éditorial anonyme, *l'Évangéline*, 2 juin 1970.
[71] Clément CORMIER, « Études généalogiques », *Cahier* 1, 1961, p. 40.

pas écrite ou si peu. Ce sont pourtant ces pages intéressantes que seule la monographie paroissiale ou régionale peut nous donner[72].

C'est en fouillant la « petite histoire officielle » qui a consigné scrupuleusement les événements significatifs, en consultant les registres paroissiaux et en interrogeant les « belles traditions ancestrales » rapportées par les vieillards qu'on pourra écrire les monographies qui sauront « révéler la psychologie, les vertus sociales et même la grande charité de nos ancêtres[73] » :

> Les premières sources à consulter sont évidemment celles des registres paroissiaux; ils n'ont pas tous disparu au cours de la Tourmente de 1755, car les déportés les emportèrent avec eux dans leur exil. Il y a quelque chose de touchant dans ce geste qui témoigne d'un respect sacré, d'un véritable culte pour les ancêtres et leur foi catholique. Ces déportés avaient assez de grandeur d'âme pour sauver en premier lieu ce qui témoignait de leur véritable noblesse et les rattachait à leur passé[74].

Ici encore, monographie et tradition sont très intimement rattachées. Faire une monographie, c'est finalement consigner le plus systématiquement possible la tradition pour éviter qu'elle se disperse et que certains de ses éléments se disjoignent. C'est emprunter à la tradition ses catégories totalitaires pour empêcher que l'historiographie ne les démonte et leur substitue des catégories arbitraires. C'est déjà prévoir l'histoire qu'on écrira demain et déjouer les « mauvais coups » du renversement des perspectives en historiographie.

Dans les églises ont été consignés la mémoire écrite, tous les documents préservés qui permettent de retrouver la « vie intégrale » du passé. Ils sont investis d'un pouvoir sacré. Les anciens les ont vénérés et conservés. Il revient aux vivants de faire de même : consulter l'héritage avec tout le respect que cela suppose, lui ajouter le don des générations vivantes pour en faire bénéficier les descendants.

Enfin, les biographies des personnages illustres de l'histoire d'Acadie sont à écrire, car « on peut se demander où nous en serions aujourd'hui si nous n'avions pas eu, pour organiser le réveil de notre peuple, ces personnages providentiels que furent les Pascal Poirier, les Mgr Richard, les Pères Lefebvre et Philias Bourgeois, les Placide Gaudet et quelques autres[75] ». Il convient de « rendre un digne hommage aux pionniers », à la « mémoire des chefs de file » et ne pas « oublier l'immense reconnaissance que nous de-

---

[72] A. CHIASSON, « La monographie paroissiale », *loco cit.*, p. 12.

[73] *Ibid.*, p. 15.

[74] Père GEORGES, « Registres et recencements pour les généalogies acadiennes », *Cahier* 5, 1964, p. 24.

[75] Médard LÉGER, « Placide Gaudet », *Cahier* 11, 1966, p. 18.

vons à nos missionnaires venus de France et de Québec qui ont su conserver à l'Acadie sa foi religieuse et son indéfectible attachement à l'Église et à la langue française[76] ». Les Cahiers abondent de ces biographies exemplaires écrites en « lettres d'or » et, quand il manque une figure héroïque à la lignée des grands, la rédaction en appelle aux membres de la Société pour combler la lacune.

En Acadie, l'histoire est l'affaire des héros[77]. Ce furent d'abord les prêtres bâtisseurs puis, après la fondation du Collège Saint-Joseph, une élite de nouveaux chefs patriotes : « On entend souvent dire que la population en général est apathique. Il reste qu'il s'est toujours trouvé des hommes à sortir du peuple pour mener de façon héroïque ces luttes nécessaires[78]. »

C'est le chef qui fait l'histoire. Sans une élite providentielle à la hauteur de sa dure mission, l'Acadie serait retournée au néant. Aussi, l'histoire doit-elle s'intéresser avant tout à ces chefs pour donner à la « petite histoire » qui accompagnait la généalogie et la monographie le relief qui confère la grandeur. Les grands sujets historiques sont confondus avec l'histoire des grands[79]. Autour d'eux gravitent les hommes et les événements : « Concrétisons. Un esprit équilibré, objectif, n'acceptera pas d'écarter d'un geste superficiel les qualités humaines transcendantes d'hommes qui, à force de

---

[76] Dr Albert SORMANY, « La nomination des premiers évêques acadiens », *loco cit.*, p. 9.

[77] « Les auteurs du xxᵉ siècle, observe Raymond Mailhot dans un intéressant travail de critique historiographique, n'ont pratiquement rien ajouté à la littérature du xixᵉ siècle. Ils ont surtout mis en évidence la pensée et les œuvres des élites... Nous croyons que les historiens entre 1900 et 1960, éblouis par la montée spectaculaire du clergé acadien au moment où ils écrivaient, ont de fait transposé dans le passé cette force et ignoré l'effort avant tout populaire de prise de conscience et d'action collective qui a permis la formation du clergé, les fondations de maisons d'enseignement supérieur, etc. Le point culminant de cette perspective semble avoir été atteint avec Antoine BERNARD, dans *la Renaissance acadienne au XXᵉ siècle*. Cet auteur nous place devant une théocratie acadienne qui aurait été à l'origine de tout le renouveau acadien... » (Dans *la Renaissance acadienne; l'interprétation traditionnelle et le Moniteur Acadien*.)

[78] A. CHIASSON, « Bref historique des Francophones du Nouveau-Brunswick », *le Progrès-l'Évangéline*, 26 janvier 1971.

[79] Cf. Sr ROSE-MARIE : « L'histoire d'un peuple est pour une large part l'histoire de ses institutions, surtout de ses établissements d'éducation... L'histoire d'un peuple est aussi l'histoire de ses chefs, de ses héros, de ses hommes d'action; l'histoire des grands hommes est une histoire attachante ! Celle de nos chefs ne doit-elle pas occuper une place prépondérante dans l'éducation nationale du peuple acadien ? » (*Marie dans l'éducation nationale en Acadie*, pp. 21, 34, 42.)

clairvoyance et de ténacité, ont édifié, dans des conditions adverses, des institutions qui ont produit d'heureux résultats[80]. »

Le culte des ancêtres passe par le culte du héros, personnification de la somme des vertus que pouvaient ensemble posséder tous les ancêtres d'une époque. Tout le mythe historique repose sur l'acte créateur du héros. Il faut écrire l'histoire des héros pour que leur exemple serve à l'édification des hommes d'aujourd'hui et de demain. Car les héros peuvent ressusciter et se réincarner dans les vivants[81]. L'action rituelle des vivants consiste à faire revivre dans le présent imaginaire les héros immortels, perpétuels sauveurs invoqués dans les temps difficiles.

Il est intéressant de noter que les biographies à écrire sont celles des grands défunts et non celles des chefs vivants. C'est comme s'il fallait attendre que la tradition annexe leurs noms à ses lignées pour que ceux-ci prennent figure vraiment unanime. Car les vivants sont mortels, et donc ne peuvent accéder au rang de héros. On ne consacre pas l'éphémère. L'histoire, ici la tradition, demeure le grand tribunal.

Il faut aussi ressusciter les demi-héros, ceux dont la gloire n'a pas encore été légitimée par la tradition. L'histoire à écrire aujourd'hui veut rendre un juste verdict à ceux qu'elle a oubliés ou qui attendaient la consécration. Il faut réhabiliter les oubliés du panthéon des grands, comme cet Anselme Doucet, qui « fut l'une des figures acadiennes importantes, aujourd'hui trop peu connu ou complètement ignoré. Le culte de la race nous oblige à connaître : (1°) nos ancêtres distingués et (2°) ceux dont les noms ne brillent pas dans les annales de l'histoire écrite mais qui, à cause du rôle qu'ils ont joué, méritent cependant notre attention et notre respect[82]. »

Des humbles dont la généalogie veut faire revivre la mémoire aux grands que les biographies célèbrent avec tous les attributs du cérémonial national en passant par les oubliés qui attendent encore leur jugement, c'est le « passé intégral » qui doit aujourd'hui passer dans l'écriture pour être sauvé de la destruction et de l'oubli. Car l'histoire du peuple acadien est un paradigme,

---

[80] Éditorial anonyme, le Progrès-l'Évangéline, 8 février 1971.

[81] « La question du mythe en histoire est la question du héros. Et la question du héros est la question de la résurrection. Le héros est celui qui a le pouvoir de renaître à la vie après qu'il a péri. Si les morts demeuraient morts, et ne pouvaient faire à nouveau être ce qui fut jadis, il n'y aurait pas de héros ni de mythe capable de subjuguer chez l'homme le sens de son époque. » (Harold ROSENBERG, « Tragédie et comédie de l'histoire », les Temps modernes, 1949, p. 808.)

[82] Wellie-J. BELLIVEAU, « Le lieutenant-colonel Anselme Doucet », Cahier 15, 1967, p. 205.

et le livre à écrire qui consignera fidèlement tous les chapitres de cette histoire sera pour le peuple acadien à venir le substitut d'une ancienne sagesse que les temps modernes lui ont enlevée et que la seule parole n'est plus capable de transmettre par voie directe. Car les Dieux savent comment les temps et les valeurs ont changé. Ce livre n'est autre que le Grand Rouleau de la tradition, la transcription moderne du mythe historique qui doit enfin replacer l'Acadie au cœur de son drame et rassembler la nation acadienne indivise dans le cercle de son destin.

IV. Mythique Acadie

Il est temps de donner quelque existence concrète à ce mythe de l'Acadie. Si l'idéologie historiographique répond aux fonctions spécifiques du mythe (pourquoi-comment : justifier-expliquer), il reste à en spécifier la structure.

Il est communément accepté que les événements de 1755 et tout ce qui entoure le Grand Drame est mythifié. « La date de 1755, écrit Camille Richard, ne rappelle pas seulement un événement historique chez les Acadiens : elle est un symbole, un modèle, un cadre de référence de tout un passé et de tout un devenir. L'événement est presque mythifié[83]. » Les Pères Cormier et Chiasson insistaient, de leur côté, sur l'importance pour l'historiographie moderne de démythifier l'épisode de la déportation, surtout de le dédramatiser. Il était nécessaire, selon eux, de faire connaître les autres épisodes de l'histoire acadienne pour resituer 1755 à sa juste place, pour atténuer l'anglophobie des vieux écrits, aussi pour attirer l'attention sur la période plus moderne, celle de la Renaissance[84] : « Il n'est pas de notre intention de ramener les nôtres à pleurer la Déportation, à construire dans les esprits un mur de lamentations[85]. »

Dédramatiser 1755 ne revient pas à démythifier l'histoire, au contraire. C'est pour redonner au tout historique la cohérence du mythe que 1755 doit être remis à sa place. Hier, le mythe du Grand Dérangement était sans doute adéquat à la situation historique des Acadiens qui se définissaient comme minorité opprimée. La situation aujourd'hui n'étant plus définie de la même façon, il faut réinterpréter l'histoire. Interrogeant l'idéologie nationaliste de la fin du XIXe siècle, Camille Richard écrivait : « Les événements de la dé-

---

[83]Camille RICHARD, l'Idéologie de la première convention acadienne, p. 22.
[84]Cf. Entrevues.
[85]Éditorial anonyme, le Progrès-l'Évangéline, 7 janvier 1971.

portation constituent le « modèle d'interprétation » de l'idéologie nationaliste acadienne. « 1755 » joue un rôle analogue chez les Acadiens à celui de
« 1760 » chez les Canadiens français. En somme, la dispersion, ou telle
qu'elle est rationalisée, permet aux Acadiens d'accepter leur condition de
groupe minoritaire, vaincu... Le modèle leur sert à la fois d'explication et de
justification de leur situation actuelle[86]. » Si aujourd'hui l'accent est généralement placé sur la Renaissance, soit le Grand Éveil qui annonce et explique
les temps présents[87], pour les historiens, c'est le passé tout entier qui doit
être réapproprié, c'est donc toute l'histoire acadienne depuis le commencement qui doit prendre la forme totalisante du mythe.

1. L'ancienne « Cadie » ou « Arcadie »

D'après le Père Cormier et Émery Leblanc[88], le mot Acadie tirerait son
origine ou bien des vocables micmac ou malécite pour qui « cadie » ou
« quoddy » signifiait un lieu fertile, une terre d'abondance, ou bien du navi-
gateur Verrazano qui l'avait baptisée « Arcadie » en 1524 « en raison de la
beauté de ses arbres » et par comparaison à ce massif du Péloponèse qui,
dans la Grèce antique, figurait un séjour d'innocence et de bonheur[89].
Pure coïncidence sémantique ou continuité mythologique ? Il est remarquable que l'étymologie et la mythologie accordent le même sens au signe et
à la chose signifiée. D'après la tradition, une terre fertile aurait été conquise
par les ancêtres pionniers sur les éléments tout-puissants, sur une nature hostile à l'implantation de l'homme. Les témoignages sur cette première époque
sont nombreux :

> Villebon avait été intrigué par le paradoxe de leur paresse apparente et de l'abondance de
> leurs récoltes et de leur cheptel. Il ne pouvait comprendre leur manque d'ambition à profi-
> ter de ces richesses... Ce peuple avait choisi de se tailler un domaine avec des pelles plutôt
> qu'avec des haches, en construisant des digues et des aboiteaux, arrachant ainsi à la mer
> une terre fertile où paîtraient leurs troupeaux et où le blé croîtrait en abondance. Ils se suf-
> fisaient à eux-mêmes; malgré les pillages répétés des Anglais, qui souvent aussi brisaient
> leurs digues, ils se relevaient aussitôt et continuaient à prospérer[90].

---

[86]Camille RICHARD, l'Idéologie de la première convention acadienne, p. 24.
[87]Cet aspect prendra un sens très concret dans le discours de la S.N.A., 2e chapitre.
[88]Émery LEBLANC, les Acadiens, op. cit., p. 12.
[89]Clément CORMIER, « Acadie », Cahier 2, 1962, p. 59.
[90]Sr Corinne LAPLANTE, « Pourquoi les Acadiens sont-ils demeurés en Acadie ? » Cahier 21,
1968, p. 4.

> Au temps de ces jours heureux en terre d'Acadie, elles (les cloches) ont chanté avec des accents joyeux le bonheur et la vie champêtre des Acadiens au milieu des plaines fertiles et verdoyantes qui étaient leur domaine[91].

La naissance de l'Acadie coïncide avec l'établissement des premiers pionniers sur cette terre d'Amérique qu'il fallait conquérir sur la forêt et sur la mer. Elle est cette création « de toutes pièces » d'un espace vital qui donne forme au monde en lui assurant la réalité ou l'être, la maîtrise des éléments ou la force, la durée issue de la forme et de l'ordre. Sur la terre nouvelle pourra vivre le peuple élu. « La période précédant le drame de 1755, écrit Camille Richard, est conçue comme une sorte d'âge d'or pour l'Acadie où tout allait pour le mieux dans le meilleur des mondes[92]. » Les générations d'après 1755 savent qu'au début était le Paradis : leur quête est désormais celle du paradis innocemment perdu : « Les exilés, eux, rêvent de leur Acadie, de leur ancien paradis perdu et veulent revenir[93]. »

2. Une communauté harmonieuse

Les premiers ancêtres étaient de ces familles venues de France pour « fonder l'Acadie et créer un peuple nouveau sous la calotte des cieux[94] ». Une organisation sociale exemplaire allait naître qui ne connaît pas la funeste dissociation de l'un et du tout, cette marque de l'histoire qui a condamné les hommes et les peuples à devenir, à mourir.

Les catégories du « commun » et du « collectif » ne pouvaient rivaliser avec leurs contraires puisque l'unité régnait dans la totalité. L'intérêt particulier était confondu avec l'intérêt collectif, le privé avec le commun, la famille unicellulaire avec la famille étendue ou paroisse, l'individu avec le groupe. Même la division du travail était fluide : les fonctions du prêtre pouvaient être assurées par les veillards, les corvées étaient volontaires et chacun participait aux activités de tous, à tour de rôle. Inutile d'ajouter que cette société était sans classes : « le plus riche était pauvre et le plus pauvre vivait dans l'abondance », disait le poète.

Un lien inaltérable d'amour unissait tous ces ancêtres en une communauté indivisible; un lien de sang leur garantissait la pérennité filiale dans un sort commun :

---

[91] Clarence J. D'ENTREMONT, « Les cloches acadiennes », *Cahier* 21, 1968, p. 42.

[92] Camille RICHARD, *l'Idéologie de la première convention acadienne*, p. 20.

[93] A. CHIASSON, « Bref historique... », *loco cit.*

[94] Médard LÉGER, « Les aboiteaux », *loco cit.*, p. 65.

Les Acadiens de Grand-Pré, pleins d'amour de Dieu et de leurs semblables, vivaient exempts des inquiétudes que fait naître la défiance des voisins peu honnêtes. Jamais ils n'avaient de serrure à leur porte et de barre protectrice à leurs fenêtres. Et leurs maisons étaient ouvertes comme les cœurs à tous ceux qui leur demandaient l'hospitalité, le plus riche était pauvre et le plus pauvre vivait dans l'abondance. (Henry W. LONGFELLOW.)
Permettez-moi d'emprunter les paroles du célèbre poète américain et de les appliquer aux fondateurs de la belle paroisse de Ste-Marie de Kent; car jamais on ne pourra faire un tableau plus fidèle de la vie de ces braves colons, venus en grande partie de la belle paroisse de Memramcook.
Eux non plus n'avaient pas de serrure à leur porte ni de barres protectrices à leurs fenêtres. Ils n'avaient même pas de battants ni de clochettes à leur demeure. Le seul avertissement de l'arrivée de quelqu'un, c'était les aboiements du chien ou le bruit des pieds qu'on frappait sur le marche-pied pour secouer la neige, la boue ou la poussière. Si c'était à l'heure du repas, on s'empressait de préparer une place à table et on invitait le visiteur à casser la croûte avec la famille; si c'était à l'heure du repos, on le conduisait dans la meilleure chambre à coucher de la maison.
Si un nouveau colon n'avait pas encore eu le temps ni les moyens de se procurer un nouvel attelage, tous ceux qui étaient plus fortunés que lui s'empressaient de lui venir en aide. Si au printemps, il n'avait pas le grain voulu pour ensemencer son brûlis, les voisins lui en fournissaient. Si une mère de famille n'avait pas assez de lait pour nourrir son enfant, elle savait qu'il y avait des vaches laitières chez ses voisins. Du moment qu'on connaissait son état, tous sans exception se faisaient un devoir de voler à son secours[95]...

Le mythe présente le modèle idéal d'une société sans conflit, auto-suffisante et destinée à se perpétuer. Comme le clan, sa structure est simple, réduite à la plus petite dimension, la famille. La division du travail y est organisée selon le modèle de la rotation des tâches pour chacun des sexes, sans contrainte exercée par un pouvoir personnalisé et sans hiérarchie de prestige attachée aux tâches, aux fonctions ou aux statuts. Même le rôle du prêtre n'est pas exclusif. Les activités sont uniquement de subsistance commandée par les besoins les plus « naturels », et quand bien même la privation se ferait sentir, elle est compensée par la chaude solidarité (charité) qui unit tous les membres de cette communauté fraternelle. Il faudra revenir sur les vertus chrétiennes qui assurent au peuple acadien des premiers temps une existence dans la grâce.

Il est bien arrivé, note le Père Chiasson, que des prêtres canadiens eurent à se plaindre de leurs ouailles en Acadie comme le découvre une lettre pastorale à Mgr Panet, évêque de Québec en 1830. Ce n'était assurément là qu'exagération, en conclut-il, et il faut en rechercher la cause dans les tracasseries de l'abbé d'alors plutôt que dans les moeurs des braves gens de l'époque :

---

[95]Clément G. CORMIER, « Ste Marie de Kent », *Cahier* 10, 1966, p. 30.

En 1830, l'évêque de Québec, Mgr Panet, dans une lettre pastorale aux gens de Chéti-camp, leur reproche leur intempérance et leurs injustices. Ces reproches sévères de la part de l'évêque surprennent un peu si on ignore qu'ils furent sollicités par le missionnaire d'alors, l'abbé Courtaud. Or, nous l'avons déjà dit, il nous semble que les plaintes de ce missionnaire étaient exagérées.

Le partage des terres fait à l'amiable entre les pionniers légua à la génération suivante un héritage chargé de problèmes. Il y eut sans doute de l'entêtement dans les chicanes que suscitèrent les délimitations subséquentes des terres et d'autres problèmes entre voisins. Mais nous doutons fort qu'il y eut jamais de bien graves injustices manifestes et délibérées. À part quelques pauvres bougres qui prenaient leur bois de chauffage sur la part des autres, au su de tout le monde d'ailleurs, on peut dire qu'en général le vol n'existait sous aucune forme à Chéticamp. Personne ne barrait ses portes et même aujourd'hui, beau-coup ne le font pas encore[96].

La négation de la tradition — profanation du sacré — est portée de l'exté-rieur comme l'atteste le document démythificateur de l'évêque de Québec. Le document historique véritable et correctement interprété ne peut invalider la tradition.

3. Une histoire paradigmatique et des ancêtres héroïques

« Un trait nous a surtout frappés, écrit Mircéa Éliade, en étudiant ces col-lectivités traditionnelles : c'est leur révolte contre le temps concret, histo-rique, leur nostalgie périodique d'un retour au temps mythique des origines, au grand temps. Le sens et la fonction de ce que nous avons appelé « arché-types et répétitions » ne sont révélés à nous que lorsque nous avons saisi la volonté de ces sociétés de refuser le temps concret, leur hostilité à toute ten-tative de l'« histoire » autonome, c'est-à-dire d'histoire sans régulation ar-chétypale[97]. » Refuser le temps concret, cela consiste à intégrer l'événement dans la continuité instaurée lors de la Création, à nier son autonomie en le réduisant à son principe. L'événement doit avant tout signifier sa fidélité aux normes et valeurs des temps premiers. Il assure la continuité en réactualisant le modèle exemplaire et c'est cette continuité qui fonde la réalité du présent comme existence sacrée. L'événement n'ajoute rien à l'histoire conçue comme répétition, il ne cesse de réaffirmer l'ontique contre l'existence historique. « Le passé glorieux, les traditions riches, les ancêtres héroï-ques[98] », « chaque région, chaque coin de terre qui jouit d'une histoire pal-

---

[96] A. CHIASSON, Chéticamp..., op. cit., p. 204-205.
[97] Mircéa ÉLIADE, le Mythe de l'éternel retour, p. 11.
[98] Médard LÉGER, « Placide Gaudet », loco. cit., p. 19.

pitante[99] » sont exemplaires en soi. C'est comme si « l'histoire exception-nellement riche » et « l'exemple héroïque des ancêtres » devaient naturelle-ment transmettre aux générations successives les vertus fondamentales qui assurent la pérennité de l'ancienne Acadie :

> Nos ancêtres ont été des héros avant, pendant et après la déportation... Déjà en 1888, Fau-cher de Saint-Maurice écrivait : « Ah ! Si l'un de nos hommes de lettres canadiens-français trouvait le temps de visiter ces groupes (Acadiens) ! Quel beau livre il aurait à écrire sur ces braves gens qui ne doutent pas qu'ils sont restés des héros[100].

Le Père Chiasson se plaisait à citer cette phrase d'Émile Lauvrière : « seul le peuple acadien est demeuré grand[101] ». Si le peuple entier hérite des ver-tus transmises par les pères — « heureux père, Frédéric rêve déjà des longues soirées d'hiver pendant lesquelles il rééditera au profit de son fils l'épopée des ancêtres, épopée qui a enchanté sa propre enfance[102] » — il les doit aussi à ses chefs, prêtres ou notables qui ont su garder « l'esprit noble et une grandeur d'âme peu commune[103] ». De sorte que l'événement accède au paradigme en s'intégrant à la catégorie de la totalité, les figures singu-lières de l'histoire ou les dynasties entières de prêtres et missionnaires sont consacrées, sinon canonisées. L'archétype du chef héroïque s'assimile chaque incarnation individuelle par réduction du personnage concret[104].

L'espace social est aussi objet de consécration. Il est devenu sacré quand les ancêtres y ont établi demeure, y ont bâti leurs églises, cultivé le sol, enterré les morts. Les fondations, comme les événements ou les individus, échappent à l'éphémère car elles ont marqué l'espace du sceau sacré de la Création. Quand il n'en reste que des ruines, elles savent témoigner, mieux que celles de Rome, de l'empire de sainteté dans lequel a vécu le petit peuple :

> Ce site vénérable sera conservé pour la postérité et son caractère de lieu saint jalousement défendu. En témoignage de reconnaissance et pour mieux renforcer les liens qui nous atta-chent aux ancêtres, on a voulu qu'en plus d'être entouré d'un culte de respect, le coin de

---

[99] A. CHIASSON, « Le mot du Président », *Cahier* 2, 1962, p. 3.

[100] IDEM, « La monographie paroissiale », *loco cit.*, p. 11.

[101] Entrevue.

[102] Mère Saint-Marc BÉDARD, « Le Révérend Père Philias Bourgeois », *Cahier* 10, 1966, p. 7.

[103] LA DIRECTION, « Présentation », *Cahier* 6, 1964, p. 3.

[104] « Historiens, écrivains, orateurs académiques et politiques célèbrent le passé et ses gloires, réelles ou imaginaires. On prête généreusement aux grands ancêtres toutes les vertus et les qua-lités des héros. Leurs moindres actions deviennent des gestes chevaleresques. Leurs défauts, leurs erreurs, leurs faiblesses tombent dans l'oubli. Leurs échecs se transforment en succès, leur manque de vision se métamorphose en sagesse politique. » (Michel BRUNET, cité par Camille RICHARD, *l'Idéologie...*, p. 31.)

terre où l'on a placé ce monument soit dédié à Sainte Anne[105]...

Les ruines de Rome ou de la Grèce sont certainement vieilles, leur vieillesse nous fait même oublier ce qu'elles avaient de sens, si elles en ont jamais eu ? Nos ruines sont plus jeunes, mais c'est avec elles que nos pères réussirent à surmonter de grands malheurs, à se reprendre si héroïquement; il n'y a plus de Romains et il y a encore des Acadiens; nos ancêtres ne songeaient pas à bâtir des empires, mais les ruines qu'ils durent abandonner ont une odeur sainte, sinon de sainteté; une immensse auréole de mérite, d'intelligence plane au-dessus de l'histoire de notre petit peuple[106].

Les éléments de culture comme l'usage des levées et aboiteaux et surtout la langue n'échappent pas à la réduction au primordial de la pensée mythique. Le langage traditionnel, parce que nourri à la source archaïque, est apte à véhiculer à travers l'histoire les profondes valeurs qui ont scellé son origine. Et parce que l'histoire de l'Acadie est perçue comme reproduction heureuse des schèmes ancestraux, la langue française, contrairement à son évolution au dehors où on lui confère l'attribut de « vivante », a gardé ici tous ses parfums de jeunesse. Alors que de l'extérieur on la qualifie de « langue morte », en Acadie elle demeure éternellement vivace parce qu'elle a su résister aux offensives de l'histoire :

Le parler acadien du Cap Breton, pas plus que celui du reste de l'Acadie, n'est ni un patois, ni une langue dégénérée : c'est la langue que parlaient les Français du XVIIe siècle...

Expressif, il a gardé avec tous les parfums de la jeunesse, le charme de la simplicité. Viril, on lui retrouve, après trois cents ans de séparation de la langue mère, sa vieille puissance verbale, sa fierté de race et jusqu'à son orgueil. Ce ne sont pas là certes des signes de décadence prochaine. Et pourtant, c'est bien ce même parler des bords du Saint-Laurent battu par le noroît et trempé par les embruns, que l'on a un jour devant moi, qualifié de langue morte. Quel outrage ! Appuyé sur ses couches ataviques, nourri de ses fortes traditions, il vit plus que jamais par ses profondes racines; il respire au rythme du grand poumon de la mer, le souffle de la France éternelle[107].

Enfin, en une formule très expressive, le même auteur illustre cette « révolte contre le temps concret » ou nostalgie de l'unité primordiale caractéristique de la pensée traditionnelle qui refuse à l'événement singulier toute prétention historique en l'annexant à son modèle mythique :

« La langue, comme les peuples, évolue. Des mots se perdent, d'autres naissent, car le mot, quoi qu'on en dise, est un être vivant », a dit Victor Hugo.

Malheureusement, les mots nouveaux n'ont pas toujours le caractère, la virilité, la force d'expression, la poésie des mots disparus. L'architecture moderne ne sera jamais qu'une pâle imitation des architectures anciennes[108].

---

[105]Livin CORMIER, Médard LÉGER, « Pèlerinage... », *loco cit.*, p. 11.
[106]Médard LÉGER, « La Péninsule de Miscou », *l'Évangéline*, 29 déc. 1969.
[107]Éphrem BOUDREAU, « Le parler acadien... », *loco cit.*, p. 190.
[108]*Ibid.*, p. 199.

4. Un christianisme primitif

Le mythe est la version explicite d'une vision chrétienne du monde. Si les premiers temps furent exemplaires, c'est avant tout par la fidélité des ancêtres aux commandements divins, car ils avaient pour mission de perpétuer le règne du Christ sur la terre : « L'effort surhumain que déployèrent nos pères afin de maintenir le règne du Christ sur la terre acadienne[109]. » La référence à la vie du Christ est permanente dans le mythe : le peuple acadien a reçu une mission divine à sa naissance; fidèle à sa mission, il sera martyrisé par les forces païennes et versera son sang; miraculeusement il sera ressuscité et saura traverser l'adversité d'une longue période obscure pour enfin poursuivre sa juste mission rédemptrice. Le mythe représente la communauté acadienne comme élue de Dieu, son existence remise à la Providence et son histoire vécue comme une mission apostolique. D'où la représentation du caractère unique du peuple acadien, tant dans l'atrocité de son agonie que dans la perfection de sa dévotion et de sa piété :

> Jamais un groupe n'a été plus fidèle à mettre en pratique les paroles de Notre Seigneur... Le riche était pauvre et le plus pauvre vivait dans l'abondance[110].

> Si le *free meeting house* a été érigé pour servir comme église à toutes les dénominations, cet édifice devrait être conservé à ce bel esprit de chrétienté si évident chez nos ancêtres[111].

Si l'Église a subi bien des hérésies et transformations au cours des siècles, si l'enseignement primitif lui-même a été victime des déviations et paradoxes de l'histoire, les Acadiens ont su restituer à l'Église son visage originel. Dans son ouvrage sur Chéticamp, le Père Chiasson cite un document de Mgr Plessis pour confirmer le caractère historique de ces représentations mythiques :

> Nul n'était plus propre que lui (M. Allain) à maintenir les Acadiens dans cette estimable simplicité digne du plus bel âge du christianisme, dans cette innocence de mœurs, dans cette union, cette harmonie et cette probité à toute épreuve que l'on admire encore chez eux[112].

> Mgr Plessis, à sa visite en 1812, est impressionné par la « bonté des habitants, par leur respect et leur affection pour les prêtres... La parole d'un prêtre parmi eux est aussi puissante que le serait celle d'un ange... » Il admire leur belle simplicité et leur foi et les compare aux chrétientés de la primitive Église[113].

---

[109]Livin CORMIER, Médard LÉGER, « Pèlerinage historique... », *loco cit.*, p. 12.
[110]Clément G. CORMIER, « Ste Marie de Kent », *loco cit.*, p. 30.
[111]Rodolphe BOURQUE, « Free Meeting House », *Cahier 2*, 1962, p. 70.
[112]A. CHIASSON, *Chéticamp...*, p. 113.
[113]*Ibid.*, p. 203.

L'élément essentiel introduit dans le modèle mythique, tel qu'il a jusqu'alors été considéré, est sans doute la foi de ces chrétiens qui complexifie le rapport à l'histoire. Le mythe de la création aspire toute l'histoire vers ce centre qu'est le modèle primordial et refuse l'événement irréversible. Si le particulier « objectif » accède à la signification, c'est par référence à la catégorie de totalité donnée une fois pour toutes à l'origine. Et si, selon cette logique, le temps peut encore s'introduire, c'est seulement sous forme cyclique : chaque nouvelle naissance n'est en fait que la renaissance perpétuelle de l'unique et a pour fonction la regénération de l'archétype usé par l'existence. Tout accident, tout « hasard historique » qui viendrait rompre temporairement l'harmonie du monde voit ses effets annihilés par l'avènement d'un cycle de vie neuf et sacré.

Or, la vision chrétienne du monde introduit dans ce modèle perpétuel une nouvelle conception de l'histoire. Au temps immémorial du paradis que suggère le rappel de la primitive Église ou de l'antique Arcadie vient s'ajouter la promesse divine d'un futur serein qui sera l'avènement du royaume éternel des justes. C'est parce que l'homme des commencements fut marqué par le péché originel que l'exemple archétypal devient mortel, destiné à subir les offensives de l'histoire. La dégénérescence du monde ne peut plus être récupérée par le mouvement cyclique rénovateur. Alors l'histoire est enfin assumée, la durée historique est valorisée parce qu'elle doit apporter le salut. Elle peut être vécue authentiquement par les croyants dont l'existence tire toute sa force de la foi. C'est cette expérience religieuse de la foi qui doit permettre aux chrétiens de supporter les cataclysmes eschatologiques (la déportation) puisque est faite à chacun la promesse d'un au-delà rédempteur[114].

Ainsi, pour avoir su traverser l'histoire avec autant d'héroïsme et de courage, les Acadiens ont dû garder une foi à toute épreuve :

> Peut-on dire qu'ils aimaient leurs terres par-dessus tout ? Certes, ils étaient très attachés à leur patrie, à leur sol qu'ils avaient défriché « avec beaucoup de peine et de sueur », mais il y avait un bien qu'ils estimaient au-dessus de tout et pour lequel ils étaient prêts à tout sacrifier : leur foi[115].

> Nous sommes en la période qui précède la première guerre mondiale, et si l'abondance ne règne pas dans les paroisses acadiennes, on ne saurait dire non plus que les Acadiens sont dans la misère : ils n'ont pour richesse que leur foi robuste et leur ardeur au travail[116].

---

[114]Il est bien évident que cette analyse est insuffisante et peut-être très simplificatrice. Mais ce n'est pas ici le lieu d'un travail approfondi sur le rapport du christianisme à l'histoire.

[115]Sr Corinne LAPLANTE, « Pourquoi les Acadiens... », *loco cit.*, p. 4.

[116]Éphrem BOUDREAU, « Le parler acadien... », *loco cit.*, p. 194.

5. Le Grand Drame

Une calamité sans pareille vient frapper le peuple acadien au beau milieu du XVIIIe siècle : les déportations des années 1750. La « grande tragédie » qui devait lui porter un coup fatal en le faisant disparaître à jamais de la surface de la terre — « la déportation, tentative de suppression totale de la part de nos ennemis du temps[117] » — reste pour les générations issues des survivants difficilement imaginable tant les souffrances furent atroces et la cruauté des envahisseurs démoniaque :

La cruauté avec laquelle fut exécuté le coup de 1755 dépassa tout ce que l'imagination peut prévoir de plus odieux.

Le 3 septembre 1755, les Acadiens à qui, par fourberie, on avait enlevé leurs fusils et leurs barques, furent attirés dans leurs églises par un guet-apens et faits prisonniers du roi. Tous leurs biens, si longtemps convoités par les Anglais, furent confisqués. Puis ce fut la Dispersion : embarquement à la bayonnette de tous ces gens, pêle-mêle, sans même se soucier de réunir sur les mêmes bateaux les membres d'une même famille. Le 8 octobre, les bateaux partaient, chargés de familles démembrées, la mort et le désespoir dans l'âme, emportant tout un peuple qu'on avait juré de faire disparaître à jamais. Ces cargaisons humaines furent dispersées un peu partout le long des côtes de l'Atlantique, de Boston à la Géorgie; on espérait les noyer à jamais dans les colonies anglo-saxonnes. « Exil sans fin et d'une pitié sans égale dans l'histoire. Jetés sur les rives lointaines et séparés les uns des autres, on les vit errer de ville en ville, sans amis, sans demeures, sans espérance humaine, résignés et ne demandant à la terre qu'un tombeau » (LONGFELLOW).

À Beaubassin et à Port Royal, les Acadiens avaient flairé le piège de Lawrence. Au lieu de se rendre à son appel, ils prirent les bois. Le gouvernement ordonna alors une chasse à l'homme sans merci où le sort des Acadiens qui tombaient sous les balles des soldats était peut-être préférable au sort de ceux qui tombaient captifs.

Avec la prise de Louisbourg, le 27 juillet 1758, cette chasse à l'homme s'étendit à toutes les côtes et forêts des trois provinces du golfe. Elle dura dix longues années. Années interminables, sanglantes, indescriptibles, où les Acadiens inoffensifs, traqués comme des bêtes fauves, abattus comme des chiens ou déportés sans merci chez des populations fanatiquement hostiles, erraient comme des spectres dans un cauchemar de haine et de sang[118].

Ce texte particulièrement dramatique doit suffire à montrer l'importance primordiale attachée à l'événement dont la tradition a multiplié les dénominatifs : le Grand Drame, le Grand Dérangement, la Tourmente, la Grande Tragédie, le Démembrement, l'Expulsion, la Dispersion, la Déportation, et peut-être d'autres...

Comment la pensée mythique a-t-elle intégré cet élément capital dans la structure globale du mythe ? Quelle signification a-t-elle pu lui donner par

---

[117]A. CHIASSON, « Voyage historique des Acadiens en Europe », *Cahier* 12, 1966, p. 49.
[118]IDEM, *Chéticamp...*, pp. 15-16.

rapport à sa conception linéaire de l'histoire et à partir de sa vision chrétienne du monde[119] ?

Les premiers temps de la jeune colonie étaient sereins et prospères. La vie d'alors était harmonieuse, les communautés organisées en paroisses ne pouvaient que servir le bien collectif et entretenir les vertus exemplaires de chacun au profit de tous. Et, quand par hasard un village laissé trop longtemps sans prêtre risquait de se perdre, la venue d'un nouveau missionnaire suffisait à restaurer l'ordre provisoirement menacé. C'est parce qu'il avait été fondé « sous la calotte des cieux » que ce peuple a su entretenir sans relâche le règne du Christ sur la terre.

Survint le Grand Drame. Il ne peut être la conséquence d'un écart par rapport à la norme comme signe de malédiction. Le mal qui s'est abattu sur les Acadiens ne pouvait que venir de l'extérieur, d'un ennemi puissant, féroce et non catholique : les Anglais.

> Les Anglais avaient voulu se débarrasser des Acadiens, qui désiraient établir des colons anglais et protestants sur leurs belles terres, avaient mis une rage barbare à faire disparaître le peuple acadien des Maritimes. Ils avaient réussi. À part quelques fugitifs qui erraient avec les Indiens et ceux qui étaient confinés dans les prisons, il n'en restait plus[120].
>
> Ces déportés, que la haine raciale et le sectarisme religieux dépouillaient de leurs biens et poursuivaient avec rage jusque dans leurs affections de famille, ces déportés que les officiers anglais traitaient de « vermine » et parquaient comme des bestiaux[121].
>
> Et ce fut le grand silence ou les messes blanches, alors que les soldats anglais nettoyaient la Baie de tout ce qui sentait l'Acadien[122].

L'agresseur est démoniaque. Ce ne sont pas seulement des terres fertiles, des fermes et du bétail qu'il convoitait par cupidité, ni seulement un désir de puissance à assouvir : il voulait exterminer le germe catholique et français en Acadie. C'est alors que des cargaisons d'hommes furent embarquées comme du vil bétail; certains fuirent en direction de la forêt, d'autres furent emprisonnés dans des geôles innommables, les derniers abattus comme des chiens par les Rangers qui ne faisaient pas la distinction entre sauvages et Acadiens. L'Acadie devint subitement une terre brûlée; son peuple était destiné à retourner à l'état de nature, livré sans recours à la puissance des éléments : le cosmos anéanti retournait à l'état du chaos primordial.

---

[119]Le mythe de la déportation que Longfellow a contribué à définir mériterait une analyse sémantique approfondie, tel qu'il apparaît d'abord dans le poème et tel que les historiens l'ont commenté.

[120]A. CHIASSON, « Bref historique... », *loco cit.*, 22 janvier 1971.

[121]Père GEORGES, « Registres et recencements... », *loco cit.*, p. 24.

[122]Médard LÉGER, « La péninsule de Miscou », *loco cit.*, 31 décembre 1969.

Ainsi, le peuple élu devenait martyr[123]. Parce qu'il avait eu, fortifié par la foi et la piété, le courage de ne pas se soumettre à l'ennemi anglais et protestant, il a su affronter l'épreuve avec la grandeur d'âme que connaissent seulement les martyrs : « J'ai dédié ces pages à la mémoire très chère des martyrs de 1755 et pour l'édification de la piété filiale de leurs nombreux descendants, afin que les pères le redisent à leurs fils et que ceux-ci le redisent à leur tour à ceux qui naîtront d'eux de génération en génération[124] ».

Le temps s'est vu soudainement brisé. Il n'y avait jusqu'alors que le Commencement. Il y aura désormais un avant et un après : la naissance, la mort brutale et la « résurrection » ou la « Renaissance » (« nos ancêtres ont été des héros avant, et après la déportation »). C'est comme si l'histoire avait commencé avec l'événement de 1755, marquant la fin de la « préhistoire » au temps dormant. Si la continuité ontologique est assurée, elle devra désormais compter avec la causalité historique qui a ajouté quelque chose à l'essentiel : un stigmate sacré que rien ne pourra jamais effacer, la « palme du martyr » : « L'Acadie porte dans son âme les traces de souffrances passées[125]. »

1755, c'est donc pour le peuple acadien comme l'an Un du calendrier chrétien, le vrai commencement de l'histoire pour la communauté descendante des premiers martyrs. Les contemporains se réfèrent encore souvent à elle pour dater leurs origines historiques. Et pour donner un contenu réel et

---

[123] « En jetant un regard rétrospectif sur certaines époques de notre histoire, nous trouvons que nul peuple au monde n'a eu plus à souffrir pour conserver sa foi et pour rester fidèle à l'église que le peuple acadien. C'est pourquoi, à la lumière de l'histoire, on nous surnomme aujourd'hui « le peuple martyr ». Les Irlandais et les Polonais, nos frères dans la foi et dans la persécution, ont eu, aussi, beaucoup à endurer, et un grand nombre ont dû s'éloigner de leur pays pour échapper à la persécution; mais aucun de ces peuples n'a été arraché violemment à ses foyers et dispersé aux quatre coins du monde comme l'a été le peuple acadien, parce qu'il voulait rester catholique et français », écrivait sir P.-A. Landry en 1912, cité par A.-L. LÉGER dans *les Grandes Lignes de l'histoire de la Société l'Assomption*. Voici en comparaison ce qu'écrivait Lamennais : « C'est un peuple martyr, écrivait Lamennais en parlant de la Pologne opprimée. En lui s'accomplit un mystère saint. Il a été livré pour un temps à la puissance du mal afin que, trempé dans la souffrance comme le fer dans l'eau du torrent, il devienne l'épée qui vaincra le mauvais génie de l'Humanité. L'orgie infernale a dansé sur cette terre sanglante où chaque cœur a eu sa torture, chaque muscle sa douloureuse contraction, et il le fallait pour que le monde sût ce que c'est que la patrie et la perte de la patrie, pour que la justice, le respect des droits, l'amour fraternel, l'horreur des tyrans, formassent le lien futur des peuples et fissent leur salut dans l'avenir. » (Cité par Roger MUCCHIELLI, *le Mythe de la Cité idéale*, p. 43.)

[124] Placide GAUDET, cité par Médard LÉGER, « Placide Gaudet », *loco cit.*, p. 50.

[125] A. CHIASSON, *Chéticamp...*, p. 282.

collectif à l'interlocuteur qui les interroge sur leur « identité » acadienne, ils se situent invariablement dans une lignée issue de l'un des quelques rescapés, origine d'autant plus numineuse qu'elle est presque toujours inconnue. La dédicace de Placide Gaudet, citée en épitaphe, suffirait encore, dans la lettre et dans l'esprit, à exprimer l'éthique des historiens contemporains qui ont fondé les Cahiers.

6. La résurrection sous le signe de la Providence

L'histoire qui commence après la déportation, pour ceux qui s'étaient cachés, comme pour les exilés qui reviennent, est celle d'un nouveau combat entre le mal et le bien, et finalement celle de la rédemption chrétienne dans l'Acadie réoccupée. Au départ, tout jouait contre l'éventuelle possibilité d'une renaissance acadienne. Mais les déportés avaient gardé la foi et leur pureté de mœurs :

> La longue période d'épreuves qui suivit 1755 et 1758... aurait pu les conduire à l'état sauvage. Pourtant, si la dispersion les a marqués, les a changés même, quand ils se regroupent et s'installent à nouveau trente, quarante et même cinquante ans plus tard, ces Acadiens sont demeurés fermes dans leurs convictions religieuses et intègres dans leur conduite[126].

Le premier tableau : la menace de l'état sauvage. Les ennemis étaient devenus les maîtres du pays. Ils s'étaient approprié les meilleures terres. Ils n'ont pu tolérer le retour des Acadiens que pour mieux les exploiter : « Les Acadiens rencontraient un peu partout dans les provinces du golfe des maîtres anglais arrogants et cupides. Riches des dépouilles de nos ancêtres et établis sur les meilleures terres, tout puissants vis-à-vis des Acadiens traités en parias, ils ne cherchaient qu'à les exploiter[127]. »

L'épisode de la déportation et celui du retour ont renvoyé les Acadiens à la nature inorganisée. Sans terres, sans prêtres, sans organisation sociale, complètement dépossédés et demembrés, traités en parias, ils tombèrent alors dans cet état d'abandon favorable aux apostasies et à l'anglicisation :

> Ils se retrouvent et demeurent près d'un siècle pauvres, illettrés, sans chefs, à peu d'exceptions près, exclus de toute fonction politique, écrasés, surtout les pêcheurs, par des monopoles anglais ou jerseiens et ignorés par l'administration publique. Groupés isolés, sans lien entre eux, ils s'ignorent les uns les autres pendant très longtemps[128].
> En 1872, l'avenir était guère prometteur; ils eurent à subir une lente anglicisation, à languir dans la pauvreté et quelques-uns ont perdu la foi[129].

---

[126]A. Chiasson, Chéticamp..., loco cit., p. 203.

[127]Ibid., p. 30.

[128]Ibid., 25 janvier 1971.

[129]Régis Brun, « Un brin d'histoire de Ménoudie, Nappan et Maccan », Cahier 13, 1966, p. 92.

En 1782, il (le prêtre) dut organiser la paroisse et instruire les gens qui n'avaient reçu aucune instruction religieuse depuis 40 ans. Il catéchisa la plupart des paroissiens. D'autres, ayant subi toutes sortes de privations et étant endurcis aux tortures, s'étaient relâchés dans leurs mœurs[130].

Mais tout n'était pas perdu. « Une invincible espérance dans un avenir meilleur devait les soutenir : ils en avaient tellement connu des déboires dans les années passées[131] ! » La « lutte pour la vie » ou pour la « survivance » après la déportation est déjà le début de la résurrection. Le petit peuple était né sous la protection de la Divine Providence, celle-ci ne pouvait pas l'abandonner. Le martyr, comme disait Lamennais, était la promesse du salut :

La providence veillait cependant et Notre-Dame de l'Assomption n'oubliait pas le petit peuple qui lui avait toujours voué une dévotion sans défaillance. La Divine Providence sait tirer le bien du mal[132].

1773 : L'Église maternelle se préoccupe du sort des victimes acadiennes. Elle sait que le peuple martyr tient d'abord à sa foi catholique et qu'il a besoin de prêtres pour se refaire une vie sociale et nationale[133].

Le deuxième tableau s'ouvre avec l'arrivée des prêtres missionnaires dans cette Acadie ressuscitée. Le désordre n'avait pu être évité quand les habitants étaient restés isolés. éparpillés, sans cadres sociaux et sans autorité religieuse. Mais, comme le notait Vidal Gaudet, tout allait changer par l'œuvre missionnaire :

Leurs seuls chefs furent leurs missionnaires, dont quelques grands noms, comme l'abbé Antoine Gagnon, l'abbé Blanchette Belcourt, Lafrance etc., que Québec leur envoyait.

Très tôt, ces missionnaires s'occupaient de l'instruction, se firent instituteurs eux-mêmes à leur presbytère, ouvrirent des écoles, firent venir leurs frères, leurs sœurs ou leurs amis du Québec pour enseigner aux Acadiens[134].

C'est ainsi qu'on se représente les débuts de la Renaissance acadienne. Une vie nouvelle allait reprendre, « toute tissée des fidélités d'hier » et renforcée par une équipe de chefs envoyée par la Providence. Le destin de l'Acadie dépend maintenant de chefs investis d'un pouvoir surnaturel et comme d'une nouvelle mission civilisatrice en Amérique. Il fallait en quelque sorte que les héros de l'âge premier de la colonie soient ressuscités pour que se manifestent les premiers signes de construction de l'Acadie moderne[135].

---

[130]Vidal GAUDET, « Notes sur les origines de Memramcook », *Cahier* 2, 1962, p. 53.

[131]Sr Corinne LAPLANTE, « Pourquoi les Acadiens… », *loco cit.*, p. 16.

[132]Dr Albert SORMANY, « La nomination des premiers évêques », *loco cit.*, p. 9.

[133]Antoine BERNARD, « L'histoire de l'Acadie », *le Progrès-l'Évangéline*, 3 août 1971.

[134]A. CHIASSON, « Bref Historique », *loco cit.*, 25 janvier 1971.

[135]« L'histoire acadienne est en quelque sorte. selon Raymond Mailhot, l'héritage d'une

En 1864, les Pères Sainte-Croix dirigés par le Père Lefebvre ouvrent « le premier vrai collège classique d'Acadie », le Collège Saint-Joseph de Memramcook :

> On peut affirmer de toute évidence que la fondation du Collège St Joseph fut un tournant dans l'histoire des Acadiens d'après la Déportation. « De cette fondation date la renaissance acadienne », a dit notre historien Placide Gaudet. Ce collège fut le centre intellectuel, le centre de la pensée, le centre du réveil acadien[136].

On découvrira dans le discours des chefs de la Société Nationale les mêmes thèmes et la même insistance mise sur le rôle providentiel de la nouvelle élite, qu'elle soit cléricale ou non. C'est même beaucoup plus dans le discours des idéologues de la Société Nationale que dans celui des historiens de la Société Historique que la Renaissance sera célébrée. Le texte qui suit en est un exemple remarquable, il est un leitmotiv dans la rhétorique de la Société Nationale, défini lors d'une conférence très importante donnée lors de la première assemblée de la Société en 1957, mais il est seulement cité dans les Cahiers à l'occasion de la biographie de Placide Gaudet. Comme s'il revenait aux chefs de « l'Acadie rayonnante » de célébrer personnellement la mémoire et la gloire de leurs maîtres, de donner de la Renaissance dont ils sont les directs héritiers la juste et pleine signification historique. L'on dit que les historiens n'ont pas encore tiré toute la lumière sur cette époque. Il revient donc au principal définiteur de la situation acadienne moderne de tracer aussi les nouvelles priorités de l'historiographie :

> Cette renaissance est un phénomène du plus haut intérêt. Les pionniers du mouvement avaient comme point de départ une population pauvre, illettrée, dispersée et depuis longtemps sans chefs : un peuple donc qui avait développé un écrasant complexe d'infériorité; ce sont ces infortunés qu'il fallait sortir de la léthargie, auxquels il fallait faire prendre conscience des possibilités d'une vie collective organisée. L'équipe de chefs que nous envoya la providence a réussi ce tour de force[137].

Peu de textes des Cahiers sont consacrés à la période moderne, sinon des biographies apologétiques qui permettent de rendre compte de l'histoire moderne à partir du mythe. La continuité mythique permet de donner des temps présents, qu'on se représente par ailleurs autonomes, un diagnostic heureux et à l'histoire à faire un modèle exemplaire. Le mythe demeure l'unique

---

« équipe gagnante », issue d'un monde en changement et en danger; l'histoire de la période 1864-1888 a subi l'influence prépondérante d'hommes qui étaient « dirigeants ecclésiastiques et politiques (Michel Brunet)... » L'histoire de leur montée, la « Renaissance », est une théorie d'une certaine valeur, mais associée très tôt à la religion ou plutôt au surnaturel et à un culte de l'ordre établi. » (La « Renaissance acadienne »..., loco cit., p. 102.)

[136] A. CHIASSON, « Bref historique... », loco cit., 25 janvier 1971.

[137] Clément CORMIER, cité par Médard LÉGER, « Placide Gaudet », loco cit., p. 19.

source des valeurs et des normes, il fournit à l'homme contemporain la catégorie de totalité dans la tentative de donner pleine signification au monde.
Les ancêtres de la veille sont déjà des héros, leurs actes déjà transparents et
archétypaux. Les événements d'hier s'intègrent à la visée unitaire de l'histoire, ils sont déjà devenus paradigmes :

> Le rôle clé que le père Bourgeois remplira dans l'orchestration de la symphonie de l'Acadie
> renaissante... Il aura été sans contredit l'un des plus influents promoteurs de la Renais-
> sance acadienne aujourd'hui en plein essor. Dans les conjonctures les plus osées, le Père
> Bourgeois a-t-il jamais présagé l'heureuse réalité actuelle ? Son Alma Mater... s'épanouis-
> sait en moins d'un siècle en l'Université de Moncton avec cette fière devise : « SURGE,
> ILLUMINARE »[138].

V. Projet critique

Le projet d'écrire une histoire « critique » d'Acadie devait être, selon les
responsables des Cahiers, compatible avec le récit mythique, auquel il devait
même apporter une nouvelle vitalité. Le culte du passé et des ancêtres pouvait être transposé en recherche historique et vice versa. Il fallait revitaliser
l'événement originel au moyen de la recherche historiographique.

Dans les premiers Cahiers, l'écriture de l'histoire consiste surtout à renouer le lien affectif avec le passé. Les articles apologétiques sont nombreux
tout au long des Cahiers, mais des comptes rendus de recherches sont également publiés, surtout dans les dernières années quand l'historiographie acadienne prend un nouvel essor avec la création de l'Université de Moncton.

La recherche de l'objectivité en histoire, pense-t-on, ne doit pas venir in-
firmer « l'essentiel »; l'épreuve de « l'événement authentique » pour le
mythe ne peut au contraire que prouver son éminente valeur. La puissance
critique de l'événement peut bien s'exercer par rapport à un autre événement, mais non par rapport à l'« idée » qui habille l'événement de signification. Aussi, quand un auteur écrit : « Je m'excuse d'avoir voulu vous instruire plutôt que vous intéresser, malgré les nombreuses anecdotes qui se rat-
tachent à l'histoire du Cap Sable[139] », son intention n'est pas de démythifier
l'histoire populaire au nom de la science historique et par là de porter un
coup dur au mythe, elle est seulement d'initier le profane à des moyens plus
rigoureux de renouer les liens avec le passé, c'est-à-dire de moderniser le
mythe pour lui restituer toutes ses fonctions. L'histoire la plus critique ne
peut que s'écrire avec amour et fidélité quand la fouille austère des archives

---

[138]Mère Saint-Marc BÉDARD, « Le Révérend Père Philias Bourgeois », *loco cit.*, p. 22.
[139]Clarence D'ENTREMONT, « Le Cap Sable », *Cahier* 14, 1967, p. 173.

permet de révéler la « vraie » valeur du passé.

C'est cette foi dans l'indéfectible valeur du passé qui permet d'intégrer la critique interne à la vision traditionnelle de l'histoire et, plus généralement, de mettre l'historiographie au service du projet idéologique. Mais, c'est aussi cette confiance religieuse des historiens traditionnels en l'historiographie qui donnera à des nouveaux idéologues l'occasion de s'exprimer dans les Cahiers et de « noyauter » la Société Historique au nom de l'objectivité en histoire. Le document sera volontairement utilisé contre le mythe.

Les premiers signes explicites de contestation idéologique apparaissent dans le *Cahier* 22. L'auteur, Régis Brun, est membre depuis plusieurs années de la Société Historique et il a déjà signé plusieurs articles dans les Cahiers. Ses recherches ont été remarquées par la Direction qui attirait l'attention des lecteurs en faisant leur éloge. Voici les extraits les plus significatifs de son article :

> Évidemment, je sais bien qu'en écrivant ces lignes je risque d'aller en contradiction flagrante avec les récits de nos historiens du passé et de choquer ceux d'aujourd'hui, en plus d'aller à l'encontre des immuables traditions orales qui ont fini par prendre le caractère de faits historiques. On nous avait dit et raconté par écrit les « maintes difficultés, sacrifices et même jusqu'au péril de la mort » du trajet de la « caravane de la Rivière St-Jean ». On a l'impression que l'histoire acadienne, après 1755, est parsemée de ces dites « caravanes » qui sont d'ailleurs devenues légendaires. Bref, toujours selon ces écrits, cette caravane partit à pieds de la rivière St-Jean pour se rendre à Memramcook. Et le pourquoi de cette caravane ? Parce que les Anglais de Fredericton et de la région immédiate avaient volé le bétail des Acadiens, démoli leurs clôtures, incendié leurs maisons et pis encore, enlevé « plusieurs jeunes filles acadiennes qu'on n'a jamais revues après » ! Voilà en gros le mythe intitulé « la caravane de la Rivière St-Jean »[140].

Le 14 novembre 1969, *le Devoir* de Montréal publiait dans sa section littéraire deux lettres d'un Joseph Gueguen, Acadien qui vécut au Nouveau-Brunswick dans la deuxième moitié du XVIIIe siècle, avec une présentation de Régis Brun :

> Joseph Gueguen, personnage historique acadien dont nous reproduisons ici deux lettres inédites, nous présente une image fort différente de celle que les historiens ont généralement tracée de l'Acadien type de la deuxième moitié du dix-huitième siècle.
> On dépeignait habituellement l'Acadien comme étant pauvre et exploité par les Anglais, illettré et n'offrant aucune opposition aux autorités civiles et religieuse de l'époque...
> Encore aujourd'hui, l'historiographie acadienne contemporaine et même les manuels scolaires qui sont en préparation préfèrent ne pas s'écarter de la tradition. Les progrès accomplis à cette époque par les Acadiens sont délaissés au profit des agissements du clergé dont

---

[140]Régis BRUN, « Histoire socio-démographique du Sud-Est du Nouveau-Brunswick », *Cahier* 22, 1969, p. 64.

il semble qu'on valorise parfois trop le rôle. Quoi qu'il en soit, ces deux documents sont suffisamment « différents » pour apporter un ton nouveau...

Quand Gueguen écrit qu'il habite un lieu sauvage où « assurément on ne peut acquérir de lumière », il a particulièrement raison...

Le véritable rôle de Gueguen fut celui de défenseur des petits. Combien de fois dans sa correspondance ne s'insurge-t-il pas contre les abus de certaines autorités ecclésiastiques[141]...

L'intention est claire : il s'agit de dénoncer une vision globale de l'histoire en apportant à l'aide du document historique « un ton nouveau » à une historiographie qui est critiquée comme répétition écrite de la tradition. La critique est profonde. Elle vise à faire éclater la parfaite étanchéité du vieux message, à relativiser le discours dominant en dénonçant son caractère « idéologique », à démasquer les idéologues retranchés derrière le statut incontesté d'historiographes officiels et légitimes, bref, à casser la vieille totalité du discours et celle du pouvoir totalitaire de l'émettre comme de le diffuser. C'est comme si briser le mythe suffisait à ébranler les fondements de la société, tant au niveau temporel ou historique qu'au niveau spirituel. Car introduire la relativité dans l'interprétation de l'histoire, c'est du même coup détruire la solide structure hiérarchique de la société dont la tradition restait la principale instance de légitimation. Une fois le mythe replacé au même niveau que l'idéologie, il y a place pour plusieurs discours.

L'intellectuel revendique un nouveau rôle. Il rivalise avec le prêtre. Il devient pour la tradition ce sorcier porteur d'un faux charisme qui tente d'usurper le pouvoir et le public du prophète et des prêtres. Il veut effectivement remplacer le prêtre quand son discours prétendant à la science renvoie le discours sacré à ses limites spécifiques dans l'organisation de la vie sociale, à savoir l'église dans l'espace collectif et le dimanche dans le calendrier hebdomadaire.

Ce n'est pas par hasard que Régis Brun publie les lettres de Gueguen dans un journal québécois de grande renommée qui compte parmi ses lecteurs les gens les plus « cultivés » de la province française. C'est pour mieux signifier chez lui sa distance vis-à-vis de la tradition et sa volonté de rupture. C'est aussi pour conquérir ce statut, légitime au Québec, d'intellectuel, car là déjà existe un public potentiel, une communauté de pairs et une tradition critique connue et reconnue, en historiographie comme ailleurs. Tous les contestataires de l'idéologie dominante acadienne iront chercher au Québec et la légitimation d'un statut qui leur est refusé en Acadie, et le pouvoir que

---

[141] IDEM, « Inédit/deux lettres acadiennes », *le Devoir*, 14 novembre 1969, XXXIII.

confère le statut d'idéologue nécessaire pour rivaliser avec les idéologues au pouvoir.

Dans un autre texte, Régis Brun passe directement de la critique historiographique à une nouvelle théorie de la société acadienne. À partir d'une nouvelle lecture de l'histoire, il est possible de faire de la situation acadienne d'aujourd'hui un décodage nouveau, non pas arbitraire comme pourront apparaître du point de vue de l'élite les discours des nouveaux définiteurs étudiants par exemple, mais fondé justement sur et dans l'histoire. Le stratagème de l'auteur est manifeste dans ce texte où il signifie par surcroît sa fidélité à un Marrou, sûrement peu suspect pour ses confrères des Cahiers de partisanerie idéologique ni d'athéisme marxisant :

> Qui furent les membres de la caste oligarchique d'Halifax qui accaparèrent presque entièrement des terres de l'ancien comté de Cumberland ? Cette région devint, dès 1765, la chasse gardée de l'élite anglaise de la colonie. Et drôle de coïncidence, les tenanciers de la Rivière Petitcodiac ont toujours eu comme seigneurs des rapaces : des gouverneurs, des lieutenants gouverneurs, des commandants, des généraux, des marchands de chair à canon, des militaires, le secrétaire de la Province de la Nouvelle-Écosse et en dernier lieu, mais non de moindre importance, le lieutenant des « Gorhan's Rangers », ceux-ci étant reconnus pour leur dextérité en matière de scalp. C'est ainsi que se constitue, pendant la deuxième moitié du XVIIe siècle, et ceci grâce à la politique coloniale de la G.B., une élite avec pignon sur rue à Halifax et de vastes domaines seigneuriaux dans les pays d'en haut...
>
> L'élite coloniale d'Halifax ne diffère guère de l'élite des autres régions de l'époque. Si, selon la pensée exprimée par Marrou, l'histoire est l'étude du passé permettant une meilleure compréhension du présent en fonction de l'avenir, serait-il présomptueux d'affirmer que si le régime est différent, on retrouve dans les Maritimes d'aujourd'hui le même type de structure politico-économique, autrement dit, en dépit du sous-développement de la région, le contexte n'a-t-il pas permis à une classe dirigeante de s'enrichir[142] ?

Il suffit d'en appeler explicitement au tour de passe qui est utilisé par les autres idéologues des Cahiers — l'historiographie comme justification de l'« idée » — pour introduire dans les Cahiers des éléments d'une nouvelle idéologie.

Les textes de ce genre ne sont malheureusement pas assez nombreux pour qu'on puisse en faire une analyse systématique sur le modèle de celle du discours orthodoxe de la Société Historique. Le lexique introduit par Régis Brun se retrouvera dans le discours des contre-idéologues étudiants[143], pas encore assez enraciné dans l'histoire pour créer une nouvelle tradition. Mais,

---

[142]Régis BRUN, « Histoire socio-démographique... », *loco cit.*, p. 86.
[143]Cf. chapitre v.

finalement, le contenu de la nouvelle vision du monde qui transpire à travers les quelques fragments cités est moins important pour cette analyse que le mécanisme qui lui permet de s'extérioriser, soit le recours à l'histoire comme moyen de justifier et de légitimer tout nouveau discours dans/sur la société globale.

La différence importante entre la présente contestation et celle des autres idéologies concurrentes, c'est que celle-ci s'exprime et s'imprime aux côtés du discours prétendant à l'unanimité et à la vérité univoque, comme s'il était désormais pour ce dernier inévitable de renoncer à son vieux trône, quand l'autre est condamnée à créer un réseau parallèle de diffusion, toujours menacé de disparition du fait de sa légitimité précaire et de son caractère franc-tireur. « Le Père Anselme voulait censurer ma conclusion, me confiait Régis Brun, il disait que ça n'était pas de l'histoire. C'est pour ça que j'ai utilisé Marrou et la définition qu'il donne de l'histoire en fonction de l'avenir. Après, il n'était plus d'accord du tout... » Pourtant, l'article fut publié intégralement ! Son auteur ne fut pas non plus écarté de la Société Historique. Il devint par la suite archiviste à l'Université de Moncton, collaborateur des Pères Cormier et Chiasson. C'est comme si en définitive la contestation idéologique était neutralisée par le fait d'appartenir au sanctuaire de l'historiographie acadienne (ou d'être jugé « in » par ses représentants), science par excellence du sacré qui échappe à l'aléatoire des controverses idéologiques, aux querelles des hommes et des classes, aux contradictions provisoires de l'histoire du moment; comme si, pour la tradition, la contestation idéologique n'était qu'un fait mineur, individuel et privé, alors que le fait de se donner à la recherche historiographique est à lui seul garant de la noblesse élective de son auteur.

Dans le *Cahier* 25, une offensive de la même veine est tentée par un nouveau collaborateur dans un compte rendu bibliographique de trois pages intitulé : « *Acadia* de Andrew Hill Clark, nouvel espoir pour un renouveau de l'historiographie acadienne[144] ». Le titre en dit déjà long. Il faut remarquer à cette occasion l'introduction d'un nouveau genre dans les Cahiers, le compte rendu critique, exercice caractéristique des revues scientifiques. En publiant l'article, les Cahiers institutionnalisent le genre spécifique de la critique des textes (et non plus des documents) qui, comme on va le voir, en revient à mettre le mythe à distance et à autoriser qu'on le traite comme un objet de science. Voici de ce texte des extraits qui méritent d'être cités :

---

[144] Bernard POTHIER, « *Acadia* de Andrew Hill Clark... », *Cahier* 25, 1969, pp. 195-197.

Tout en me réjouissant de la parution en 1968 du plus récent ouvrage d'Andrew Hill Clark, *Acadia, The Geography of Early Nova Scotia to 1760*, je ne puis m'empêcher de craindre que l'on réserve à son étude le même accueil que l'on faisait à celle de John Bartlett Brebner en 1927... En dépit de l'évidente érudition de son œuvre, nos historiens ne se sont guère inspirés de son optique, et ont continué jusqu'à nos jours à nous livrer l'idéologie traditionnelle... Pour la première fois, notre histoire devenait plus que l'étude isolée d'un peuple paisible, heureux et producteur qui fut néanmoins brutalement victimisé par une dragonnade de rapaces spoliateurs... Plus de quarante années après que l'érudition de Brebner tomba chez nous sur une terre intellectuellement aride, le géographe Andrew Hill Clark nous fait espérer une fois de plus les bienfaits d'une optique impartiale et d'une science déjà prouvée à maintes reprises... Il n'est bien sûr pas possible de noter ici toutes les possibilités de démystification que *Acadia* laisse entrevoir. L'ensemble de l'œuvre constitue une contribution indéniable à la tâche de remettre le bilan de l'Acadie et des Acadiens dans une perspective d'objectivité... C'est entendu, par ailleurs, que les Acadiens des 150 premières années méritent les éloges de la postérité. Le malheur chez nous a été de nous attarder depuis un siècle à fabriquer — ou du moins à conjecturer — des gloires afin de mieux véhiculer les sentiments de fierté religieuse et nationale. Bien loin de prostituer ainsi le but de l'histoire, l'ouvrage du Professeur Clark nous démontre la compatibilité qui peut exister entre sa profonde sympathie pour l'Acadie et les Acadiens d'une part et l'honnêteté intellectuelle et la rigueur scientifique d'autre part. La plus importante leçon qui se dégage d'*Acadia*, c'est qu'à l'avenir, lorsque nos historiens évoqueront par exemple le souvenir de la piété de nos ancêtres, ils devront faire la part également de la superstition; ou s'ils nous parlent de sobriété, ils ne cachent point la paresse qui les caractérisait; ou encore s'ils nous parlent d'hospitalité, et de bonne humeur, ils se rappellent qu'en même temps les circonstances rendaient les Acadiens méfiants, rancuniers et querelleurs. Qu'il nous ait fallu, pour nous le souligner, attendre encore une fois la venue d'un érudit, comme Brebner, étranger par la langue et la religion, et professeur par surcroît d'université américaine, est une réflexion significative sur l'état actuel de la recherche en Acadie.

« Objectivité », « impartialité », « démystification »..., Bernard Pothier rappelle en outre que la sympathie en histoire est compatible avec l'honnêteté intellectuelle. Mais, pour lui, le « mariage » du romantisme et de la science doit finalement porter un coup décisif au vieux mythe et non pas confirmer les croyants dans leur foi en une vision unitaire parce que sacrée de l'histoire acadienne. La fonction idéologique de l'historiographie est critiquée au nom de la fonction de connaissance. Il devient ainsi possible à un savant étranger, même de langue anglaise, d'écrire de l'extérieur une histoire de l'Acadie exemplaire d'un autre point de vue que celui jusqu'alors privilégié par les historiens acadiens.

Les interventions de ces deux auteurs ont le même effet sur le message traditionnel, à savoir de faire le vide dans l'espace sémantique trop plein du signifié mythique en restituant au signifiant originel son sens « libre » ou possible. L'écriture nouvelle de l'histoire n'a plus les mêmes fonctions que l'écriture du mythe. Analytique, elle consiste à démonter la vieille cohérence des associations traditionnelles pour construire un modèle rigoureux mais par nature inachevé, donc incapable de recréer dans l'imaginaire ce cosmos transparent qu'était le mythe.

***

Au terme de cette analyse, la trop grande ambition et la fragilité du projet de la Société Historique sont manifestes. Au lieu de colmater les brèches du signifié collectif avec du sens ajouté, les idéologues de la Société transformèrent leur rôle en celui de bouclier. Leur projet était celui-ci : protéger le perpétuel contre le mouvant; nier le temps concret de la dissociation pour sauver le temps dormant des béatifiques associations; effacer par répétition magique du Verbe le dualisme qui enclenche la ronde folle de la dialectique; créer en même temps la totalité comme unique possible et faire du rapport de la société à cette totalité un culte où les grands prêtres immoleraient en sacrifice interprétations trop libres et schismes démasqués.

Quand le mythe nécessite le recours à l'écriture puis à l'historiographie pour se reproduire; quand il est condamné à rencontrer l'événement et à l'intégrer bon gré mal gré dans sa structure totalisante; quand les oracles — ces intellectuels de la société traditionnelle — sont contraints, par la force du temps et des choses, à s'associer avec des intellectuels nouveau style tout en voulant réduire leurs fonctions à celles de simples illustrateurs, commentateurs et propagateurs de la tradition : il est alors manifeste que le mythe est entré dans sa phase de décomposition et que son parfait syncrétisme de toujours et pour tous a cédé.

Le projet d'écrire le mythe et de le redorer au moyen du vernis « scientifique » revenait au projet de naturaliser la vieille parole collective et le modèle de société qu'elle définissait comme on embaume les cadavres royaux avant de les disposer dans les lieux sacrés. C'était abandonner la fonction idéologique au profit de la fonction cultuelle, en niant leur différence et en réduisant la première à la toute-puissance de la seconde. Dans la logique de ce projet, l'écriture devait bâillonner la parole, le culte national à un jeu ancien et fini devait remplacer l'action collective entendue comme jeu risqué et actualisé avec et entre les possibles. Dans un langage qui n'a pas oublié ses vieilles références à une philosophie de l'existence, c'est comme si la promesse de survivance devait désespérer la vie.

On comprend avec quelle facilité les rares contre-idéologues ont pu s'introduire dans la Société pour y faire passer leur message. Comme la vieille parole s'était toute cristallisée en un objet de révélation et de vénération, il suffisait à une parole vivante et active d'emprunter le même chemin que la première pour lui ravir sa fonction idéologique qu'elle ne défendait déjà plus. Autrement dit, il lui suffisait d'être discours sur l'histoire pour paraître discours historique ou mythique. Il suffisait aux nouveaux idéologues de revêtir costumes d'historiens pour entrer dans le sanctuaire et de là diffuser un message différent.

Mais on voit aussi l'ambiguïté possible du projet contre-idéologique qui découle de l'ambiguïté première du projet historiographique des fondateurs de la Société Historique. Pour répondre aux attentes de la Société ainsi qu'aux normes de la culture, le langage critique doit aussi se ritualiser et emprunter les catégories collectives vécues de son adversaire. Sinon, il se condamne à rester un jeu solitaire ou marginal et doit renoncer à viser la fonction idéologique. Si les textes critiques étaient plus nombreux, il faudrait essayer de découvrir les signes du passage du « différent » au « même » à l'intérieur de leur discours, les motifs culturels communs aux deux discours historiques et finalement peut-être la fonction mythique permanente malgré les velléités démythifiantes. Car c'est peut-être la ruse des cultures que de mimer la révolution permanente quand il y a à la « base », dans les conditions, aux fondements, continuité de l'unique et intégration du différent.

CHAPITRE II

LA SOCIÉTÉ NATIONALE DES ACADIENS

LE PROJET DE RESTAURATION

« *Nous nous tiendrons ferme sur la pierre de nos réalisations, nous conserverons intégralement tout ce que nous ont légué nos pères et nous grandirons de concert avec la jeunesse qui s'instruit en grandissant. Nous nous tiendrons dans un juste milieu sans exagération ni faiblesse, nous garderons la vérité et la droite ligne chrétienne dans la charité et la prudence chrétiennes.*

« *C'est ainsi que gardienne des traditions ancestrales et du souvenir de l'impérissable Acadie martyre; héritière des merveilleuses réalisations de l'Acadie renaissante; la SNA sera, au cours du prochain demi-siècle, avec la coopération de tous, avec la grâce de Dieu et la protection de Notre-Dame de l'Assomption, le serviteur désintéressé et efficace de l'Acadie triomphante.* »

(Louis Lebel, « Discours officiel d'ouverture » du XIIIe Congrès national des Acadiens, 1960.)

I. La Société Nationale des Acadiens

La conquête de l'Acadie n'a pas, contrairement à ce qui se passa au Canada français, épargné les fondations de l'ancienne société. Les signes des anciens établissements français furent progressivement effacés. Après 1755, l'on dit qu'il ne restait de l'Acadie que des groupements isolés. Selon les historiens et en particulier selon le Père Clément Cormier, il revint à la Société Nationale de regrouper la nation dispersée et de s'imposer par la suite comme l'institution centrale des Acadiens. Aussi voit-on converger vers elle toutes les autres institutions acadiennes, tous les pouvoirs, toutes les initiatives locales et régionales en rapport avec la collectivité. Elle est, dans la société minoritaire du Nouveau-Brunswick, un simulacre ou un substitut de gouvernement, autant significative par l'importance de son pouvoir à l'intérieur de la société que par la dépossession de pouvoir au niveau du gouvernement de Fredericton.

On voit, par cette évocation rapide de l'histoire, que la Société Nationale des Acadiens n'est pas l'homologue de la Société Saint-Jean-Baptiste du Québec. Leurs histoires, comme leurs situations et leurs fonctions actuelles, sont singulières : c'est pourquoi toute comparaison hâtive serait déformante et préjudiciable à la compréhension des analyses qui vont suivre.

Voici comment le Père Cormier présentait la Société lors du congrès qui devait décider de sa rénovation en 1957 :

> Depuis la Conquête, l'Acadie n'est plus une réalité politique; mais le groupe ethnique issu de la vieille Acadie s'est constitué en espèce de parlement officieux qui a été un très puissant organisme de coordination; ses dix « Sessions » ont réussi à former une conscience collective, à éveiller un puissant sentiment de fierté et une ferme volonté de survivre; ce « gouvernement » a produit des signes concrets de ralliement en choisissant une patronne, une fête nationale, un drapeau, un hymne; il a doté les Acadiens d'une structure sociale, d'un porte-parole officiel; il a formulé des résolutions qui sont devenues à la fois des programmes d'action et des constantes de la pensée collective acadienne, il a obtenu des résultats d'importance capitale, tels l'épiscopat acadien, l'amélioration des programmes scolaires, le terrain de Grand Pré[1]...

Pour comprendre la période moderne de l'Acadie et pour introduire le projet de modernisation de la vieille Société Nationale, il faut partir de 1955 alors que l'Acadie célèbre le deux centième anniversaire de la Déportation des Acadiens. 1955, c'est pour toutes les paroisses de l'Acadie une année de fête nationale. Elles ont drapé leurs autels pour faire de ces célébrations la

---

[1] Clément CORMIER, « la Société Nationale des Acadiens », conférence donnée lors du Congrès de 1957 et publiée dans *l'Évangéline*, 24 juin 1957 et 14 août 1971.

plus solennelle en même temps que la plus intime cérémonie du siècle. C'est l'année du grand rendez-vous de tous les vivants ou survivants au lieu le plus durable de la mémoire collective en qui chacun reconnaît sa certitude et la marque indélébile de sa « race ».

Le temps est venu de faire revivre le « Grand Drame », de donner représentation collective du mystère acadien comme il n'arrive qu'une fois tous les cent ans. On comprend le caractère exceptionnel de la cérémonie pour la société acadienne. Il faut en imaginer aussi toute la gravité quand on sait le rapport que la société acadienne entretient avec son passé et avec le monde : non pas, comme beaucoup de sociétés « libérées », répétition du chant de libération et de la danse incomparable de la première nuit de l'indépendance, mais recueillement discret au souvenir des martyrs, fidélité acharnée au destin, foi en l'avènement d'une histoire juste pour le peuple acadien.

Représenter le Grand Drame en 1955, c'est le faire revivre au moyen du culte qui réunifie l'histoire en son royaume non séparé du sacré et donc le rendre présent en la mémoire, comme s'il était actuel, comme si chacun y participait totalement. C'est pour la société un rite exceptionnel de « réjuvénation » qui doit refaire sa solidarité morale. Mais représenter le Grand Drame en 1955, c'est aussi célébrer deux cents années de l'histoire acadienne, autrement dit se mettre à distance de l'événement et observer l'histoire en retrait, à la place de l'acteur qui aurait laissé la scène pour l'orchestre pour mieux observer, réviser, créer. Le grand anniversaire est rite de passage pendant lequel le chemin parcouru est objectivé et l'horizon des neuves possibilités découvert. C'est comme un temps libre entre deux phases d'une histoire surdéterminée. C'est la célébration en même temps d'une fin et d'un commencement, qui n'est pas tout à fait recommencement. Le nouveau y est déjà représenté aux côtés de l'ancien, peut-être encore indivis parce que participant du même, mais où l'on devine et entrevoit déjà l'individuation prochaine. Aux côtés des vieux prêtres apparaissent les novices appelés à prendre la relève, à savoir donner lecture contemporaine de l'héritage collectif.

Parmi ces nouveaux que les hiérophantes ont initiés et à qui les grandes célébrations de 1955 ont donné un rôle d'avant-garde, figure Adélard Savoie[2], l'organisateur des fêtes. Dans une allocution adressée aux membres de la Société Historique de la Vallée du Richelieu en 1954, M. Savoie dé-

---

[2] Avocat à l'époque, il deviendra conseiller juridique de la Société l'Assomption puis recteur de l'Université de Moncton.

clarait : « Pour nous, Acadiens du Nouveau-Brunswick, ce n'est plus une
question de survivance, mais une question d'épanouissement et de rayonnement[3]. » La commémoration de la déportation est l'occasion de faire le bilan
de l'histoire pour situer le présent vécu dans toute la profondeur de la mémoire collective. Il faut revenir, en 1955, sur la Déportation pour marquer
officiellement et collectivement la nouveauté de la situation des Acadiens
dans les années cinquante. En consacrant l'histoire, on inaugure une « ère
nouvelle ». En renouvelant sa fidélité à la tradition et en répétant le mythe
de l'Acadie, l'orateur se livre au rituel bien codé qui l'autorise à innover en
matière de discours et à prendre une certaine liberté vis-à-vis de l'interprétation ancienne. Le passage est subtil, strictement ritualisé : il permet à la tradition de ne pas être pure répétition, au nouveau de côtoyer l'ancien sans
que signe de rupture apparaisse. La transition se donne ici dans sa perfection : « Partout ce fut la tragédie, les souffrances et la mort, et le récit de ce
tragique épisode du Grand Dérangement s'est inscrit en lettres de sang et
reste pour les descendants acadiens l'appel toujours vivant à la fidélité, à la
survivance et au souvenir[4]. »

Tel paraît bien être le but des fêtes de 1955 : répéter le même pour laisser
éclore le nouveau. Le rite d'actualisation de l'ancien ne doit pas occasionner
la fixation dans le temps et l'espace de l'événement mythique. L'ouverture
sur le grand temps a pour effet de ranimer la vie :

> Cette évocation devra refléter la joie profonde d'une résurrection plutôt que la navrante
> tristesse de l'anéantissement. Pour les Acadiens, point de rancœur ni d'amertume en pa-
> reille occasion. C'est la rencontre des familles sur le sol d'où furent chassés les ancêtres
> deux siècles auparavant. C'est l'offre généreuse du pardon chrétien et en même temps l'ex-
> pression d'une volonté ferme de continuer l'œuvre des aïeux sur cette terre de prédilection
> et d'y réaliser pleinement les desseins de la Providence[5].

Le tragique de la fête qui assume toute la mémoire du monde se dénoue
en un final rituel de fécondité. La parole régénérée est de nouveau capable
de définir les valeurs génétiques; le cortège des novices maintenant initiés va
pouvoir s'emparer du destin de l'Acadie pour la mener « à la conquête de
nouveaux sommets » : « Elles (les fêtes) seront fécondes et productives aux

---

[3] Adélard SAVOIE, « les Acadiens hier et aujourd'hui » conférence prononcée à Marieville le
26 septembre 1954. En 1970, M. Savoie déclarait encore : « On parle de moins en moins de
survivance du fait français au Nouveau-Brunswick, on parle beaucoup plus de rayonnement
maintenant. Je crois que la survivance est assurée. » (Émission *Présent* du 19 août 1970, Société Radio-Canada, Moncton.)

[4] *Ibid.*

[5] *Ibid.*

points de vue littéraire, artistique, historique et religieux. Elles serviront à fouetter notre fierté nationale pour nous lancer avec une ardeur rajeunie à la conquête de nouveaux sommets[6]. »

La transition est jouée magistralement avant que des changements significatifs dans l'ordre de la praxis apparaissent à l'observateur attentif. C'est bien dans l'ordre de la tradition qui doit prédire, prévoir et préparer l'histoire. Avant de devenir historique, le réel se présente sur le monde dramatique : il se donne en représentation dans l'imaginaire avant de se « réaliser ».

C'est après ces fêtes de 1955, qu'on a qualifiées de « onzième ralliement des Acadiens », que naquit le projet de revivifier l'ancienne Société Nationale l'Assomption tombée pratiquement dans l'oubli depuis le dernier congrès de Memramcook en 1937. Les fêtes avaient permis de recueillir « une somme relativement considérable », dont une partie octroyée par le Conseil de Vie Française devait être mise à profit pour « assurer des suites aux célébrations ». Le comité central d'organisation des fêtes prit alors l'initiative de préparer une nouvelle constitution et de convoquer un congrès général en 1957[7]. Le 22 juin 1957 se tint à l'Université Saint-Joseph de Memramcook, lieu du premier congrès de 1881 et du dernier de 1937, le douzième congrès général, « congrès dûment convoqué dans le but de transformer, si jugé opportun, la Société Nationale l'Assomption[8] ». Il fut proposé que la Société prenne le nom de « Société Nationale des Acadiens », qu'elle adopte une nouvelle devise, qu'un congrès général ait lieu tous les cinq ans (le premier en 1960), que soit ouvert un secrétariat permanent et qu'un comité provisoire soit formé pour organiser le Conseil de la nouvelle Société. Et c'est l'année suivante, le 1er novembre 1958, que se réunit à Moncton le premier Conseil de la Société Nationale des Acadiens.

Il a donc été « jugé opportun » de transformer la Nationale. Comment en est-on arrivé à un tel projet ? Quelles sont, dans la rhétorique de l'époque, les raisons qui ont déterminé ce choix collectif d'un nouvel engagement dans l'action nationale ? Quels sont les termes essentiels du « projet » qui pourront avoir pour l'action future qualité d'impératifs ?

Les congressistes de 1957 n'eurent pas, comme c'était coutume depuis 1881, l'occasion d'être captivés par l'art oratoire des grands notables qui faisait le succès des conventions d'antan. En 1957, pas de vibrant orateur. Une

---

[6] *Ibid.*
[7] Clément CORMIER, « la Société Nationale des Acadiens », *loco cit.*
[8] Procès-verbal du congrès, S.N.A., 1957.

seule conférence est entendue sans pathos, qui fait le bilan des grandes étapes de la Société Nationale, analyse les tendances contemporaines et donne les directives majeures pour un rajeunissement de la Société[9]. Le parti est pris : il faut redonner vigueur à l'action nationale en révisant ses moyens et ses méthodes. Si les objectifs demeurent, les temps ont changé : il faut donc adapter la vieille Société aux besoins nouveaux et suivre ainsi la marche du progrès. Voyons comment l'auteur de ce bilan officiel en arrive au « projet de rajeunissement » de la Nationale.

Après 1937, la Société Nationale l'Assomption devint languissante :

> Le ralliement de 1937 fut comme un chant du cygne, suivi d'années d'inactivités, comme si la société était vouée à sa disparition... On constatait comme un phénomène quasi universel, un manque de confiance en l'efficacité d'une formule qu'on ne réussissait pas à renflouer. Les causes de cette apathie, par opposition à la ferveur qui a caractérisé les congrès d'autrefois, étaient faciles à analyser : elles s'expliquaient par l'évolution qui avait modifié profondément nos conditions de vie[10]...

Les grandes conventions de jadis où les orateurs savaient attiser la mystique nationale et où « les thèmes patriotiques éveillaient un rayon d'espoir chez une population qui ne s'était pas encore relevée de ses misères » ne peuvent plus, selon l'auteur, susciter aujourd'hui d'aussi solennels rassemblements. La population n'est plus avide de ces discours pathétiques qu'ont remplacés les divertissements commercialisés du vingtième siècle. Mais aussi, parce que le temps des « oppressions injustes » est passé, l'orateur a perdu sa fonction sociale éminente : « N'ayant plus à s'élever contre des oppressions injustes, nos orateurs n'avaient plus les mêmes raisons d'étaler une fougue et une véhémence captivantes[11]... »

Enfin, la division et la rationalisation croissantes du travail ont eu pour effet la multiplication d'associations spécialisées opérant avec des méthodes plus modernes et recouvrant ainsi le champ d'activité de l'ancienne Société Nationale l'Assomption.

Le diagnostic est clair : la vieille formule de la Société Nationale l'Assomption est périmée. Il reste à déterminer s'il est opportun de la moderniser et, dans l'affirmative, à reconsidérer ses objectifs initiaux pour définir une nouvelle stratégie mieux adaptée aux coordonnées de la situation contemporaine.

---

[9] Clément Cormier, « la Société Nationale des Acadiens », *loco cit.*
[10] *Ibid.*
[11] *Ibid.*

Quel rôle a joué la Société Nationale dans l'histoire moderne de l'Acadie? C'est la Nationale qui a assuré la survivance du peuple acadien depuis la Renaissance (qu'on situe entre 1867, fondation du Collège Saint-Joseph, et le premier congrès de 1881); c'est elle qui a constitué la nation en lui donnant de puissants symboles d'identification, en suscitant chez les individus et les groupements dispersés un énergique sentiment d'appartenance et de fierté nationale; c'est elle qui a doté la nation naissante d'une idéologie, d'une structure sociale et d'un pouvoir de négociation avec la sotiété anglaise. Il est pour l'orateur manifeste que cette intervention dans l'histoire acadienne est capitale et qu'elle s'impose de nouveau pour donner un second essor à la Renaissance nationale. Si le rôle de la Société apparaît encore aujourd'hui incontestable, il reste à adapter l'institution à la situation contemporaine.

Voici comment le premier président de la Société résumait en 1959 ce nouveau projet d'intervention nationale :

> En 1955, les fêtes inoubliables du bicentenaire de la Dispersion faisaient naître chez les plus anciens la nostalgie des grandes conventions acadiennes dont la dernière avait eu lieu en 1937. Il fallut bien se rendre à l'évidence et admettre que l'ère des grandes conventions, jadis définies avec justesse comme étant « le gouvernement de l'Acadie », était révolue. La formule qui avait assuré dans le passé le succès de la Société Nationale l'Assomption... était définitivement démodée. Si les objectifs demeurent les mêmes, il fallait changer les méthodes, les adapter aux besoins actuels, garantir plus de continuité et de permanence dans l'effort national et aussi s'efforcer d'assurer la coordination et d'éviter les dédoublements dans les activités d'une multitude d'organismes, d'associations, et de sociétés surgis en Acadie au cours des vingt dernières années[12]...

Quelle conception se fait-on de la nouvelle Société Nationale ?

« Elle devrait garantir plus de continuité » : d'où le besoin de créer un secrétariat permanent. »

« Elle doit assurer la coordination de tous les organismes qui travaillent, d'une façon ou d'une autre, aux objectifs généraux de la Nationale. »

« Elle doit enfin exercer un travail en profondeur : travail systématique d'après les meilleures techniques modernes d'action; enquêtes exhaustives, analyse des faits; programmes d'action mûrement réfléchis... en un mot, vigueur de pensée à la base de toute entreprise qui vaut la peine d'être tentée. »

---

[12]Louis LEBEL, entrevue au cours de l'émission mensuelle du Conseil de la Vie Française, Radio-Canada, mars 1959, extraits reproduits dans l'*Évangéline*, 2 avril 1959.

Le modèle est rigoureux. Son intention, c'est la réappropriation d'une temporalité et d'un espace que l'histoire récente avait divisés. Verticalement, il s'agit de restaurer la continuité brisée entre un glorieux passé et un avenir trop menacé par les médiations de la modernité. Horizontalement, il faut assurer la coordination de tous les éléments du système social qu'une déviation ou une dysfonction pourrait compromettre. À la jonction des deux vecteurs, l'unité doit assurer l'harmonie du système. Enfin, la connaissance savante est mise en application pour rationaliser l'action. Les « techniques modernes » peuvent garantir un minimum d'erreur, et assurer le « feedback » nécessaire en cas de défaillance. Ce qu'on vise, c'est la retotalisation de l'action en un organisme central fort et éclairé. Le projet de la nouvelle Société se trouve ainsi défini en termes de pouvoir. Sur quels fondements un tel pouvoir va-t-il s'appuyer ? Au moyen de quelle légitimité pourra-t-il s'exercer ? Quelles sont les fins qu'il se propose de poursuivre au nom du peuple acadien ?

C'est à la fin du discours de 1957, à l'occasion du nouveau nom qui doit baptiser la Société, que le Père Cormier en appelle au fonds commun des valeurs collectives pour faire l'unanimité des esprits :

> Par respect pour la tradition et la mémoire des devanciers, il eût été souhaitable de conserver l'ancienne appellation : Société Nationale l'Assomption. Mais la coexistence de deux sociétés distinctes portant le même nom[13] semblait être une source de confusion dont on se plaignait depuis un demi siècle...
>
> D'ailleurs, le titre officiel Société Nationale l'Assomption ne remonte pas aux origines...
>
> Si donc, pour des raisons pratiques, et bien à regret, les Acadiens de 1957 rompaient avec la tradition, ils l'ont fait sans renier les origines de leur Société. En adoptant la nouvelle constitution, ils n'ont fait qu'amender celle de leurs devanciers pour l'adapter aux besoins nouveaux et suivre la marche d'un progrès dont ces mêmes devanciers avaient été responsables. Ce faisant, ils ont voulu rendre hommage ému à la mémoire des grands Acadiens qui ont édifié la Société Nationale l'Assomption. Ils veulent surtout respecter la tradition en dédiant leur Société rénovée à Notre-Dame de l'Assomption[14].

Respect de la tradition et de la mémoire des anciens, fidélité aux origines, marche du progrès dans le chemin initial, hommage ému à la mémoire des grands constructeurs, fidélité réitérée à la sainte mère du peuple acadien : le projet réformateur qui vise la totalité des directives de la praxis sociale est aussi un *projet culturel*. Il vise à refaire le syncrétisme des significations.

---

[13] Il s'agit de la Société l'Assomption, compagnie acadienne d'assurance-vie, fondée en 1903.

[14] Clément CORMIER, « la Société Nationale des Acadiens », *loco cit.* Voir aussi l'entrevue radio diffusée du président Louis Lebel déjà citée qui développe les mêmes thèmes et reprend la même argumentation.

Entre deux époques, il faut que la transition soit très explicite au risque de laisser apparaître une coupure dans la continuité. J'ai déjà montré combien à ce moment-là les rites qui accompagnent et représentent le passage sont primordiaux. Il faut que rythme et mode des transformations soient totalement maîtrisés et renvoyés à la chaîne des significations et des valeurs collectives. Le processus de réduction du sens possible à la chaîne des signifiés traditionnels est la condition du projet culturel. Il vise le parfait recouvrement de l'ordre de l'action par l'ordre des valeurs. Il décide de l'autonomie de celui-ci, il ordonne la subordination du monde à son ordre.

Ainsi, le projet initialement défini comme monopolisation du pouvoir est renvoyé à un projet de totalisation des significations. La Société Nationale des Acadiens a vocation idéologique ou fonction culturelle. Elle devra rassembler tous les morceaux de la tradition et du nouveau pour enfermer le monde dans un possible objectif unique. Elle devra revendiquer l'unique autorité dans l'imposition des fins collectives par elle-même redéfinies.

On doit s'attendre à ce que les personnalités les plus en vue de la Société qui touchent de près ou de loin à la « chose » nationale soient regroupées en ce Grand Conseil de la nation[15]. Quand l'une prendra la parole à l'occasion d'un banquet, de l'assemblée annuelle d'une association ou de tout autre rassemblement collectif, son discours n'aura pratiquement plus d'individuel que le style, bien que celui-ci soit encore largement tributaire de la tradition. Les orateurs prendront désormais la parole au nom de la nation acadienne; leurs discours seront un morceau du grand discours que tiendra la Société Nationale de 1960 à 1970. Ce discours se donne comme l'émanation de la Voix de l'Acadie, éternelle en son instant, collective et unanime en la singularité de ses oracles[16].

---

[15] Voici un témoignage d'observateurs de l'époque : « Oui, nous nous souviendrons toujours de cette impressionnante assemblée : une grande salle, remplie de centaines de délégués, parmi lesquels nous reconnaissons à peu près tous les hommes haut placés, tous les dignitaires — l'élite enfin — du peuple acadien. » (Lucille FOUGÈRE et Pierre SAVOIE, « Une journée bien perdue : l'Assemblée de la S.N.A. », *Liaisons*, février 1964. *Liaisons* était le journal des étudiants du Collège Saint-Joseph de Memramcook.)

[16] Voici comment les auteurs du *Rapport de la Commission d'enquête sur l'œuvre de la presse acadienne* définissaient le rôle du journal qui n'est autre que celui de l'élite définitrice des valeurs et des fins de la société : « Un journal quotidien français doit apporter aux foyers exposés quotidiennement aux diverses influences anglicisantes, la véritable pensée française... Dans un tel contexte, il est important qu'une voix se fasse entendre. Cette voix, en quelque sorte la conscience du peuple acadien, elle ne peut être autre que le journal quotidien qui, par ses prises de position sûres et réfléchies, incitera les élans positifs nécessaires à la bonne orientation d'un peuple en marche » (p. 16).

Jusqu'en 1966, année du Ralliement de la Jeunesse Acadienne, il n'y aura qu'un seul et même discours. Ses moments les plus prolifiques sont les congrès quinquennaux de 1960 et 1965 à la suite desquels des brochures reproduisant les principales conférences sont largement diffusées dans le pays. Quant à *l'Évangéline*, elle fait la liaison entre le discours national et la parole privée, entre la chefferie et le *dèmos*. Ce journal n'a d'autre concurrent que les journaux anglais de la province, il a essentiellement fonction de « routinisation » de l'idéologie nationale dans la vie quotidienne.

Après le congrès de 1965 commence le déclin de la Société Nationale. Les critiques de son discours se multiplient. La parole à prétention collective se trouve concurrencée par les émissions d'un nouveau discours qui vise le même public et commence à définir un nouveau projet pour la collectivité acadienne[17]. À chaque assemblée annuelle, l'unité et l'unanimité du vieux discours sont contestées.

Après la création en Nouvelle-Écosse d'une association francophone provinciale indépendante de la S.N.A. et au Nouveau-Brunswick de l'Association des Francophones du Nord-Est (A.F.N.E.) dissidente de la S.N.A., soit à la résurgence du phénomène de « régionalisation » de l'ancienne Acadie indivise régentée par une Société Nationale transprovinciale, il était urgent pour la Nationale de définir des nouveaux statuts qui puissent réaliser l'accord des esprits et des régions de plus en plus autonomes du Nouveau-Brunswick. C'est ce but qu'on donna au congrès de 1970, « congrès qui aboutirait à la formation d'une Association des Francophones du Nouveau-Brunswick[18] ». On se disait prêt à remplacer « acadien » par « francophone » pour rallier les dissidents du Nord-Est et du Madawaska. Il fallait à tout prix que ce congrès refasse l'unité. À cette fin, un Comité du Congrès fut institué qui rassemblait en un groupement à l'allure démocratique les diverses factions idéologiques et régionales de la province.

Mais l'incompatibilité des idéologies confrontées et de fortes rivalités de pouvoir firent échouer le comité. « Quelque chose ne tourne pas rond, écrivait le secrétaire exécutif…,la S.N.A. doit se tenir à l'écart de ses propres remises en question[19]. » Ce qu'elle fit en faisant indirectement avorter le projet du congrès, déjà trop engagé dans la voie de l'animation et du travail à la base :

---

[17] Le même phénomène a affecté, à la même époque, la Société Historique : cf. « Le projet critique », chapitre premier.

[18] Procès-verbal de la réunion du Conseil d'Administration de la S.N.A. du 20 juin 1970.

[19] Procès-verbal de la réunion du Comité exécutif du 15 mai 1970.

M. Chiasson rappelle que deux idéologies se confrontent lors de l'assemblée annuelle et qu'il lui apparaît difficile, pour ne pas dire impossible, de tenir un congrès valable s'il y a interférence de la SNA actuelle. Selon lui, le congrès sera valable s'il réunit des gens animés, et non recrutés[20]...

Le conflit tient à ce que, en vue d'un ralliement, on se demande combien profonde doit être la consultation et l'animation... Nous avons cru — c'est peut-être dans le tempérament acadien — qu'il fallait tenir compte du temps, qu'il ne fallait pas hâter les choses, qu'il faut suivre la population au rythme où elle va[21].

Après la démission de son secrétare exécutif en octobre 1970, le premier règne de la Société Nationale des Acadiens prend fin. Crise de la société globale, bien sûr; crise d'une vieille institution totalitaire concurrencée par la croissance de l'Université de Moncton et de la Société Mutuelle L'Assomption pour ne citer que les plus importantes; crise des anciennes fonctions totalisantes devant la division croissante et la spécialisation de fonctions nouvelles dans une société aujourd'hui moins bien protégée qu'avant 1955; crise conjoncturelle au moment où Louis Robichaud va perdre le pouvoir à Fredericton... Les pistes sont multiples. Il faudra un jour les étudier et les rassembler.

Mais aussi crise de la culture acadienne[22] dont il faut observer les phantasmes dans le discours dominant de l'époque et dans les discours « mineurs » des dernières années. Comment l'élite nationaliste acadienne a-t-elle réagi devant le danger d'une histoire qui menaçait de se faire en dehors de sa volonté ? Comment le vieux discours a-t-il pu doubler (dépasser) et dédoubler la crise de la praxis ? Au moyen de quelle argumentation ce grand maître qu'est l'esprit a-t-il pu assimiler et dissimuler en son jeu le jeu dit « réel » de la pratique historique ? Et quel type de projet collectif a-t-il pu imaginer pour ordonner un sens à cette pratique ?

II. De l'angoisse en Acadie

Survivance ou disparition ? On peut interpréter une culture à partir d'un thème majeur apporté par le chercheur ou emprunté aux catégories de cette culture pour réaliser sa synthèse, trouver l'invariant autour duquel tourne-

---

[20] Procès-verbal des délibérations du samedi 3 octobre 1970, S.N.A.

[21] Euclide DAIGLE, interviewé pendant l'émission Présent du 26 août 1970, enregistrée à Moncton par la Société Radio-Canada.

[22] Cf. les articles de Camille Richard qui analysent avec intuition le passage de l'Acadie à la modernité. Voir aussi la thèse de doctorat d'Alain Even où sont analysés plusieurs secteurs de déculturation après enquêtes statistiques.

raient toutes les possibilités, toutes les conjugaisons compatibles et toutes les significations autorisées dans la sphère de sa totalité. Telle culture relèverait de l'« ironie », telle autre du « cynisme », telles autres de la « grâce » ou du « don », etc. Les poètes ont de ces visions sur les cultures dont auraient avantage à s'inspirer sociologues et ethnologues dans leurs tentatives de rendre le vécu intelligible et réflexif. Je pense tout de suite à Octovio Paz pour le Mexique, à Allen Ginsberg pour les États-Unis, à Gaston Miron pour le Québec, à... Longfellow pour l'Acadie. Ce dernier n'est pas un contemporain, ni même un Acadien. Et pourtant, c'est encore à lui qu'en Acadie on se réfère quand il faut dire la prose quotidienne sur le mode poétique; c'est en ses symboles qu'on découvre la signification analogique de son existence. Voici un extrait du poème *Évangéline* que reproduisait *le Progrès-l'Évangéline* il n'y a pas si longtemps :

On sépare, en effet, les femmes des maris,
Les frères de leurs sœurs, les pères de leurs fils.
Sur le sein de sa mère en vain l'enfant s'attache,
Aux baisers maternels un matelot l'arrache
Et l'emporte, en riant, jusqu'au fond du vaisseau.

Parmi les chariots, le long de la rivière,
Les pauvres exilés, sans abri, sans maison,
Ayant pour toit leur ciel, pour couche le gazon,
Erraient plaintivement comme de pâles ombres[23].

Il est inutile de commenter une image aussi explicite. Quand les contemporains rappellent les vers du poète, ils expriment la hantise toujours actuelle de l'Acadie dont on ne sait plus si elle est la forme ou l'ombre, le spectre ou la vie. L'existence est vécue dans la tragique problématique que disait le mythe : l'errance imposée entre la béate profondeur du « fond du vaisseau » et l'infinitude de l'en haut. C'est comme si à chaque instant de sa perpétuelle histoire l'homme d'Acadie devait refaire sa position entre l'être et le néant, invariable variation de sa question. Survivance ou dispersion ? L'errance entre ces deux pôles et l'angoisse qui l'accompagne sont pour la culture acadienne l'invariant à partir duquel on peut déchiffrer le manifeste et le caché. C'est entre eux deux que les idéologues essaient de définir la position de leur collectivité.

La dispersion est le destin qui est écrit dans le mythe. En elle les Acadiens continuent de se reconnaître et de se définir. Comme l'histoire est changeante, l'état de survivance est sans cesse à réévaluer et à redéfinir. Continuellement menacée, la collectivité doit aussi continuellement redéfinir

---

les critères de sa survivance, continuellement interroger les anciennes définitions en fonction des conditions nouvelles. La société acadienne est problématique; le lieu de sa culture est la question d'existence.

Dès 1957, on redécouvre que les certitudes d'hier cachaient de terribles interrogations. On prend conscience que les fondements de la culture comme la structure de la société sont instables. Le diagnostic qui est porté durant ces années est une nouvelle alerte que les chefs adressent à toute la société. À la Société Nationale, comme dans sa vulgate le journal *l'Évangéline*, on fait un nouveau bilan du drame collectif.

1. *De la crise culturelle à la désagrégation sociale*

Deux cents ans ont passé depuis la dispersion. Au milieu du vingtième siècle, les Acadiens n'ont plus à subir la « férocité » des armées anglaises ni l'extrême rigueur du climat ou des éléments. Ils se sont donné des chefs, des institutions; ils ont assuré leurs positions en éducation, en économie, en politique même; ils n'ont plus à craindre le danger d'anglicisation puisque l'officialisation des deux langues à la grandeur du Canada a permis de reconnaître leur identité linguistique et leur droit de la sauvegarder; on les a même dits en position privilégiée dans le pays puisque de l'histoire ils ont hérité de ce « don miraculeux » qu'est le bilinguisme.

Et pourtant, ce tableau superficiel est gravement infirmé, globalement et dans le détail, par les porte-parole de la nation acadienne :

Vous connaissez la chanson : « Tout va très bien Madame la Marquise ». Eh bien, on pourrait la chanter ici au Nouveau-Brunswick... Tout va très bien ! La signalisation routière, les trahisons de certains Acadiens, cela n'est vraiment rien mais cependant, il faut qu'on vous le dise, le bilinguisme fait des progrès. Le bilinguisme, précisons-le, celui des Canadiens français, car on a trouvé que c'est là un bon moyen de les angliciser à petit feu. Et l'on trouve tout naturel que dans les institutions acadiennes on parle surtout anglais. Mais à part ça, Madame la Marquise, tout va très bien... Tout va très bien !... Le bilinguisme y est un mythe. Essayez de parler français dans les endroits publics de la capitale; cherchez-y des fonctionnaires supérieurs bilingues, cherchez-y même les fonctionnaires supérieurs qui sans être bilingues comprennent le point de vue de leurs concitoyens de langue française... peut-être pourrez-vous les compter sur les doigts d'une main... Et cependant, tout va très bien...

Espérons que nous n'aurons pas à compléter la chanson comme le valet de la Marquise qui finalement lui annonçait l'incendie de la maison et la mort de son mari... Non, tout ne va pas très bien au Nouveau-Brunswick; tout est loin d'aller très bien[24]...

---

[24] Jean HUBERT, Éditorial, *l'Évangéline*, 30 janvier 1963.

Ne serait-il pas temps que nous cessions de nous illusionner et que nous commencions à voir enfin la vérité en face ? La situation n'est pas rose pour les francophones du Nouveau-Brunswick. Elle ne l'a jamais été, et en ce qui nous concerne, elle n'est pas près de l'être[25]...

Voici qui renverse les idées reçues. Les Acadiens sont renvoyés à leur vieux problème : le rapport avec les Anglais. L'« Autre » refait sa dangereuse apparition qui situe non seulement le peuple acadien vis-à-vis de lui-même, mais aussi et surtout dans son rapport avec la société anglaise. L'auteur diabolique de la dispersion se trouve ressuscité dans ce qu'on croyait être la définitive réconciliation : le bilinguisme. Sur la scène contemporaine, les temps ayant changé, l'Anglais pouvait figurer cette présence-absence du citoyen d'une même province et d'un même pays vivant une existence parallèle, bienveillante, inoffensive. Cependant le « spectre » de l'anglicisation réapparaît : « l'assimilation est toujours menaçante[26] ». Du discours dominant sur le bilinguisme on est renvoyé finalement aux vieux thèmes du discours acadien, toujours aussi contemporains, toujours aussi « angoissants ». Les termes du vieux discours servent à redire les mêmes réalités :

La Société St-Thomas d'Aquin aidait cette année 54 élèves. De ces protégés, nous comptons 31 élèves qui suivent des cours dans des institutions de langue française et 23... dans des institutions de langue anglaise. Situation peu encourageante ! Il est triste de constater que 40% des élèves que nous aidons poursuivent leurs études dans les maisons de langue anglaise. C'est un signe de décadence au point de vue de la survivance acadienne... Il est malheureux que nous ne puissions apporter une solution à une situation qui s'aggrave d'année en année et qui ne peut produire qu'un résultat néfaste: l'abandon de la langue française chez la population... Une vingtaine d'écoles sont à la charge de personnes de langue anglaise qui sont dans l'incapacité d'enseigner quelques mots de français aux jeunes Acadiens qui les fréquentent. Situation angoissante... Dans quelques années, il y aura crise générale[27].

Il est presque inconvenable, quand ce n'est pas tout simplement enrageant, qu'une société nationale de l'envergure qu'on a voulu donner à la nôtre, soit obligée encore aujourd'hui et malgré les nombreuses protestations de bonne entente, malgré les affirmations souvent spectaculaires et presque quotidiennes sur les beautés et les avantages de la vie en un pays qu'on dit bilingue, qu'une Société comme la nôtre soit obligée de réclamer du français au parc de Grand-Pré, à la gare de Moncton, sur le traversier qui nous relie à l'Île-du-Prince-Édouard, d'avoir à crier fort pour qu'on permette la vente de l'*Évangéline* dans certains kiosques à journaux rébarbatifs et que sais-je encore[28]...

---

[25] Jacques FILTEAU, Éditorial, l'*Évangéline*, 30 novembre 1967.

[26] Léon RICHARD, « la Société Nationale des Acadiens », conférence donnée lors du XIVe congrès national, S.N.A. 1965.

[27] J.-E. ARSENAULT, Rapport de l'Île-du-Prince-Édouard, Rapport annuel, S.N.A., 1964.

[28] Louis LEBEL, Rapport du président, Rapport annuel, S.N.A., 1964.

L'usage de la langue française, qui a assuré avec la pratique de la religion catholique la survivance acadienne, est en déclin. Le taux d'anglicisation qui atteint dangereusement les classes laborieuses de la population risque de s'étendre aux classes plus cultivées qui, à l'école comme au collège, subissent l'attraction des valeurs anglo-protestantes :

> Le rythme de la vie chez nous change à une allure accélérée. Dans quelques années, la majorité de la population acadienne habitera les villes et les cités. Celles-ci ont toujours été pour les classes laborieuses un facteur d'anglicisation très prononcé. En sera-t-il de même pour les gradués de nos écoles secondaires, de nos collèges classiques, des universités qui passeront par centaines chaque année de la campagne à la ville ? Quelles seront les conséquences de ce revirement démographique sur notre mode de vie, sur notre sens des valeurs, sur nos velléités de résistance à l'assimilation ? Ces questions, que d'aucuns se posent avec angoisse. c'est une appréhension trop souvent justifiée par les faits[29]...

Selon les idéologues, les vieux dangers subsistent, mais aussi de nouveaux apparaissent avec le phénomène d'urbanisation de la société acadienne. Le développement urbain est perçu comme un facteur grave d'acculturation. La vieille peur de la ville prend ici signification très sociologique : ce qui est menacé dans le passage à la ville et donc au nouveau, ce sont brutalement les effectifs de la société et les valeurs de sa culture.

Selon une analyse critique attribuée à l'idéologue le plus prolifique de l'époque, cette culture présente des indices alarmants de désagrégation. La société acadienne n'oppose plus la force de résistance nécessaire aux influences anglicisantes du milieu parce que, au niveau du peuple comme à celui de l'élite, les idéaux de la culture française et catholique ont été abandonnés :

> Ce qui fait notre grande faiblesse à nous, Acadiens, c'est notre grande ignorance; l'ignorance au niveau du peuple des raisons fondamentales de conserver bien vivants notre langue, nos traditions, notre esprit français et notre mentalité catholique. En d'autres mots, nous sommes ignorants des raisons philosophiques de notre culture...
>
> Notre civilisation nous donne des gens pour qui les apparences comptent plus que la réalité, chez qui la possession de biens matériels vaut plus que la possession de biens spirituels et intellectuels... L'influence de la théorie pernicieuse du libre examen qui prévaut chez nos concitoyens anglo-protestants nous a fait rejeter, avec la notion d'autorité, toute la tradition qui est cependant la base même de la culture d'un peuple[30].

Le même constat est fait qu'à la Société Historique : le mal est l'*ignorance*, ou, ce qui revient au même, l'*oubli* de la tradition. Quand la mémoire — cette re-connaissance que l'auteur nomme majestueusement « les

[29] Louis LEBEL, Rapport du président, Rapport annuel, S.N.A., 1963.

[30] Jean HUBERT, « la Culture en Acadie », conférence prononcée lors du XIIIᵉ congrès national, S.N.A., 1960.

raisons philosophiques de la culture » — n'est pas assez cultivée pour continuellement refaire le consensus de la collectivité, alors la structure de la société menace de se relâcher et le groupe de s'effriter. En une période de mutation comme on a pu l'illustrer par les migrations de la campagne à la ville,
la tradition aurait besoin d'être plus coercitive. Le drame acadien est décrit
comme l'inadéquation de la culture et de la conjoncture, de l'homme
acadien et de l'histoire parce qu'il a oublié ou perdu le sens de cette histoire.
Les difficultés sans nombre que connaît *l'Évangéline* — « trait d'union de la
vie nationale qui ne pénètre que dans le tiers de nos foyers français[31] » —
sont un autre indice de la désaffection des Acadiens pour leur langue et leur
culture :

> Notre population a donné des signes inquiétants de lassitude en face des demandes conti-
> nues d'argent pour le journal... Le jour où *l'Évangéline* disparaîtra, si nous consentons à le
> laisser disparaître, sera un jour de calamité pour l'Acadie... Et si la nation acadienne vient
> à accepter la disparition du journal, il ne faudrait pas qu'elle se surprenne d'être ensevelie
> dans le même tombeau victime de l'assimilation, de l'engloutissement, du régionalisme,
> de l'éparpillement et de la disparition finale[32].

L'absence d'idéaux comme modèles culturels intériorisés et partagés par
tout un peuple, la fuite des significations ultimes de la culture qu'entrete-
naient autrefois l'autorité et la tradition manifestent la faillite globale de
l'élite et de toutes les institutions acadiennes qui n'ont su maintenir à un niveau assez élevé les valeurs normatives d'une culture fondée sur la langue
française et la religion catholique :

> C'est là une absence d'idéaux dont nous sommes tous un peu responsables, c'est une fail-
> lite du foyer, de l'Église, de l'école et du gouvernement, une faillite pour nous tous...
> Qu'avons-nous fait, nous, de l'élite, pour inspirer à notre peuple ces idéaux, pour donner à
> sa vie une réelle signification ? Qu'a fait notre élite pour donner l'exemple d'un souci de
> perfectionnement et de rayonnement intellectuel ? Qu'a-t-elle fait et que fait-elle au point
> de vue promotion de la culture française et catholique[33] ?

Suit un long réquisitoire contre la faillite des organisations et institutions
acadiennes. Les associations féminines qui devaient exercer sur les mères de
famille une influence bénéfique n'exercent pas leur rôle de centre de rayonnement de la culture française. L'école, qui devait « enseigner à la jeunesse
à respecter les valeurs reconnues par les adultes... n'offre qu'un enseignement à orientation anglo-saxonne et protestante sous le couvert d'une vague
neutralité et dont le barème est souvent le plus bas commun dénominateur

---

[31] Alban DAIGLE, Rapport annuel du chef de secrétariat, S.N.A., 1960.
[32] Louis LEBEL, Rapport annuel du président, S.N.A., 1963.
[33] Jean HUBERT, « la Culture en Acadie », *loco cit.*

intellectuel[34]... » On a reconnu par ailleurs la préparation insuffisante du personnel enseignant[35], le désintéressement des éducateurs français à se perfectionner dans leur langue maternelle, la déficience du système scolaire qui produit une population adulte ignorante[36], les taux élevés de mortalité scolaire et surtout « un grave péril à l'horizon de la vie nationale, la tendance matérialiste et naturaliste qui pénètre dans l'enseignement acadien ». C'est dans le *Sermon de clôture* du congrès de 1960 que l'archevêque de Moncton évoque le danger d'un enseignement qui privilégie l'instruction aux dépens de l'éducation :

> Un autre péril qui s'annonce tel un nuage à l'horizon de notre vie nationale, c'est une certaine tendance matérialiste et naturaliste dans l'enseignement. Les facilités de s'instruire, données à notre jeunesse se développent d'une manière admirable... Malheureusement, on note avec regret l'insistance à placer l'accent sur l'instruction aux dépens de l'éducation, sur les disciplines spécialisées avant d'avoir assuré la formation générale, sur la préparation à la vie en oubliant la préparation à l'éternité[37]...

L'Association Acadienne d'Éducation[38], dont le but était de « donner à l'école acadienne une atmosphère catholique française et de promouvoir la fierté des Acadiens à l'endroit de la culture française », n'a pas toujours contribué à développer cette fierté chez les écoliers et chez leurs maîtres :

> Par la distribution dans les écoles de cahiers d'une présentation pas toujours soignée dont l'impression laisse à désirer, l'AAE a malheureusement contribué à accentuer le mythe que les Acadiens sont pauvres; à accentuer chez les écoliers et chez leurs maîtres, ce qui est pire, l'idée que nous sommes un groupe ethnique de second ordre, devant nous contenter d'outils inférieurs[39].

Enfin, l'Église et l'école n'ont pas su prêcher les vertus qui sont nécessaires au maintien de la solidarité organique de la famille, de la paroisse et de la société tout entière. La conséquence, c'est l'exode de la jeunesse, la dispersion des « forces vives » dans les autres provinces du Canada et dans les états de la Nouvelle-Angleterre :

> L'éducation que nous donnons à notre jeunesse... devrait être orientée à enraciner nos jeunes dans nos milieux. Il est évident qu'en général elle n'inculque pas assez l'amour du

---

[34]*Ibid.*

[35]Alban DAIGLE, Rapport annuel du chef de secrétariat annuel, S.N.A., 1960.

[36]Léon RICHARD, « la Société Nationale des Acadiens », *loco cit.*

[37]Mgr Norbert ROBICHAUD, « Sermon de clôture » du XIIIe Congrès national, S.N.A., 1960. De nombreux éditoriaux du journal traitent du même sujet. En voici un récent exemple : « Il faut aussi exercer une surveillance sur l'enseignement qui se donne à nos jeunes. Il y a des doctrines qui conduisent nécessairement à la dissolution de la société... » (*Le Progrès-l'Évangéline*, 1er octobre 1971.)

[38]Association fondée en 1937 et annexée à la S.N.A. en 1967.

[39]Jean HUBERT, « la Culture en Acadie », *loco cit.*

> travail et la volonté de gagner sa vie dans son milieu, fût-ce au prix de grandes difficultés...
>
> Dans bien des cas, les jeunes se perdent dans des milieux étrangers à notre foi et hostiles à notre mentalité. On ne peut se défendre de l'impression que si nous avions prêché davantage le renoncement et l'esprit de sacrifice, nous n'aurions pas à déplorer une telle expatriation[40].

Pour résumer, c'est bien dans une situation de crise profonde qu'est décrite la société acadienne dans les débuts de ce que l'on a appelé l'« ère nouvelle ». Des « transformations en profondeur », externes et internes, affectent les bases mêmes de la société, dans un sens de déculturation et de désagrégation d'une totalité culturelle qui fut jadis, dit-on, harmonieuse.

De l'extérieur, la société anglaise exerce un effet d'attraction sur la population acadienne moins protégée depuis qu'elle a quitté ses villages :

> Nous avons, comme groupe ethnique minoritaire au sein d'une société de culture différente, à subir les assauts constants d'une propagande subtile et insidieuse qui tend à notre assimilation par la majorité, et éventuellement à notre disparition comme entité culturelle séparée[41].

L'école, la presse anglaise que la plupart des Acadiens lisent quotidiennement, le bilinguisme officiel, le milieu urbain tendent à angliciser des couches de plus en plus nombreuses de la population. Avec la langue, les valeurs anglo-protestantes comme celle du libre examen et du neutralisme religieux entrent en concurrence avec les valeurs catholiques et françaises qui ont fait « la force et la gloire du peuple acadien durant son histoire tragique[42] ». Plus généralement, le climat matérialiste du monde moderne pénètre la spiritualité du peuple acadien.

À l'intérieur, on éprouve la désagrégation des anciennes valeurs de la culture française et catholique. Les « raisons philosophiques de la culture », non reconnues, sont oubliées. Dans son rapport au monde moderne et au monde anglais, l'homme acadien se trouve désarmé et déboussolé. L'érosion interne de la culture entraîne la faillite de l'action des institutions nationales. L'Église, l'école, le journal, l'A.A.E. ne jouent plus le rôle de puissants véhicules de la tradition. La société n'agit plus comme la force de coercition sur une collectivité qui tend à s'effilocher en individualités autonomes. L'exode d'une partie de la jeunesse comme de la classe professionnelle en fait foi. Certes, il existe un problème d'ordre économique au Nouveau-Brunswick, signale Mgr Robichaud : « c'est parce qu'elle ne trouve pas d'emploi ou un

---

[40]Mgr ROBICHAUD, « Sermon de clôture », loco cit.

[41]Jean HUBERT, « la Culture en Acadie », loco cit.

[42]Mgr ROBICHAUD, « Sermon de clôture », loco cit.

salaire suffisamment rémunérateur dans notre région que notre jeunesse s'exile en masse[43] ». Mais si l'école et l'Église avaient su prêcher l'amour du travail, l'esprit de sacrifice et de renoncement, la société n'aurait eu à souffrir une hémorragie aussi grave quelle que fût la conjoncture.

Tous les documents cités et bien d'autres encore sont unanimes à reconnaître la crise actuelle de la société acadienne et à fonder l'origine de cette crise dans le rapport anomique des hommes à la culture, soit dans la désaffection de la tradition. Tous ces fragments d'analyse, qui figurent comme les conditions d'un nouveau projet idéologique, appellent une réexplicitation des valeurs fondamentales et des normes catégoriques de la praxis collective. Mais on trouve une expression particulièrement synthétique de la critique dans l'analyse d'un symbole, celui de nation. De même qu'on trouvera dans l'attribut « national » la force collective du projet idéologique.

2. La crise de la nation

La *nation* est un horizon collectif. Elle n'a pas d'existence concrète, elle est la visée imaginaire d'une collectivité. En elle se disent et se retrouvent les hommes d'une société, divisés et séparés dans l'histoire en classes, âges, sexes, zones de toutes sortes. Elle est cette image de l'unité possible et promise où seront dépassées les actuelles contradictions et où l'originel sera confondu avec le futur, où la différence sera en dernière instance soumise au principe créateur du même. En la nation, un peuple projette l'unification possible de sa culture. Elle est le lieu symbolique unanime des hommes qui s'identifient au même plutôt qu'au différent. C'est pour cette raison qu'elle est aussi le lieu de l'*universel*, cette visée ultime où les hommes se reconnaîtraient habitants du même lieu et lui donnerait unanime signification[44].

La nation est bien autre « chose » que la culture et la société. Les hommes qui se réfèrent à elle le savent ou ils en ont l'intuition. Elle est, disait le Père Cormier après Renan, « une âme, un principe spirituel ». Lorsque les fondements d'une culture et la structure d'une société sont en crise, l'horizon national est voilé. « Quand les fondements de l'unanimité sociale éclatent, écrit Pierre Gallipeau, quand les finalités collectives ne s'imposent plus comme des données indiscutables, il va de soi que la nation — cet horizon symbolique

---

[43]*Idem*.
[44]Cf. Fernand DUMONT, *la Vigile du Québec; Octobre 70, l'impasse* ? (en particulier le dernier chapitre).

dont la fonction est d'initier tout un peuple à un champ de significations culturelles — apparaisse comme une totalité menacée[45]. »

Dans la société acadienne, l'unité initiale définie par les chefs de 1881 n'est plus transparente. D'après les idéologues, le régionalisme, l'esprit de clocher, les divisions sectorielles de nombreuses associations locales ont fait oublier la visée du collectif et du même que l'esprit de nation concrétisait. On assiste en Acadie à de mesquines « luttes tribales » qui risquent de conduire à des sécessions fatales :

> Notre grande misère, ce n'est pas d'être contre l'idée d'une société nationale. Au contraire, nous sommes tous tellement convaincus de sa nécessité que tout le monde veut avoir la sienne !
>
> Nous souffrons surtout d'un paroissialisme étroit tant au point de vue géographique qu'au point de vue de nos manifestations nationales. Tant et aussi longtemps que l'on cultivera la jalousie mesquine et la méfiance destructrice envers les différentes régions acadiennes, nous ne réussirons pas à façonner cette âme, ce principe spirituel qui détermine la force d'une nation.
>
> Nous agissons souvent comme des tribus d'Afrique qui s'épuisent dans les luttes tribales pendant que leur pays se meurt[46].

L'indifférence ou l'apathie du plus grand nombre devant le « principe » national pose dramatiquement le problème de l'existence d'un avenir collectif pour le peuple acadien. Dès 1959, le président de la Nationale pose « l'angoissante question de l'avenir » :

> Seront-ils (les instituteurs) bons Canadiens, de langue française et de foi catholique, fiers de leurs origines, capables d'action positive, convaincus, possédant une conscience nationale et un patriotisme bien éclairé ? Il existe des indices alarmants d'absence d'unité de pensée nationale, d'apathie et d'un effritement de la conscience nationale. Où allons-nous ? Voilà l'inquiétante question de l'heure[47].

On serait tenté, avec le président lui-même, de ne voir dans ces déclarations qu'un diagnostic provisoire quand, en 1961, une campagne de souscription pour les œuvres nationales acadiennes (S.O.N.A.) remporte un éclatant succès :

> Le dimanche 1er octobre mérite d'être gravé en lettres d'or dans l'histoire acadienne... Ce beau dimanche d'octobre a prouvé la solidarité française par tout le Nouveau-Brunswick, il a donné une réplique retentissante et formelle aux sceptiques, aux blasés, aux fauteurs de discorde et à tous les lâcheurs. Le succès de SONA prouve que nous pouvons faire de

---

[45] Pierre GALLIPEAU, « La Gazette des Campagnes », Recherches sociographiques, vol. X, 2-3, 1969, p. 306.

[46] « L'Avenir de la Société Nationale ». document anonyme et non daté. mais écrit entre 1960 et 1965.

[47] Louis LEBEL. discours prononcé au 8e congrès de l'A.A.E.. extraits reproduits dans l'Évangéline. 14 octobre 1959.

l'action concertée, qu'il y a chez nous plus d'unité de pensée qu'on semble le croire si souvent et qu'il est permis d'entretenir les plus beaux espoirs pour l'avenir[48].

Mais on l'avait prévu dès 1960, l'événement ne doit pas mystifier l'observateur attentif : « Ne faites pas l'erreur de prendre les résultats des campagnes financières pour un appui populaire. Les gens sont tellement sollicités de nos jours qu'ils donnent uniquement pour se débarrasser d'un autre quêteux et, parce qu'au fond, c'est probablement une bonne cause[49]. » Le renouveau de confiance qu'avait manifesté le président en 1961 est démenti par une analyse définitive en 1964, la dernière de son mandat officiel à la présidence de la S.N.A. puisqu'il démissionne cette année même :

Un moment de réflexion provoque une certaine honte et l'amère constatation que la fierté française est à la baisse chez nous. Il en résulte l'absence presque totale d'interventions individuelles...

L'inconscience, l'indifférence, la crainte de passer pour « fanatique » (un mot dont on abuse affreusement et qui est victime des plus curieuses définitions) procréent chez la masse la tolérance de tous les affronts et l'insouciance en face des pires capitulations[50].

Chez les autres idéologues, on fait le même constat de baisse de la fierté nationale, et la redoutable prédiction de la décrépitude de la nation à cause de l'impossibilité pour ses leaders actuels de préparer la relève. Si l'Acadie compte encore des chefs ayant l'idéal d'œuvrer pour la cause collective, on déplore chez les jeunes et chez les hommes de profession leur égoïsme et leur attrait vers les valeurs matérielles qui les éloigne de l'« esprit national ». Cela pose avant tout le problème ultime de la survivance acadienne qu'on ne peut concevoir sans le personnage du chef, leader temporel et spirituel. Car si la nation est un « principe spirituel », le chef national est celui qui s'inspire le plus de ce principe et qui participe à la transcendance du national :

Heureusement, on trouve encore des gens ayant un idéal, ayant foi en leur mission de chefs de l'Acadie de demain. Mais c'est l'exception de ceux qui quittent le collège plutôt que la règle... Il n'y a pas assez d'âmes généreuses pour prendre la relève, parce qu'il y a trop de gens qui se réfugient dans leur égoïsme pour éviter de faire leur part[51].

Chez nous, il manque surtout des chefs, des hommes d'action capables de se donner à une cause et de se donner totalement, sans attendre un avantage pécuniaire en retour...

Parmi nos étudiants acadiens, il semble y avoir une lacune, celle de la fierté française acadienne. C'est un problème qui depuis quelques années est étudié sous tous ses angles sans qu'on puisse y trouver une solution permanente[52].

---

[48]Louis LEBEL. Rapport du président. Rapport annuel. S.N.A., 1961.

[49]Jean HUBERT. « la Culture en Acadie ». loco cit.

[50]Louis LEBEL. Rapport du président. Rapport annuel. S.N.A., 1964.

[51]Jean HUBERT. Éditorial. l'Évangéline. 23 septembre 1959.

[52]Éditorial anonyme. l'Évangéline. 13 mai 1960.

Le problème actuel de la société acadienne est, selon ses porte-parole, la distance grandissante qui sépare une élite engagée, responsable de sa haute mission de mener les hommes dans le chemin tracé par les pères de la nation, et une masse indifférente à l'idée de nation. Les chefs, ils ne cessent de le redire, se donnent totalement et sans compter à la cause nationale. Sans cette vaillante équipe de « meneurs d'hommes », l'Acadie souffrirait des pires capitulations qui lui seraient fatales. Comment l'avant-garde d'aujourd'hui pourra-t-elle assurer la relève ?

Le problème est régulièrement posé pendant les assemblées annuelles de la S.N.A. où l'on déplore l'absence des jeunes. Il se pose avec urgence à partir de 1966. quand les étudiants et les jeunes intellectuels s'opposent radicalement à la vieille idéologie nationale et à son élite définitrice[53]. C'est comme si les princes avaient déserté le palais. À une noblesse de robe on craint de voir succéder une bourgeoisie professionnelle éprise de nomadisme individuel et avide des plaisirs du siècle.

La crise de la culture et de la société acadiennes est donc, selon l'élite définitrice, une crise d'identité nationale. C'est parce que le concept de nation ne totalise plus par sa force symbolique l'héritage culturel, le sentiment collectif et la praxis sociale que l'unité originaire se désagrège. Le lieu imaginaire de la société acadienne (« l'âme, le principe spirituel ») a perdu son traditionnel sens collectif. Le problème de la relève est donc celui de la continuité de la puissance coercitive du symbole national. Et bien entendu celui de la continuité du rapport traditionnel à ce symbole explicité par les chefs actuels.

Mais une autre version est donnée de la crise à la même époque, celle de Jean Hubert.

3. *La critique de l'élite et la crise du pouvoir*

Dans le discours de l'élite sur la crise de la culture acadienne, le point de vue de Jean Hubert, l'auteur d'une longue conférence sur *la Culture en Acadie*, est assez singulier qu'il mérite traitement séparé. Où est l'originalité ? Dans les termes de son discours et dans son objet. Les références culturelles de Jean Hubert n'ont pas racine dans la mémoire collective acadienne; le lieu de sa critique n'est pas la faiblesse de la « masse » ni le fardeau de la conjoncture ou de l'histoire, c'est le type de pouvoir et son mode d'exercice par l'élite acadienne. Le discours déborde cette fois de la tradition et il la prend pour objet.

---

[53]Cf. chapitres IV et V.

Jean Hubert est venu du Québec au Nouveau-Brunswick en 1950 pour occuper un poste de rédacteur au journal l'*Évangéline*. Son origine lui vaut le statut d'*outsider*, mais sa profession de journaliste le destine à partager les fonctions privilégiées de « définiteur » de l'idéologie nationale. Comme sa plume est alerte, prolifique, il devient vite l'idéologue le plus productif de l'époque. On peut deviner toute l'ambiguïté de sa position et le conflit qui en résultera[54].

Québécois d'origine et d'héritage, Jean Hubert n'appartient pas pleinement à la classe des notables acadiens et il se trouve exclu du Grand Conseil de la nation[55]. Dans les dossiers de la Société Nationale, on ne trouve qu'une trace de son passage : la conférence prononcée pendant le congrès de 1960. Mais il est d'intérêt que cette conférence fût la sienne. On reconnaissait en lui cet homme de lettres et de culture française qui personnalisait le grand modèle hérité du collège classique et dont l'Acadie ne comptait encore que peu d'exemples.

Prestige, mais distance, voire méfiance. Le modèle doit être statique : descendu dans l'arène de l'histoire, il devient vite concurrentiel, hégémonique. Le militantisme de l'« homme de lettres » qui s'était donné pour mission de régénérer en Acadie les valeurs esthético-spirituelles de la civilisation française et d'élever les normes et les aspirations des Acadiens au niveau du modèle confronte celui du chef national porteur de la « cause » acadienne, héritier d'une tradition atavique qu'il doit mener à ses destinées providentielles, gardien aussi de la « hiérarchie naturelle » de la société qu'un ordre harmonique supérieur assure de la pérennité. Les deux positions sont différentes et les finalités comme les intérêts qu'elles impliquent les opposent l'une à l'autre. Dans le discours de Jean Hubert, l'opposition se fait manifeste, souvent polémique. En voici quelques extraits :

Un des défauts marquants de notre culture, non seulement au niveau du peuple mais même au niveau de l'élite, est l'absence d'un idéal élevé...

Qu'avons-nous fait, nous, de l'élite, pour inspirer à notre peuple ces idéaux, pour donner à

---

[54] J'ai par exemple appris de lui que son action idéologique était bien contrôlée au journal, que le pouvoir de traiter de certains sujets politiques lui avait été retiré, qu'il avait été menacé de renvoi immédiat s'il ne cessait sa collaboration au journal le *Devoir* de Montréal ainsi qu'au *Magazine Maclean*. En 1963, l'alternative n'était plus que d'être muselé ou congédié : il « choisit » donc de démissionner et de quitter le Nouveau-Brunswick.

[55] Jean Hubert me confiait qu'il fut « introduit » dans l'Ordre de Jacques-Cartier mais qu'il ne participa que très épisodiquement et toujours en « curieux » ou en « journaliste » à ses conseils. L'intégrer à l'Ordre était un bon moyen de le faire rentrer dans l'ordre. Mais il refusa le jeu, incapable qu'il était d'y tenir longtemps le rôle qu'on attendait de lui.

sa vie une réelle signification ? Qu'a fait notre élite pour donner l'exemple d'un souci de perfectionnement et de rayonnement intellectuel ? Qu'a-t-elle fait au point de vue promotion de la culture française et catholique ?...
Nous n'avons pas réussi à donner à notre peuple tout entier les idéaux que nous proclamons.
Nous n'avons pas réussi à inculquer à notre peuple le souci de perfectionnement, le sens de l'importance du français comme base de son développement culturel. La faute en est à nos familles, à nos écoles, à nos universités, à notre élite...
Il faut faire l'éducation du peuple par l'éducation de l'élite, car notre élite même n'est pas encore complètement convaincue de la nécessité d'assurer notre survivance comme groupe ethnique français et de ses moyens à prendre pour en arriver là. Notre élite est profondément divisée sur le plan régional et ses scissions profondes se manifestent dans tout notre comportement culturel...
La qualité de la culture, notons-le, dépend chez un peuple non seulement du niveau d'éducation de la masse, mais aussi et surtout de l'éducation de son élite...
Il faut inculquer à tout notre peuple cette fierté de leur langue, de leur religion, de leur culture française, et c'est là le rôle de nos maisons d'enseignement, de nos mères de famille, de nos institutions nationales, de notre élite, car un peuple ne vaut que ce que vaut son élite. C'est le rôle de la SNA[56].

Le grand coupable de l'histoire, c'est l'élite acadienne. Coupable de ne pas être à la hauteur de sa mission. Coupable de ne pas être unie quand il faut définir les options fondamentales comme les moyens et les finalités de la survivance. Coupable finalement d'être, comme le peuple, victime des aspirations les moins nobles et les moins dignes de l'« homme supérieur[57] ». En Acadie, l'élite s'est déclassée : « Ce souci de perfection, ce but sublime de la vie, ce sens des valeurs esthétiques, des idéaux religieux, des responsabilités sociales et civiques qui distinguent l'homme d'élite de l'homme de la masse », font défaut chez les chefs qui sont à la tête des institutions acadiennes. On assiste à un renversement du pouvoir de définition des finalités culturelles dans le rapport de l'élite à la masse : le pouvoir, non assumé à la tête, tend à s'exercer de la base :

Nos collèges classiques n'ont jamais visé à enseigner à tout le peuple mais à lui donner une élite capable de le guider, de l'inspirer. Nos high-schools, peu importe leur qualité, restent fondamentalement des institutions populaires d'enseignement secondaire. Elles peuvent dispenser une instruction plus avancée, mais tant qu'elles resteront directement soumises à

---

[56]Jean HUBERT, « la Culture en Acadie », loco cit.

[57]« Nous pouvons, par une action positive, former des hommes nettement supérieurs, parfaits bilingues mais dont le bilinguisme reposera sur une base culturelle française et catholique, des hommes dont la formation générale culturelle et matérielle sera supérieure, leur permettant ainsi d'être les chefs non seulement du peuple acadien, mais des chefs véritables qui pourront dominer les événements et apporter une contribution efficace au progrès de la province, des Maritimes, du pays et même de l'humanité tout entière. » (Ibid.)

une influence populaire indubitable, tant pour l'élaboration de leur programme d'enseignement que pour l'action pédagogique du maître, cette influence ne peut qu'être exercée sur les institutions qui se sont soumises à ses caprices, une influence dans le sens de l'abaissement des normes qualitatives[58].

La dévalorisation de l'élite et la question de la légitimité de son actuel pouvoir sont rendus pertinents dans le discours global que la société tient sur elle-même car elles sont fondées sur une théorie élitiste ou aristocratique de la société, théorie jamais si bien formulée en Acadie et qui correspond à la conception traditionnelle du pouvoir comme à la division hiérarchique de la société acadienne. Les chefs fondaient leur légitimité sur la tradition. Le haut clergé consacrait cette légitimité en la faisant dépendre de la volonté divine. Jean Hubert apporte un argument nouveau, soit une théorie de la société qui justifie *a priori* les différences sociales et l'inégal pouvoir d'accès aux échelons supérieurs de la hiérarchie. Mais si les distances sociales et les inégalités face au pouvoir sont fondées en théorie, les hommes aujourd'hui installés aux positions d'excellence s'y trouvent du même coup contestés. Subtile dialectique qui a pour effet du subordonner ses auditeurs à son argumentation, puisque d'un côté elle justifie les privilèges de l'élite et de l'autre elle provoque la mauvaise conscience et l'autocritique. Ce discours est à rattacher à un certain usage du pouvoir théocratique qui consiste en même temps à dominer et attendrir, invoquer les puissances d'en haut et entendre les plaintes des hommes, châtier et bénir, à la fin conserver le pouvoir de pardonner.

L'homme de culture française accuse l'élite acadienne de ne pas user, comme son rôle l'exigerait, de la fonction idéologique. La pratique du secret et du silence est vigoureusement critiquée parce qu'elle est opposée au rôle d'exemple que devrait exercer le chef. Les institutions nationales et les hommes qui les dirigent fonctionnent trop en cellules sectaires pour exercer une action efficace :

> L'on pourrait comparer la direction de ces organismes (la S.N.A. et l'A.A.E.) un peu à la hiérarchie de l'Église, et le peuple acadien aux laïques. Mais il y a une différence: alors que dans l'Église il reste encore des contacts quotidiens entre les laïques et la hiérarchie par les sacrements et toute la pastorale, en Acadie, les contacts entre le peuple et l'élite nationale sont trop rares pour ne pas dire inexistants. À vrai dire, ils ne semblent exister qu'une fois par année, quand vient le temps de solliciter des fonds pour permettre à ces organismes de continuer leur œuvre... Le silence dont elles s'entourent, la solitude dans laquelle elles agissent, l'habitude qu'elles ont de tenir le peuple à l'écart de leurs actions engendrent, à la longue, une certaine méfiance à leur endroit, méfiance qui pourrait, à la longue, être destructrice[59]...

[58] *Ibid.*
[59] Jean HUBERT, Éditorial, *l'Évangéline*, 18 octobre 1962.

Alors que nous voyons, à côté de nous, les organisations de nos concitoyens de langue anglaise manifester leur présence par des rapports intelligents de leurs activités et de leurs problèmes à leur presse, nos organismes, nos associations, nos sociétés, nos institutions font preuve du plus grand mutisme, comme si toutes leurs activités devaient se passer dans le secret le plus absolu... Nos sociétés pourraient avoir une influence beaucoup plus grande si elles commençaient par avoir une présence...

Que nos grands muets mettent fin à leur mutisme; qu'ils deviennent nos grands loquaces en faisant connaître leur travail, leur action, leurs problèmes et leurs réalisations, ils contribueront à faire sortir nos gens en pleine lumière, à les faire mieux connaître et mieux apprécier, non seulement de leurs concitoyens de langue française mais de tous les Canadiens, à dissiper l'ombre du rideau de velours qui nuit depuis si longtemps à un plus grand progrès[60].

Une présence... C'est comme si le chef était en Acadie une grande abstraction, un mystère sans manifestation, une lointaine solitude. D'où, comment, par qui s'exerce le pouvoir ? Contre le « grand mutisme » des dignitaires acadiens, Jean Hubert use de l'arme loquacité à l'intérieur de la société par son journal, à l'extérieur aussi où il signe plusieurs articles dans le Devoir et le Magazine Maclean. La critique de l'élite acadienne est le moyen pour lui de se définir et se légitimer dans sa fonction d'idéologue qu'il remplit si bien comme par intérim. Elle lui permet aussi de passer à la critique de l'idéologie traditionnelle acadienne[61].

Mais Jean Hubert n'aura pas longtemps le loisir de définir de nouvelles voies idéologiques et de se substituer dans ce rôle à l'élite acadienne. Il était allé trop loin. Québécois, il avait oublié que son rôle dans la société acadienne avait été explicitement défini comme rédacteur au journal. Les chefs acadiens s'étaient donné, en réorganisant la Société Nationale, les moyens et l'objectif de refaire le syncrétisme dans les significations collectives ou de renouer la continuité du discours vernaculaire. L'idéologue concurrent fut écarté quand il menaçait par son discours de disperser l'ordre propre du discours acadien dominant.

Dans un dernier écrit qu'il envoie à la revue la Vérité[62], avant de « quitter le milieu », Jean Hubert expose clairement l'ambiguïté de sa position en Acadie, le double drame de son échec et du « scandale » de la chefferie

---

[60] Jean HUBERT, Éditorial, l'Évangéline, 27 avril 1959.

[61] C'est le sujet d'un article envoyé au journal le Devoir intitulé « Les Acadiens voient qu'ils n'ont plus la possession tranquille de la vérité. » (Le Devoir, 11 mars 1963.) Dans un autre article, l'auteur écrit par exemple : « Il faut se débarrasser du mythe que la langue est gardienne de la foi, et c'est une grave erreur que d'enseigner aux Acadiens qu'ils doivent rester catholiques pour rester français... Dans l'Acadie de 1963, la langue n'est plus gardienne de la foi. » (Le Magazine Maclean, Montréal, février 1963.)

[62] « Injustice au Nouveau Brunswick », la Vérité, Montréal, juin 1963.

acadienne qu'il nomme, avec une dernière pointe d'humour, « Notre-Drame d'Acadie ». Son projet idéologique l'avait conduit à faire la critique des idéologues au pouvoir. Deux projets opposés s'étaient confrontés. L'aventure idéaliste de l'intellectuel québécois prend fin quand celle-ci menace de compromettre le jeu du pouvoir acadien qui veut et doit conserver la haute gouverne de la parole et de l'action nationales. Son silence viendra sceller pour un temps la solitude du discours national acadien.

III. « Les Acadiens hier et aujourd'hui ».

> « Les formes du nationalisme acadien ont changé avec les générations, c'est vrai. Moi-même, je ne pouvais pas accepter le nationalisme des anciens qui faisaient des discours émus sur la déportation des Acadiens[63]. »

L'« ère nouvelle » qui s'ouvre pour la Société Nationale des Acadiens dans les années 1955-1960, c'est le troisième volet d'un drame qu'on ne saurait jouer isolément sans revenir aux deux premiers. Pour les acteurs-bâtisseurs, point de totale improvisation. Il faut revenir aux fondements pour les assumer, redire le Grand Dérangement et la Renaissance acadienne parce que sans eux le présent serait incompréhensible, impossible. Mais avant tout, évoquer le passé est un devoir, comme l'impératif moral catégorique du nouveau-venu sur la scène de l'histoire. Évoquer ou, plus justement, célébrer : « Si, par indifférence ou pusillanimité, les chefs de l'Acadie avaient ignoré ou négligé de faire célébrer convenablement le bicentenaire de la Dispersion, n'auraient-ils pas été coupables d'une lâcheté en face de l'histoire, d'un manque de piété filiale à la mémoire des aïeux et d'une faille dans leur responsabilité à l'endroit de la nationalité acadienne[64] ? »

Le lien historique, familial et spirituel qui unit les trépassés et les vivants est à célébrer à chaque occasion importante qui implique toute la collectivité dans son destin.

Revenir sur l'histoire, c'est redire le mythe de l'Acadie. La tradition le prescrit. J'ai suffisamment insisté sur ce fait dans le chapitre précédent sans qu'il soit nécessaire d'y revenir.

Mais il est une raison supplémentaire de redire l'histoire. L'on a décidé de

---

[63] Adélard SAVOIE. cité par R. MARTEL dans « L'Université de Moncton c'est en soi une révolution », l'Évangéline, 2 mars 1968.

[64] Adélard SAVOIE, « les Acadiens hier et aujourd'hui », loco cit.

fonder la Société Historique essentiellement pour ranimer le culte du passé et pour écrire l'histoire. L'on revient de même sur l'histoire à la Nationale pour reprendre l'interprétation traditionnelle et juger si elle est toujours en affinité avec la nouvelle situation des Acadiens. L'on interroge l'histoire traditionnelle pour savoir si elle remplit encore sa fonction idéologique de boucher les trous de la praxis sociale. Le mythe partait des origines. L'interprétation idéologique de l'histoire va en sens inverse : elle part du présent et révise l'histoire en fonction des besoins de la situation. Il est essentiel de revenir aux premiers actes pour fermer leur signification afin de libérer le présent de tout asservissement à une ambiguïté possible du signifié historique. Le projet novateur de la Société Nationale suppose que soit explicitée sa continuité historique.

Quelle interprétation du passé l'élite acadienne va-t-elle privilégier en 1955-1960 quand la situation est découverte dans un état très critique, quand même le prestige des chefs, la légitimité de leur pouvoir et l'efficacité de leurs œuvres sont sérieusement attaqués ? À quel modèle exemplaire du passé va-t-elle faire appel pour apaiser toutes les angoisses contemporaines ?

Le temps est venu de célébrer et glorifier la « Renaissance » acadienne de la deuxième moitié du XIXᵉ siècle. Elle est donnée comme le point de départ de l'Acadie « moderne ». Elle marque le début d'une société organisée, dirigée par des chefs prodigieux. De cette époque datent les premières grandes réalisations acadiennes, les premières institutions nationales. L'élite en appelle au mythe prométhéen et à l'exemple héroïque des premiers chefs nationaux pour donner du présent une interprétation semblable et pour magnifier son rôle messianique. Alors que dans ses analyses objectivantes la Société Nationale faisait un diagnostic de crise, dans son discours mythique elle chante « l'extraordinaire phénomène de la situation des Acadiens en 1960[65] » en continuité avec la Renaissance. La déportation n'est plus alors très utile au discours idéologique contemporain. Certes, on ne la réduit pas à un résidu et on continue de la dire avec émotion et solennité. Mais cette fonction très cultuelle est déléguée à la Société Historique. Les chefs de la Nationale se réservent le privilège de révéler le sens de la Renaissance puisqu'ils se donnent comme les descendants directs de cette époque.

Ainsi, le rapport au futur qui s'élabore dans l'idéologie contemporaine passe par la médiation d'un double rapport au passé : répétition mythique de l'histoire, entretien de la mémoire collective par la réédition d'un rituel sacré et révision du sens historique en fonction des nouvelles exigences de la situation présente.

---

[65] Louis LEBEL, « Discours d'ouverture officielle », *loco cit.*

1. Premier volet : la Déportation

Les fêtes du bicentenaire de la Dispersion des Acadiens, en réactualisant le Grand Drame, en ont comme désamorcé l'épouvante. Son évocation, disait-on en 1954,

> devra refléter la joie profonde d'une résurrection plutôt que la navrante tristesse de l'anéantissement. Pour les Acadiens, point de rancœur ni d'amertume en pareille occasion. C'est la rencontre des familles sur le sol même où furent chassés les ancêtres deux siècles auparavant. C'est l'offre généreuse du pardon chrétien et en même temps l'expression d'une volonté ferme de continuer l'œuvre des aïeux sur cette terre de prédilection et d'y réaliser pleinement les desseins de la Providence[66].

L'épreuve est passée, le peuple innocent et fidèle a vaincu les forces démoniaques pour faire triompher les valeurs catholiques et françaises. Ne reste-t-il du Grand Drame qu'un souvenir collectif prêt à se revivifier à l'occasion d'une cérémonie du souvenir ? Non :

> Le Grand Dérangement a été l'événement capital de l'histoire acadienne, un événement si radical et si complet qu'il a bouleversé non seulement l'existence matérielle des Acadiens, mais les a marqués au tréfonds de leur âme d'une empreinte que les siècles n'ont pas effacée. Sans la Déportation, les Acadiens ne seraient pas, ne pourraient pas être ce qu'ils sont aujourd'hui[67].

L'événement a changé la nature de l'homme. Comme le peuple juif, le peuple acadien entre dans l'histoire avec une nature singulière, justificatrice de la mission qu'il doit accomplir sur cette « terre de prédilection ». Et les chefs de l'Acadie sont ceux qui ont été élus pour accomplir cette mission historique[68].

En 1960, il n'est plus souhaitable de revenir sur l'épisode du Grand Drame ni de s'attendrir devant le tableau d'Évangéline : « Sur ces douloureux événements, faisons le silence, sinon l'oubli[69]. » Le côté tragique du sentiment historique ne doit plus être évoqué aujourd'hui pour renforcer le consensus de la société. Une nouvelle idéologie est là pour combler le silence et substituer au sentiment de dépossession un sentiment d'accomplissement. Entre la Déportation et l'Acadie contemporaine, il y eut d'autres événements qui autorisent l'enthousiasme. En 1755, l'histoire a donné son

---

[66] Adélard SAVOIE, « les Acadiens hier et aujourd'hui », loco cit.

[67] Ibid.

[68] « Notre élite a encore la même conception que les Hébreux du temps de Moïse où on avait des chefs qui nous tombaient du ciel et qui instantanément avaient tous les pouvoirs et autorité... », disait Paul-Eugène Leblanc au cours de l'émission Présent de Radio-Canada, 21 août 1970.

[69] Louis LEBEL, « Discours d'ouverture officielle », loco cit.

verdict : « À quoi bon, d'ailleurs, revenir sur des scènes d'injustice et de piété éternelles. « Il est trop tard ! » entendons-nous dire souvent. Oui, il est trop tard ! Toutefois, quoi qu'on fasse, malgré tout l'effort et la persévérance des hautes sphères, le coup est frappé et l'histoire a donné son verdict[70]. »

L'épisode de lá Déportation n'est plus d'un grand secours dans la composition du discours contemporain. Et comme on ne peut l'oublier, il reste à la figer en son état de nature. Le glissement de l'histoire au mythe est parfaitement explicite dans les paroles citées. Le sens ajouté ne peut désormais plus rien apporter au mythe. Tout est dit au départ. Tout ce qui en découle porte la marque et le sens originels.

Pour découvrir la possibilité ou se donner la liberté d'infléchir le cours de l'histoire, il faut isoler le mythe, quitte à y revenir aux périodes du calendrier réservées au culte du sacré.

Et tout au long de ces dix années d'activité de la Nationale, c'est très discrètement qu'on fera référence aux événements de 1755. L'histoire à étudier est celle de la Renaissance acadienne, l'histoire de la naissance d'une nation.

2. Deuxième volet : la Renaissance

La Déportation donna aux Acadiens une nature; la Renaissance les dota d'une société et d'une culture. Du chaos se dessinèrent les formes et la lumière jaillit :

> Sous la cadence répétée des haches acadiennes, les arbres s'abattaient, les terres s'ouvraient à la culture, les clochers élançaient dans l'azur d'humbles flèches de bois, et de nouvelles missions s'ajoutaient aux paroisses-mères pour devenir paroisses à leur tour. À l'époque de 1860, le Nouveau-Brunswick comptait quarante-cinq mille Acadiens, jouissant d'une vie surnaturelle intense mais luttant péniblement pour s'assurer une vie matérielle convenable. La vie intellectuelle, la vie nationale, la vie française, par rapport à la collectivité, étaient nettement inexistantes... L'Acadie de 1855, c'est l'Acadie qui vient de traverser un siècle d'obscurantisme et qui touche maintenant à l'aurore de la Renaissance[71].

L'auteur cite à l'appui de sa thèse celle de l'abbé Gasgrain selon lequel le plus grand malheur des Acadiens n'a pas été la Déportation mais l'abandon intellectuel complet dans lequel ils ont été laissés pendant un siècle[72].

Le « siècle des ténèbres » est celui de la souveraineté quotidienne d'un

---

[70]Louis LEBEL, *ibid.*

[71]Adélard SAVOIE, « les Acadiens hier et aujourd'hui », *loco cit.*

[72]H.-R. CASGRAIN, *Un pèlerinage au pays d'Évangéline.*

peuple ignorant, illettré, inorganisé, retourné à cet état d'anarchie que redoute le bâtisseur d'empires. Ils étaient sans « culture ». Ils étaient sans chefs. Dans les ténèbres, attendaient les premières lueurs de la vie... « Cependant, une lueur d'espoir perçait à l'horizon... Des hommes courageux, à la fois saints prêtres et fervents patriotes, cherchaient les issues pouvant délivrer le peuple acadien des ténèbres qui l'enveloppaient[73]. »

L'histoire véritable du peuple acadien commence quand de jeunes chefs autochtones et lettrés vinrent à la délivrance de quelques « groupements d'individus » qui auraient pu connaître un sort analogue à celui des naufragés du Radeau de la Méduse :

> On peut dire sans exagération que les premiers débuts de véritable vie française au Nouveau-Brunswick coïncident avec l'ouverture du Collège Saint-Joseph. C'est à partir d'alors que les Acadiens eurent des prêtres de leur nationalité et une jeune élite qui ne tarda pas à faire sa marque... Graduellement se forgeait une élite, se préparaient dans l'ombre les chefs dont nous aurions besoin pour affronter les orages qui s'amoncelaient à l'horizon et infuser une nouvelle force à notre vie française[74].

Le Père Cormier décrit comme suit le « tour de force » qu'ont réussi les pionniers de la Renaissance:

> Comme point de départ, ils avaient une population pauvre, dispersée, sans chefs, illettrée, qui avait développé un écrasant complexe d'infériorité. Et ce sont ces infortunés qu'il fallait sortir de la léthargie, leur faire prendre conscience des possibilités d'une vie collective organisée... Et l'équipe de chefs a réussi ce tour de force. Sous leur inspiration, le peuple acadien s'est mis à trouver son passé glorieux, ses traditions riches, ses ancêtres des héros, les autres groupes ethniques contemporains rien de plus que des égaux. Et même une dévotion séculaire — la confiance envers la Très Sainte Vierge — s'est raffermie prenant la forme de la reconnaissance à la suite d'un sauvetage[75].

La naissance de la vie française et de l'Acadie qu'on connaît aujourd'hui coïncide avec celle de l'élite : plutôt que la vie des champs ou celle de la mer, on valorise maintenant la vie du collège ou du couvent, et aux intempéries naturelles qui menaçaient barques et moissons on substitue des orages au figuré que sauront affronter les nouveaux chefs diplômés. Le collège devient symbole de progrès. La société comme l'histoire se dédoublent : désormais, une classe lettrée se distingue de la « masse amorphe et acéphale » d'un peuple sans nom, la quotidienneté triviale du *dèmos* s'efface au profit d'une gestuelle et d'une rhétorique de l'élite. La conséquence, c'est le « ré-

---

[73] Adélard SAVOIE, « les Acadiens hier et aujourd'hui », *loco cit.*

[74] *Ibid.*

[75] Clément CORMIER, « les Acadiens en 1960, besoins et perspectives », conférence donnée lors du XIIIe congrès national, S.N.A., 1960, thème repris presque mot pour mot dans le « Commentaire » de « L'état de la recherche sur la culture acadienne », *Recherches sociographiques*, III, 1-2, 1962, p. 169.

veil collectif » du peuple acadien, la « prise de conscience » d'un peuple par lui-même et la naissance de la « nation acadienne ». En 1881, les chefs de l'Acadie se rassemblaient en un congrès national duquel devait naître la Société Nationale de l'Assomption :

> Du point de vue de la sociologie, mesdames et messieurs, il semble bien que c'est le congrès de 1881 qui dénote le point de départ de ce que nous pouvons appeler aujourd'hui la nation acadienne. Avant cette date, en effet, nous avions bien ici et là des groupements d'individus qui subsistaient dans une certaine autarcie. Mais il n'y avait entre eux aucune unité morale, ils n'avaient pas conscience de former un tout, ils n'avaient jamais posé d'actes engageant la collectivité.
>
> Mais voici que cette masse amorphe et acéphale se réunit à un moment donné, prend conscience de sa nationalité, établit des mesures de vouloir-vivre collectif et se classe désormais dans les rangs des petites nations. Les Acadiens ne sont pas nés en 1881 mais la nation acadienne est née, comme telle elle s'est donné une patronne, une fête nationale et une Société Nationale[76].

L'image qu'on donne de l'Acadie contemporaine ressemble au tableau de l'Acadie d'avant 1881. Les mœurs se relâchent, les valeurs sont oubliées, les fondements de la culture sont rongés de l'intérieur. Les liens sociaux se détendent, l'organisation est parcellaire. Les chefs redoutent le retour à l'état de nature (dénaturé) qu'ils appellent aussi « barbarie ». Le parallèle avec le XIXᵉ siècle est saisissant.

Les jeunes chefs rassemblés en leur nouvelle Société vont alors représenter la Renaissance acadienne. Ils vont refaire le « tour de force », cette fois pour mener l'Acadie à son épanouissement. La situation exige qu'ils réveillent les héros et empruntent leurs parures. C'est comme un sacre chevaleresque officié du royaume des morts.

Contrairement à la Déportation qu'il faut désormais assumer comme un sceau originel, la Renaissance doit être célébrée glorieusement par les contemporains[77] : « C'est une période décisive de notre histoire... le recul du temps devrait suffire... à justifier la pleine lumière sur des événements d'importance capitale pour nous, sur des actes de patriotisme au courage invincible et à la foi inébranlable qui ont amené ce qu'il est convenu d'appeler aujourd'hui en termes plutôt vagues la Renaissance acadienne[78]. »

Les extraits à citer dans les discours seront ceux des apôtres de la Renaissance, de même que pour les inaugurations, les anniversaires, les banquets,

---

[76] *Ibid.*

[77] Dans le numéro spécial que *l'Évangéline* consacra le 15 août 1971 à la fête nationale, il n'y avait pas moins de six articles historiques traitant de la Renaissance et seulement deux de l'histoire ancienne, dont un seulement sur le « Grand Dérangement ».

[78] Louis LEBEL, « Discours d'ouverture officielle », *loco cit.*

on ne saurait manquer de rappeler au peuple la continuité du progrès depuis cette époque. À l'occasion de la cérémonie inaugurale d'intronisation du recteur de l'Université de Moncton en 1967, Adélard Savoie déclarait :

> Le point à retenir, c'est que l'éducation supérieure fut depuis un siècle une constante préoccupation des Acadiens. Des sacrifices énormes ont été consentis pour la maintenir. L'on n'en finirait pas de faire la somme de tous les dévouements exigés. L'Université de Moncton n'est donc pas le fruit d'une génération spontanée; si elle est un point de départ, elle est aussi un point d'arrivée, à la fois un commencement et un couronnement, car elle marque la conquête d'un sommet vers lequel notre peuple se dirigeait plus ou moins consciemment depuis plus de cent ans[79].

Les chefs de l'Acadie de 1960 viennent d'inaugurer une ère nouvelle en la représentant à partir du modèle de la Renaissance. Du même coup, ils ont explicité le nouveau rapport à la tradition en privilégiant, non plus la Déportation, mais le réveil nationaliste des années 1860-1880. Dans leur vision du monde et de l'histoire, ce qui est avant tout célébré c'est l'élite, c'est l'espace dans lequel elle évolue. La nation est sa propre représentation. L'histoire est son histoire. Le projet collectif sera le sien.

Il n'est pas étonnant que la Déportation soit de ce fait déclassée. De même que l'épisode de la colonisation. La collectivité était alors, selon le mythe, trop indivise, son collectivisme trop valorisé pour fonder un modèle de la différence. De ces époques anciennes, on ne connaît pas de chefs, pas de figures héroïques avec lesquelles on puisse aujourd'hui s'identifier.

Par contre, l'interprétation qu'on donne aujourd'hui de la Renaissance fonde une tradition de classe, ou plus justement, d'ordre. Il n'est pas encore besoin d'une théorie comme celle de Jean Hubert pour expliquer, justifier une division hiérarchique de la société. L'histoire comme théorie suffit, celle-ci étant toujours subordonnée à la volonté divine. Sans la Renaissance, « les Acadiens ne seraient pas, ne pourraient pas être ce qu'ils sont aujourd'hui ».

3. Troisième volet : l'Épanouissement

Le premier congrès quinquennal de la Société Nationale des Acadiens a lieu en 1960. L'enthousiasme est général, la volonté de reprendre en main le destin prometteur de la nation est solidement partagée. Le moment est aussi solennel qu'aux aurores de la Renaissance. On a tellement conscience de vivre un événement déterminant qu'on le compare volontiers aux quelques

---

[79] Adélard SAVOIE, « L'Université, l'élément le plus marquant de l'histoire acadienne », *Vie Française*, vol. 22, 3-4, 1967.

grandes étapes de l'histoire du monde et des idées :

> Rappelez-vous que dans l'histoire, chaque fois que des hommes réunis pour un sérieux effort collectif de pensée, ont eu le courage de chercher des idées nouvelles en vue de s'adapter aux besoins de leur époque, ils ont imprimé un vigoureux essor à la pensée contemporaine. Je pense à la Pléiade de Ronsard qui a donné une nouvelle orientation à la pensée du Moyen-Âge; au Manifeste de Marx et Engels en 1848 qui a déclenché le mouvement du communisme mondial; aux Encycliques de Léon XIII, préparées avec la collaboration de sociologues chrétiens, qui ont tellement contribué au règlement des problèmes sociaux de notre époque... Je souhaite que nous puissions aboutir samedi soir à la définition d'idées maîtresses qui donneront une nouvelle impulsion à la vie acadienne[80].

Un tel congrès représente pour la société globale un moment essentiel de sa production idéologique. Il fait, dans la continuité historique, une coupe horizontale en marquant délibérément la volonté de faire le point pour découvrir devant toute la nation le nouvel horizon intentionnel.

Cette fonction idéologique est jugée éminente par le président de la Nationale dans une société où « les œuvres traitant de la question nationales sont très rares sinon inexistantes ». Il faut que tous les discours prononcés au cours du congrès soient imprimés et largement diffusés. « Une telle publication serait un précieux livre de chevet — pour ne pas dire un évangile — pour les éducateurs et les lutteurs dans tous les domaines de l'activité nationale[81]. »

« L'homme refait sans cesse son lieu par la parole, écrit Fernand Dumont. Dans un monde où la discontinuité des situations est devenue la règle, la parole doit, sans se lasser, colmater les brèches, prononcer un sens pour ici et maintenant[82]. » La parole des patriotes orateurs d'autrefois n'avait besoin d'être imprimée que pour être classée dans les archives du musée. On la sait aujourd'hui impuissante à exercer son vieux pouvoir d'ordonnance des hommes et des choses. Le logos intimement confondu avec la praxis, tel qu'il était à l'origine, doit se prolonger dans l'écriture pour exercer de nouveau sa fonction sacrée. L'on comprend pourquoi l'idéologue contemporain a besoin de l'analogie avec les écritures saintes pour définir le plus justement la fonction démiurgique de son discours.

---

[80]Clément CORMIER. « les Acadiens en 1960... », loco cit.

[81]Louis LEBEL, Rapport du président, Rapport annuel. S.N.A.. 1960. L'auteur déclarait ailleurs : « Je formule le vœu que le conseil de la société consente à consigner le texte des conférences, causeries et discours prononcés au cours de ce congrès dans un volume qui reçoive la plus large dissémination possible. Je formule le vœu que ce livre devienne la bible de la Nationale et la source d'inspiration de tous ceux qui font œuvre nationale. Ainsi, il attestera que la nation acadienne prend bel et bien, elle aussi, figure d'un peuple aux idées claires et au parler franc. » (Séance d'affaires, XIIIe congrès national. S.N.A.. 1960.)

[82]Le Lieu de l'homme. p. 18.

Que dit la « bible nationale » sur la situation globale de l'Acadie en ce milieu du siècle ? « Épanouissement » et « rayonnement » sont les mots d'ordre. « L'Acadie, ce rameau détaché du grand chêne qu'a été la vieille France, ce rameau transplanté dans le sol du nouveau monde où il a pris racine, croît d'une vitalité étonnante... Ce petit rameau, plus de trois fois séculaire, est devenu à son tour un chêne que la tempête a secoué, mais n'a pas déraciné. Cette Acadie se manifeste dans nos diocèses, dans nos collèges, dans nos couvents, dans notre presse, dans nos florissantes paroisses à l'âme catholique et française[83]. » « Le Grand Dérangement est maintenant classé dans l'histoire et l'on entrevoit plutôt l'avenir avec confiance et non avec résignation. L'époque de la lutte pour la survivance est d'ores et déjà terminée... L'Évangéline et le peuple acadien se dirigent vers un nouveau chapitre de leur histoire[84]. » « Les perspectives d'avenir s'annoncent plus brillantes que jamais du point de vue relèvement intellectuel, économique et social, ce serait un recul impardonnable que de songer à faire disparaître notre seul quotidien[85]. » « Aujourd'hui, c'est bien différent. L'Acadie est rayonnante; elle est pleine de vie. Nous avons nos institutions de haut savoir, nos évêques, nos diocèses, nos organisations d'assurance, d'épargne, de coopératives, de vie nationale. Nous avons les chefs et les outils pour permettre à notre petit peuple de jouer son rôle dans la vie nationale[86]. » « Les progrès, dit aussi le Premier Ministre présent au congrès de 1960, qui ont été réalisés depuis deux siècles, et surtout depuis vingt-cinq ans, sont tellement considérables qu'il est difficile d'y croire... travail gigantesque accompli depuis cinquante ans... Il existe un grand courant d'enthousiasme et de confiance en l'avenir des Provinces Maritimes[87]. »

En 1965, le deuxième congrès quinquennal de la Société Nationale des Acadiens célèbre l'espoir des temps nouveaux en se donnant pour thème « Nos forces vives face à l'Avenir » : « Nos forces vives face à l'avenir, disait Alexandre Boudreau, exprime déjà un grand optimisme. C'est presque un chant de victoire... Il ne doit plus être question de survivance, mais de rayonnement... Nos réalisations des dernières décades et nos institutions économiques et culturelles, en plein développement, nous permettent tous les

---

[83] Mme J.-E. LEBLANC, « la Formation acadienne au foyer », Discours prononcé lors du congrès national, S.N.A., 1960.

[84] René D'ANJOU, Éditorial, l'Évangéline, 18 septembre 1964.

[85] Rapport de la Commission d'Enquête sur l'Œuvre de la Presse Acadienne, p. 81.

[86] Bernard POIRIER, Éditorial, l'Évangéline, 31 mai 1965.

[87] Louis ROBICHAUD, « Allocution au banquet de clôture » congrès national, S.N.A., 1960.

espoirs... Ce fut un beau congrès... L'on sentait partout une force, un enthousiasme, une détermination irrésistibles[88]. »

En 1966, le président de la Société ne laisse pas faiblir le courant d'euphorie que traverse la Nationale : « Je crois que nous vivons une période de notre histoire qui en est une de révolution. Le mot évolution n'est pas assez fort pour exprimer totalement, adéquatement, les transformations profondes que notre société acadienne est en train de subir... Il semble qu'un vent de saine révolution ait soufflé sur la nation[89]. »

En 1967, le recteur de l'Université de Moncton déclarait encore :

Pendant longtemps, nous avons parlé au Nouveau-Brunswick de survivance française... L'Université française du Nouveau-Brunswick, notre université d'inspiration et de culture française, veut affirmer et proclamer qu'il est terminé le stage folklorique de la langue et de la culture... Nous n'en sommes plus au stage statique de la conservation mais bien à celui de développement et d'enrichissement de toute notre population en une culture vivante, dynamique et rayonnante[90].

Une page de l'histoire est tournée. Les institutions et les cadres de la nation acadienne qui ont été créés depuis la Renaissance ne manifestent aucun signe de décrépitude, bien au contraire. Même le secteur de la vie économique, qu'on reconnaît volontiers comme étant « la partie de notre armature la plus faible et la plus vulnérable[91] », connaît un développement remarquable. En 1971, l'essor économique ne fait plus aucun doute. La Société l'Assomption en fournit l'évidence :

Si le passé de cette entreprise florissante a été des plus bénéfiques pour la montée des nôtres, nous croyons que son avenir s'annonce plus brillant encore...

Aujourd'hui, ou plutôt dans quelques mois, ce sera le sigle moderne de l'Assomption qui indiquera bien clairement et de façon non équivoque que les nôtres n'ont plus raison de marcher timidement dans les rues de Moncton, mais qu'au contraire, à l'allure de cette puissante institution qu'est l'Assomption, ils devront fièrement, comme elle, proclamer leur véritable entité acadienne[92].

Le sentiment est bien général que « les Acadiens se dirigent vers un nouveau chapitre de leur histoire » : « Un esprit nouveau souffle sur la province[93]. »

Serait-ce, selon Léon Richard alors président de la Nationale, « que les

[88] Alexandre BOUDREAU, Rapport du Comité du Congrès, Rapport annuel, S.N.A., 1965.

[89] Léon RICHARD, Rapport du président, Rapport annuel, S.N.A., 1965.

[90] Adélard SAVOIE, « Mission de l'université », Revue de l'Université de Moncton, n° 1, 1968.

[91] IDEM, « D'un congrès à l'autre », loco cit.

[92] Éditorial anonyme, le Progrès-l'Évangéline, 29 mars 1971.

[93] Emery LEBLANC, conférence au cercle Saint-Joseph, extraits reproduits dans l'Évangéline, 14 janvier 1965.

grands responsables de nos destinées sont descendus au niveau du peuple,
ont écouté les plaintes ou les cris de détresse de ceux qui réclamaient de
l'aide et qui voulaient sortir des bas-fonds de l'ignorance et de l'incompé-
tence qui les tenaient captifs[94] ? » C'est, bien sûr, le genre d'argumentation
du vieux discours. L'éducation, le passage par le collège classique, la profession, la compétence sont les valeurs qui distinguent l'élite de la
« masse ». Ce qui décida de la Renaissance doit assurer le succès de l'Acadie moderne.

Mais, si l'on doit à l'élite d'hier et d'aujourd'hui le miracle acadien, il
faut encore, selon le Père Cormier, distinguer les époques pour expliquer les
progrès réalisés depuis 1881. On n'en est plus, en 1960, au temps de la première convention. Des « transformations en profondeur » se sont opérées, en
particulier chez l'élite, transformations qui ne sont pas encore vraiment
effectives chez tous les Acadiens. L'élite a suivi les transformations du
siècle, tandis que le peuple s'attache encore aux formules du passé :

En tout premier lieu, je dirais : prédominance de la raison sur le sentiment. Que nous le
voulions ou non, le romantisme patriotique de nos ancêtres a cédé le pas à un rationalisme
qui témoigne de croissance et de maturité...
Nos Acadiens d'aujourd'hui participent aux assemblées délibérantes, du moins l'élite. Il
savent faire un bilan, un exposé statistique. Pour suivre la marche des affaires et des sociétés dont ils sont membres, ils ont pris l'habitude d'exiger des exposés sérieusement préparés par des experts[95].
Les Acadiens restent trop fidèlement attachés à des formules d'un passé décadent, alors
que, depuis un quart de siècle surtout, les conditions de vie ont évolué de façon quasi in-
croyable. Voyez l'armature présente des institutions acadiennes : journal quotidien, radio
et télévision française, écoles modernes, organisation diocésaine dépassant les espérances
de la génération précédente[96]...

À l'exception de ces deux derniers textes (on aura l'occasion d'y revenir),
le contraste entre le discours sur la crise et le discours onirique qui prolonge
le mythe de la Renaissance est frappant. Il n'est cependant pas question de
conclure par un jugement de réalité qui amènerait à négliger la fonction imaginaire. Le rêve n'est pas un résidu ni une production dysfonctionnelle dans
la vie de la société, surtout dans une société où la fonction mythique est
restée déterminante.

C'est dans le rêve que s'élabore le projet collectif de la société, intuition
du possible déterminée par la tradition. La vision du futur est inspirée de la

---

[94] Léon RICHARD, Rapport du président, Rapport annuel, S.N.A., 1966.
[95] Clément CORMIER, « les Acadiens en 1960... », loco cit.
[96] IDEM, « Commentaires » sur « l'état des recherches sur la culture acadienne »,
loco cit., p. 169.

vision du monde originaire, elle n'est pas pure errance dans l'espace infini du possible ni stricte répétition des expressions finies de l'histoire. Les textes du Père Cormier, à cet égard très significatifs, sont encore pleins de l'imaginaire, et forts de l'expression traditionnelle. Mais ils ajoutent autre chose à un discours qui n'appartient plus totalement à la tradition. Le dis-cours onirique est ici réfléchi, objectivé, rationalisé. Il est transcrit en un langage analytique et non plus analogique. Il est devenu projet « en train-de-se-faire », processus conscient, changement objectif.

Autrement dit, le discours du Père Cormier est bien le dessin d'un modèle de changement possible et jugé souhaitable pour la société acadienne. Il est la première expression rationnelle du projet novateur de la Société Natio-nale. Le discours idéologique ajoute ici la fonction pratique à la fonction sacrée.

Ces textes sont très importants. Mais avant d'en chercher les implications et d'orienter l'analyse à partir des conclusions qu'ils permettent de tirer, il faut poursuivre la lecture de l'idéologie en portant surtout l'attention sur le discours traditionnel, ritualiste, et sur ses fonctions conservatrices. Il faudra revenir dans le chapitre suivant sur le changement comme thème idéologique et sur la modification effective du discours.

IV. Le projet de restauration

L'ordre dans l'action que prétend restaurer la Société Nationale doit avant tout se fonder sur un ordre des significations et des valeurs. Car sans l'unanimité autour des significations et des finalités explicites de la société, l'unité ne peut être obtenue que par la force. Le projet de lancer la société acadienne « à la conquête de nouveaux sommets », soit d'améliorer la posi-tion des Acadiens « dans tous les domaines » et de faire rayonner les insti-tutions acadiennes dans le pays entier, voire dans le monde, exige aussi que soit restauré le vieux consensus de la parole collective. Le projet de con-quérir pour la nation acadienne la place qui lui revient dans le « grand con-texte canadien » suppose que soit refaite l'unité autour du symbole de la nation et que soit réactualisée la mystique nationaliste ou « patriotique ». Autrement dit, aux trois niveaux que l'on a décrits en état de crise, les idéo-logues acadiens vont essayer de redonner sens cohérent en s'inspirant de la tradition : c'est le projet de restauration des valeurs, de la structure sociale et du nationalisme.

Le projet lui-même de restauration n'est pas vraiment explicite. Le projet explicite dans le discours des chefs nationaux c'est au contraire un projet de rénovation, d'innovation. Léon Richard parlait même de « révolution ».

Mais la logique de ce projet est dans la tradition. Elle commande de conserver ou plutôt de restaurer un ordre ancien jugé parfaitement bon et parfaitement juste, ordre soumis à la volonté de Dieu puisque dans la société comme ailleurs « l'ordre de la grâce vient confirmer et surélever l'ordre de la nature[97] ». On ne crée pas un ordre nouveau *ex nihilo* en Acadie puisque l'ordre ancien — don surnaturel — est celui à qui le peuple acadien doit son miracle de la survivance et de la Renaissance. Le culte des ancêtres et du passé, défini et pratiqué par la Société Historique, se retrouve dans le projet nationaliste.

Le projet culturel revient donc en partie à un projet de restauration des grandes valeurs et constellations de valeurs traditionnelles. En grande partie ? Il faudra voir par la suite si des éléments d'un nouveau discours sont essentiels et quelle est leur place dans la structure du discours global.

1. *De la restauration des valeurs*

« Eritis mihi in populum et ego vobis
in Deum » (JÉRÉMIE, 11, 4)[98].

« Une hypothèse essentielle à l'existence des sociétés suppose que si celles-ci ne peuvent inventorier toutes les valeurs dont elles vivent, elles peuvent cependant en dégager quelques-unes qui seront considérées comme fondamentales et qui pourront exprimer le sens de leur destin[99]. » L'élection surnaturelle du peuple acadien à l'origine est une sinon la valeur fondamentale dans la représentation de son rapport au monde. Les premières paroles du *Sermon de clôture* du XIIIe Congrès national prononcées par l'archevêque de Moncton sont certainement le centre de la structure du discours à partir duquel vont pouvoir s'expliciter les autres valeurs : « Alors vous serez mon peuple et moi je serai votre Dieu. »

L'Acadie est née sous le signe de la Providence divine. Si Dieu règne sur tous les peuples et s'il faut tout rapporter, selon Bossuet, à la Providence, le peuple acadien, plus que tout autre, bénéficie de la « protection toute spéciale de Dieu[100] ». « La survivance du peuple acadien n'est ni l'effet du hasard ni des combinaisons humaines, elle est due à une protection très spé-

---

[97]Euclide DAIGLE, « le Patriotisme », conférence donnée lors du congrès national de 1960.
[98]Mgr ROBICHAUD, « Sermon de clôture », *loco cit.*
[99]Fernand DUMONT, *le Lieu de l'homme*, p. 124.
[100]Mgr Albert COUSINEAU, cité par Adelard SAVOIE, « D'un Congrès à l'autre », *loco cit.*

ciale de la Vierge[101]. » Et s'il faut citer Bossuet pour mieux expliciter le discours, je choisirai cet extrait : « Car il fallait que la Providence destinât certains biens aux justes, où les méchants n'eussent point de part[102]. » Aux commencements, les Acadiens étaient les justes, comme le rappelle Mgr Robichaud :

> L'histoire de l'Acadie nous apprend que nos ancêtres provenaient de provinces de France où fleurissaient et la pratique religieuse et la dévotion à Marie... Ce sentiment religieux, profondément ancré dans l'âme des premiers colons de la Nouvelle France, explique les vertus et la piété qui illustrèrent les origines de l'Acadie : amour du travail, esprit de sacrifice, honnêteté et pureté de mœurs, zèle pour la conversion des infidèles, culte de l'hospitalité. C'est cette dévotion solide et sincère qui a donné aux Acadiens, aux heures sombres de leur histoire, ce courage indomptable, cette fidélité à la foi et aux traditions, cet attachement à leur patrie, aux valeurs spirituelles et sociales qu'elle représentait, qui font aujourd'hui notre admiration et excitent notre reconnaissance[103]...

Parce que le peuple Acadien était humble et vertueux, parce qu'il était resté pieux et fidèle à son Dieu, il a toujours bénéficié de la protection divine, et, dans la difficulté, de l'intervention de la Providence : « Le principal facteur dans la survivance et le rayonnement du peuple acadien a été et reste encore l'intervention de la toute-puissance divine et la douce protection de notre céleste patronne Notre Dame de l'Assomption[104]... »

L'évocation du mythe, dans une société troublée et à bien des égards éloignée de ce qu'elle aurait dû devenir, doit servir à la résurrection d'un modèle idéal et normatif pour les contemporains. Car si les formes de la société réelle peuvent changer, son essence ou encore son principe reste le même. Il est dit que le peuple acadien jouit d'un héritage inestimable de valeurs spirituelles, morales et culturelles que les descendants des premiers colons avaient reçu en bénédiction avec mission de le faire fructifier pour le bien de la collectivité et pour celui des peuples avec qui elle était destinée à vivre[105]. Il lui incombe aujourd'hui de le perpétuer s'il veut rester fidèle à sa mission originelle. Et il lui suffit de s'y nourrir s'il ne veut pas mourir.

---

[101] Pascal POIRIER, cité par Adélard SAVOIE, *ibid.*

[102] BOSSUET, « Sur la Providence, Sermon pour le troisième dimanche après Pâques », dans *Choix de sermons.*

[103] Mgr Robichaud, « Sermon de clôture », *loco cit.*

[104] Adélard Savoie, « D'un Congrès à l'autre », *loco cit.*

[105] « Nous sommes les héritiers et les dépositaires d'un trésor spirituel et culturel que nous avons la mission de conserver, de développer et de transmettre aux générations futures. » (Adélard SAVOIE, dans la *Documentation Préparatoire A* du Ralliement de la jeunesse, p. 27.)

La Vierge de l'Assomption, la mère et la reine de la colonie naissante, « s'est faite l'Étoile de Mer pour ramener au port la nation dispersée et Elle a présidé avec sagesse les diverses étapes de notre renaissance[106] ». L'Acadie, de nouveau menacée de disparition, a autant besoin de la protection de sa sainte mère qu'aux lendemains de 1755.

Ce langage, qu'on serait porté à n'attribuer qu'à la seule prêche cléricale, se confond avec celui de la Société Nationale. Ce sont indifféremment des membres du clergé et des laïcs qui l'utilisent. Apostolat laïc et apostolat religieux sont indiscernables, nourris aux mêmes fondements d'une même vision du monde et appartenant au même système de représentations. On doit à l'ancien avocat-conseil de la Société le texte suivant :

Mesdames et Messieurs, je ne suis guère porté à faire du sentiment religieux, mais dans une occasion aussi solennelle que celle-ci, je crois qu'il incombe, non seulement à nos évêques et à nos chefs religieux, mais aussi à un laïc de proclamer hautement notre foi profonde en la réalité de l'intervention divine dans notre destin comme peuple et dans la primauté des valeurs spirituelles comme norme de vie nationale. Lorsque nous étions dans l'épreuve, nous nous sommes tournés vers Dieu avec empressement et volontiers nous avons reconnu son aide.

Si aujourd'hui nous sommes plus riches en moyens matériels, si nous semblons accomplir davantage par nos propres ressources, n'oublions pas que, par nous mêmes, nous ne pouvons rien et que nous avons aussi grand besoin du Dieu des nations et de sa sainte Mère qu'au lendemain de la tourmente de 1755. Celui que l'histoire sainte appelle souvent le Dieu d'Israël, Celui qui fraya pour son peuple un passage dans la Mer Rouge pour y engloutir ensuite ses ennemis, Celui qui par la fronde d'un jeune berger dérouta les Philistins, qui envoya la Pucelle d'Orléans vaincre les armées anglaises, Celui-là restera aussi le Dieu des Acadiens dans la mesure où nous lui serons fidèles[107]...

Le principe est entendu. Comme par le passé, le peuple acadien veut proclamer avant toute chose la primauté des valeurs spirituelles dans son destin collectif : « Dans la hiérarchie des valeurs, elle (la S.N.A.) accorde la préséance aux intérêts religieux... Le religieux compénètre tous les aspects de notre vie nationale[108]... »

Le cordon ombilical qui relie son existence à l'essence divine ne peut être rompu sous peine d'anéantissement. Quant au modèle pratique qui en découle, il est tout entier contenu dans l'exemple des ancêtres. La fidélité à Dieu passe par la fidélité au passé. Et l'exemple vaut pour chaque individu comme pour la nation entière :

Que cette fidélité soit celle de la nation, fidélité à sa foi, à sa langue, à ses traditions, à son passé. Rappelons-nous que s'il est permis de varier les détails, l'essentiel ne change

---

[106]Mgr ROBICHAUD, « Sermon de clôture », *loco lit.*

[107]Adélard SAVOIE, « D'un Congrès à l'autre », *loco cit.*

[108]Clément CORMIER, « les Acadiens en 1960... », *loco cit.*

pas et que les principes sont immuables même si leur application prend des formes différentes. À la lumière de ces vérités, nous entreprendrons nos délibérations en toute confiance et sérénité, cherchant la gloire de Dieu dans le rayonnement de la nation[109].
Chaque Acadien, tous les Acadiens comme peuple, doivent être un témoignage vivant de
la primauté des valeurs spirituelles, un témoignage de la foi catholique, et de l'esprit français pour tous les autres peuples avec qui ils sont appelés à venir en contact... Le peuple
acadien continuera à être béni de Dieu dans la mesure où il lui sera fidèle. Et il sera fidèle à
Dieu s'il marche dans le pas de ses ancêtres. Que Notre-Dame de l'Assomption lui obtienne
cette grâce[110] !

Le syncrétisme d'un discours collectif qui associe fait religieux et fait
culturel (au sens commun) ou encore culture sacrée et culture séculière dans
une même histoire et dans une même destinée est parfait. La foi catholique,
la langue et l'esprit français, font une totalité à laquelle aucun élément ne se
dérobe. Dans l'ordre de l'esprit, du sentiment et de l'action, l'homogénéité
est totale parce qu'un principe transcendant les lois naturelles gère le devenir. Il faut « chercher la gloire de Dieu dans le rayonnement de la nation ».
Et l'on verra comment, dans les affaires nationales, dans l'ordre social et
dans le patriotisme découlent de l'*a priori* normatif les conceptions d'une
pratique éclairée. Mais revenons au passé.

L'image que les contemporains se font du passé est la permutation, dans
l'histoire, du modèle de la société idéale qui vit son existence propre dans la
conscience des individus. Comme pour donner plus de substance au niveau
imaginaire, les idéologues de la Nationale lui délèguent une prestigieuse
existence historique, des racines qui iraient rejoindre dans un même mouvement et les tréfonds du monde et la voûte céleste. Par son incarnation dans
l'histoire, l'image idéale se fonde dans les commencements, là où tout était
transparent. Du principe unificateur venait l'harmonie céleste.

/ La réduction de l'histoire à l'éternel crée le *mythe*[111]. Et la fonction du
/ mythe, c'est de déjouer les ruses et aléas, c'est de réconcilier un avenir incertain et angoissant à un passé pleinement intelligible, certain. Le présent
puise son sens et sa sécurité entre ces deux pôles, mais encore il y découvre
la finalité de son action. Le projet collectif que des hommes conçoivent pour
la société acadienne veut être un projet qui s'appuie sur un modèle éprouvé,
celui du passé. Là sont toutes les valeurs sur lesquelles toute initiative historique peut et doit se fonder. Le passé lui-même est une de ces valeurs
exemplaires.

---

[109]*Ibid.*

[110]Mgr ROBICHAUD, « Sermon de clôture », *loco cit.*

[111]Cf. Roger BASTIDE, « Mythes et utopies », *Cahiers internationaux de sociologie*,
vol. XXVIII, janvier-juin 1960, p. 3-12.

L'*utopie*, pour le peuple acadien, était déjà contenue dans le mythe originaire. Du mythe à l'utopie, le présent doit assumer activement la continuité. L'action a désormais un modèle enraciné qui sert pleinement la vocation la plus haute du peuple acadien, sa fidélité à Dieu. Et les acteurs principaux n'auront besoin d'autre légitimité que celle du passé. Si, à la Nationale, on a pu avoir recours à la valeur « démocratie[112] », c'est parce que l'ordre du monde a été écarté de l'ordre divin. Le gouvernement des hommes a préféré la référence aux catégories des hommes. Mais en deçà comme au delà de ces catégories, il en est des plus immuables qui, quand on les connaît, autorisent la confiance et la sérénité. La fonction des chefs de la nation acadienne est de servir une mission providentielle. Le pouvoir qu'ils ont hérité des plus grands patriarches est un charisme qui ne répond, à la limite, qu'à Dieu.

Voici comment, à la Nationale, est vécu ce rapport au passé qui est tout investi dans le rapport à l'avenir[113] :

> Nous nous tiendrons ferme sur la pierre de nos réalisations, nous conserverons intégralement tout ce que nous ont légué nos pères et nous grandirons de concert avec la jeunesse qui s'instruit en grandissant. Nous nous tiendrons dans un juste milieu sans exagération ni faiblesse, nous garderons la vérité et la droite ligne chrétienne dans la charité et la prudence chrétiennes.
>
> C'est ainsi que gardienne des traditions ancestrales et du souvenir de l'impérissable Acadie martyre; héritière des merveilleuses réalisations de l'Acadie renaissante; la S.N.A. sera, au cours du prochain demi-siècle, avec la coopération de tous, avec la grâce de Dieu et la

---

[112]Cf. chapitre suivant.

[113]Des conclusions de Guy Rocher sur la culture traditionnelle du Québec rejoignent étroitement la présente analyse. Je tiens à citer entièrement ce passage très dense qui peut résumer beaucoup des observations faites dans ce travail : « La mentalité traditionnelle du Québec a reposé, me semble-t-il, sur deux axes principaux : une représentation essentiellement religieuse du monde; la perpétuation du passé dans le présent et l'avenir. Pour sa part, la représentation religieuse du monde n'est pas nécessairement l'équivalent d'une vie religieuse. Elle est plutôt une sorte de cosmogonie qui confère aux êtres et aux choses une certaine « transparence », par l'explication qui en est donnée, par les fins qui leur sont attribuées et par la place qui leur est assignée dans un ordre universel. Dans cet ordre cosmogonique, tout prenait place : le Ciel et la Terre, le bien.et le mal, la richesse et la pauvreté. La vie et la mort étaient cohérentes, chacune en elle-même et l'une par rapport à l'autre. L'autorité y trouvait son principe; l'éducation sa finalité; les inégalités sociales, leur justification… Quant au passé, il s'identifiait à l'idée de fidélité, dans la mentalité traditionnelle du Québec. Le passé demandait à être continué dans le présent et perpétué dans l'avenir. Car les descendants appartenaient encore et pour toujours à ceux dont ils étaient issus : une communauté intemporelle tissait des liens invisibles entre les hommes du présent et tous ceux qui les avaient précédés et avaient tracé la voie. Une dette de reconnaissance aussi bien que le respect envers les anciens imposait qu'on maintînt et continuât leur œuvre. » (*Le Nouveau Défi des valeurs* (ouvrage collectif), Montréal, Éditions H.M.H., 1969, p. 14.)

protection de Notre-Dame de l'Assomption, le serviteur désintéressé et efficace de l'Acadie triomphante[114].

Chers amis, que le passé nous serve de modèle. Comme nos pères, efforçons-nous par tous les moyens pacifiques de donner à l'Église l'appui qu'elle mérite et dont elle a un pressant besoin; à la société les hommes qui lui rendent sa dignité; et à notre peuple la vigueur qui rafraîchira ses traits, sa couleur et son âme[115].

Il est une leçon de l'histoire que les contemporains devraient ne pas oublier quand le temps est venu de refaire l'unité nationale, de revendiquer les justes droits du peuple acadien et de vaincre les dernières résistances des oppresseurs : c'est la voie que le président de la Nationale a nommée « la droite ligne chrétienne », celle que Mgr Robichaud appelle « la confiance dans les moyens surnaturels ». Même avec les « puissants de ce monde » et dans la pire adversité, le peuple acadien, chaque homme acadien, ne doit s'écarter de la voie juste inspirée par la foi et l'exemple du passé. La justice des hommes sera jugée par Dieu. Pratiquement, que l'homme acadien remette son destin dans les mains de Dieu et qu'il s'abstienne du commerce violent avec les autres quand il cherche justice :

Quand on a affaire aux puissants de ce monde, il faut multiplier les prières et les sacrifices auprès de Dieu, plus que les requêtes et les démarches auprès des gouvernants. Devant des refus obstinés et injustifiés, sachons attendre avec confiance, en nous abandonnant entre les mains de Dieu. N'oublions jamais la leçon qui nous vient de notre passé. La survivance ne serait pas un fait si nos ancêtres s'étaient révoltés contre l'agresseur et avaient eu recours à la violence pour obtenir justice. Leur résignation et leur faiblesse ont attiré sur leur sort les regards de Dieu qui a pris en main leur cause et les a délivrés de leurs ennemis en temps opportun[116].

Le fondement éthique de l'action revient toujours au même mot d'ordre: croire en l'élection surnaturelle du peuple acadien et en l'intervention de la divine Providence dans son destin. Au Royaume des justes, justice sera rendue.

En résumé, comme réponse à la crise des valeurs de la culture acadienne, les idéologues de la Société Nationale ont réaffirmé toute la puissance de la tradition et restauré l'exemple mythique. Ils ont redit comme en prière le discours vénérable de la société. Par le sens et le rythme de cette parole, ils ont réconcilié son temps avec le temps divin. Et comme remède à la désintégration de la structure sociale, ils vont de même puiser dans le modèle de la Cité Idéale qui gît au tréfonds de la mémoire collective les normes nécessaires à la restauration de l'« ordre naturel ».

---

[114]Louis Lebel, « Discours d'ouverture officielle », *loco cit.*

[115]Alban Daigle, Extraits d'une conférence, *l'Évangéline*, 17 juillet 1959.

[116]Mgr Robichaud, extraits d'une conférence prononcée lors du 8e congrès de l'A.A.E., *l'Évangéline*, 16 octobre 1969.

2. De la restauration sociale

Au diagnostic alarmant de l'oubli des valeurs premières, foyer de cette configuration culturelle dont on trouve modèle parfaitement cohérent dans l'« histoire sainte » de l'Acadie, correspondait l'amère constatation d'une déstructuration de la société qui fut aussi, aux temps premiers, un exemple de société idéale. Le rappel des principes, la restauration de « la droite échelle des valeurs » suppose encore l'explicitation du modèle social qui leur correspond. Celle-ci va « naturellement » faire référence au passé.

Il est intéressant de remarquer que l'exemple du passé est l'application empirique d'une théorie, soit des valeurs, soit du social, que les idéologues de la Nationale ne se sentent pas obligés de développer. On ne trouvera dans la prose de la Société, sauf rares exceptions, de référence à une théorie formelle empruntée à quelque tradition écrite de pensée. Les idéologues appartiennent encore pour la plupart à cette classe de notables qui, par leur présence dans les associations nationales et leur statut de « professionnels » ou de prêtres plus que par leur « héritage cultivé », sont amenés à définir les règles du jeu social de façon pragmatique. Quand un intellectuel, le journaliste Jean Hubert, tentera de donner cohérence plus abstraite à l'idéologie traditionnelle et de la faire coïncider avec une théorie générale de la culture et de l'action françaises, critiquant par là même l'empirisme des acteurs au pouvoir, il sera écarté. L'idéologie de la Nationale se confond avec la tradition, et les idéologues avec ces chefs traditionnels qui ont fonction de conserver et faire reproduire le patrimoine culturel de la société. L'idéologie s'exprime d'abord par la voie du discours devant les pairs, parole parfois consignée dans une documentation à usage interne[117]. C'est le journal qui vulgarise le discours du collège des notables, mais là encore cette fonction est secondaire en temps normal, non nécessaire à la routinisation du message. L'usage de l'écrit, caractéristique essentielle des sociétés modernes, n'est pas encore un mécanisme d'intégration important dans la société acadienne à solidarité organique. Le consensus collectif est renouvelé à l'occasion d'un rassemblement national, un congrès quinquennal de la S.N.A. par exemple, où les discours ont fonction rituelle et symbolique plus que de communication.

Le modèle légué par le passé d'une société fortement intégrée repose essentiellement sur la santé de trois institutions : la famille, l'Église, les or-

---

[117] « Nous Acadiens, écrivait Antoine J. LÉGER en 1933, écrivons peu et négligeons de recueillir ce qui est écrit... » (Les Grandes Lignes de la Société l'Assomption.)

ganisations nationales. Les trois rôles sociaux que l'on privilégiera sont donc celui de la mère, celui du prêtre et celui du chef national.

a. *La famille.* « L'unité va donc reposer sur la plus fondamentale parce que la plus naturelle de toutes les cellules sociales : la famille[118]... »

Au Congrès de 1960, on a prévu une « conférence des dames » pour mieux signifier que le peuple acadien doit beaucoup à ses mères et que l'avenir de la société comme celui de la nation dépend toujours de la femme acadienne. Comme précédemment, le rôle de la femme-mère est vécu comme une mission surnaturelle, historique et nationale. Le discours est en même temps prière, litanie, récit mythique, rituel d'un culte syncrétique à la femme épouse et mère, au passé, à la patrie et à Dieu. L'idéologie nationale relève toujours du numineux :

> Je me demande à quel titre j'ai le privilège et le plaisir de vous adresser la parole. Le seul mérite que je réclame est celui de l'obéissance à une autorité supérieure. C'est l'occasion pour moi de rendre un hommage de piété filiale à la dignité, la grandeur, le courage, l'héroïsme chrétien de nos mères dans le rôle qu'elles ont joué dans notre survivance... À qui pouvons-nous attribuer cette marche lente mais sûre qu'a été notre survivance malgré les obstacles, obstacles qu'on aurait pensé insurmontables ? En grande partie à la femme acadienne. C'est à la femme acadienne que revient l'honneur d'avoir fait une Acadie chrétienne, forte à toute épreuve...
> Vous, les jeunes mamans, à l'exemple des mamans de jadis, parlez de la patrie à vos petits... Les enfants aiment les histoires, racontez-leur les exploits de nos ancêtres. Sans ces exploits, nous n'aurions pas d'histoire. Et c'est cette histoire qui fait notre gloire.
> « Ce que femme veut, Dieu le veut », dit le proverbe. À nous de dire : « Ce que Dieu veut, que la femme le veuille. » Nous avons une noble mission à remplir; elle est très haute, elle veut de l'élan, de la persévérance. Il y faut parfois de l'héroïsme... Si la grandeur d'une nation se mesure à la grandeur des mères, l'Acadie est vraiment grande car elles se sont succédé ces gardiennes dont la vertu n'est pas inférieure au courage. Vive la mère acadienne, gardienne de notre foi, gardienne de notre langue[119] !

Et voici comment dix ans après, en 1970, un idéologue — un homme — de la Nationale rappelait le rôle et la mission de la femme acadienne à l'occasion de la fête des mères :

> Nous assistons aujourd'hui à l'éclosion de mouvements de féminisme douteux...
> Puisse la femme acadienne, consciente de la hiérarchie des vraies valeurs, malgré la vague hurlante d'une prétendue émancipation, ne pas lâcher la proie pour l'ombre, mais demeurer fière et digne de sa mission sublime. Elle gardera ainsi toute sa dignité et continuera de mériter le respect et la vénération des hommes, l'amour et la reconnaissance de ses enfants et les bénédictions du ciel sur elle, sa famille et le peuple acadien[120].

---

[118]Mgr P.-E. GOSSELIN, « la Société Nationale des Acadiens », *loco cit.*

[119]Mme J.-E. LEBLANC, « la Formation acadienne au foyer », conférence donnée lors du congrès national, S.N.A., 1960.

[120]Éditorial anonyme, *l'Évangéline*, 7 mai 1970.

Du premier au deuxième texte, c'est le même discours qui se continue. Le premier regarde vers le passé mythique et reprend tous les thèmes du discours historique. Seulement, ils sont tous focalisés sur le principe féminin. Le deuxième a entendu les rumeurs de la civilisation environnante et envisage l'avenir du peuple acadien. Il redit le dogme d'une façon plus abstraite et plus catégorique, avec autorité, comme s'il venait retentissant du haut de la chaire. Madame Leblanc se fait l'écho sensible, émouvant, du thème mythique dont elle rappelle toute la force d'exemple et la grâce. Sa parole est un autre paragraphe du grand discours traditionnel autistique que l'on dit comme une prière, dans le recueillement. L'éditorialiste de l'*Évangéline* est sans doute un prêtre qui a pouvoir de juge, de chef national et de ministre du culte. Il redonne la tradition en sa forme schématique, théorique, dogmatique. Il condamne ce qui lui semble étranger comme ces « mouvements féministes douteux ». Il veut refaire l'ordre social en redisant l'ordre des « vraies valeurs ». Il ordonne une ligne de conduite à son peuple contre les influences extérieures.

La famille est bien sûr chose quotidienne. Le domaine par excellence du privé. Mais, pour les idéologues de la nation acadienne, la famille et la femme-mère ont un rôle éminemment collectif au niveau social, une mission surnaturelle aussi au niveau du sacré. Contre la tendance « égoïste » des hommes regroupés en familles autonomes, il faut rappeler le principe de la famille-nation, l'exemple mythique de la mère, aussi et surtout le symbole surnaturel de l'âme maternelle et féminine. Au modèle « petit-bourgeois » de la famille unité de consommation, refuge du privé, lieu de satisfaction des désirs matérialistes etc., on oppose et rappelle l'exemple ancien et les fonctions complémentaires dans la hiérarchie des valeurs, du quotidien au divin.

Le modèle de la famille est le référentiel qu'on emploie souvent pour désigner le peuple acadien tout entier, en y englobant même les autres sociétés de langue française et de religion catholique du Canada. Les limites objectives de la famille éclatent sous la force suggestive des termes de parenté. La définition idéologique du fait sociologique a ici plus de poids que les catégories statistiques. Ainsi, la province de Québec est désignée comme la « grande sœur », les Québécois, les « grands frères » ou encore les « cousins », « cousins » aussi les francophones de Louisiane, etc. Un congrès est présenté comme une « réunion de famille ».

La famille est aussi le lieu d'unification du temps social, ce lieu où la mémoire est cultivée, celui où l'histoire prend visage familier dans le souvenir des ancêtres défunts. La nation a signification d'héritage; l'histoire abstraite accède à la compréhension collective par le culte familial aux ancêtres. Si la solidarité sociale peut être communion, c'est que les liens sociaux sont vécus comme des liens familiaux. Et le rapport d'autorité qui existe entre le peuple et les chefs peut être compris comme un rapport au pater qui détient son autorité et son prestige par filiation directe. Suivant ce modèle, le père est le chef, la mère est l'âme. L'union des deux signes réalise l'unité cosmologique originelle. On comprendra pourquoi le rappel du rôle de la famille est essentiel quand l'unité sociale menace de s'effriter.

Il faudrait aussi déchiffrer la symbolique de ces textes et la mettre en relation avec les grands symboles dont se réclame de tradition le peuple acadien. Par exemple, et au niveau le plus apparent, la nation est symbolisée au féminin et incarnée dans le rôle de la femme : l'« Acadie mariale ». Rappelons ces mots de Mgr Robichaud : « Si elle a été la mère de la colonie naissante, Elle s'est faite l'Étoile de la mer pour ramener au port la nation dispersée et Elle a présidé avec sagesse les diverses étapes de notre Renaissance[121]. » La femme et l'eau sont sûrement deux symboles essentiels à partir desquels il resterait à entreprendre une psychanalyse de la culture acadienne.

b. *L'Église.* Il était rare d'entendre un discours sur la mère et la famille. Car, en Acadie, on n'avait encore eu que très peu d'échos des mouvements féministes dont il est fait allusion dans l'éditorial cité. Il n'était pas urgent ni primordial de refaire l'unité de la famille ni de redéfinir les rôles de la mère. Ceux-ci étaient relativement bien protégés. Ce n'est plus le cas de l'Église. Des changements récents ont beaucoup secoué sa tranquillité et sa vieille suprématie dans le Canada français comme en Acadie. Contre la détérioration de l'ancien ordre de la société, il s'impose, comme ailleurs, de redire le passé.

---

[121] Mgr ROBICHAUD, « Sermon de clôture », *loco cit.* Voici une autre version de l'« Acadie mariale » : « Comparons notre problème national à celui de nos frères de la province de Québec qui posaient à Monsieur le Chanoine Lionel Groulx cette brûlante question : « Qui sauvera la destinée du peuple canadien-français, noyé dans la vaste contrée du Canada ? — C'est Dieu. » Réponse sublime, digne d'un éminent patriote ! Avec la compréhension de la doctrine de l'Église sur la médiation de Marie, de la dévotion séculaire de l'Acadie envers la très Sainte Vierge et sous l'inspiration des paroles de Monseigneur Mélanson déjà citées, nous nous sentons autorisés à dire : Qui fournira à l'Acadien les moyens d'accomplir sa mission et de conserver sa mentalité française et catholique, sinon Marie ?... Écrire l'histoire de l'Acadie c'est écrire l'histoire mariale de nos ancêtres... » (Sœur ROSE-MARIE, *Marie dans l'éducation nationale en Acadie*, p. 18.)

Le rôle incommensurable que le clergé a joué par le passé dans l'office de la vie spirituelle comme dans la gestion des affaires nationales ne doit pas aujourd'hui être relégué dans les oubliettes. Puisque tout dans la société dépend de la Providence, puisqu'en Acadie le religieux et le profane ne sont et n'ont jamais été deux catégories séparées[122] malgré les contraintes sournoises du pouvoir anglais qui voulut dissocier Dieu et langue dans les écoles en les rendant publiques « pour la honte de notre civilisation[123] », le prêtre a sa place au premier rang tant à l'église que dans les organisations nationales :

> Messeigneurs, Archevêques et Évêques, nous voulons vous remercier de votre présence. Les Acadiens, de mémoire ancestrale, ont toujours été des fils dévoués de l'Église catholique. Mais comment pourrait-il en être autrement quand l'on connaît tout ce que le clergé a fait pour le peuple. J'espère, Messeigneurs, que les générations qui suivront la nôtre n'oublieront pas le dévouement, les peines et les sacrifices que le clergé acadien s'est imposés pour le maintien de la langue et de la foi en terre d'Acadie[124]...
>
> C'est le clergé qui a soutenu notre petit peuple dans les assauts qui lui ont été livrés, c'est lui qui l'a conservé à travers les épreuves, c'est encore lui qui l'a réveillé de sa léthargie et qui a ouvert l'arsenal de l'éducation : ce sera le clergé qui assoira notre avenir sur des bases solides. Il a naturellement le premier rôle dans les organisations telles que la convention[125]...

Un courant extérieur de laïcisme a été dénoncé qui menace la spiritualité du peuple acadien. Les ravages causés à l'étranger sont reconnus, et depuis quelques années le « fléau » est apparu aux portes de l'Acadie, dans la « grande province sœur ». Le danger n'est pas moins présent au cœur de l'Acadie puisque, comme on sait, l'Acte des Écoles Publiques (1871) a provoqué des apostasies nombreuses. Aujourd'hui la ville, comme un certain style de vie associé à la modernité, attirent des franges de plus en plus importantes de la jeunesse et autres classes de la population dans la plus déplo-

---

[122] Il suffit d'avoir vécu quelque temps en Acadie pour savoir que « laïc » et « clérical » ne sont pas des catégories opposées dans les représentations collectives ni des rôles bien délimités dans l'exercice du pouvoir comme dans la vie quotidienne. Dans bien des cas, la distinction ne serait pas pertinente. Soit l'exemple de *l'Évangéline*. En 1960, il était question que le journal passe sous la direction des pères de Sainte-Croix. Dans un document anonyme du 18 avril 1960 relatif à cette transaction, on peut lire ce qui suit : « Comme question de procédure, que les religieux se tiennent dans les coulisses le plus possible. Aux yeux du public, les responsables seraient les laïcs assignés aux diverses fonctions. On s'attendra à ce que les laïcs travaillent en étroite collaboration avec les religieux responsables; mais cette collaboration devrait paraître le moins possible à l'extérieur... »

[123] Adélard SAVOIE, « les Acadiens hier et aujourd'hui », *loco cit.*

[124] Léon RICHARD, « la Société Nationale des Acadiens », *loco cit.*

[125] Éditorial du *Moniteur Acadien*, cité par Louis LEBEL, « Discours d'ouverture officielle », *loco cit.*

rable médiocrité. Dans la vie quotidienne, dans la vie nationale, le prêtre doit donc plus que jamais être présent et actif. Il a su vaincre dans les événements les plus douloureux du passé, il saura affronter les événements à venir dans la plus grande sérénité pour la félicité collective du peuple acadien. Son rôle ne saurait se limiter aux quatre murs de la sacristie :

> Comme ailleurs au Canada français, le clergé a joué un très grand rôle en Acadie. Il nous a donné nos premiers chefs, il a été présent à toutes nos luttes, il a participé à toutes nos victoires et sans lui nous ne serions jamais ce que nous sommes. Et la population lui garde toujours une grande révérence. Il faut dire que nous n'avons pas encore été affectés par la vague de laïcisme qui semble pénétrer dans certains secteurs de notre grande province sœur... Nous n'éprouvons aucun désir de renvoyer le prêtre à la sacristie car nous avons besoin de son encouragement, de son dévouement et de sa présence discrète dans toutes nos activités. Et nous prions Dieu qu'il en soit encore longtemps ainsi[126]...
> L'Acadie ne serait qu'un souvenir dans l'histoire, les Acadiens ne se connaîtraient même pas si nous n'avions pas eu nos prêtres... Il n'y a probablement pas un endroit où le respect du prêtre fait tellement partie de la mentalité de tout un peuple. Ce prêtre, on lui doit tant, dans tant de domaines qu'il est vraiment l'homme de Dieu, l'homme qui reçoit toutes les confidences, l'homme à qui tout est possible... Aujourd'hui, il arrive que dans certains domaines, nous croyons que nous pouvons nous passer de lui. Et s'il veut encore rendre les services qu'on a exigés de lui pendant deux siècles, nous penserons peut-être qu'il devient encombrant, qu'il devrait bien se contenter de son église et de sa sacristie. Mais au fond de notre cœur, nous savons que le prêtre, ce n'est pas seulement à l'église que nous voulons le voir, mais dans toutes nos organisations, dans toutes nos initiatives, pour assurer leur succès[127]...

Conformément au projet de l'élite de reconstituer l'ordre traditionnel de la société acadienne et de reproduire ses propres privilèges, le clergé ne peut se résigner à ne plus occuper qu'une fonction spécialisée qu'une étrangère division du travail social a pu lui assigner. De la base au sommet de la structure sociale, de la famille aux associations nationales en passant par la paroisse, le clergé a partagé avec l'élite laïque les rôles de leadership.

À une époque où l'autorité des chefs laïcs comme la représentativité des organismes dans lesquels ils opèrent semblent contestées, où aussi les valeurs qui fondent cette autorité sont mises en brèche, il devient impérieux de redéfinir les rôles du clergé en les identifiant à ceux de l'élite laïque. Moyen de légitimation d'un pouvoir, mais aussi projet de restauration d'un ordre hiérarchisé et d'une structure sociale jadis très fonctionnelle. Qu'on se rappelle que le peuple est décrit comme une « masse inerte » qui, sans son élite, serait fatalement condamnée à l'assimilation à la société dominante.

La volonté de revaloriser le rôle du prêtre sert évidemment l'ordre ecclé-

---

126 Adélard SAVOIE, « les Acadiens aux Provinces Maritimes », *loco cit.*
127 Émery LEBLANC, Éditorial, *l'Évangéline*, 19 janvier 1961.

siastique qui avait vu son prestige et ses fonctions décliner dans la dernière décade. Si le chef laïc a besoin d'appuyer son pouvoir sur celui du chef religieux, celui-ci a aussi besoin d'une légitimation laïque de son pouvoir temporel. L'identification ou la pleine complémentarité des fonctions et des pouvoirs sert l'intérêt des deux ordres supérieurs. À l'éloge du prêtre par le chef laïc, le prêtre répond par l'éloge du chef naturel : tournoi de chevaliers, réitération de loyauté et de fidélité entre membres d'une même confrérie. Ces propos d'un haut dignitaire de l'Église sont à cet égard sans ambiguïté :

> Le prêtre restera toujours l'ami et le conseiller des chefs, comme il l'a toujours été du peuple. L'action sociale, comme l'action catholique d'ailleurs, ne veut pas mettre le clergé de côté. Elle collabore à son œuvre, elle lui sert de prolongement dans le domaine temporel, elle étend son influence dans les milieux qui lui sont étrangers pour ne pas dire hostiles.
>
> À mesure que notre peuple retrouve sa place au soleil de notre grand pays, il est indispensable que des laïcs dûment formés et avertis, se chargent de ses intérêts civiques et sociaux, assurent sa présence et son rayonnement dans les milieux où la personne et la fonction propre du prêtre pourraient l'empêcher de pénétrer et d'agir. Le peuple acadien est, dorénavant, un peuple adulte qui doit compter sur une élite sociale pour le diriger et l'orienter vers ses destinées temporelles[128]...

Mgr Robichaud avait insisté dans son analyse critique sur « la méconnaissance du rôle indispensable du chef national dans nos milieux[129] ». Il avait eu recours à une source pontificale contemporaine pour justifier théoriquement le modèle social respecté dans le passé : « Un peuple n'est pas une multitude de citoyens sans liens ni rapports les uns avec les autres; c'est un corps social organisé avec, à sa tête, des chefs qui le dirigent et l'orientent vers le bien commun. Le peuple, écrit Pie XII, vit et se meut par sa vie propre. La masse est en elle-même inerte et elle ne peut être mue que de l'extérieur[130]. »

La restauration du rôle et du pouvoir de l'Église en Acadie va de pair avec celle de l'élite et des institutions nationales. Car c'est autant l'Église que la première Société Nationale qui ont décidé de la Renaissance acadienne.

   c. Les institutions nationales. Il est relativement arbitraire de diviser l'élite en deux fractions et j'ai déjà assez souligné combien l'ecclésiastique dépassait les limites formelles de sa catégorie. C'est pourquoi il sera traité rapidement des représentations relatives à l'éminente importance des institutions nationales et au rôle du chef dans l'entreprise de restauration sociale

---

[128]Mgr ROBICHAUD, « Sermon de clôture », *loco cit.*
[129]*Ibid.*
[130]*Ibid.*

totale. Tout au long de ce chapitre ce rôle a été souligné, en particulier dans la section consacrée à la Renaissance acadienne. L'exemple de l'histoire faite par les chefs et le modèle de l'ancienne Société Nationale l'Assomption sont réactualisés par la nouvelle Société[131].

On se rappellera l'uniforme représentation de la « masse » par les idéologues qui font partie de l'ordre supérieur des notables et sont issus des classes professionnelles et cléricales. Elle est ignorante, informe, aveugle, capable de tomber dans les pires capitulations : bref, elle doit son existence à l'équipe de chefs qui lui ajoute une conscience et un pouvoir d'organisation. L'élite, c'est la tête d'un corps désarticulé, c'est le principe de culture qui humanise la nature. C'est encore l'esprit salvateur d'une existence menacée. « Depuis que le Christ a apporté au monde son message d'amour et de justice, disait Euclide Daigle, la barbarie a cédé graduellement le pas à la civilisation[132]. » L'élite se reconnaît une mission analogue dans l'histoire du peuple acadien. L'usage fréquent du possessif dans les discours (nos étudiants, notre peuple, notre clergé, nos cultivateurs, etc.) ne laisse pas de doute quant à la représentation au sommet du rapport aux sujets. Ce rapport fonde un type autoritaire et occulte de pouvoir qui ne saurait tolérer un quelconque partage des fonctions supérieures. La hiérarchie sociale est dictée par un ordre « naturel », l'histoire passée la justifie, un ordre surnaturel la recouvre. Il va sans dire que cet ordre est le meilleur et que les chefs ont le devoir comme l'avantage de le perpétuer. Les intérêts du peuple seront toujours identifiés à ceux de l'élite et de la nation. Le principe de l'unité du tout est transcendant.

Il est un document dans les archives de la Société Nationale qui décrit dans les détails ce que devrait être l'institution par excellence du peuple acadien. C'est un document interne resté anonyme, mais il ne fait aucun doute que l'auteur soit l'un des personnages des plus influents de la Nationale :

Personnellement, je rêve d'une Société Nationale fortement structurée et qui comprendrait les secteurs suivants :

1. *L'éducation* : englobant même le niveau universitaire et puis réunissant dans un même faisceau d'intérêts l'A.A.E., l'A.I.A.[133], les Foyers Écoles et les organismes d'éducation des adultes.

2. *Le secteur économique* : groupant la faculté de commerce de l'Université, la Société l'Assomption, la Fédération des Caisses populaires, le Mouvement coopératif, ·les Chambres de commerce et l'Évangéline.

---

[131] Cf. l'introduction à ce chapitre.

[132] Euclide DAIGLE, « le Patriotisme », *loco cit.*

[133] Il s'agit de l'Association des Instituteurs acadiens.

3. *Le secteur politique et gouvernemental* : où se concentreraient tous nos efforts vers une participation plus active et une représentation plus adéquate, à tous les échelons, et dans tous les secteurs, du processus gouvernemental : le Sénat, les législatures, le judiciaire et le fonctionnarisme.

4. *Le secteur culturel* : destiné à promouvoir chez nous non seulement le maintien et la sauvegarde de nos traditions, de notre folklore, de nos arts domestiques, de nos coutumes, mais aussi le développement de l'art, dans tous les domaines et l'encouragement à nos artistes. Ce secteur maintiendrait un contact étroit avec le Québec et avec la France qui demeurent nos sources vitales d'approvisionnement.

Et peut-être faudrait-il ajouter le *secteur religieux* pour y exercer un apostolat laïque digne d'une nation en pleine maturité et pour, au besoin, défendre nos droits de minorité, même dans ce domaine.

Il faudrait nécessairement que la Société Nationale étende ses antennes et puise sa force au niveau régional et même local. Une des pires tragédies de notre temps, c'est peut-être la séparation, le gouffre qui existe entre une élite dirigeante bien intentionnée et la masse du peuple qui ne la comprend plus, ou vice versa[134]...

Le modèle du pouvoir surnaturel ubiquiste est toujours là pour inspirer celui des hommes sur les hommes. Le champ de l'institution nationale recouvre celui de la société. Il n'est pas de limite au pouvoir de l'organisation et de ses sujets définiteurs à qui l'Acadie doit sa survivance et le « miracle » de sa Renaissance.

Ce « rêve » éveillé ne relève ni de l'onirique, ni de l'individuel. Il est parfaitement conforme à la tradition, un élément absolument nécessaire dans la logique du projet de restauration des valeurs et de l'ancienne structure sociale. D'autres textes disent plus explicitement encore l'omnipotence de la Nationale : « Disons tout d'abord que le champ d'action d'une Société Nationale n'a pas de limite ou à peu près pas. Toute activité économique, sociale, culturelle, voire même religieuse se classe parmi nos attributions[135]. » « Notre Société est d'organisation vaste et veut être omniprésente[136]. »

La restauration des valeurs et de la structure traditionnelle de la société acadienne ne pourraient devenir effectives sans la reviviscence de la conscience et du sentiment national, troisième aspect du projet de restauration nationale.

3. Du patriotisme

En 1881, « des hommes courageux, à la fois saints prêtres et fervents patriotes, cherchaient les issues pouvant délivrer le peuple acadien des ténèbres

---

[134]*L'Avenir de la Société Nationale*, anonyme et non daté.
[135]Alban DAIGLE, Rapport du chef de Secrétariat, Rapport Annuel, S.N.A., 1961.
[136]Louis LEBEL, Rapport du Président, Rapport Annuel, S.N.A., 1959.

qui l'enveloppaient[137] ». Et ils créèrent ce qu'on nomme encore aujourd'hui la nation acadienne.

Est-ce qu'il est opportun, dans les années 1960, de revivifier le nationalisme acadien ? Est-ce que la nation acadienne est encore, à l'horizon de la collectivité, le symbole capable de faire l'unité ? Et avant tout, est-ce que la nation acadienne existe ? Ce sont les questions que les chefs acadiens posent quand le temps est venu de « repenser et de refaire peut-être toutes les structures nationales » alors qu'« on souffre d'une vague d'abdication qui menace d'être fatale et définitive[138] ».

> Est-ce que nous sommes une nation distincte ? Avons-nous le droit d'afficher l'étiquette nationale sur nos institutions, ou sommes-nous tout simplement un groupe informe, détaché, dont la seule caractéristique propre est de mal parler une langue qui n'est pas celle de la majorité ?...
>
> Il n'y a rien de plus difficile à définir exactement que le mot « nation ». Les dictionnaires, les auteurs et les sociologues diffèrent d'opinion sur le sens de ce mot... Je suggère, par conséquent, qu'il est grand temps que nous, les Acadiens, nous arrêtions de nous créer des complexes, en essayant de nous mêler à ces chicanes d'auteurs... Avec l'écrivain Renan, je préfère ignorer tous ces exercices en étymologie et admettre « qu'une nation, c'est une âme, c'est un principe spirituel, et deux conditions seulement façonnent cette âme : la possession d'un riche héritage de souvenirs communs et le désir de vivre ensemble et de développer cet héritage... »
>
> Je suggère donc qu'il nous appartient à nous, et à personne d'autre que nous, de décider que nous formons réellement une nation distincte, avec un héritage historique, des souvenirs, des traditions, une langue et surtout une âme, un principe spirituel qui nous unit... Qui a le droit de nous enlever le privilège de nous appeler fièrement la nation acadienne[139] ?

Si le concept peut causer quelque embarras, le symbole, lui, n'autorise pas le doute. Les idéologues ont renoncé à donner au concept un contenu objectif pour restituer sa certitude intuitive. Les querelles savantes des théories étrangères ne sont d'aucun secours quand il s'agit de redonner à la nation signification unanime, donc traditionnelle.

La nation, comme la femme acadienne et comme la famille, c'est avant tout une âme. On n'y accède que par le sacré. Il suffit de croire pour écarter le doute quant à son existence, aurait dit Pascal. Le nationalisme est la mystique de toute la collectivité acadienne, en communion dans la foi et dans la fidélité au passé. Spiritualité et tradition acadiennes sont assez uniques et profondes pour fonder le nationalisme, ou, comme on préfère l'appeler, le patriotisme. On trouve dans les annales de la Société cette définition du pa-

---

[137] Adélard SAVOIE, « les Acadiens hier et aujourd'hui », *loco cit.*
[138] *L'Avenir de la Société Nationale*, anonyme, non daté.
[139] *Ibid.*

triotisme telle qu'appliquée à l'« âme acadienne » :

> Le patriotisme, c'est l'amour de la patrie... D'où vient le patriotisme ? Est-il une vertu infuse ? Oui, Dieu la dépose en nous, avec la grâce, pour nous aider à atteindre notre fin surnaturelle; tout comme la nature dépose en nous des sympathies et des attraits pour les êtres qui nous entourent. Ici comme ailleurs, l'ordre de la grâce vient confirmer et surélever l'ordre de la nature...
>
> Où est ma patrie ? Elle est là où des Acadiens (même origine) s'efforcent de conserver et de faire épanouir les valeurs religieuses et culturelles des ancêtres (mêmes aspirations). Il me semble qu'elle est davantage là où il y a volonté et possibilité de conservation et d'épanouissement[140].

Dans la même conférence, l'auteur rivalisait de subtilités pour démontrer rationnellement qu'une « âme française » à l'origine se serait transformée en « âme acadienne » sous l'influence du climat, du milieu géographique, de la politique, etc.

Si la nation existe encore aujourd'hui dans « l'âme acadienne », est-ce que le patriotisme est toujours utile ? On s'accorde à la Nationale pour reconnaître que le patriotisme, malgré les critiques qu'il provoque, est aussi indispensable aujourd'hui qu'au temps jadis !

> Je désire attirer votre attention sur les chances de survie et sur l'utilité actuelle du patriotisme acadien. Est-ce que la société moderne, avec son mode de vie et ses progrès, peut rendre moins utile le sens patriotique ?... Nous avons eu recours au patriotisme pour opérer le ralliement national, pour éveiller à l'ambition de survivre un peuple pauvre, éparpillé, peu cultivé. Nous avons comparé notre situation à celle de nos concitoyens anglais et, pour nous hausser à leur niveau, nous avons activé la ferveur patriotique. Cela a donné des résultats.
>
> Encore aujourd'hui, cela donne des résultats. Le peuple répond à l'appel national par instinct de protection. C'est naturel à l'homme, donc à l'Acadien, de vouloir transmettre à des descendants, à son milieu et à sa patrie, le meilleur de son âme. L'Acadien voit facilement qu'il ne lui est pas possible, par ses propres moyens, d'améliorer sa génération et la suivante. Il compte sur la protection de l'État; il compte sur la protection de la patrie. La patrie, par l'intermédiaire de ses chefs et de ses institutions, doit donc offrir cette protection, insister pour qu'elle soit acceptée. La patrie doit aller jusqu'à l'imposer si le bien commun l'exige[141]...

Les arguments qui militent en faveur du patriotisme sont multiples. Les rationalisations qui font appel à l'innéité de l'inclination patriotique comme fait de nature suffiraient à justifier sa valeur, tout autant que celles qui le fondent sur un don surnaturel. Mais il semble ici encore que la référence au passé exemplaire garantisse la certitude du projet. Tout projet passe par ce rite d'initiation dont l'épreuve serait la preuve de fidélité au passé. Les arguments auxquels les idéologues ont recours pour provoquer le réveil patrio-

---

[140]Euclide DAIGLE, « le Patriotisme », *loco cit.*
[141]*Ibid.*

tique renvoient toujours à cette configuration des valeurs de la culture rassemblées sur ces deux axes coordonnés : subordination de l'ordre de la nature à l'ordre surnaturel et subordination du présent et de l'avenir au temps archétypal. Les 15 août 1968 et 1970, *l'Évangéline* publiait dans son numéro spécial de la fête nationale une étude historique consacrée au premier congrès de 1881 qui se termine ainsi :

> En notre ère moderne, il nous est parfois difficile de concevoir l'importance et l'utilité d'une fête et d'un chant nationaux. Pourtant, comment les rejeter quand on songe à l'envergure qu'ils ont prise dans la vie de nos grands-parents. Quels maux peuvent-ils nous causer ?
>
> Ces symboles représentent de longues années d'endurance et de souffrance. Nous nous devons, je crois, de respecter ceux qui ont défriché notre route.
>
> Quoi qu'on en dise, il existe des valeurs qui ne doivent jamais s'effacer[142].

Le bien commun suppose le patriotisme; la patrie peut aller jusqu'à l'imposer ! Les chefs patriotes qu'on doit « considérer comme des dons gratuits reçus de la Providence[143] » ont pour « beruf » la haute vigilance en matière nationale. « Je suis partisan disait l'un d'eux, de l'obéissance aveugle aux suggestions d'intérêt national et je ne crois pas qu'il soit humiliant d'exécuter de bonne grâce les ordres qui nous viennent de la patrie ou de ceux qui agissent en son nom[144]... » On ne saurait espérer trouver document plus explicite pour attester de la totale suprématie que s'accordent les chefs acadiens. La pratique patriotique doit être totale : elle exige un engagement en profondeur « dans tous les domaines et à tous les niveaux » :

> — Que la Nationale procure aux maisons d'éducation un texte, code ou manifeste sur le patriotisme acadien... pour initier la jeunesse à la chose nationale.
>
> — Que la Nationale se charge d'obtenir et de distribuer un sermon patriotique qui serait donné par le clergé à l'occasion de nos grandes fêtes nationales[145].

Et l'on a vu déjà combien la famille tenait pour important le rôle de la mère dans l'éducation patriotique de l'enfant. Dans la famille, à l'école, à l'église, chez la jeunesse étudiante[146] et chez l'élite adulte de toutes les régions d'Acadie, il faut éveiller le sentiment national par la revalorisation des symboles nationaux et par le sentiment historique. La restauration de l'unité

---

[142] ANONYME, « Historique de la fête nationale », *l'Évangéline*, 15 août 1968 et 1970.

[143] Euclide DAIGLE, « le Patriotisme », *loco cit.*

[144] *Ibid.*

[145] Vœux du XIIIᵉ Congrès National, S.N.A., 1960.

[146] « Il faut concentrer nos efforts sur les jeunes, disait Adélard Savoie, et prendre les moyens de leur inculquer des convictions patriotiques, de développer chez eux le sens de la fierté nationale... Fonder une association patriotique pour notre jeunesse acadienne. » (D'un congrès à l'autre », *loco cit.*)

des significations collectives et de l'unanimité autour d'elles passe par la mystique nationaliste.

Le patriotisme acadien doit donc, selon les porte-parole de la S.N.A., servir une culture et une société qui ont trouvé leur principe harmonique dans l'idée de nation. Le discours nationaliste doit restituer les exigences individuelles dans un continuum intelligible. Il doit permettre de regrouper en un unique symbole tous les éléments d'un projet total et toutes les consciences en une collectivité idéale.

Cependant, le réveil du nationalisme acadien exige que soit redéfini le rapport à l'État, que l'« acadianité » soit située dans le contexte canadien. Deux cultures et une nation ? Deux cultures et deux nationalismes ? Comment coordonner patriotisme acadien et nationalisme canadien ? Quelle position les leaders acadiens doivent-ils soutenir aujourd'hui face à leurs homologues anglais ? Ces questions et d'autres étaient sous-jacentes à la restauration du nationalisme acadien. La nécessité d'y répondre est devenue d'autant plus urgente à une époque où le peuple québécois tente de définir un nationalisme dont les velléités indépendantistes ne sont pas sans susciter de vives réactions chez les responsables acadiens, où aussi le gouvernement fédéral célèbre le Centenaire de la Confédération canadienne et redonne vigueur au nationalisme canadien.

CHAPITRE III

LA SOCIÉTÉ NATIONALE DES ACADIENS

LES SIGNES DU CHANGEMENT

« *Pour éviter de nous laisser entraîner vers l'un ou l'autre extrême, il importe d'appliquer deux règles d'or qui sont les leviers de commande permettant la poursuite du juste milieu. Malgré le paradoxe, je vous énonce d'un souffle ces deux règles : fidélité au passé — rupture avec le passé... »*

(R. P. Clément CORMIER, « Les Acadiens en 1960 : besoins et perspectives », conférence donnée lors du XIIIe Congrès national des Acadiens, 1960.)

I. « Nos plusieurs maîtres [1] »

Le projet de restauration n'est qu'une partie du projet total du nationalisme acadien. Car si le discours s'arrêtait au seul projet restaurateur, il serait d'un type fort singulier, en ce sens qu'il refuserait de rencontrer l'histoire pour se perpétuer en sa forme et en son sens originels. Comme le discours de la Société Historique, il reviendrait à confondre la fonction idéologique dans la fonction mythique. Un tel phénomène ne serait pas aberrant en soi car on connaît maints exemples de sociétés qui, à l'exemple des ordres monastiques, n'ont cultivé d'autre discours que celui transmis par les prêtres lecteurs et commentateurs des vieilles écritures. Ce sont les sociétés divisées en ordres hiérarchiques [2] auxquelles j'ai fait allusion en parlant de la société acadienne, dans lesquelles la parole quotidienne ou celle des travailleurs (qu'ils soient libres ou esclaves) n'a qu'une valeur culturelle résiduelle, sans codification de forme ni de style. Toute la profondeur et la dynamique de la culture sont inscrites sur l'axe exotérique-ésotérique, le sens étant lui-même hiérarchisé tout comme le rapport des hommes au sens traditionnel, le rapport des hommes entre eux et celui des hommes à l'univers. L'initiation régit, réglemente et sanctionne tous les passages. Toutes les fonctions sociales sont distribuées et coordonnées par rapport au même axe; toutes celles qui s'y seraient raccrochées sont catégoriquement écartées ou bien dévolues aux hommes qui ne participent pas de droit à la vie de la cité, soit les esclaves, les hérétiques et les métèques. Selon un tel modèle ou type-idéal, l'idéologie se trouve entièrement soumise à la tradition, les significations du discours social directement reliées à celles des écritures ou de l'enseignement sacré. Les idéologues sont les prêtres, le plus autorisé étant le plus grand initié. On peut certes s'attendre à ce que des variations apparaissent dans le discours, mais dans une coupe synchronique il faudrait les ramener aux variations dont rend compte l'axe exotérique-ésotérique. Tout dans la culture et dans la société ne prend sens que par rapport à la tradition sacrée.

D'après un tel modèle, il est difficile d'intégrer l'histoire et la fonction dynamique de l'idéologie qui est le projet. On pourrait bien sûr repérer des changements dans un cycle très long ou à l'occasion de conjonctures particulières. Mais la notion même de progrès qui rend compte du changement et

---

[1] L'expression est du Père Cormier, en référence à l'ouvrage du chanoine Lionel GROULX, *Notre maître le passé.*

[2] Cf. Roland MOUSNIER, *les Hiérarchies sociales de 1450 à nos jours.*

qui le provoque n'est pas celle de la science et généralement celle de la modernité. Là, le progrès n'est que le fruit du travail spirituel sur le chemin de la connaissance donnée aux hommes une fois pour toutes comme possible dès l'origine. L'histoire n'est pas cumulative et l'évolution n'est pas à la dimension de la temporalité humaine.

On voit que la stricte réduction de l'idéologie nationaliste acadienne et du projet collectif qu'elle définit à un tel type de société serait abusive. La ritualisation du discours n'est pas la seule dimension à considérer. La fonction cultuelle et sacramentale n'est pas exclusive. Dès les premiers textes cités, le discours se dédoublait en un style ritualiste et un style plus pratique. Les notables ne s'étaient pas seulement regroupés pour refaire la communauté traditionnelle, ni pour entendre et chanter une sorte de grand-messe officiée par les patriotes et les prêtres les plus élevés dans la hiérarchie. Les premières assemblées et les premiers congrès de la S.N.A. n'étaient pas les mêmes cérémonies que les célébrations du bicentenaire de la Déportation par exemple. Un nouveau projet collectif nationaliste allait être défini qui voulait explicitement rompre avec certaines formes du passé :

> Donc, le 22 juin 1957, un congrès réunissait à St Joseph de Memramcook quelques centaines d'Acadiens vivement conscients de ces inconsistances. Avec un serrement de cœur, l'Acadie ce jour-là rompait avec une tradition presque séculaire[3]...
>
> Rappelez-vous que dans l'histoire, chaque fois que des hommes réunis pour un sérieux effort collectif de pensée, ont eu le courage de chercher des idées nouvelles en vue de s'adapter aux besoins de leur époque, ils ont imprimé un vigoureux essor à la pensée contemporaine...
>
> Je souhaite que nous puissions aboutir samedi soir à la définition d'idées maîtresses qui donneront une nouvelle impulsion à la vie acadienne[4]...

Le projet novateur était présent et explicite dès le début du discours. On verra que la partie du discours jusqu'ici analysée était essentiellement rituelle comparée aux trois projets spécialisés d'ouvrir le vieux nationalisme acadien au nationalisme canadien, au monde des affaires et au monde de la politique. Si la fonction dominante du discours nationaliste était jusqu'ici de recoller tous les morceaux de la culture sacrée, dans les textes suivants la fonction dominante du discours va au contraire s'imposer comme innovatrice, définitrice de nouvelles voies possibles et souhaitées pour la pratique collective acadienne.

Le temps sacré, éternel, se dédouble en un temps historique, humain. C'est le passage que plusieurs idéologues ont décrit comme celui de l'idéa-

---

[3] Louis LEBEL, entrevue radiodiffusée, déjà citée.
[4] Clément CORMIER, « les Acadiens en 1960 », *loco cit.*

lisme au réalisme. Cela ne se fait pas sans une révision générale des grands thèmes culturels et sans l'introduction de valeurs et de normes nouvelles, empruntées à d'autres traditions. Cela ne se fait pas sans dénivellation dans la structure du discours comme cela ne peut se faire sans que les idéologues rationalisent de quelque façon la mutation, sinon la rupture. En d'autres termes, le passage ne peut s'effectuer sans qu'il soit légitimé explicitement dans le discours et dans la société.

Le passage lui-même est soumis à des mécanismes qui ne peuvent être empruntés qu'à la tradition. On assiste à une résurgence de la ritualisation de la parole collective dont la fonction est d'assurer le passage, de coder la transition. Car, finalement, aucune rupture ne peut se produire au risque de séparer partiellement le discours de la culture, le sens de la signification. L'idéologie est avant tout reproductrice de la totalité signifiée sans laquelle les sociétés ne pourraient échapper au processus de la dissociation permanente.

Le discours du Père Cormier est l'exemple type de la complémentarité des fonctions. Dans le texte suivant est exposée la formule dialectique qui rend compte des deux mécanismes et qui par là rend possible et légitime le changement. C'est sans doute là le texte clé pour identifier et comprendre la structure du discours nationaliste acadien :

> Un grand contemporain nous donne un illustre exemple de réalisme et d'audace dans la détermination d'adapter aux besoins du siècle l'institution qu'il dirige. C'est notre Très Saint Père le pape Jean XXIII qui opère des réformes audacieuses... Dans des discussions comme celle où nous nous engageons, nous pouvons rencontrer deux tendances opposées, préconisées d'une part par les partisans du progrès, d'autre part par ceux de la tradition. Pour éviter de nous laisser entraîner vers l'un ou l'autre extrême, il importe d'appliquer deux règles d'or qui sont les leviers de commande permettant la poursuite du juste milieu. Malgré le paradoxe, je vous énonce d'un souffle ces deux règles : fidélité au passé — rupture avec le passé... Il nous faut donc promouvoir le culte du passé, du moins dans l'ordre de la connaissance et du sentiment. Cependant, dans l'ordre de l'action, il existe toujours le danger de s'attacher trop servilement aux formules d'un passé décadent... Les peuples qui adhèrent trop fermement aux formules du passé sans se renouveler au rythme de la marche du temps courent deux risques : ou bien ils se vouent à la stagnation, leurs institutions deviennent arriérées et ankylosées... Ce qui est arrivé à notre Assomption Nationale en 1937; ou bien ils prêtent le flanc à de violentes ruptures avec le passé. Dieu merci, nous n'avons pas eu chez nous de ces étranges abdications de masse dirigées par des esprits forts[5]...

Le jeu entre les contraires introduit la tradition dans un processus historique qui le sauve de la fétichisation. La formule rend le passage possible, mieux, elle le normalise. Mais, également, elle définit ses bornes, ses moda-

---

[5]Clément CORMIER, « les Acadiens en 1960 », *loco cit.*

lités, ses interdits. Les « violentes ruptures » — on en verra maints exemples — sont catégoriquement écartées. La formule définit une éthique du changement et fait reposer toute son autorité non seulement sur le statut de son auteur, mais encore et surtout sur celui du chef de l'Église catholique, le pape. Le respect de la hiérarchie et du code traditionnel protocolaire est encore réaffirmé.

C'est donc une théorie renouvelée de l'histoire et de nouvelles règles pour l'idéologie nationale que définit le Père Cormier. Fidélité et rupture : la règle qui auparavant était définie en de vieux termes comme la « droite ligne chrétienne » devient en un langage rénové la « voie du juste milieu[6] ». La nouvelle théorie vise à redonner à la tradition toute la vitalité qu'elle manifestait à l'époque héroïque de la Renaissance. Il s'agit toujours de continuer l'œuvre des pionniers de 1881. Ce dernier texte en est tout inspiré :

> Au congrès de la Société Nationale des Acadiens de 1960, j'avais exposé ces mêmes idées, insistant sur l'importance de repenser nos positions pour adapter davantage notre action collective aux exigences de la vie contemporaine. Comme les anciens ont fait preuve de clairvoyance et de sens d'adaptation, il nous faut aujourd'hui être aussi perspicaces et versatiles qu'ils l'ont été en adaptant nos théories, nos objectifs et nos procédés aux conditions présentes. Ce qui implique une sérieuse étude de conditions présentes.
> Pour reprendre l'expérience de l'École de la Renaissance dont je vous parlais, pour arriver à redéfinir le bien commun avec le même sens d'adaptation dont nos prédécesseurs ont fait preuve au siècle dernier, il faut commencer par poursuivre une analyse scientifique du comportement de la collectivité acadienne — lequel comportement est infiniment plus complexe qu'il y a 75 ou 100 ans[7]...

C'est peut-être là la plus claire définition du projet des idéologues des années 1960 : être fidèle à l'exemple de l'« École de la Renaissance », ce qui signifie continuer son œuvre, et adapter son enseignement à la situation acadienne contemporaine.

Le projet est bien traditionnel, à condition que l'on conserve à l'attribut toute sa vitalité sociologique et qu'il ne se réduise pas à quelque « traditionnalisme du désespoir », selon l'expression de Pierre Bourdieu[8]. Dans ce sens, la tradition suppose le changement, l'emprunt, l'innovation. Mais aussi, elle exclut la rupture et toute incompatibilité majeure avec ses grandes orientations. Elle implique encore que le passage au nouveau soit parfaitement synchronisé.

---

[6] Cf. éditorial, *le Progrès-l'Évangéline*, 8 février 1971.

[7] Clément CORMIER, « Commentaire sur l'état de la recherche... », *loco cit.*, p. 170.

[8] Voir les belles analyses du passage d'une tradition vivante à une tradition désespérée dans Pierre BOURDIEU et A. SAYAD, *le Déracinement*.

On peut considérer les textes du Père Cormier comme le paradigme de l'idéologie acadienne. Son discours est en même temps rituel, analytique, normatif; il est langage et métalangage comme la vieille rhétorique; il est cet exemple typique du vieux discours visant à la totalité en intégrant les diverses fonctions sociologiques du langage. Les dernières lignes citées sont frappantes : le discours doit être capable de s'adapter aux exigences du langage scientifique et inaugurer un nouveau rapport rationnel aux situations.

Le recteur de l'université Saint-Joseph est très conscient de la multiplicité des langages contemporains, de leur spécialisation croissante, de la division de leurs fonctions. Il voit décroître le pouvoir de l'idéologie, la vieille force toute-puissante du nationalisme de jadis, en même temps que le pouvoir des idéologues. Il assiste à la « complexification du comportement de la collectivité », certainement avec une nostalgie qu'il n'exprime ici mais qui était explicite dans certains textes des Cahiers de la Société Historique.

Contre le « complot » de l'ère moderne visant à renverser la bienheureuse totalité de la communauté traditionnelle, l'idéologie nationale doit se donner les moyens de rivaliser avec les autres langages pour regagner son pouvoir de totalisation. C'est pour cela que l'auteur insiste particulièrement sur la rationalisation du langage et qu'il tend à lui subordonner la fonction rituelle.

Mais la totalité sacrée est en définitive la fin du discours, qu'elle soit celle de la culture, celle de la société ou celle du discours lui-même. Les changements n'ont pour fin que le retour au même car dans la vision spiritualiste du monde le tout est indivis. Et l'histoire n'est que « petite histoire » en regard de l'éternel. Malgré les successifs changements de décor et de costume, l'histoire est toujours représentée dans le discours idéologique selon les règles du grand rite à travers lequel la société est rendue en même temps intelligible et fonctionnelle.

Il reste à situer dans le fil du discours les va-et-vient entre l'ancien et le nouveau, entre le projet de restauration et celui de novation, entre le style pratique et le style rituel. Mais, aussi, à identifier les formes et les mécanismes du passage et finalement à analyser le processus de syncrétisation et de synchronisation du discours idéologique. Car si des incompatibilités majeures se rencontrent dans le discours, on pourrait en conclure à l'inachèvement de la nouvelle définition du nationalisme et donc à la possibilité du pluralisme idéologique dans la société acadienne. À la multiplicité nouvelle des publics et des situations correspondraient, non plus un discours unique, mais plusieurs discours concurrents dans la visée de la totalité, comme c'était déjà le cas dans la Société Historique.

II. L'Acadie, le Québec et le Canada

La question des relations extérieures de l'Acadie, notamment avec la société anglaise et la société canadienne-française, est au cœur du nationalisme acadien. Elle fut pour la première fois vivement posée et non moins vivement résolue en 1881 lorsque les délégués de la première convention acadienne votèrent du côté des partisans de la fête de l'Assomption, contre ceux de la Saint-Jean-Baptiste. Elle fut constamment soulevée depuis, quand il s'agissait de revendiquer les droits linguistiques et religieux des Acadiens auprès du pouvoir politique anglais de la province. Elle l'est de nouveau depuis 1957, puisque redéfinir le nationalisme acadien revient aussi à redéfinir son rapport aux nationalismes québécois et canadien.

La voici brièvement posée par le Père Cormier lors du congrès de 1960 :

> Au Congrès de 1881, les Acadiens se réunissaient pour la première fois... Ils avaient à se prononcer sur cette grave question : devaient-ils s'intégrer à d'autres collectivités ? Devaient-ils s'isoler pour prendre en main la gouverne de leurs propres affaires ?
>
> La question fut vivement débattue. Il a semblé à la majorité que, par instinct de conservation, ils devaient choisir de se constituer en groupe distinct. Faibles, ils étaient entourés de groupes ethniques puissants; et ils éprouvaient un sentiment d'insécurité d'être trop facilement dominés. Et la thèse isolationniste a prévalu.
>
> Si aujourd'hui les Acadiens suffisamment renseignés pour se former une opinion étaient invités à se prononcer sur le vote des anciens de 1881, les esprits seraient probablement partagés comme ils l'étaient à l'époque. Mais tous admettront, je crois, qu'aujourd'hui les raisons de s'isoler ne sont plus aussi impérieuses. Ce disant, je pense aux relations idéales à établir avec nos compatriotes de langue anglaise et avec les Canadiens français[9].

La situation a donc changé depuis la Renaissance. On a déjà lu les nombreux arguments qui insistaient sur les progrès réalisés dans tous les domaines et sur l'actuelle maturité d'un peuple qui n'a plus à souffrir des calamités infligées par la majorité anglaise. Si « le danger d'assimilation n'est pas complètement disparu, continue le Père Cormier, nos positions sont beaucoup plus fortes qu'en 1881. Nous avons une armature d'institutions à notre service; notre complexe d'infériorité est en train de disparaître et nous sommes plus en mesure de traiter d'égal à égal avec tous nos compatriotes quels qu'ils soient[10]. » La thèse isolationniste qui prévaut encore dans certains

---

[9] Clément CORMIER, « les Acadiens en 1960 », *loco cit.* Le même thème est repris dix ans après dans un éditorial anonyme de *l'Évangéline* : « Évidemment, nous avons hérité de nos ancêtres un esprit indépendant. Pendant des années, ce fut une force. Peut-être notre seule force au moment où nous étions les plus démunis. Mais aujourd'hui la situation a changé. Ce n'est pas en nous isolant que nous pourrons profiter de ce vent nouveau qui souffle sur le pays. »

[10] *Ibidem.*

milieux figure comme un archaïsme contrariant les aspirations et les possibilités nouvelles du peuple acadien :

> Depuis que les Acadiens ont su parfaire leur organisation dans les différents domaines de
> l'activité humaine, c'est-à-dire depuis qu'ils commencent à prendre conscience de leur
> force et du potentiel de leur influence, il s'est dessiné tout un mouvement, surtout chez
> l'élite, en vue de nous faire abandonner notre « culture en serre chaude » pour participer de
> façon plus positive aux activités de la province comme telle[11].

L'explicitation du changement et de la position solide des Acadiens
amène donc les idéologues à définir les nouvelles normes du rapport avec
l'extérieur. La tradition n'est plus d'un grand secours tant du point de vue de
l'expérience que du langage. Il faut emprunter à l'extérieur le langage qui
pourra justifier l'innovation. C'est ce que fait le Père Cormier quand il en
appelle à la solidarité internationale et au modèle de l'O.N.U. :

> Nous vivons à une époque où le besoin de solidarité humaine se fait sentir de plus en plus.
> Par-dessus les frontières des pays, toutes sortes d'alliances internationales se constituent, à
> partir de l'O.N.U. jusqu'aux organismes de collaboration créés de chaque côté du rideau
> de fer. Un groupe ethnique pourrait-il raisonnablement s'isoler aujourd'hui, subvenir seul à
> ses propres besoins, assurer sa sécurité sans collaboration extérieure ? Nous sommes tous
> de mutuels dépendants de la complexité de la vie contemporaine[12].

La personnalité même de l'orateur peut autoriser le changement de ton, de
style, de lexique. Il est homme de grande notoriété en Acadie et il a maintes
fois démontré sa fidélité à la tradition. Mais le passage à des normes nouvelles suppose en dernière instance leur légitimation selon les normes traditionnelles. La nouvelle orientation du nationalisme avait été définie par Mgr
Gosselin et autorisée par Mgr Robichaud dans un langage qui ne rompt en
aucune façon avec le vieux discours ritualiste. Les deux dignitaires ecclésiastiques présentaient ainsi les raisons pour lesquelles le peuple acadien
était spirituellement destiné à servir l'humanité entière : la diversité voulue
par Dieu et l'apostolat réciproque que les peuples doivent exercer les uns sur
les autres :

> On s'imagine parfois que le bien général est mieux servi hors des limites du patriotisme.
> Celui-ci est fondé sur la nature même des hommes et des sociétés, sur une diversité voulue
> par Dieu. Vous ne pouvez y renoncer sans vous dérober à votre mission[13]...
> Comme les individus, les peuples sont appelés à exercer les uns sur les autres un apostolat
> réciproque. Le peuple acadien a beaucoup reçu. Il conserve en dépôt des valeurs spiri-
> tuelles et culturelles, humaines et sociales qui le rendent riche. Il a la mission de rayonner
> le surplus de son devoir national sur les peuples avec qui il vit. La vocation du peuple aca-
> dien est à cet égard éminemment importante et nos chefs actuels doivent s'en rendre

---

[11] Adélard SAVOIE, « les Acadiens aux Provinces Maritimes », *loco cit.*
[12] Clément CORMIER, « les Acadiens en 1960 », *loco cit.*
[13] Mgr GOSSELIN, « la Société Nationale des Acadiens », *loco cit.*

compte. Ainsi chaque Acadien, tous les Acadiens comme peuple, doivent être un témoignage de la foi catholique et de l'esprit français pour tous les peuples avec qui ils sont appelés à venir en contact[14].

Pour les mêmes raisons qu'en 1881, le peuple acadien doit aujourd'hui s'ouvrir et non plus se fermer, donner et non plus conserver, aussi recevoir. Il est enfin venu le temps du « rayonnement », le temps de partager son « trésor spirituel et culturel ». On revient aussi au thème de la mission du peuple acadien.

Il n'est pas de rupture possible, au moins dans le discours. La tradition emprunte, intègre, rejette, transforme pour toujours couvrir de sa signification atavique l'histoire, ses inattendus, ses surprises.

Comment va réagir le nationalisme acadien face au nationalisme québécois ? Cette question implique la suivante : comment le nationalisme acadien va-t-il se définir par rapport au nationalisme canadien des années 60 ?

1. Acadie-Québec

Dans les débuts de sa nouvelle histoire, la Société Nationale des Acadiens attendait de Québec une aide matérielle mais aussi l'exemple dans l'action nationale. Elle voulait renouer les relations avec tout le Canada français pour sortir de sa « culture en serre chaude ». Elle avait besoin de se découvrir une solidarité plus vaste que l'ancienne pour refaire à l'intérieur sa propre solidarité. Et la *mission acadienne* était aussi une mission canadienne-française en Amérique. Il fallait donc insister sur la parenté culturelle des deux sociétés en minimisant les différences qui autrefois justifiaient le séparatisme acadien. Il fallait en quelque sorte mettre l'histoire entre parenthèses et faire ressortir l'identité culturelle et l'étroite relation de parenté qui unit les deux sociétés :

Le fait d'avoir tellement insisté sur les différences entre les Acadiens et les autres Canadiens français a un peu faussé notre perspective en nous portant à oublier que nous avons tout de même beaucoup en commun...

Sans renoncer à nos particularismes dont nous sommes fiers, les Acadiens semblent aujourd'hui plus portés à élargir leurs horizons pour s'intégrer davantage à la vie de tout le Canada français. Les contacts se multiplient et c'est heureux[15].

Tout en maintenant ses caractéristiques qui lui sont propres, le peuple acadien veut de plus en plus faire partie de la grande famille canadienne-française[16].

---

[14]Mgr Robichaud, « Sermon de clôture », *loco cit.*
[15]Clément Cormier, « les Acadiens en 1960 », *loco cit.*
[16]Léon Richard, « la Société Nationale des Acadiens », *loco cit.*

Cependant, le thème de l'ouverture sur le Canada français comporte un vice historique dont les idéologues sont très tôt conscients. En 1960, l'Acadie cherche sa définition et elle tourne « naturellement » vers le Québec. Son image du « cousin » d'en haut est encore largement celle d'un Québec protégé par son chef Maurice Duplessis et par le haut-clergé catholique.

Le hiatus est manifeste. En 1960, le Québec fait sa « révolution tranquille ». Depuis quelque temps, ses intellectuels étaient dans l'opposition et attendaient la conjoncture favorable qui mettrait fin à l'époque obscurantiste. Un nouveau projet pour la société québécoise attendait le moment propice pour s'expliciter au grand jour. 1960 est alors l'année de libération de toutes les énergies refoulées ou cachées. Une nouvelle société se dessine, très vite, presque brutalement. Les changements « radicaux » au niveau des institutions, de l'État et des idéologies s'imposent, même au prix de submerger la compréhension possible de nombreuses strates de la population. La séparation de l'école et de l'Église, les premières expressions politiques du séparatisme, le « coup » de la nationalisation de l'industrie hydro-électrique sont de ces changements qui venaient frapper les représentations collectives traditionnelles. Parce que la « révolution » eut une très grande connotation symbolique, c'est dans les représentations que le choc fut le plus ressenti. On comprend alors combien ce virage dans les orientations de la société québécoise put faire frémir l'élite acadienne. Moins encore que les strates les plus traditionnelles de la population québécoise, les notables acadiens ne pouvaient avoir compréhension intelligible de cette mutation culturelle. Le décalage historique qui s'était agrandi entre les deux cultures faisait apparaître dans les années 60 l'impossible conciliation. Alors que l'Acadie s'ouvrait pour se découvrir et manifestait sa bonne volonté de participer à la nouvelle aventure canadienne, le Québec tentait de récupérer tout ce qu'il avait perdu. Les deux chemins allaient manifester tout leur antagonisme en s'explicitant.

Voici quelques témoignages de cette prise de conscience de l'écart entre les deux cultures par les idéologues acadiens :

> La révolution tranquille de la Province de Québec nous inquiète quelque peu, surtout si elle devait conduire inexorablement au séparatisme. Et le séparatisme québécois qui est inscrit sur les murs nous effraie. Si Québec devient un État séparé, que deviendrons-nous ?... Le retrait du Québec hors de la Confédération serait un dur coup à nos aspirations qui sont de voir deux peuples de langue et de culture différentes vivre en harmonie[17].

---

[17]*Mémoire présenté à la Commission Laurendeau-Dunton par la Société Nationale des Acadiens*, S.N.A., 1965.

Depuis quelque temps, il nous parvient certaines rumeurs qui vont s'amplifiant... Ces rumeurs, nous les avons ignorées aussi longtemps que possible mais elles ne nous laissent plus indifférents. Il semblerait que certains éléments voudraient que la Province de Québec se détache... Et dans cette éventualité, Québec ne pourrait certainement pas supporter avec elle les minorités françaises du pays. Ce qui veut dire que nous resterions, dans le contexte « Canadian », les seuls dépositaires de l'héritage français avec mission de le défendre et de le promouvoir. Je vous avoue franchement que la perspective a quelque chose de terriblement angoissant car nous la croyons au-dessus de nos forces[18].

Malgré le fait dit minoritaire du séparatisme et l'attribution des « désordres » à un « petit groupe », c'est envers le Québec pris globalement que les notables acadiens garderont distance de plus en plus affichée. Invités à participer aux États Généraux du Canada français, les Acadiens préférèrent s'y faire représenter individuellement plutôt que par leur Société Nationale. La Nationale avait refusé de se compromettre dans une manifestation qui associait le Québec et les minorités françaises du Canada dans une orientation nationaliste qui entrait en contradiction avec la science : « L'orientation que pourraient prendre les prochaines assises cause un peu d'inquiétude aux Acadiens... Il est convenu que l'Acadie se tient disponible pour participer aux assises de 1969 si des incidents majeurs ne viennent pas amplifier la fusion relative qui est présentement constatée[19]. »

Le rapprochement souhaité avec la province française et la volonté de privilégier les affinités culturelles pour faire front commun dans la même mission qui consiste à faire rayonner la gloire du Canada français « d'un océan à l'autre » sont bien compromis par le projet séparatiste québécois qui nie l'identité des aspirations des deux peuples et donc invalide le parti-pris de la ressemblance et les relations privilégiées de parenté. Dans son rapport au Québec, la Société Nationale est amenée à se définir négativement. Les chefs redoutent que le patriotisme acadien soit assimilé au nationalisme québécois. C'est pourquoi il est rappelé maintes fois que « la Société Nationale ne constitue pas une entreprise séparatiste[20] », qu'elle n'a rien

---

[18] Adélard SAVOIE, « les Acadiens aux Provinces Maritimes », *loco cit.*

[19] Euclide DAIGLE, Procès verbal de la réunion du Comité Exécutif du 26 novembre 1968, S.N.A. La même distance est gardée quand il s'agit pour la Société de participer aux fêtes de la Saint-Jean-Baptiste : « La S.N.A. a été invitée à participer aux fêtes du Canada français à Montréal du 19 au 24 juin... Le Secrétaire Administratif fait part qu'il a accepté l'invitation d'être présent les 22, 23, 24 juin. Cependant, vue la tournure des événements qui pourraient transformer ces fêtes en manifestations déplaisantes, il est conseillé au Secrétaire Administratif de se rendre sur les lieux et de juger quelle doit être sa participation officielle. » (Euclide DAIGLE, Procès verbal de la réunion du Comité Exécutif du 21 juin 1969, S.N.A.)

[20] Louis LEBEL, Séance d'affaires du XIIIe congrès national, S.N.A., 1960.

d'un mouvement révolutionnaire ni d'un organisme subversif[21] :

> J'estime être dans la voie de la vérité en disant que les Acadiens ne demandent pas davantage que leur juste part. Sauf quelques rares exceptions, les Acadiens ne sont pas séparatistes. Ce sont des Canadiens loyaux, de vrais Néo-Brunswickois dont l'amour de la patrie et des citoyens vient en tête[22].

> Les Acadiens n'ont jamais été partisans de la révolte... D'un jour à l'autre, sans insulter leurs citoyens, sans clamer la révolution tapageuse et sanglante, de jour en jour, dis-je, ils remportent une victoire... À chaque jour, les Acadiens s'attirent le respect de leurs concitoyens de langue anglaise. Et nous croyons que ce respect est réel et sincère, et non obtenu sous la menace des bombes et de la séparation[23]...

De l'ouverture vers le Québec on revient finalement à la vieille orthodoxie de la culture acadienne. Les tentatives d'emprunt au nationalisme québécois ont eu pour effet la réactualisation des vieux thèmes de l'idéologie nationale acadienne. Qu'on se rappelle les paroles de Mgr Robichaud : « N'oublions jamais la leçon qui nous vient de notre passé. La survivance ne serait pas un fait si nos ancêtres s'étaient révoltés contre l'agresseur et avaient eu recours à la violence pour obtenir justice[24]... »

On en revient à affirmer le caractère unique de l'histoire acadienne et par conséquent la totale identité du peuple acadien et de son histoire. Le vieux parti-pris de la différence l'emporte désormais sur celui de la ressemblance. Il aura fallu ce détour pour donner au nationalisme acadien toute son autonomie, l'écart provisoire aussi par rapport à une tradition séculaire pour redire toute la continuité de la Société et toute la fidélité à l'héritage culturel :

> Les Acadiens des Maritimes ne peuvent se trouver une identification valable en utilisant la langue comme seul et unique critère. Ce serait beaucoup trop facile de les assimiler aux Québécois, ou encore aux Anglais qui de plus en plus apprennent notre langue...
> Ce sont trois siècles d'histoire qui ont forgé l'âme acadienne. Dans ses replis secrets, elle ne ressemble à nulle autre, elle n'a rien à envier à quiconque. Elle est patiente mais non timorée; elle est idéaliste et poétique, mais elle a tiré de ses contacts avec les Anglais un sens pratique assez développé.
> Les Acadiens, et l'histoire l'a prouvé, sont difficilement assimilables pourvu qu'ils décident de rester eux-mêmes. Ils ne ressemblent pas plus aux Québécois qu'aux Anglais, si ce n'est après tout qu'un véhicule de communication...
> Vouloir faire de la langue française le seul trait distinctif des Acadiens, et essayer tout d'un coup de les noyer dans le « melting pot » de la francophonie, c'est tout simplement passer par-dessus trois siècles. L'histoire de l'Acadie n'est quand même pas un simple épisode folklorique ! Mais on ne prend même pas la peine de l'enseigner convenablement...

---

[21] IDEM, extraits d'un discours prononcé au dîner de l'A.A.E., *l'Évangéline*, 29 mai 1961.

[22] Adélard SAVOIE, extraits d'un discours prononcé à l'Université Mount Allison, *l'Évangéline*, 24 octobre 1969.

[23] Bernard POIRIER, éditorial, *l'Évangéline*, 9 février 1967.

[24] Extraits d'une conférence, *l'Évangéline*, 16 octobre 1969.

Pour notre part, nous sommes et restons des Acadiens. C'est le seul moyen de conserver notre identité[25].

Remarquable synthèse que ce sublime serment de loyauté à l'Acadie. Il aurait fallu passer par le discours sur la fidélité au Canada avant de fermer le cercle. Mais peu importe. Le discours a trouvé la sobriété et l'assurance d'une tradition vivante. De ses avances et ses flirts à l'extérieur, il n'a retenu finalement que sa singularité ou son irréductibilité à l'autre. De ses allées et venues du moi à l'autre, il a gagné la connaissance de soi et la reconnaissance de son passé. Le discours n'est plus tout à fait répétition rituelle de ses vieux thèmes, de ses vieux mots, de son style parfois usé. Il est individuation épurée, style vivant. Aucune rupture n'est manifestée. L'âme et le passé sont toujours premiers. Mais aucune redondance ne fait retomber le discours dans le récit mythique stéréotypé. Après dix ans d'appropriation par l'élite actuelle, la tradition a recouvré toute son harmonie. Certes, les définiteurs sont plusieurs à se partager la plume du journal, tous n'ont pas l'assurance, la pureté et la sérénité de l'auteur du dernier texte. C'est lui qui est allé le plus loin dans l'explicitation de la « conscience possible » de l'époque, le même sans doute qui avait en 1957 et en 1960 défini les grandes lignes du nationalisme acadien.

Mais revenons au deuxième « autre », soit le Canada. Le rejet de la vieille forme du nationalisme acadien et celui du nationalisme québécois trouvent une issue dans l'idéologie fédéraliste et le projet « canadian ».

2. *Acadie-Canada*

« Je pense aux relations idéales à établir avec nos compatriotes de langue anglaise et avec les Canadiens français », avait dit le Père Cormier en 1960. La même année, Adélard Savoie avait, devant l'Association canadienne des éducateurs de langue française, défini le patriotisme acadien au sein du patriotisme canadien :

Je crois que notre patriotisme serait mal inspiré s'il portait sur une localité, sur une région ou même une province au détriment de la patrie canadienne dans son ensemble, c'est-à-dire le Canada... En d'autres termes, je crois que notre patriotisme doit embrasser le Ca-

---

[25]Éditorial anonyme, *le Progrès-l'Évangéline*, 5 janvier 1971. Alexandre BOUDREAU écrivait aussi : « Ils (les Acadiens) veulent se sentir chez eux au Canada. Au point de vue culturel, ils ont beaucoup d'affinités avec Québec. Mais les Acadiens ont leur propre histoire. Ils ont été séparés du Québec pendant deux cents ans, presque complètement isolés et ils ne se sentent pas fortement attachés à la Province de Québec. » (« Les Acadiens », *l'Évangéline*, 5 décembre 1969.)

nada tout entier, « a mari usque ad mare », et doit porter sur tous nos concitoyens sans distinction de religion, de langue ou de nationalité...

Pour obtenir un tout plus parfait, il faut perfectionner les parties. Et pour nous, Canadiens français, que nous soyions Québécois, Acadiens, Franco-Ontariens ou autres, je crois que notre meilleure façon d'apporter à notre patrie, le Canada, c'est précisément en faisant de nos groupements respectifs les meilleurs Québécois, les meilleurs Acadiens ou les meilleurs Franco-Ontariens possible. Et pour cela, il faut que tous ces groupements restent indéfectiblement fidèles à leur passé et qu'ils conservent et enrichissent l'héritage de la foi, de la langue et de la culture. De cette façon, ils pourront offrir quelque chose que nul autre groupe ne peut offrir et tout en ayant travaillé à la conservation et à l'épanouissement de tout ce qui nous a faits des Canadiens français... Et nous aurons par le même fait servi de la meilleure façon possible notre patrie canadienne dans le respect de l'ordre établi et du droit des autres, tout en exigeant de la part des autres le respect de nos droits légitimes et la prérogative de rester nous-mêmes[26]...

Le projet patriotique acadien se donne comme réponse au rejet du vieux nationalisme et comme la conciliation d'une vocation unique — acadienne — avec une mission canadienne-française et une mission pan-canadienne. Syncrétisme remarquable qui oublie volontiers les thèmes rancuniers de la mythologie acadienne et qui parvient à réconcilier dans la terre d'une même patrie les ancêtres jadis ennemis : « l'idée de patrie évoque donc une connotation biologique qui enveloppe non seulement nos compatriotes contemporains, mais aussi tous les parents et ancêtres décédés qui ont contribué à faire du Canada la patrie que nous réclamons aujourd'hui[27] ».

Le projet canadien inclus, selon ces idéologues, dans le nationalisme acadien, peut se résumer dans les points suivants : une fédération forte qui doit compter sur l'héritage canadien-français. La dualité culturelle originaire du Canada — « cas de lits jumeaux » — est un riche patrimoine qu'il faut entretenir et développer : deux groupes ethniques valent mieux qu'un, par conséquent, il faut tirer parti de ce don de l'histoire. Jusqu'à présent, la Confédération n'a pas fait justice à la minorité acadienne; par ailleurs, les Acadiens n'étaient pas en mesure de collaborer pleinement et efficacement avec leurs partenaires. Aujourd'hui, la Confédération fait peau neuve, la Commission royale d'enquête sur le bilinguisme et le biculturalisme comme les fêtes du Centenaire l'attestent : les Acadiens peuvent et veulent désormais traiter d'égal à égal avec leurs compatriotes anglais. Ce qu'ils attendent, c'est la juste répartition des pions sur l'échiquier canadien, l'ouverture de débouchés pour les leurs et les garanties nécessaires à l'épanouissement de l'héritage français, don de la Providence. En retour, les Acadiens veulent

[26] Adélard Savoie, « Le patriotisme au Canada français », extraits reproduits dans *Document préparatoire A* du Ralliement des Jeunes Acadiens, 1966, p. 27.
[27] *Ibid.*

partager la richesse de cet héritage, l'unir au grand patrimoine de la nation canadienne.

Mais encore, fait unique au pays, le Nouveau-Brunswick constitue la meilleure réplique provinciale de la dualité canadienne. La « vie harmonieuse » des deux groupes linguistiques du Nouveau-Brunswick peut être un exemple de bonne volonté mutuelle pour le reste du Canada. Le modèle du bilinguisme acadien peut servir d'exemple comme de laboratoire au futur bilinguisme national. L'Université de Moncton est dans une position privilégiée pour ce rôle expérimental. Les Acadiens ont donc une mission exceptionnelle à remplir pour le bien-être de la Confédération. Ils sont conscients que ce sont eux qui peuvent donner pleine signification au fait canadien à une époque où le nationalisme québécois « trahit » la vocation de la nation canadienne-française, fondatrice d'un seul Canada, à une époque où les vestiges du loyalisme britannique ne sont pas disparus.

Les documents dans lesquels j'ai puisé souvent textuellement les éléments de ce résumé sont trop nombreux pour être reproduits dans le texte. Il suffira d'en retenir l'un des plus éloquents :

> Ce nationalisme est positif et constructif. Il n'est pas destructeur et n'en veut à personne... Les Acadiens croient qu'ils ont quelque chose à offrir à leur pays que nul autre ne peut offrir...
>
> Ce nationalisme est aussi conscient de ses limitations et de ses devoirs. Il est conscient de la loyauté tant de fois prouvée à leur reine, à leur pays, à leur province et à leurs institutions...
>
> Enfin, ce nationalisme est discret et ferme. Il est conscient du fait qu'une minorité doit acquérir la confiance et le respect de la majorité à force de patience et de bonne volonté. Nous avons de la patience à revendre, a-t-il affirmé...
>
> En terminant, M. Savoie a réaffirmé sa conviction que les Acadiens veulent être des partenaires égaux dans la vie de la province. Ils ne sont pas séparatistes mais désirent collaborer de plein gré pour faire de notre province et de notre pays une meilleure province et un meilleur pays[28]...
>
> If we can fully succeed in N.B. to prove beyond reasonable doubt, that a majority and a minority of different cultural and linguistic backgrounds, can live together in the enjoyment of equal rights and opportunities, that both languages and cultures can florish and prosper along parallel lines without hindrances and frustrations, then we may set an example for the rest of Canada. And it seems presently that Canada is in need of such an example[29]...

L'idéologie nationaliste acadienne trouve son inspiration dans le nationalisme canadien des années 60. C'est à cette époque que travaille la Commission Laurendeau-Dunton à travers le Canada et que sont publiés ses premiers

---

[28] Adélard SAVOIE, résumé d'un discours donné à l'Université Mount Allison, *l'Évangéline*, 21 août, 1961.

[29] IDEM, « Mission de l'Université », *Revue de l'Université de Moncton*, n° 1, 1968.

rapports. Rappelons que le Père Cormier, alors recteur de l'université Saint-Joseph, œuvrait en tant que commissaire dans ladite Commission. Il faut aussi rappeler qu'en 1960 c'est un Acadien qui prend le pouvoir à la tête de la province et que les idéologues acadiens définiront en étroite collaboration avec les politiciens libéraux de Fredericton les grandes lignes du nationalisme acadien[30].

L'élection de Pierre Elliott Trudeau à la tête du gouvernement canadien en 1968 et l'offensive idéologique fédéraliste qui l'a accompagnée n'ont fait que renforcer les thèmes du discours acadien. C'est donc en empruntant pour une grande partie les éléments de leur nouveau discours nationaliste à l'idéologie dominante de la société anglaise que les chefs acadiens arrivent à donner sens nouveau au vieux nationalisme acadien. Mais il faut encore montrer comment le discours traditionnel qui est toujours sous-jacent au discours « moderne » a pu tolérer ou permettre l'innovation et l'emprunt. Car des incompatibilités majeures avaient empêché le vieux discours acadien d'épouser les nouvelles tendances du discours québécois. Où se fait donc la liaison entre les deux traditions ? Quel est le lieu de l'affinité de leur discours ?

Ce lieu, c'est la *Mission* originelle du peuple acadien. Dans les discours les plus anciens comme dans les plus nouveaux, elle est au centre du projet, que celui-ci soit conservateur ou réformateur. J'ai suffisamment insisté sur le sens traditionnel de la mission acadienne. Quant au sens moderne, il est contenu dans les extraits précédemment cités. Dans la Confédération qui fait peau neuve dans les années 60 à l'occasion des fêtes du Centenaire, les Acadiens se découvrent une place privilégiée, comme à l'avant-garde de l'action nationaliste canadienne. Pour la première fois de leur histoire, ils apparaissent au premier rang. Leur université se découvre une vocation canadienne et accueille les fonctionnaires de tout le pays qui viennent apprendre le français. Le premier ministre canadien et le secrétaire d'État reçoivent à l'occasion un doctorat honorifique de l'Université de Moncton et le recteur de cette université est nommé commissaire aux langues officielles. La Société Nationale des Acadiens obtient des nouvelles subventions d'Ottawa. C'est une conjoncture particulièrement favorable qui vient ainsi encourager la nouvelle vocation nationale des Acadiens.

La mission est encore servie par le bilinguisme des Acadiens et plus seulement par l'héritage catholique et français. Le bilinguisme que dénonçait

---

[30] Il suffit de comparer par exemple « l'Allocution au banquet de clôture » (*loco cit.*) de Louis Robichaud et le discours que faisait son beau-frère, Adélard Savoie, devant l'A.C.E.L.F. à la même époque, pour vérifier cette étroite collaboration.

par exemple avec virulence Jean Hubert n'est plus considéré comme une tare mais comme un don avantageux de la providence à l'époque où les gouvernements fédéral et provincial institutionnalisent le bilinguisme dans leurs services :

Notre bilinguisme à nous, francophones des Provinces Maritimes, prend beaucoup plus d'envergure. Il implique toute la population, il est voulu, recherché par tous et pour tous. Notre bilinguisme scolaire consiste dans l'apprentissage simultané de deux langues et vise à faire des bilingues tous les étudiants, du bachelier, du diplômé de l'école secondaire et même du malheureux qui quitte l'école prématurément pour entrer dans le monde du travail non spécialisé...

Je le répète, notre bilinguisme est voulu et jugé nécessaire. L'unilinguisme recherché qui recrute quelques adeptes dans la Belle Province n'aura jamais cours parmi nous pour des raisons évidentes[31].

Il apparaît réactionnaire de vouloir, comme au Québec, institutionnaliser l'unilinguisme français quand est finalement venu le temps attendu de la grande réconciliation des deux « races fondatrices » du Canada[32]. Le pays bilingue et biculturel vient enfin exaucer les vœux de la minorité acadienne. Et aux plus sceptiques qui viennent mettre en doute l'authenticité des nouveaux slogans, les chefs acadiens répondent que les Anglais sont de plus en plus nombreux à s'intéresser à leur culture et à parler leur langue. On n'en est plus au temps où, comme le disaient Jean Hubert et même le sénateur Calixte Savoie, le bilinguisme était un mythe[33]. Les progrès du bilinguisme dans la population anglophone des Maritimes démontrent tout le bien-fondé de la croyance en la volonté partagée de travailler ensemble, « la main dans

---

[31] Frère MÉDÉRIC, « Exposé pour la Commission d'Éducation », XIVe Congrès national, S.N.A., 1965.

[32] En réponse à un discours donné à l'Université de Moncton par Claude CHARRON, l'Évangéline écrivait : « L'étroitesse d'un grand nombre de péquistes qui réclament le français comme langue unique au Québec, qui veulent enlever tous les droits aux Anglais,... ne font que créer un climat de haine et de rancune entre citoyens d'un même pays... » (Éditorial anonyme, 1er avril 1971.)

[33] On comprend mieux les raisons profondes de l'éviction de l'ancien président de la Société l'Assomption par les chefs actuels (qu'on a appelée en Acadie « coup de Brutus ») en comparant son discours avec celui des nouveaux idéologues. Les raisons données à l'époque sont bien superficielles par rapport aux divergences idéologiques essentielles qui apparaissent dans ce document : « Le bilinguisme au Canada est un mythe... Un pays bilingue veut que tous ses citoyens parlent deux langues, tandis qu'ici, au Canada, les seuls bilingues sont ceux d'expression française... Parce que quelques douzaines d'Anglo-Canadiens peuvent baragouiner le français, il ne faut pas croire que le bilinguisme existe. Ce bilinguisme masqué a causé des dommages que nous ne saurions décrire, tout spécialement dans les provinces où l'élément anglais est en majorité. Nous en connaissons quelque chose aux Maritimes... », l'Évangéline, 1er décembre 1961.

la main, à l'édification d'un Canada plus grand et plus uni[34] » :

> Nous constatons chez nous, comme dans le reste du pays d'ailleurs, un intérêt très marqué envers le fait français. L'on se rend compte que le bilinguisme devient davantage une nécessité plutôt qu'un luxe comme autrefois. On cherche à enseigner le français aux jeunes enfants, on vise à leur faire acquérir une connaissance pratique du français afin qu'ils deviennent bilingues dans la mesure du possible. Et cet intérêt ne se manifeste pas seulement au point de vue scolaire. Dans les villes de Moncton, Fredericton et Saint-Jean, il se donne pendant la majeure partie de l'année des cours en français destinés uniquement aux anglophones et ces cours sont fréquentés par un grand nombre de personnes d'élite avec beaucoup d'assiduité[35].

Le zèle que mettent les leaders acadiens à promouvoir le bilinguisme à travers le pays et en particulier dans leur province est partie intégrante d'une idéologie de rattrapage (selon l'expression de Marcel Rioux) qui revendique aux multiples niveaux de l'État entière participation acadienne. Pour la première fois sont ouverts pour les jeunes diplômés acadiens des débouchés en dehors des professions traditionnelles. Pour la première fois aussi, ces jeunes Acadiens bilingues vont être privilégiés sur le marché de l'emploi. La vocation de rayonnement était écrite à l'origine. Mais alors qu'elle était longtemps restée confinée dans son rapport vertical à Dieu et à la Reine de l'Acadie, elle se complète aujourd'hui du rapport horizontal au partenaire canadien et peut enfin jouir des avantages que lui réservait sa mission :

> Dans un récent volume, la Commission d'Enquête sur le Bilinguisme recommande fortement d'encourager l'institution de cours et de départements d'Administration Publique dans les universités francophones du pays, afin d'assurer une meilleure représentation de notre groupe ethnique au sein de la Fonction Publique, à tous les niveaux de gouvernement. Notre Université de Moncton se doit de diriger ses efforts dans ce sens au plus tôt. En effet, nos gradués acadiens sont peut-être les meilleurs bilingues du Canada, et il serait inconvenable de négliger un débouché aussi important que celui-là[36].

La mission surnaturelle du peuple acadien qui impliquait le culte du passé se dédouble avec la nouvelle Société Nationale en une mission « politique » pancanadienne qui, elle, suppose assez de pragmatisme pour adapter son discours à celui de l'autre et pour que coïncident les deux projets, acadien et canadien. Fidélité dans la connaissance et le sentiment; rupture dans l'action. Grâce à cette formule, les idéologues ont pu adapter leur discours à la situation et en même temps redire la continuité essentielle et spécifique du temps acadien. Si le nationalisme acadien est irréductible, il est toutefois compatible avec le nationalisme canadien en qui il a puisé beaucoup de ses nouveaux thèmes et formules. Mais comme de plus pure tradition acadienne,

---

[34] Adélard SAVOIE, « les Acadiens hier et aujourd'hui », *loco cit.*
[35] IDEM, « les Acadiens aux Provinces Maritimes », *loco cit.*
[36] Éditorial anonyme, *le Progrès-l'Évangéline*, 11 décembre 1970.

la voie « radicale » a été proscrite au bénéfice de celle du « juste milieu », et le modèle québécois écarté. Dans un sens, la vieille idéologie conservatrice acadienne s'est modernisée en s'adaptant à une idéologie conservatrice anglaise, en réaction aussi contre une idéologie qui tire de la rupture toute sa force mythologique. Il ne faut pas s'étonner alors si les chefs acadiens acceptent dans les années 1970 le projet de l'union des Provinces Maritimes comme l'expression finale de leur choix idéologique. Alors que dans la société acadienne de jeunes idéologues se découvrent dans la littérature du Parti Québécois, à la Société Nationale et dans le cercle nationaliste des dirigeants on s'efforce de cacher les anciens conflits avec la société anglaise et les nouveaux conflits avec les jeunes néo-nationalistes dans un discours euphorique sur le progrès et sur l'avenir, fort de la collaboration et de la bonne entente entre les deux partenaires bilingues.

3. L'Union des Provinces Maritimes

Ce qui caractérise l'ouverture idéologique opérée dans les années 60, c'est finalement l'alignement derrière les grandes lignes du discours de la société anglaise. La fermeture de jadis avait préservé toute la tradition au point peut-être de la réduire à une répétition purement rituelle qui en revenait à faire passer tout ce qui restait de séculier ou d'historique dans la culture au sacré. Le nationalisme acadien avait été dépolitisé pour être investi dans le surnaturel. Tous les symboles nationaux étaient des symboles chrétiens et les grands dignitaires de l'Église étaient en dernière instance les définiteurs suprêmes du nationalisme acadien.

Quand il est devenu nécessaire de reséculariser le nationalisme et la culture, la tradition n'offrait plus grand secours et c'est normalement à la culture de la société voisine que sont empruntés les éléments du nouveau discours. Après avoir quasiment nié dans le discours vernaculaire l'existence de l'autre ou tout du moins uniquement insisté sur les différences fondamentales qui séparent les deux sociétés, les idéologues sont amenés à reconnaître avec « réalisme » leur voisinage et leur cohabitation aux Maritimes et à privilégier ce qui les unit. Un texte de 1965 est à cet égard très significatif. Extrait du Rapport sur la presse en Acadie, il voulait rappeler toutes les fonctions traditionnelles du journal et donc insistait sur les différences idéologiques entre les deux sociétés :

> L'un des grands mérites, et peut-être le principal, de la presse française en Acadie, c'est d'avoir maintenu et développé l'unité d'idées et de sentiments. En définitive, la vie française et la vie anglaise ne se mêlent pas... les grands intérêts de la population française et de la population anglaise ne sont toujours pas communs.

Mais quels sont au juste ces grands intérêts ? Il y a d'abord la religion, il y a ensuite la langue, il y a l'idée que l'on se fait d'un bon système économique et le reste. Les Français et les Anglais ont chacun leur façon de penser et de voir les choses[37].

Mais quand il faut introduire dans le discours des notions empruntées à l'autre société comme celle de progrès et d'avancement économique, on souligne au contraire avec le « réalisme » comme justification que les Acadiens sont aussi des « maritimers » et que leur destin est lié au destin politique de la société anglaise. Dans cette perspective, la culture acadienne devient un résidu à préserver dans ce grand projet d'union politique et économique des Provinces Maritimes.

Voici, dans les textes, comment un projet spécifiquement anglais passe dans le projet nationaliste acadien sans autre restriction ni addition que les garanties de préservation du patrimoine culturel :

Il faut que tout le monde accepte le principe que les Acadiens sont aux Maritimes pour y demeurer, qu'ils veulent participer à l'avancement économique de leur territoire, mais qu'ils ont droit d'exiger et d'obtenir des garanties claires et précises sur leur avenir culturel et linguistique[38].

La décision des premiers ministres des Provinces Maritimes de créer un Conseil des premiers ministres doit être vue comme une collaboration plus étroite entre ces trois « petites » administrations provinciales...

Il faut applaudir à ces décisions... Sans doute qu'à la réunion du 26 janvier, il aura été question, au moins en passant, de la composition ethnique de ces trois provinces. Il ne faut pas oublier qu'à prime abord, les citoyens de langue française peuvent y perdre leur identité si des garanties accompagnées d'action ne sont pas établies au départ...

Il est aussi d'extrême importance que les Acadiens eux-mêmes se préparent à envisager cette possibilité de vivre en tant que francophones dans une grande province à forte majorité anglophone. La Société Nationale des Acadiens, dont le rôle et l'influence ont diminué au cours des dernières années, se doit de constituer immédiatement une commission de l'Union des Provinces Maritimes, représentant l'élément acadien et francophone des trois provinces. Cette commission pourra servir non seulement de chien de garde de la Commission des Provinces Maritimes, mais aussi comme aviseur à cette Commission et même au Conseil des premiers ministres.

La fusion ou union politique des trois provinces en une seule dépend de nous tous. Il nous revient donc d'être prêts à apporter une contribution valable. C'est à nous de régler nos propres problèmes[39].

Il n'appartient pas à ce travail de montrer toutes les conséquences ethnocidaires que peut entraîner cette orientation idéologique. Ceci a partiellement

---

[37] *Rapport de la Commission d'enquête sur l'œuvre de la Presse acadienne*, p. 13.
[38] Éditorial anonyme, *le Progrès-l'Évangéline*, 4 décembre 1970.
[39] *Ibid.*, 15 février 1971.

été écrit ailleurs[40] et sera analysé dans sa forme idéologique (le néo-nationalisme) dans les deux chapitres suivants.

L'élite acadienne a fait sien le projet d'union des Provinces Maritimes. Elle se déclare même prête à jouer le rôle de « chien de garde » d'un projet conçu par et pour la société anglaise. Si le principe du bilinguisme est reconnu et la représentation acadienne acceptée, alors plus rien ne pourra contrarier le projet « collectif » d'union des Maritimes.

Il est certainement encore trop tôt pour analyser la compatibilité de ce projet avec les autres parties du projet nationaliste global. Les textes relatifs à l'union des Provinces Maritimes sont encore très récents. Il est curieux cependant que ce projet n'ait pas été étudié comparativement avec celui de l'annexion au Québec présenté par les nouveaux idéologues nationalistes. De ce dernier, les chefs acadiens ne disent rien, comme s'il était tout simplement inexistant. Ou encore comme s'il appartenait à ce côté inavouable de la production sociale que par souci de bien ou par intérêt on doit ignorer.

Ce qui frappe pourtant, c'est la grande symétrie des projets de l'élite et des idéologues concurrents[41] : les uns font de l'annexion aux provinces anglaises la variable acadienne du nationalisme canadien des Maritimes et les autres de l'annexion au Québec la variable acadienne de l'indépendantisme québécois. C'est comme si, une fois abandonné le total syncrétisme de la vieille tradition nationaliste acadienne, la parole collective n'avait plus d'autre ressource que de s'identifier à une autre, qu'elle soit québécoise ou anglaise. La culture acadienne aurait-elle été trop longtemps confinée dans le sacré pour pouvoir rencontrer l'histoire et contrarier ainsi les fortes tendances intégratrices ou assimilantes de la société anglaise ? La culture acadienne peut-elle finalement risquer le saut dans la modernité sans se condamner à devenir mineure, voire simple résidu sacré dans une tradition étrangère et condamnée à ne figurer dans le collectif agrandi que sous la forme d'archive folklorique ou de réserve touristique ? Est-il encore possible, pour la culture

---

[40] Voir notamment la thèse d'Alain EVEN : *le Territoire Pilote du Nouveau Brunswick ou les Blocages socio-culturels au développement économique* présentée par le doctorat de 3e cycle en économie à l'Université de Rennes, 1970; l'enquête sociologique du rapport intitulé *le Bilinguisme à la Commission d'Énergie du Nouveau-Brunswick* (Institut de Recherche en Sciences Sociales, Fredericton, 1969) sur la pratique linguistique qu'A. Even et l'auteur ont dirigée; notre article, « L'Université de Moncton, image de la situation socio-économique de la population francophone du N.-B. » (*la Revue de l'Université de Moncton*, n⁰ I, 1968, p. 42-50); et les articles de J. C. VERNEX dans *la Revue de l'Université de Moncton*, sur la démographie de la société acadienne.

[41] Cf. chapitres IV et V.

acadienne, de laisser expliciter un projet historique qui soit autre que le simple projet de restauration et qui s'impose parmi les projets collectifs des sociétés environnantes comme un projet spécifique et total ? D'autres morceaux du nouveau discours nationaliste restent à analyser qui fourniront peut-être des éléments de réponse plus encourageants.

III. La voie du juste milieu en économie

L'ouverture du nationalisme acadien ou le projet de modernisation de la société ne peuvent « évidemment » se couper du progrès économique. Dans la nouvelle équipe dirigeante de la société, on compte quelques hommes d'affaires et des « professionnels » qui, selon le Père Cormier, ne sont plus seulement des rhéteurs mais « savent lire un bilan, un rapport financier, un budget, un exposé statistique[42] ». Dans la praxis, plusieurs indices confirment l'intérêt renouvelé des Acadiens au monde du commerce et de l'économie. L'ancienne Société l'Assomption devenue Compagnie Mutuelle[43] prend la vedette en 1970 dans la ville de Moncton en prêtant son nom à la future place commerciale l'Assomption. Son gérant, Gilbert Finn, est élu président général du Conseil économique des Provinces de l'Atlantique[44]. L'Université de Moncton inaugure une nouvelle école de commerce. D'autres faits seront évoqués dans la suite du texte. Voici comment Jean Cadieux, qui fondait en 1963 à l'Université la *Revue économique*, rend compte du tournant acadien en matière économique et de l'enthousiasme qui l'accompagnait :

> Nous sommes la première génération d'hommes d'affaires. Je veux dire par là que nous ne faisons que commencer à nous inquiéter chez nous des problèmes économiques...
> Il se fait actuellement un grand mouvement pour nous éveiller à la chose économique...
> L'École de Commerce de l'Université Saint-Joseph compte à peine vingt ans d'existence. Nos économistes de langue française dans les provinces Maritimes se comptent sur les doigts de la main. Les comptables professionnels sont à peine plus nombreux. C'est donc dire que nous sommes dans l'enfance de l'art.
> Heureusement, nous sommes maintenant éveillés. Nous débouchons au matin d'un grand jour[45].

Dans l'idéologie nationale, l'ouverture sur le monde économique était officiellement inaugurée en 1959 par le président : « Il faut aller de l'avant

---

[42]Clément CORMIER, « les Acadiens en 1960 », *loco cit.*

[43]Cf. Jean CADIEUX, « La mutualisation de la Société l'Assomption », *la Revue de l'Université de Moncton*, 1er mai 1968, p. 31-34.

[44]Cf. *le Progrès-l'Évangéline*, 15 août 1971.

[45]Jean CADIEUX, « Les raisons de notre existence », *Revue économique*, Université de Moncton, février 1963.

en bâtissant en Acadie des organisations puissantes au point de vue économique afin de donner aux nôtres cet élément essentiel à leur survivance, la
puissance de l'argent[46]. »

Il est inutile d'insister sur la nouveauté de l'argument qui reste pourtant
profondément attaché à l'ancienne problématique nationaliste, la survivance.

Une « commission de l'avancement économique » siège au congrès de
1960 et émet le vœu « qu'on organise une section de l'économie au bureau
de la Société Nationale où siégeraient nos comptables, financiers, écono-
mistes, professeurs, et où nos Acadiens cherchant de la finance ou ayant des
problèmes d'affaires pourraient se renseigner et trouver des solutions[47] ». Le
mot d'ordre est repris par le nouveau président élu en 1965 : « Il faut à tout
prix que les nôtres envahissent le domaine de la finance et de l'économie[48]. »

Un cas concret vient illustrer remarquablement le changement d'attitude et
de discours vis-à-vis du commerce et de l'économie dans la société acadienne. Il s'agit du journal *l'Évangéline* et de l'Imprimerie Acadienne Ltée
qui étaient gérés jusqu'alors par les évêques acadiens. Après l'échec des négociations qui devaient les faire passer aux mains de la congrégation des
Pères de Sainte-Croix en 1960, et après le départ des rédacteurs Jean Hubert[49] et Émery Leblanc, une commission d'enquête est formée qui devait
formuler des recommandations visant à moderniser l'entreprise pour la
rendre financièrement plus rentable. Voici quelques extraits du Rapport rédigé par des dignitaires des plus influents de la Société :

> Il (le public) voit le journal comme une œuvre plutôt qu'une entreprise d'affaires dont le
> contrôle et la direction relèvent des évêques. Un certain nombre de gens en concluent que
> les évêques étant les propriétaires, ils devraient voir à la bonne marche du journal tant sur
> le plan financier que sur les autres plans. Ici, il faut dire que l'opinion générale souhaiterait
> que l'entreprise soit remise aux laïcs avec mission d'en faire une entreprise commer-
> ciale (p. 44).

> C'est l'opinion de la Commission qu'il y aurait avantage à exploiter plus sérieusement le
> marché possible par une constante revue de la situation, l'emploi de techniques modernes
> de vente et le souci plus poussé de l'entraînement spécialisé du personnel. La vente est un
> domaine où la promotion est d'importance capitale et où l'esprit d'initiative, l'esprit in-

---

[46]Louis LEBEL, Message de la S.N.A., aux journées coopératives de Bathurst, *l'Évangéline*,
25 août 1959.

[47]Vœux du congrès, S.N.A., 1960.

[48]Léon RICHARD, Rapport du Président, Rapport annuel, S.N.A., 1965.

[49]Jean Hubert avait rédigé un important document où il proposait des réformes tant dans la
gestion que dans la conception du journal, Cf. *l'Évangéline au service de l'Acadie*,
février 1962.

ventif et l'introduction de formules constamment renouvelées peuvent contribuer énormément au succès[50] (p. 55).

Ce discours est suffisamment nouveau pour qu'on y attache la plus grande attention. En effet, il rompt radicalement avec la tradition en ce qu'il sépare œuvre cléricale et entreprise laïque, commerce et idéologie, esprit d'initiative et tradition. Pour la première fois, et dans un document idéologique de première importance, sont reconnus les rôles spécifiques et séparés du haut-clergé et de l'élite laïque. Une entreprise rentable doit être gérée selon des normes propres. La vieille tutelle de l'économie par une certaine conception du nationalisme appartient à une époque révolue : « Cette situation s'explique certainement en partie par le fait que l'entreprise fut toujours associée non pas à la notion d'une entreprise à caractère économique, mais à un nationalisme étroitement apparenté à une autre époque[51]. »

C'est aussi, dans les années 60, la prise de conscience de l'état de dépendance économique de la société acadienne, de l'archaïsme de ces conceptions en matière économique et de son manque pathologique d'« entrepreneurship » qui engendre le projet de développer dans une relative autonomie l'économie acadienne. Le diagnostic d'une économie dépossédée était inscrit dans celui d'une crise générale de la société : « Hélas, pendant trop longtemps nous avons eu en Acadie un peuple qui semblait vouloir tomber dans une inertie inexplicable en permettant à des étrangers d'accaparer petit à petit tout son patrimoine économique et même social pour faire de notre race une race de serviteurs[52]. »

Le sujet est à l'ordre du jour et les chefs ne tiennent plus à ce que la société soit maintenue en retrait du monde, étrangère à la propriété quantitative comme au prestige qu'elle confère, à l'écart des principaux réseaux d'influence et de pouvoir qui jusqu'ici ont été presque exclusivement anglais parce que les Acadiens refusaient d'y participer : « Il nous est impossible d'excuser notre apathie et notre insouciance en blâmant l'intransigeance des anglophones. APEC (*Atlantic Provinces Economic Council*) demeure une association d'Anglais. Mais à qui la faute ? Si nous refusons de participer, personne ne viendra nous traîner par les cheveux[53]. »

---

[50]*Rapport de la Commission d'Enquête sur l'œuvre de la Presse acadienne.* Faisaient partie de cette Commission le juge Adrien Cormier, président, et messieurs Alexandre Boudreau, Gilbert Finn, Éric Cormier et Paul Bourque.

[51]*Ibid.*, p. 53.

[52]Richard SAVOIE, « le Secteur socio-économique chez les Acadiens », conférence prononcée pendant le XIVe congrès national, S.N.A., 1965.

[53]Éditorial anonyme, *le Progrès-l'Évangéline*, 16 novembre 1970.

Il ne faut pas croire que le discours traditionnel en matière économique soit oublié pour autant. J'ai déjà montré comment, dans le discours mythique sur le présent en continuité avec la Renaissance, était sublimée l'ancienne économie nationale de type collectif et coopératif. Les discours faisaient les bilans des « progrès considérables » réalisés par les Caisses Populaires, par le mouvement coopératif et la Société l'Assomption, institution nationale par excellence qui avait permis des bourses d'étude à 835 élèves parmi lesquels on comptait en 1960, deux évêques et 38 prêtres[54]. Mais, dans l'étanchéité du discours traditionnel, le secteur économique était confondu avec la totalité homogène de la société. Rien ne justifiait un projet économique spécifique.

Comment le nouveau projet économique va-t-il pouvoir se concilier avec les valeurs premières de la culture acadienne, celles que les idéologues ont réitérées dans le projet dit de restauration ? Promouvoir l'initiative et le profit en économie, est-ce que cela suppose pour la culture acadienne que soit changée la vision traditionnelle du monde qui définissait le rapport à la chose économique ?

1. Vision traditionnelle et révision culturelle

Les auteurs du rapport sur la presse acadienne avaient fait peser le poids du retard en économie sur la vieille conception du nationalisme acadien. Si ces termes désignent l'idéologie traditionnelle acadienne, alors il devient nécessaire pour les définiteurs du développement économique de défaire l'ancien syncrétisme pour y introduire les nouvelles conceptions empruntées hors de la tradition. De même qu'on avait pu reviser l'ancien nationalisme pour le rendre compatible avec le nationalisme canadien, de même est-il devenu nécessaire de le reviser pour que puisse s'y intégrer l'économique dans son autonomie :

> À côté de ce glorieux passé, de notre noble histoire, ne croyez-vous pas que notre patriotisme devrait être imprégné d'un plus grand intérêt dans le développement économique et social des nôtres en considérant que l'économique surtout aura une grande influence sur l'épanouissement du groupe ethnique que nous formons ?...
> Je crois, et j'ose affirmer que l'on a voulu, sans peut-être s'en rendre compte, développer un patriotisme un peu étroit, attaché à son petit coin de terre natale, au patrimoine familial, aux traditions locales et aux institutions régionales... Même si le patriotisme doit toujours conserver ses racines dans l'amour de sa petite patrie, il doit cependant et quand même évoluer, surtout en ce XXe siècle en un moment où malheureusement tout se règle ou semble vouloir se régler ou se solutionner avec un signe de piastre[55].

[54] Adélard SAVOIE, « les Acadiens hier et aujourd'hui », loco cit.
[55] Richard SAVOIE, « le Secteur économique chez les Acadiens », loco cit.

Il est même des idéologues pour demander l'entière émancipation de l'économie. C'est comme si la pratique économique devait se libérer de la contrainte idéologique. Si le « signe de piastre » n'est pas exclusif et s'il ne peut garantir seul l'avancement global du peuple acadien, il est néanmoins urgent qu'il se détache de la tutelle patriotique :

> Nous avons peut-être eu tendance dans le passé à couper en rond pour ne pas avoir à faire des calculs un peu plus compliqués. Dans un pays en pleine expansion et prisonnier du système économique, nous ne pouvons plus ignorer la valeur de l'argent : nous ne pouvons plus nous permettre des concessions purement sentimentales. La sentimentalité et le patriotisme ont leur place dans la société d'aujourd'hui et ils ne doivent être mis au rancart sous prétexte que nous sommes devenus un peuple adulte. Les symboles doivent demeurer, mais sur le plan économique et sur le plan expansion, nous devons nous élever momentanément au-dessus de ces considérations particulières et voir les choses comme elles se doivent[56].

Il n'est pas encore question de choisir entre le patriotisme et l'économie. Mais, dans la perspective nouvelle, on reconnaît volontiers la priorité de l'économie sur la langue et la culture. La spiritualité du peuple acadien doit sa vitalité à une condition permissive : un niveau de vie matériel suffisant, la satisfaction des besoins économiques. La foi est ainsi détrônée dans son antique suprématie sur la culture acadienne et la langue française. C'est un principe profane qui lui vole aujourd'hui la place forte dans la relation de causalité :

> Au Canada français, on a cru pendant longtemps qu'il fallait essayer de survivre par le truchement des traditions, la beauté du folklore, le retour à la terre et par la sauvegarde de nos institutions. On a oublié que toutes ces choses, très valables en elles-mêmes, ne pouvaient être sauvées que sous le contrôle de l'économie... Un bon emploi, le succès financier nous rendra plus fiers de nos origines qu'une situation de citoyens de seconde classe nous fera considérer notre origine française comme un défaut[57].
>
> Nous ne cessons de répéter que c'est le développement économique dont l'importance déterminera à l'avenir le rayonnement ou la décadence du français chez nous[58].

Dans la culture, il faut revaloriser des notions autrefois méprisées. Des attitudes archaïques doivent changer pour pouvoir s'adapter à l'esprit d'entreprise. L'éthique capitaliste exige que soient réhabilitées les notions de capital et de profit, que le goût du risque et l'esprit d'entreprise soient cultivés aux dépens de la traditionnelle prudence qui a valu au peuple acadien de végéter dans les limbres du sous-développement. Il faut que l'Acadien retrouve cette confiance suffisante en lui-même pour se

---

[56] Bernard POIRIER, éditorial, l'Évangéline, 6 juin 1966.

[57] Jean CADIEUX, « Aurions-nous sous-estimé l'importance de l'éducation au Nouveau-Brunswick ? » l'Évangéline, 2 décembre 1967.

[58] Éditorial anonyme, le Progrès-l'Évangéline, 16 novembre 1970.

réapproprier le domaine des affaires qu'il a toujours remis dans les mains étrangères parce que, de coutume, il a cru que « les affaires sont le fait des autres » :

> Il y va un peu du caractère de l'Acadien de ne pas être porté à se lancer dans le risque financier. Nous ne comprenons pas encore que pour contrôler il faut posséder et pour posséder il faut risquer[59].
>
> Nous avons un peu failli à la tâche extrêmement importante qui nous incombait, soit celle de prévoir et de planifier l'avenir... Nous oublions trop souvent que nous sommes arrivés à un stage où il nous est impossible de continuer à évoluer en gardant intactes nos vieilles formules sans vouloir accepter les changements ou les transformations qui s'imposent. Soyons donc réalistes et rendons-nous compte du fait qu'il nous faut à tout prix planifier l'avenir et qu'il nous faut à tout prix accepter et adopter de nouvelles formules[60].

La réhabilitation de la théorie de la libre concurrence dans une société qui a toujours privilégié l'économie communautaire et renoncé au fétichisme de la marchandise et de l'argent doit pourtant composer avec les éléments du projet culturel collectif et de la tradition. Les idéologues qui introduisent ces « nouvelles formules » en économie et qui sont des « spécialistes » du commerce ou de l'économie sont très conscients que leur discours risque de se décrocher de la somme idéologique de l'époque. Les catégories traditionnelles peuvent être adaptées au monde moderne; les catégories du monde moderne doivent aussi pouvoir être interprétées par la pensée traditionnelle. Les idéologues de l'économique doivent démontrer que le projet capitaliste n'est pas incompatible avec les vieilles catégories de la pensée acadienne :

> Pendant si longtemps, on a prêché l'épargne, le placement de tout repos, la sécurité. Il faut cependant essayer de convaincre ceux qui ont quelques économies ou réserves que le temps est venu d'en faire du capital, de risquer... Les notions argent et profit peuvent être synonymes de vilain et démoniaque et peuvent être aussi synonymes de perfection et accomplissement selon l'angle sous lequel elles sont envisagées. Mais le sens qui convient le mieux pour nous c'est service. Nous voyons dans les richesses bien acquises et dans le contrôle de notre économie un service à rendre à notre groupe ethnique... Une bonne économie est un gage de sécurité pour notre langue et notre religion[61].

Le réalisme au nom duquel on se permet de promouvoir l'esprit d'entreprise et la motivation du profit veut introduire des valeurs qui lui sont attachées mais toujours en référence aux valeurs qu'on croit unanimes de la culture. Car la tradition est toujours légitimatrice, comme les hommes qui la représentent et qui l'ont le mieux explicitée. L'homme d'affaires ou le professeur en sciences commerciales est contraint de se soumettre aux rites de

---

[59] Léon RICHARD, « la Société Nationale des Acadiens », *loco cit.*

[60] Richard SAVOIE, « le Secteur socio-économique chez les Acadiens », *loco cit.*

[61] Jean CADIEUX, « Discours d'ouverture du premier congrès des hommes d'affaires acadiens », 1960.

la société et aux normes de l'élite nationaliste. C'est comme s'il fallait toujours revêtir la tunique des Romains pour entrer sur la scène. On ne change pas l'histoire sans ressusciter les héros[62].

Or, il se trouve un texte dans les archives de la Société Nationale qui dit que l'intrusion du projet économique dans la société acadienne suppose le « changement des notions de culture ». Son auteur, Jean Cadieux, en arrive à demander explicitement de changer la culture traditionnelle plutôt que de soumettre les innovations à son processus intégrateur. Il demande aux notables acadiens de reconnaître d'emblée tout le prestige d'un homme d'affaires sans que celui-ci soit obligé de revêtir le costume du notable. Voici comment est clairement posée la problématique :

> M. Brouillet, le directeur de l'École Polytechnique, donnait récemment une conférence à la radio. L'essentiel de sa conférence peut se résumer en ces termes : « Le temps est révolu où on a pu croire que la culture se résumait dans la connaissance des arts et qu'aujourd'hui la culture doit être vue sous un autre angle et doit comprendre la connaissance de l'automation et de la bombe atomique, etc. » Je voudrais qu'on me permette d'ajouter... que c'est une culture que de comprendre notre système de banques, la politique fiscale de notre pays et les échafaudages financiers de nos compagnies modernes.
> Comment voyons-nous nos hommes d'affaires ? Sont-ils des professionnels ? Leur donnons-nous le crédit qui leur revient ? On a réservé le titre de professionnel aux gens de profession, mais n'est-ce pas une profession que de diriger les affaires du pays ?
> Nous vivons encore à l'âge de l'an premier... Si nous nous arrêtons à songer que le contrôle des affaires et de la finance est un puissant levier permettant de grandes réalisations dans d'autres domaines, il me semble qu'il serait facile de se convaincre qu'il faut préparer de plus en plus des hommes aptes à diriger nos activités commerciales et que nos maisons d'éducation nous aideraient à mieux préparer des compétences, si elles voulaient consentir à changer leurs notions de culture[63]...

Privilégier l'homme d'affaires, élever l'économique et le technologique au rang des valeurs nobles sinon supérieures, reviser les normes dans l'éducation, changer la notion même de culture : c'est bien en appeler à une vision du monde étrangère à celle qui fondait toute la tradition acadienne. Le projet économique est ici rendu incompatible avec le projet global de restauration. Il n'est plus justifié par l'exemple du passé, il ne fait plus référence aux valeurs ataviques. Il se fonde explicitement sur un modèle externe. Cet écart n'est pas sans rappeler la tentative de Jean Hubert qui rêvait aussi de changer la culture à partir de critères normatifs extérieurs[64].

---

[62]Cf. Karl MARX, *le 18 Brumaire de Louis Bonaparte.*

[63]Jean CADIEUX, « l'Avancement économique », conférence prononcée pendant le XIIIe congrès national acadien, S.N.A., 1960.

[64]Le parallèle de l'aventure idéologique des deux Québécois est frappant : si Jean Cadieux fut plus discret et plus subtil dans sa critique de l'idéologie traditionnelle acadienne, l'incompa-

Il reste à voir comment le discours économique qui avait pu être explicité dans les années 60, soit dans l'enthousiasme de la « Renaissance » nationale, va être intégré dans le discours traditionnel et repris par les idéologues les plus chevronnés de la société. Car après la crise des années 1968-1969, qui eut notamment pour conséquence d'affaiblir considérablement le pouvoir de la Société Nationale et de déloger pour un temps des lieux de définition idéologique les chefs traditionnels, les fidélités de la tradition acadienne se trouvent redites avec force dans *l'Évangéline* et l'ancienne totalité idéologique reconstituée. Les discours les plus récents qui traitent de l'économie nationale sont toujours écrits par les quelques idéologues qui ont repris l'initiative de la parole collective en 1957. Le projet économique abandonne ses frondes autonomistes pour être ramené à la totalité originaire.

2. « *Pour une société saine*[65] »

Il en est de l'économie comme de l'identité acadienne : finalement, une définition positive d'un modèle économique pour la société ne peut être donnée sans que soit refaite la « critique ni-ni », comme dirait Roland Barthes[66]. La juste voie suppose que soient écartées du chemin et la tentation de l'excès et celle de la faiblesse, soit dans le nationalisme l'extrémisme et la capitulation, soit encore en économie le communisme et le capitalisme.

Il n'est pas question de « réviser la notion de culture », mais bien de juger et de condamner tout ce qui n'est pas compatible avec l'*a priori* normatif sur lequel est fondée la culture. Le capitalisme abusif et le socialisme derrière lequel se regroupent les jeunes Acadiens nationalistes sont à proscrire parce que l'un et l'autre conduisent à des excès. Voici en quels termes est rendu le jugement catégorique :

> Lorsqu'une société par un système capitaliste abusif, outrancier et monopolisateur a tendance à se diviser entre les riches et les pauvres, les contrôleurs et les contrôlés, les repus

---

tibilité finale de son discours avec le discours traditionnel eut pour conséquence d'écarter son auteur du pouvoir idéologique. La conférence qu'il prononça en 1960 fut peut-être le moment le plus audacieux de définition publique de son projet idéologique. S'il ne fut pas par la suite écarté de la société, c'est qu'il renonça vite à l'ambition de définir les nouvelles avenues du nationalisme acadien et qu'en d'autres lieux il avait, comme l'alpiniste, planté des pitons.

[65] Titre de l'éditorial, *le Progrès-l'Évangéline*, 3 décembre 1970.

[66] « Il s'agit là d'une mécanique de la double exclusion qui relève en grande partie de cette rage numérique... que j'ai cru pouvoir définir en gros comme un trait petit-bourgeois. On fait le compte des méthodes avec une balance, on en charge les plateaux à volonté, de façon à pouvoir apparaître soi-même comme un arbitre impondérable doué d'une spiritualité idéale et par là juste, comme le fléau qui juge la pensée. » (*Mythologies*, p. 162.)

et les affamés, cette société porte en son sein les germes de sa propre destruction. Elle servira bientôt de pâture aux vautours du communisme qui se nourrissent toujours des plaies béantes d'une société malade[67].

Nous avons déjà, dans le passé, condamné assez sévèrement le communisme marxiste et ses méthodes cruelles et subversives... Le socialisme est une aberration de l'esprit.

Nous avons aussi, à l'occasion, fustigé les abus du capitalisme sans âme. Nous rejoignons ici les idées de Monseigneur Camara du Brésil qui condamne dans son livre publié récemment les infâmes excès des monopoles capitalistes et des satrapes de la haute finance...

Nous assistons de nos jours, même chez nous, à une lutte gigantesque entre ces deux systèmes extrémistes : le socialisme marxiste et le capitalisme véreux... On semble oublier qu'une solution extrémiste ne corrige jamais un mal extrémiste[68].

La tradition ne peut s'accommoder des révisions aussi déchirantes que celles empruntées aux idéologies dites capitalistes et socialistes. « Toute liberté finit toujours par réintégrer une certaine cohérence connue, écrit Roland Barthes, qui n'est rien d'autre qu'un certain *a priori*[69]. » Qui n'est autre que celle de la tradition construite à partir d'un *a priori* explicite de la culture. L'ouverture au monde n'est que provisoire. Le discours idéologique doit bien à la fin fermer les vases communicants des significations.

Il est un autre thème qui nécessite le jugement axiologique parce qu'il est souvent invoqué comme moyen de régulation d'une économie capitaliste : c'est la grève. Si l'on ne revient à la Nationale sur le droit de grève, celle-ci n'en est pas moins écartée du modèle d'une praxis économique acadienne.

La grève ne peut que compromettre le jeu d'un système social hiérarchique puisque le pouvoir pris par la base est incompatible avec la structure traditionnelle d'autorité. Les syndicats nationaux n'ont jamais été tolérés en Acadie quand ils n'étaient pas contrôlés par l'élite acadienne. Les chefs traditionnels, quand ils sont à la tête d'une entreprise ou d'une institution qui regroupe un assez grand nombre de salariés, ont toujours favorisé les syndicats de boutique et les négociations individuelles ou à l'amiable[70].

La vieille solidarité de type familial et le modèle théocratique d'autorité sont des éléments essentiels de la structure sociale et des données non moins essentielles de la culture qui ne peuvent tolérer qu'avec maintes précautions et restrictions la grève. En voici la rationalisation idéologique :

Devant les abus criants, il y a des contestations et des grèves légitimes et parfois nécessaires. Mais nous voulons parler des grèves dont le public ne veut pas et dont il est la misérable victime...

[67]Éditorial anonyme, *le Progrès-l'Évangéline*, 3 décembre 1970.

[68]*Ibid.*, 25 mars 1971.

[69]*Mythologies*, p. 164.

[70]Un exemple parmi d'autres fut celui de l'Université de Moncton où en 1968 la direction utilisa tout son pouvoir pour empêcher la formation d'une section syndicale des employés.

La difficulté dans des cas semblables c'est de garder son sang-froid et de savoir distinguer les bonnes causes des mauvaises... Qu'on cesse d'être naïf et de se laisser berner par des slogans tout cuits, souvent reçus d'ailleurs, dont ils se servent pour jeter de la poudre aux yeux, alors qu'ils sont eux-mêmes souvent les pires égoïstes et les pires « bourgeois »[71].

La grève doit être raisonnable et menée par des chefs responsables. La « véritable maladie » qu'est la « psychose de la grève » est presque toujours l'œuvre d'un « agent d'affaires de l'union, et ce dernier est facile à reconnaître. Il roule carrosse, fume le cigare et est grassement payé, qu'il y ait grève ou non. Il ne connaît rien à l'économique, mais déblatère aisément contre la bourgeoisie alors qu'il est lui-même le pire des bourgeois[72]. »

Il est clair que les unions et syndicats révèlent un nouveau type de leader qui peut entrer en concurrence avec les chefs traditionnels et dont le nouveau pouvoir peut être incompatible avec les anciens. Selon la vision traditionnelle du monde des chefs acadiens, le pouvoir ouvrier devrait en dernière instance se conjuguer avec le pouvoir de l'élite nationale pour que les antagonismes partiels puissent se résoudre dans l'intérêt collectif ou le bien commun. Une société d'ordres ne laisse pas se dessiner sans réactions des oppositions de classes.

Quelle est la formule qui pourra refaire le consensus dans ce débat sur l'économie une fois faite la « critique ni-ni » ? Comment opérer la réintégration du discours économique aux tendances autonomisantes dans la totalité du projet collectif dont la ligne de force était la continuité du modèle archétypal ?

Il existe pourtant une autre formule que nombre de pays ont expérimentée avec succès. C'est la formule du mouvement coopératif. Utilisant le système capitaliste pour le service au lieu du profit, les coopératives représentent « la voie du juste milieu ». Elle demeure la seule formule qui permette une participation active des économiquement faibles[73].

La formule coopérative demeure toujours la technique par excellence de participation de la masse au processus économique...

Depuis plus de cent ans, la formule coopérative a pourtant fait ses preuves. Opérant à l'intérieur du système capitaliste, elle en change la philosophie en plaçant l'homme avant l'argent et le service avant le profit. Mais surtout, elle grandit, elle motive, elle anime chacun de ses membres en exigeant la participation active et éclairée aux activités économiques[74]... .

Avec le coopératisme est finalement refaite la cohérence du discours. Les valeurs qui ont été redéfinies en d'autres moments sont retrouvées. La continuité explicite avec le passé est fortement soulignée. La singularité de la

---

[71]Éditorial anonyme, *le Progrès-l'Évangéline*, 1er octobre 1970.
[72]*Ibid.*, 3 décembre 1970.
[73]*Ibid.*, 2 décembre 1970.
[74]*Ibid.*, 25 mars 1970.

mission acadienne, c'est aussi l'originalité du modèle entre les deux extrêmes qui divisent le monde. Mission, messianisme pourrait-on ajouter puisqu'il est dit que le coopératisme est la formule salvatrice : « Pour les Acadiens comme pour tous les peuples sous-développés, c'est la seule formule qui puisse nous sauver[75]. »

L'aura de l'Acadie mythique et mystique est là qui confère au modèle tout le sens suprasensible dont sont dépourvues les deux autres formules d'une économie entièrement matérialisée (« capitalisme sans âme », « socialisme marxiste fossoyeur de toutes les libertés humaines »). Même une valeur comme la démocratie que les contestataires avaient soulignée pour faire la critique de l'idéologie et du pouvoir dominants trouve son content. Dans le coopératisme, la masse est réellement participante, le nationalisme économique aussi est sauf puisque les économies restent dans la communauté et sont placées en vue du bien collectif. Il est même explicitement rappelé qu'on doit placer acadien : « N'oublions pas cependant que notre Compagnie bougera en autant que nous continuerons à nous assurer chez nous afin de mettre autant de nos piastres au service des nôtres[76]. »

Pour que cette formule n'apparaisse pas sectaire au moment de l'ouverture du nationalisme acadien, on confirme sa compatibilité avec une formule modérée du capitalisme. Le modèle coopératif autorise le profit si celui-ci est canalisé vers le bien collectif, s'il devient « service ». « Argent et profit, disait Jean Cadieux, peuvent être synonymes de vilain et de démoniaque et peuvent aussi être synonymes de perfection et d'accomplissement selon l'angle sous lequel ils sont envisagés. Mais le sens qui convient le mieux pour nous c'est service[77]. » On ne pourrait mieux trouver pour illustrer le mécanisme de réduction idéologique. En voici un dernier exemple : « Nous n'essayerons pas d'analyser tous les services que la Fédération a rendus aux Caisses... Ces services, ils ne peuvent s'apprécier en piastres mais tout simplement en dévouement et en esprit de sacrifice de la part de quelques-uns... Mais comme son président nous le disait récemment, « le jour où la Fédération deviendra une simple entreprise de cents et de piastres, elle aura fini de jouer son rôle en Acadie »[78]...

En conclusion, le projet économique que sont amenés à définir les idéologues du nationalisme acadien est finalement absorbé par le projet de res-

---

[75]*Ibid.*, 25 mars 1971.
[76]*Ibid.*, 29 mars 1971.
[77]Jean CADIEUX, « Discours d'ouverture », *loco cit.*
[78]Éditorial anonyme, *l'Évangéline*, 4 juin 1970.

tauration des valeurs séculaires et de la vieille structure de la société. L'empressement d'un Jean Cadieux à changer la culture pour valoriser les conceptions modernes du commerce et de l'économie a démontré l'écart de son discours par rapport à la tradition acadienne et le décalage des fonctions qu'il lui donnait par rapport aux fonctions encore très ritualistes du discours national. Il suffit de revenir à son introduction à la *Revue économique* de 1963[79] pour mieux saisir l'inachèvement de son discours comparé à celui de Mgr Robichaud qui, bien qu'ancien en sa forme, ne disait pas autre chose que les derniers éditoriaux cités.

> Nous, vos chefs, tant religieux que laïcs, nous voudrions vous voir plus unis dans la fierté de nos glorieuses origines, dans la fidélité à la mémoire de nos ancêtres et dans la docilité aux grandes leçons que nous donne notre sublime histoire... Avec l'union qui fait la force, au point de vue social, nous préconisons la coopération, ce puissant levier du monde économique...
>
> Rien ne saurait contribuer plus efficacement au développement et à la grandeur de la race acadienne que la pratique de l'épargne, de la vertu d'économie et l'acquisition du véritable esprit coopératif. La Divine Providence a voulu que le mouvement coopératif prenne naissance dans notre pays et que les nôtres soient les premiers à en bénéficier. Nous souhaitons donc avec ferveur que dans tous les milieux acadiens l'on s'applique à faire pénétrer ce mouvement sauveur[80].

Mais on a pu observer pour la seconde fois une percée dans la coquille du vieux discours (la première étant le tournant fédéraliste du nationalisme acadien). Les éditoriaux disant les mérites et les vertus du mouvement coopératif ont introduit par le biais de la valeur « service » une possibilité d'ouverture à l'économie extérieure de type capitaliste. On a revêtu le profit d'un ancien costume qui a fait ses preuves : le « service ». On a humanisé le modèle capitaliste.

Par la réduction dans la culture du « bien » quantitatif au bien moral, on a légitimé indirectement l'introduction des hommes d'affaires acadiens dans le monde — qu'on a reconnu par ailleurs assez indépendant — de l'économie et de la finance. La formule de rhétorique « la voie du juste milieu » était parfaitement adaptée à ce jeu des permutations. Elle écartait un risque de conflits et de ruptures. Elle donnait à l'élite de nouveaux atouts, dessinait pour la culture et la tradition de nouvelles avenues, coordonnait pour la société un changement possible.

Le projet de restauration n'est donc pas total. Il rend possible un projet novateur. Car si les idéologues ont bien rappelé que la formule coopérative est déjà centenaire, qu'elle a fait ses preuves, etc., ils se sont bien gardés de

---

[79] Cf. le texte cité au début de cette section.
[80] Mgr ROBICHAUD, « Unité, Coopération, Éducation », *l'Évangéline*, 17 août 1955.

ressusciter par exemple la haute valeur spirituelle de la pauvreté, celle qui fit selon le mythe toute la vertu de la colonie primitive. Si le « signe de piastre » n'est pas explicitement réhabilité, il n'est pas non plus condamné à demeurer dans le rang des valeurs ignobles et intouchables.

C'est ainsi que le grand rouleau de la tradition se déroule sans l'obsédante monotonie du piano mécanique, pas tout à fait identique à celui d'avant; jamais non plus différent : ni... ni..., le juste milieu étant la condition même de la continuité. Ce que disait en d'autres termes Euclide Daigle : « Nous avons cru — c'est peut-être dans le tempérament acadien — qu'il fallait tenir compte du temps, qu'il ne fallait pas hâter les choses[81]. »

IV. La voie du juste milieu en politique

De tradition, les chefs et idéologues ont laissé la politique (au sens courant) en marge du discours nationaliste. Ce qui ne veut pas dire, bien sûr, que les Acadiens se sont abstenus de faire de la politique. Mais dans l'idéologie, l'abstention est de règle, comme si nationalisme acadien et discours politique étaient incompatibles. Qu'on se rappelle certaines allocutions de Mgr Robichaud où il est dit qu'au lieu d'entrer en controverse avec les maîtres anglais les Acadiens devaient redoubler leurs prières à Dieu. La politique est anglaise; ce qui tient lieu de pouvoir politique ou « parlement » pour les Acadiens, c'est leur Société Nationale. L'unité nationale exclut la division en partis politiques. Quand les chefs acadiens vanteront par exemple les mérites d'un Louis Robichaud, ils le feront toujours en rappelant son origine acadienne.

Dans son étude sur le *Moniteur acadien*, Raymond Mailhot écrit : « Le Moniteur affirme tout au long des 21 années que nous avons lues qu'il ne choisit pas de parti. Il prêche contre l'esprit partisan, mais toujours il opte du côté des libéraux-conservateurs d'Ottawa, et presque toujours pour le même parti à Fredericton[82]. » Camille Richard faisait des observations semblables sur la première convention acadienne : « Sur 33 orateurs des conventions, il y a 9 politiciens, soit 39% du total; toutefois, seulement 4 thèmes, soit 0.9% sur 454, peuvent être classés comme visées politiques[83]. »

---

[81] Euclide DAIGLE, Émission *Présent*, du 26 août 1960, Société Radio-Canada.

[82] Raymond MAILHOT, *la « Renaissance acadienne »* : *l'interprétation traditionnelle et le Moniteur acadien*, p. 138.

[83] Camille RICHARD, « l'Idéologie de la première convention nationale acadienne », *loco cit.*, p. 62.

Ces remarques portant sur le XIXᵉ siècle seraient encore valides de nos jours. Certains des idéologues actuels ont été candidats pour l'un ou l'autre parti, et il se peut que ce soit leur échec politique sur la scène provinciale qui les ait déterminés à œuvrer dans les institutions nationales. Mais peu importe ces conjectures. Il est redit explicitement dans les années 60 que nationalisme et politique sont incompatibles, et que « dans un but opportuniste » les leaders acadiens devraient continuer d'afficher un prudent neutralisme. Voici ce qu'écrivaient les auteurs du rapport sur la presse acadienne : « La Commission recommande : ... 5. Que l'*Évangéline* soit toujours au service des meilleurs intérêts du groupe francophone sans jamais devenir l'instrument d'un groupe politique[84]. »

Et dans un document interne qui définissait en 1969 les règles à l'usage du comité de rédaction des éditoriaux de l'*Évangéline*, on peut lire : « Dans des commentaires sur des questions de politique, le comité de rédaction cherchera à respecter une judicieuse indépendance. Dans un but opportuniste, l'*Évangéline* s'appliquera à respecter la pensée de ses lecteurs, se rappelant que parmi ceux-ci il peut y avoir différentes tendances politiques ou idéologiques[85]. »

Pourtant, comme pour le nationalisme et l'économie, on reconnaît que la situation a changé depuis la Renaissance et que l'ancienne attitude vis-à-vis de la politique peut être adaptée. C'est par le biais de la valeur « compétence » que le sujet est réhabilité. À l'école, « une revalorisation de la fonction politique s'impose », comme celle de la fonction économique. Car, disait un orateur du congrès de 1965, « dans notre milieu... l'instruction et la compétence sont des impératifs d'autant plus grands que nous accusons des retards marqués vis-à-vis de nos compatriotes du centre et de l'ouest du pays[86] ».

À la Nationale, la commission de la politique qui siégeait au XIVᵉ Congrès prenait les résolutions d'introduire l'enseignement de la science politique aux niveaux primaire et secondaire de susciter au niveau collégial et universitaire un enseignement formel des sciences politiques et de prolonger cette éducation dans la population adulte[87].

Le projet collectif est encore ambivalent. Comment concilier neutralisme traditionnel et engagement moderne ? Comment va pouvoir être justifié le

---

[84] *Rapport de la Commission d'enquête sur l'œuvre de la Presse acadienne*, p. 83.
[85] « La politique du Comité de rédaction », document daytylographié, l'*Évangéline*, 1969.
[86] Frère MÉDÉRIC, « Exposé pour la Commission d'éducation », *loco cit.*
[87] Vœux du XIVᵉ Congrès national, S.N.A., 1965.

nouveau statut du politique au moyen des anciennes valeurs ? Est-ce que l'introduction de nouvelles valeurs est possible quand, au moment d'une crise de la praxis sociale, il faut refaire l'unité du discours ?

1. « Money talks » ou le réalisme en politique

Pour beaucoup d'idéologues, la voie du progrès ne devait pas être incompatible avec la tradition. Les innovations se justifiaient en elle. Tout se passait comme si le changement n'avait que l'éminente fonction de recréer l'ordre perpétuel. La rupture avec le passé qu'on avait présentée comme un paradoxe ne s'appliquait qu'à l'action quand, dans la connaissance et le sentiment, la fidélité au passé restait une norme absolue : l'action, libérée de la contrainte de l'obéissance à des modèles archaïques, pouvait ainsi trouver entière légitimité dans les valeurs inchangées.

L'extrait du texte qui suit démontre pourtant l'incompatibilité de deux visions du monde qui s'excluent dans la pratique politique. Le réalisme en politique n'essaie plus de se justifier par des fins autres que les siennes. L'idéalisme est inconciliable avec le jeu réel de la politique, de même qu'il n'est plus d'aucun secours dans les affaires où la valeur d'échange a été coupée de la valeur morale. Pour l'auteur, le fait accepté en économie doit le devenir en politique :

> Ne soyons pas scandalisés. Les partis politiques constituent l'essence même de la démocratie... L'existence des partis, par conséquent, souligne tout simplement les efforts de groupes différents pour faire accepter par le peuple des interprétations différentes du bien commun. Il n'y a pas de quoi se scandaliser. Au contraire, la démocratie et notre liberté même sont menacées sérieusement quand une bonne partie de l'élite se glorifie d'afficher sa neutralité politique. Aucun citoyen responsable n'a le droit de nos jours de se tenir orgueilleusement à l'écart des partis politiques sous prétexte que « la politique est sale ! » Il est possible que dans le passé nous ayons été un peu trop optimistes quant à la conduite de l'homme de la rue en tant que citoyen. Je me rappelle fort bien de la définition idéaliste du bon citoyen qu'on nous enseignait à l'école. C'était un être qui tenait de l'archange. Il était altruiste, toujours bien intentionné et intéressé au suprême degré au bien-être de ses compatriotes; ses actes étaient toujours motivés par la raison et surtout par un ardent désir de placer le bien commun au-dessus de son intérêt personnel; et enfin, il était toujours sûr de ne jamais se tromper puisqu'on lui avait enseigné que la voix du peuple c'était la voix de Dieu. Il n'est pas surprenant que la comparaison entre cette définition fantaisiste et la véritable conduite politique du citoyen moyen ait peut-être scandalisé un bon nombre d'âmes timorées. Il faut être réaliste. Le bon gouvernement, si cela veut dire quelque chose, doit être bon pour le citoyen ordinaire en termes de satisfaction personnelle tangible. La démocratie n'a pas changé les hommes en de purs esprits que je sache[88] !...

---

[88]Alexandre BOUDREAU, « le Secteur politique », conférence prononcée lors du XIVe Congrès national, S.N.A., 1965.

Ce discours fut prononcé par un Acadien, le directeur de l'Institut de Memramcook, et non pas par un idéologue québécois comme l'étaient Jean Hubert et Jean Cadieux. Son auteur appartient sans conteste au collège des notables de la société.

L'Évangéline publiait d'ailleurs en 1970 un éditorial intitulé « Un hommage à nos politiciens » qui reprenait les grandes idées énoncées en 1965 :

> Les partis politiques constituent l'essence même de la démocratie. Leur tâche ne se résume pas à organiser des débats oratoires. Ils doivent proposer des programmes qui reflètent bien les désirs du peuple, tout en assurant la sécurité, la prospérité et le bon ordre. Tout le processus électoral n'a d'autre but que de permettre à différents groupements politiques de présenter au peuple différentes interprétations du bien public. Et le peuple choisit. Un citoyen, par conséquent, qui affiche sa neutralité vis-à-vis des partis politiques ne peut être un citoyen à part entière. Mais les citoyens ont les représentants qu'ils méritent, et il est possible que nous, les citoyens, exigions un peu trop de nos politiciens. Ce ne sont que des hommes. Non seulement nous voulons qu'ils soient d'une honnêteté irréprochable, mais dans un monde où l'argent mène tout, nous voudrions qu'ils en ignorent l'existence…
>
> Soyons réalistes. La démocratie ne peut pas faire de l'homme un ange. La plupart de nos politiciens sont des hommes dévoués, compétents, honnêtes. Mais ils sont humains. Ils ont besoin de bien vivre, et peut-être surtout de se sentir appréciés, honorés et respectés[89]…

Le discours est neuf. Il affirme la valeur de la quotidienneté contre celle de l'idée. Il argumente en la faveur du trivial, du tangible, des gestes et bénéfices du citoyen moyen contre l'idéal, la pratique et la raison pures du citoyen modèle. Il va jusqu'à trouver « fantaisiste » la tradition. Une éthique pragmatique de la satisfaction est substituée au code moral de l'abstinence. En réhabilitant l'homme de la rue et les vertus pratiques de l'homme politique ordinaire, l'auteur désacralise tout l'édifice idéologique qu'avaient essayé de maintenir bon gré mal gré ses homologues de la Société Nationale.

Est-ce qu'un tel discours marque une véritable rupture ? Est-ce qu'avec lui éclate le projet global de refaire l'unité dans la signification et l'unanimité autour d'elles ? Une vision spiritualiste du monde s'efface-t-elle pour laisser au pragmatisme le soin de découvrir ses valeurs légitimatrices ?

Le choc est dur, mais qu'on ne soit pas scandalisé ! Les temps changent, mais, contrairement à ce qu'on pouvait croire et dire autrefois, ils ne présagent pas le « retour à la barbarie ».

Que la tradition se soit trouée au point de ne plus offrir que la banale image d'une passoire d'où s'écoulent les eaux de jouvence et où s'infiltrent les eaux sales de la politique : soit ! Il est trop tard, dans un monde brassé par les affaires et où, comme disent les Anglais, « money talks », pour

---

[89] Éditorial anonyme, *le Progrès-l'Évangéline*, 12 mars 1970.

mettre à contribution les habiletés de l'homme au bricolage et reconstruire dans la sécurité l'abri décrépit du passé.

Si l'on s'en tenait à cette interprétation que le style et le ton suggèrent aux premières lectures, il resterait à rendre compte du changement et expliquer le sens profond de la coupure. Il faudrait aussi revenir sur l'interprétation globale et sur le sens ultime du projet collectif.

Dans les deux textes cités sont contenus les indices de la continuité par rapport aux valeurs auparavant définies. Pour légitimer le bien-fondé de l'existence des partis politiques, l'auteur fait référence à une vieille valeur : le *bien commun*. « L'existence des partis... souligne tout simplement les efforts de groupes différents pour faire accepter par le peuple des interprétations différentes du bien commun » et « tout le processus électoral n'a d'autre but que de permettre à différents groupements politiques de présenter au peuple différentes interprétations du bien public ». Le divers ou le multiple sont finalement réduits à l'unique. La dialectique n'est pas entrée dans le discours, le non-dualisme finit toujours par prévaloir.

Mais aussi, le jeu politique des partis sauvegarde la *démocratie* dont les politiciens sont présentés comme les défenseurs. La valeur à la connotation moderne qui avait été introduite dans le discours de la Nationale quand l'exercice du pouvoir était contesté apparaît maintenant comme une valeur traditionnelle à sauver[90]. Elle répond aux « désirs du peuple tout en assurant la sécurité, la prospérité et le bon ordre ». La démocratie, « c'est une sorte de religion et nous ne pouvons pas admettre sa faillite », disait William James (cité par Alexandre Boudreau). Comme la libre entreprise et le coopératisme, elle garantit un mode de vie et de gouvernement des hommes et des choses qui protège contre le fléau moderne du communisme totalitariste[91]. Dans l'éditorial cité, il est encore écrit « que c'est précisément ce jeu âpre, difficile, frustrant de la politique de partis et cet affrontement courageux, sans donner de quartiers, des débats, qui sont nos plus sûres défenses contre le totalitarisme et la démagogie pure[92] ».

Quand l'élite acadienne continue d'afficher sa neutralité politique, elle ouvre toute grande la porte de l'Acadie à la barbarie. Comme l'ouverture à l'idéologie fédéraliste était en même temps une innovation et une réaction

---

[90] « La nation acadienne ne nourrit d'autre ambition que celle de grandir et de vivre dans le cadre où la providence l'a placée, sous la garde de Marie selon les principes du plus pur christianisme et les données non moins réalistes d'une saine démocratie. » (Sœur ROSE-MARIE, *Marie dans l'éducation nationale en Acadie*, p. 15.)

[91] Cf. Jean CADIEUX, « Discours d'ouverture », *loco cit.*

[92] Éditorial anonyme, *l'Évangéline*, 12 mars 1970.

visant à faire échec au fléau séparatiste, l'innovation en matière politique sert le projet de restauration du « bon ordre » dans les valeurs et dans la société. Fédéralisme, coopératisme et démocratie sont bien trois innovations aux fonctions identiques.

Dans quelques textes ultérieurs, le discours trop spectaculaire sur la réhabilitation du politique se trouve neutralisé. Il aura fallu que la société traverse la crise de 1968-1969 et qu'elle assiste au très symbolique « Octobre 70 » québécois pour que soit livré avec une vigueur renouvelée le très vieux combat manichéiste. On ne peut trouver meilleure opposition symbolique des valeurs que dans les documents écrits pour expliciter et conjurer la crise.

2. Barbarie et civilisation

La crise d'octobre 70 au Québec a réveillé en Acadie des peurs anciennes. En voici un témoignage du sociologue Camille Richard : « De retour au Québec après un stage prolongé au Nouveau-Brunswick, j'avais pu constater l'ampleur, par rapport à l'Acadie, d'un certain mouvement d'expression, d'agir, de libération. Puis ne voilà-t-il pas que depuis les événements d'octobre, je me sens réintégré par ma « peur acadienne »; surtout, je la sens dans mon entourage, je la vois chez les autres... Elle vous invite constamment à choisir la position confortable de l'anonymat sécurisant de l'idéologie du *statu quo* et à refuser la critique de toute autorité établie comme s'il s'agissait de quelque chose de sacré. À la longue, cela produit chez beaucoup d'Acadiens une sorte de sentiment d'impuissance face au changement social, de méfiance envers tout ce qui est nouveau, étranger et susceptible de déranger leurs habitudes, et à créer un pattern de non-participation ou de démission politiques[93]. »

La peur avait été réfléchie, car la crise secouait cette fois la société voisine, non plus la sienne[94]. Elle ne collait plus à la peau. Elle était réminiscence d'une peur vécue en d'autres occasions. Comme le sociologue acadien, l'élite gardait un certain recul par rapport à la crise québécoise, elle pouvait avoir une compréhension des événements par comparaison. Elle voyait le dénouement dramatique de sa propre crise chez l'autre et pouvait par conséquent en tirer illico la morale et la conclusion.

---

[93] Camille RICHARD, « La peur acadienne va-t-elle s'implanter au Québec ? », *le Devoir*, 15 décembre 1970.

[94] Sur l'expression idéologique de la crise acadienne, voir le dernier chapitre.

Pour dire la crise dans toute son intensité et sa signification dramatique, il fallait aller puiser dans l'imaginaire collectif, il fallait aussi mettre à l'épreuve toutes les possibilités stylistiques et dramaturgiques de la tradition. En cette occasion, le discours allait produire un syncrétisme unique en exploitant au maximum toutes ses possibilités. C'est là qu'il faut chercher la synthèse de l'ancien et du nouveau. C'est en lui qu'il faut chercher le sens du paradoxe exposé par le Père Cormier. Toutes les interprétations précédentes doivent être compatibles avec les significations explicites de ces textes. Enfin, le projet collectif global dont j'ai déjà montré l'ambivalence devrait trouver dans ces textes expression « pure ».

Voici des extraits de deux éditoriaux écrits pendant les « événements d'octobre » :

> Le Front pour la Libération du Québec est devenu un chancre qu'il faut déraciner et détruire au plus vite, avant qu'il ne soit trop tard. Constitué par un groupe d'écervelés, bien entraînés à Cuba et en Algérie, et dirigé par les éléments subversifs qui ne sont même pas canadiens, il est grand temps qu'on signe son arrêt de mort. Autrement, c'est un retour à la barbarie[95]... »
> Pierre Laporte est mort martyr, la victime innocente de ses convictions. Il a été choisi pour le suprême sacrifice parce qu'il réunissait dans sa personne et sa vie tout ce que notre société chrétienne et démocratique renferme de grandeur, de beauté, de justice et de dévouement. Sa vie tout entière était l'expression vivante de tous les principes fondamentaux qui ont fait la force du peuple canadien-français; une foi profonde, l'amour de la famille, l'attachement à la patrie, petite ou grande. Il n'en fallait pas plus pour attirer sur lui, les foudres des sicaires du communisme international, cette bande d'assassins à gage pour qui toute religion est « l'opium du peuple » et dont le seul principe est de n'en avoir aucun, ni religieux, ni moral, ni patriotique[96]...

Les grandes figures symboliques, les principaux thèmes mythiques et idéologiques sont ranimés dans ces écritures qui ont gardé le style pathétique des sermons. En période troublée, le peuple acadien doit confier son destin à la Divine Providence. Il ne serait pas hasardeux d'émettre en hypothèse que ces éditoriaux furent écrits par une personne éminente de la nation et de l'Église. Le Comité de rédaction, en cette occasion extraordinaire, rendait non seulement le jugement collectif des hommes et de l'histoire, mais se faisait le porte-parole du jugement de Dieu.

À la vision chrétienne du monde est opposée la vision satanique du « communisme international ». La terre des ancêtres est sacrée; hors de ses limites, le monde est soumis aux forces du mal. La barberie est toujours aux portes de la cité. 1755 n'est pas oublié. Mais réconciliés avec les Anglais,

---

[95]Éditorial anonyme, *le Progrès-l'Évangéline*, 13 octobre 1970.
[96]*Ibid.*, 19 octobre 1970.

les Acadiens et les Canadiens français se sont découvert l'ennemi moderne. Un homme qui incarnait tout le bien de la civilisation chrétienne en Amérique a été sacrifié, immolé en martyr. C'est encore la preuve de la vocation surnaturelle du peuple canadien-français. Le messianisme reprend toute sa force et son sens dans la lutte contre le fléau. À cette occasion, il est confirmé que le choix acadien de se dissocier de l'aventure indépendantiste québécoise était juste. Une fois identifiées les causes de la division, il est redevenu possible de redire l'unité et la vocation commune de l'Acadie et du Canada français. En même temps est confirmée la solidarité canadienne, la fidélité acadienne à la « grande patrie ».

Les vertus de la société primitive sont rappelées. Les grands principes qui ont été les fondations du projet de la Société Nationale sont réitérés : la foi, l'amour de la famille, l'attachement à la patrie (les deux). Culture spirituelle, société patriarcale, mission nationale. L'Acadie primitive et l'Acadie de la Renaissance sont rappelées dans l'expression « société chrétienne et démocratique », démocratie étant ici entendue comme il est dit ailleurs : « sécurité, prospérité et bon ordre ». Le modèle traditionnel de l'autorité est redéfini sans ambiguïté : les chefs sont envoyés par Dieu, ils sont inspirés par la Divine Providence. Ce sont eux qui ont le pouvoir de juger et de rendre sentence.

Quant à la démocratie, une valeur dont il est impossible de se séparer car elle est au cœur de l'idéologie libérale, elle est tantôt érigée en valeur fondamentale, tantôt renvoyée dans les coulisses quand elle risque d'introduire trop de confusion dans l'argumentation. Quel est le sens de la démocratie dans ces textes et dans les autres ? On serait bien en peine pour donner réponse satisfaisante. Elle est tantôt valeur pure et idéale, tantôt modèle pragmatique de gouvernement opposé à la démocratie pure. Associé à la société chrétienne, elle prend dimension utopique et valeur normative. Associée, comme le faisait Alexandre Boudreau, au jeu politique des partis, elle devient légitimatrice du « réalisme ». Mais encore, elle est présentée comme le bouclier du monde libre et de la civilisation chrétienne occidentale contre le communisme.

La démocratie est bien une valeur à la fonction essentiellement rhétorique. Elle est flottante. La tradition ne lui délègue pas un sens normalisé. Elle est un exemple remarquable d'emprunt qui a fonction de bouche-trou. Elle avait été utilisée aux débuts de l'existence de la Nationale pour résoudre la crise du pouvoir[97].

---

[97]Mgr Gosselin, pendant le congrès de 1960, avait le premier insisté sur l'importance idéologique de cette valeur pour concilier « le titre de Nationale de la Société et son caractère plutôt

Si la structure de la société restait profondément hiérarchique, le discours traditionnel, contrairement à la structure sociale, pouvait facilement s'accommoder d'un changement nominal de valeur, surtout quand celui-ci revenait à remplacer l'argumentation de l'« élection divine » ou de la « vocation surnaturelle » par son corrélat historique, le « processus démocratique ». Avec la « démocratie » on modernisait le discours. De même que dans les dernières années, quand il est devenu nécessaire de redire au contraire l'ordre traditionnel, la « démocratie » est invoquée dans son acception conservatrice.

Des événements québécois, les chefs acadiens ont tiré conclusion pour leur société. La crise du Québec a permis de rendre intelligible, pour l'élite, la crise de la culture et du pouvoir acadiens. Elle a donné aux idéologues l'occasion de répondre à leurs concurrents et de refaire l'unité du discours national. Tout le manichéisme qui pouvait, dans les derniers éditoriaux, opposer subversion communiste et sagesse traditionnelle se particularise dans la situation acadienne où se confrontent deux idéologies nationales concurrentes. Le lieu du débat est encore la « démocratie », mais dans le sens nouveau que lui donnent les adversaires : animation et participation. Ce sont les thèmes idéologiques qui ont miné la Société Nationale à l'époque de la préparation du congrès de 1970. Il aurait été étonnant de ne pas les retrouver, récupérés par le discours nationaliste dominant.

3. De la vérité

Tout au long de l'analyse du discours de l'élite, la présence de « l'autre », les concurrents idéologues qui cherchaient à définir un nouveau nationalisme acadien, était passée sous silence. Alors que la praxis était dédoublée, le discours disait l'unanimité. Mais, à la suite de la crise québécoise, « l'autre » fait son apparition presque brutale dans le discours quand il est apparu opportun de l'associer avec l'adversaire dans le langage mythique et de livrer avec une nouvelle vigueur le combat manichéiste.

---

oligarchique... Nous sommes en présence d'une société de type aristocratique plutôt que démocratique... » (« La Société Nationale des Acadiens », S.N.A., 1960.) Par la suite, la « démocratie » était passée à l'avant-garde de la thématique idéologique : « La S.N.A. est une société démocratique... Son exécutif désire qu'elle le demeure. » (Alfred BASTARACHE, Rapport du Comité exécutif concernant la Commission Pichette, S.N.A., 1965); « Les représentants... ont été élus aux postes qu'ils détiennent par un processus nettement démocratique. » (Vœux du XIIIᵉ Congrès national, Rapport annuel, S.N.A., 1960.) Les exemples sont nombreux dans la littérature de la Société.

L'adversaire, même compatriote et coreligionnaire, doit être réduit au silence en vertu d'un jugement de valeur catégorique qui prend force de jugement divin. Un « coup de barre » idéologique est donné pour empêcher toute tentative de schisme, toute relativisation du projet national, toute mise en cause d'un ordre social qui est aussi un ordre surnaturel. Au nom même de la démocratie, il faut détruire tout pastiche de la démocratie, même au risque de « briser un peu de vaisselle[98] ». En un mot, une fois pour toutes, il faut en Acadie juger du vrai et du faux, du bien et du mal. Il fallait, comme disait Mgr Robichaud, écarter le mal avant qu'il n'entre dans la forteresse. Une fois rentré, il reste à le « déraciner et détruire au plus vite, avant qu'il ne soit trop tard » :

Il nous semble que le temps est venu, pour la population et pour les gouvernements fédéral et provincial, d'établir une distinction et de bien saisir les différences fondamentales entre l'animation bien faite et l'activisme destructif, et d'arrêter de supporter et de financer indistinctement les deux.

L'animation bien faite procède d'un grand amour de l'homme...

L'activisme, par contre, s'inspire de la haine, de cette haine satanique qui fait baver sur tout ce qu'il y a de sacré, de sûr, de solide et surtout de vrai et de beau. L'activisme, à l'instar de Voltaire, accepte comme philosophie de l'action : « Mentez, mentez, il en restera toujours quelque chose. » Lénine, lui aussi, pour organiser le communisme, n'avait pas de meilleure directive à transmettre à ses disciples...

Malheureusement, nous avons des exemples chez nous des effets nocifs de cet activisme, que l'on présente effrontément à notre population mal avertie comme de l'animation sociale. Quand donc nos pouvoirs publics auront-ils le courage d'arrêter de financer grassement avec l'argent des contribuables certains de ces faux prophètes, des usurpateurs de titres d'animateurs sociaux, qu'ils se sont octroyés eux-mêmes. Ces dénigreurs de tout ce qui nous est cher devraient au moins vomir leur fiel à leurs frais. « Je ne crains pas les méchants. Je crains les bons qui ne font rien[99]. »

Dans l'imaginaire de la société acadienne, les conflits sont présentés sur le mode dramaturgique. La vieille mythologie a été ressuscitée, mais cette fois l'adversaire a revêtu le costume du bolchevique et le justicier celui de la démocratie chrétienne. La crise québécoise a fait remonter en surface tout le sacré de l'histoire. L'éditorialiste n'est pas ici un quelconque démagogue. Il a statut tantôt de prêtre, tantôt de prophète. Sa parole est donnée dans l'absolu divin. Quant à l'idéologue adverse, il est un « faux prophète », un sorcier qui aurait revêtu costume de révolutionnaire.

---

[98]Éditorial anonyme, *le Progrès-l'Évangéline*, 19 octobre 1971 : « Que la Divine Providence les inspire et leur donne la force de donner les coups de barre nécessaires... Il faudra être ferme, même si temporairement cela nécessite certains accrocs à la démocratie pure. Quand il s'agit d'éteindre le feu, il ne faut pas craindre de briser un peu de vaisselle. »

[99]Éditorial anonyme, *l'Évangéline*, 24 juin 1970.

Voici un dernier document qui situe mieux que tout autre l'espace idéolo-gique dans l'espace religieux. Le texte fut publié dans la rubrique « L'opi-nion du lecteur », mais en réalité son auteur n'est autre qu'un des éditoria-listes de *l'Évangéline* :

> Moi, je pense que le grand malaise qui existe au Québec, comme un peu partout dans le monde aujourd'hui, c'est une *crise de la foi*. On a perdu Dieu, comme un voyageur perd le nord...
>
> On dit qu'il faudrait changer les structures. Est-ce bien sûr que ce serait le remède ? Quand les pommes sont pourries, le fait de les changer de baril ne fait pas grand'chose. C'est tou-jours de la pourriture.
>
> Ce qui est important, c'est d'enrayer la pourriture à l'école, dans nos universités, en poli-tique, etc.
>
> Les enfants ne peuvent pas faire tout ce qu'ils veulent à la maison ou à l'école ou à l'uni-versité. Il doit y avoir des règlements.
>
> Les citoyens ne peuvent pas faire tout ce qu'ils veulent dans la société. Il faut des règle-ments.
>
> Pas plus que les hommes peuvent faire ce qu'ils veulent sur la terre : il y a des RÈGLE-MENTS qu'on appelle les Commandements.
>
> Donc, ce qui est important, ce n'est pas tellement le besoin de changer les structures, que ce soit dans l'Église ou dans l'État. Ce qui est urgent, c'est de changer les cœurs. Autre-ment, ce sera changer les pommes d'un baril à l'autre, mais elles resteront pourries[100].

C'est à l'aide d'une parabole biblique qu'est donné tout le sens du drame. La crise de la société n'est en définitive qu'une crise de la foi. Le vrai com-bat se mène à l'intérieur. L'ordre social n'est autre que celui inspiré des commandements divins. Il ne serait d'aucun remède de changer les institu-tions avant que l'homme lui-même ne soit changé.

Ces valeurs ultimes ne sont pas des abstractions à l'horizon idéal de l'his-toire. Elles ont été vécues et cultivées par le passé. L'ordre établi en est plein. Qu'on se souvienne que « l'ordre de la grâce vient surélever l'ordre de la nature ». Il suffit aux hommes de savoir reconnaître la vérité. Ainsi, démocratie, participation, engagement politique, mais aussi argent et profit ne sont pas nécessairement incompatibles avec les autres catégories de la culture acadienne à condition que ces mots soient entendus dans leur « jus-te » signification. En dernière instance, ce sont les chefs du peuple acadien qui peuvent juger du bon et du vrai. Car la population n'est pas toujours bien avertie et la force de persuasion de l'adversaire est grande. Il ne peut y avoir deux vérités. Il ne peut non plus y avoir plusieurs paroles collectives. Il ne peut, dans la société, y avoir plusieurs ordres, mais seulement une hié-rarchie des hommes, des valeurs et des choses.

---

[100]UN LECTEUR, *le Progrès-l'Évangéline*, 6 novembre 1970.

En conclusion, ce qui apparaît se dégager avec force de cette analyse, c'est la vitalité de l'ancien nationalisme acadien. L'unité que l'idéologie vise à réaliser dans les esprits est faite dans le discours national. Aucune déchirure importante n'a pu être constatée dans la totalité signifiée. Sans incompatibilité ni contradiction, le discours peut se donner à la société comme un projet culturel total, capable de soustraire sa ronde unité imaginaire à la permanente désunification du monde. Il a démontré aussi sa permanence et la puissance de son absolu en redéfinissant après une crise grave ses plus « sages » et ses plus graves fidélités. La vérité et la sagesse invoquées après la crise ne sont que l'absolutisation des vieux *a priori* culturels objectivés dans le chapitre précédent. Et ce processus lui-même, une formule explicite en a rendu compte : la grâce surélève l'ordre de la nature et de la société.

L'idéologie traditionnelle a démontré qu'elle pouvait rencontrer et assimiler les principaux mouvements de l'histoire, s'intégrer à une nouvelle situation et continuer de définir ses règles. Elle ne vise pas, comme le discours de la Société Historique, à naturaliser l'histoire. Elle ne vise pas à perpétuer un ordre fixe dans un temps immémorial.

Des changements importants sont intervenus dans les dernières décades et particulièrement dans les années 60 qui auraient pu invalider le vieux nationalisme et en faire le sabir démodé d'un public resté fidèle au vieux théâtre. Mais ces changements ont été rendus compatibles avec la tradition. Le vieux langage idéologique a su emprunter des formes neuves et moderniser son style : affaire de costumes et de décors.

Ce que la parole nationale n'a pu tolérer, c'est la possibilité du multiple ou la multiplication des possibles à partir de la vieille unité totalisante, totalitaire. Un ordre a été reçu en héritage comme la mission surnaturelle de le reproduire. La jeune élite de 1955 a reçu des anciens le pouvoir occulte jadis très fonctionnel de la société secrète qu'était l'Ordre Jacques-Cartier, elle a été initiée, confirmée définitivement par un pouvoir supérieur dans son statut, dans ses fonctions, dans ses privilèges, dans sa différence. C'est maintenant à elle et à elle seule que revient le rôle d'initier les novices, soit de les introduire dans la structure du sens et dans la structure de la société. Les passages dans la société et dans la culture sont strictement codés et cérémoniels. Et on a vu tous les efforts des idéologues pour conserver le monopole de la définition du code quand apparaissent des langages concurrents, qu'ils soient spécialisés comme le langage scientifique, économique, politique, ou apparentés à d'autres formations idéologiques. Dans le cas des langages spécialisés, le discours idéologique opère par intégration ou réduction, dans celui des langages idéologiques concurrents il opère par dichotomisation catégorique et exclusion magique.

Le discours national reste très proche du discours mythique en ce sens qu'il exclut au départ la possibilité du pluralisme. Le modèle est donné une fois pour toutes dans son unicité et dans sa totalité, dans sa fonction normative et dans sa fonction explicative, pratique, instrumentale. Il définit la société acadienne dans un absolu, même si celui-ci autorise des variations internes.

Le discours national est avant tout un rituel visant à actualiser le mythe de l'identité acadienne dans le monde et l'histoire. Son espace sacré rend compte des dimensions profanes; son temps immémorial embrasse la mémoire collective. L'unité nationale acadienne est renvoyée à l'unité primordiale, comme le sionisme contemporain et le nationalisme arabe peuvent renvoyer, chacun intolérable à l'autre dans sa totalité totalitaire, à l'acte d'origine.

Les fêtes de 1955 et le premier congrès de la Société Nationale des Acadiens avaient avant tout signification mythique et symbolique. Il fallait redire pour aujourd'hui l'unité synchronique du sens dans la continuité syncrétique de la mémoire collective. Pour rendre le présent intelligible, il était nécessaire de le représenter par le geste et par la parole rituels, codés par la tradition, renvoyant aux archétypes de la culture acadienne, soit aux choix ou aux *a priori* originaires.

On ne peut comprendre toute la force sociale de ce discours et dans la pratique sociale acadienne expliquer tout le pouvoir des idéologues qui sont en même temps les chefs de la société si on n'en saisit pas l'essence religieuse. Les constantes références au sacré, dans le langage, dans les situations, ou dans les fonctions, ne sont pas seulement métaphoriques. Car tout dans la société acadienne est encore vécu sur le mode religieux et fonctionne selon les formes et les finalités de la vie religieuse. On ne pourrait faire lecture du nationalisme acadien sans retourner aux géniales analyses de Durkheim[101] et Mauss[102] sur les formes élémentaires de la vie religieuse. On ne serait pas sauf si on se tirait de l'analyse de l'idéologie sans se référer aux modèles de la prière, du sacrifice, du dogme, du rite, du mythe, ni de l'analyse d'une situation qui rassemble la collectivité ou son simulacre sans se référer à la messe comme au jeu sacré. C'est l'objet lui-même qui commande le mode de pénétration : la parole acadienne demeure plus religieuse qu'instrumentale, elle continue d'annexer le fait historique au lieu de le provoquer.

---

[101] Émile DURKHEIM, *les Formes élémentaires de la vie religieuse.*
[102] Marcel MAUSS, *Œuvres.*

CHAPITRE IV

LE RALLIEMENT DE LA JEUNESSE ACADIENNE

« *Nous sortons tout juste d'une indigestion aiguë de l'autorité et de l'obéissance et nous n'avons pas encore fini d'en vomir toute la tiédeur. Mais déjà se fait sentir un immense appétit de reconstruction morale et spirituelle et de nous attacher cette fois-ci, à rétablir les valeurs d'autorité et d'obéissance au cœur même d'une vie humaine non plus dénaturée, aliénée ou prostituée, mais vécue dans la plénitude de sa signification.* »

(Roger Savoie, « L'autorité au service de la personne et de l'unité », réunion du 12 janvier 1966.)

I. Le Ralliement de la Jeunesse Acadienne

Le Ralliement de la Jeunesse Acadienne (R.J.A.) qui se tint au Collège Saint-Joseph de Memramcook du 1er au 3 avril 1966 est une initiative de la Société Nationale des Acadiens. Depuis plusieurs années, on déplorait l'absence des jeunes au sein de la Nationale et l'on avait invité les leaders étudiants des différents collèges du Nouveau-Brunswick à participer plus activement aux assemblées annuelles ainsi qu'aux congrès nationaux. Pour l'élite nationale se posait en effet la question de la « relève », celle de la continuité d'une œuvre commencée en 1881 et relancée en 1957 à l'occasion de la réorganisation de la Société Nationale. On rappelait de façon régulière pendant les assemblées l'indifférence de la jeunesse face au message patriotique et, en particulier, le désintéressement de la jeune élite étudiante qui se tenait à distance de la Société mère alors qu'on voulait préparer efficacement la succession. Les jeunes n'étaient pas au rendez-vous !

De l'extérieur aussi le problème était soulevé, mais sous un angle différent. La Société Nationale était dénoncée comme étant une cellule autocratique qui agissait trop à l'insu du grand public et où les délibérations prenaient l'allure de palabres secrets. N'y étaient admis que les élus, tandis que la « masse » et la jeunesse étaient vouées, l'une à son labeur quotidien, l'autre à ses études. Le même constat de non-participation était posé, mais de lieux diamétralement opposés.

C'est donc pour tenter d'initier la jeunesse à la chose nationale, pour « préparer la relève » et pour apaiser la critique qu'en novembre 1965, après le congrès, l'« exécutif projette l'organisation d'une rencontre d'étudiants de tous (les) collèges[1] ». Le coordonnateur du projet résumait en ces termes l'historique :

> L'idée d'un rassemblement des jeunes Acadiens ne date pas d'hier. Déjà, depuis bon nombre d'années, certains dirigeants de la S.N.A. mûrissaient un tel projet.
>
> L'idée fit boule de neige et, l'année dernière, le Dr Léon Richard, président, me faisait part de son désir de réaliser le projet le plus tôt possible. À cette fin, il obtint $700 du Comité de Civisme, organisme provincial. Le pas décisif était franchi.
>
> Dès septembre dernier, le Comité Exécutif de la Société Nationale me confiait la réalisation du projet qui, à ce moment, ne devait se limiter qu'aux étudiants. Ce n'est qu'avec la possibilité d'obtenir un octroi du Fédéral que nous avons pu envisager d'étendre le projet aux jeunes des différents milieux, voire du Canada tout entier[2]...

Projet ambitieux et laborieux qui nécessitait la constitution d'une équipe en un comité d'organisation du Ralliement. Le coordonnateur nommé par la

---

[1]Compte rendu du secrétariat, Assemblée annuelle, S.N.A., 1965.
[2]Jacques BEAULIEU, « Historique du projet », Document préparatoire, R.J.A., 1966.

S.N.A. aurait à recruter à Moncton les quelques individus déjà sensibilisés à la chose nationale, prêts à se porter volontaires pour l'organisation d'une telle manifestation. Et c'est ici que s'introduit un petit groupe déjà constitué dont il est indispensable de retracer l'origine.

En novembre 1965, lors de l'assemblée annuelle de la S.N.A., parmi les professeurs de l'Université de Moncton invités à donner une conférence spécialisée sur les sujets sociaux et économiques de la société acadienne, un orateur, jeune sociologue sans notoriété, prononçait un discours qui connaît sûrement peu d'équivalents dans l'histoire de la parole acadienne. Je reviendrai bientôt sur le texte de ce discours qu'il sera nécessaire de reproduire presque intégralement parce qu'il contient déjà toute la thématique idéologique du Ralliement. Cette conférence provoqua la réprobation de l'assemblée, à l'exception de quelques individus qui virent en l'orateur audacieux le possible ou futur leader d'une « gauche » en promesse. Parmi ceux-ci, quelques amis, quelques collègues de l'université, quelques étudiants. Un groupe potentiel existait qu'une voix aux accents charismatiques regrouperait dans la solidarité enthousiaste d'un projet à construire. Une parole ferme explicitait enfin, non plus dans l'intimité d'un foyer privé ni dans la chaude confrérie d'une table de taverne, mais bien devant le prestigieux collège des notables acadiens, un message demeuré longtemps implicite, une parole restée muette, anonyme, impuissante parce que confinée dans l'inexprimable quotidien.

Un petit groupe s'était ainsi constitué, cimenté par le discours original du sociologue. Y figuraient principalement Roger Savoie, un jeune prêtre, professeur de philosophie à l'Université, récemment rentré d'un voyage d'études en France; Harold McKernin, jeune fonctionnaire, « promoteur du civisme » à la Direction de la Citoyenneté Canadienne, qui avait été approché par le président de la S.N.A. quand fut lancée l'idée d'une rencontre d'étudiants acadiens; Robert Blondin, journaliste québécois du poste de Radio-Canada à Moncton, remarqué « dans le milieu » pour son non-conformisme idéologique; Julien Pezet, jeune professeur de l'Institut de Memramcook, spécialisé en éducation des adultes; le président des étudiants de l'Université de Moncton, Bertrand Johnson; Camille Richard, enfin, le sociologue intempestif qui, au cours d'une entrevue, me décrivait son rôle comme il suit : « J'ai eu l'impression, pendant que ça marchait cette affaire-là, qu'on m'avait investi de faire fonction d'idéologue officiel de la patente. J'étais l'idéologue du groupe. »

Le groupe se réunissait presque clandestinement, tantôt chez l'un tantôt chez l'autre, s'interrogeant sur la situation présente de la société acadienne, prêt à s'engager dans une action collective, mais trébuchant à chaque nouvelle rencontre autour de l'éternelle interrogation : « Que faire ? Comment faire ? Faut-il faire quelque chose ? » Il fut question d'écrire un manifeste, de fonder une sorte de club politique. Le sociologue Camille Richard résumait oralement ainsi la longue gestation du projet :

> On se réunissait régulièrement... On s'est demandé qu'est-ce qu'on pourrait faire. On voulait poser un certain diagnostic sur la situation acadienne et ensuite passer à l'action... Roger (le philosophe) et moi, on était vraiment des produits du milieu. On était reconnu comme des intellectuels, mais des « bons petits gars ». Et avec le stage qu'on a fait à l'extérieur, à l'étranger, on est revenu avec des « idées nouvelles ». Roger se faisait critiquer et des gens disaient : « On l'a envoyé en Europe et il est revenu avec des Idées... » Quand on est revenu, on remettait un peu le milieu en question, ça embêtait les gens. On s'est lié tout de suite d'amitié et on a voulu faire quelque chose ensemble... Il est devenu aussi très ami avec Robert (le journaliste) que je lui avais présenté... Alors on s'était rencontré six ou sept fois et on sentait qu'on commençait à tourner en rond. On se disait : « On critique, on fait des diagnostics et on fait toujours ça autour d'une table, à la taverne, en prenant un verre de bière, et puis ça tourne toujours en rond et ça n'aboutit jamais à rien. » On s'est dit qu'on pourrait se réunir une fois pour fonder une sorte de club politique ou quelque chose comme ça. Finalement, on s'est dit qu'on devait publier une sorte de manifeste pour que ce soit quelque chose de concret, de positif... On cherchait une occasion de se dire, de s'exprimer, parce qu'on n'avait pas de journal, pas de revue... Alors on s'en allait allégrement vers ça, et, tout à coup, l'occasion nous est donnée du Ralliement.

On sollicita la participation du sociologue à l'organisation du Ralliement, et avec lui les quelques compères du « club politique » : ils constituèrent le Comité d'organisation. Fut adjoint au groupe un trésorier, membre de la S.N.A., puisque celle-ci gardait la responsabilité financière du projet. Il fut revendiqué et admis au début, lors d'une réunion conjointe du Comité Exécutif de la S.N.A. et du Comité des Jeunes, que les jeunes devraient avoir l'autonomie d'action, autonomie toutefois limitée quant au choix des conférenciers invités. La Société Nationale précisa en effet que les hommes politiques devraient être exclus d'un tel ralliement quand le nom de René Lévesque fut proposé comme « invité de marque ».

Ainsi, initialement un projet annexe aux activités de la Société Nationale, le Ralliement tombait entre les mains d'une faction antagoniste et ne devait plus les quitter. La S.N.A. voulut donner la parole à la jeunesse étudiante acadienne; les porte-parole de toute la jeunesse représentative des différents milieux sociaux (c'est au nom de ce public élargi que les intellectuels prétendront parler) voudront la libérer. Le Ralliement devait apporter à la Nationale une nouvelle jeunesse tant dans ses effectifs que dans son langage et dans ses perspectives; il donnera l'occasion à quelques intellectuels de se regrouper, il rassemblera leur public d'élection que sont surtout les étudiants acadiens, il favorisera l'explicitation d'une contre-idéologie encore diffuse et partielle dans les consciences individuelles, maintenue dans le domaine du privé. Le Ralliement est la création d'un lieu où l'on viendra se dire pour la première fois collectivement avec des mots neufs; la création aussi d'un groupement sinon d'une classe à qui l'on ouvrira et définira des rôles nouveaux. Il voudra être le point de départ d'une action sociale qu'on nomme « engagement », la décision collective d'autogérer une praxis sociale jusqu'alors désappropriée. Le Ralliement, c'est en somme le transfert provisoire et symbolique du pouvoir de définition des fins collectives des définiteurs légitimes aux porte-parole d'une classe statistiquement objective mais sociologiquement ambiguë : « les jeunes de 18 à 35 ans ».

Le Comité mis sur pied devait définir le projet, planifier tous les détails, ceci en un temps très court et avec une assez grande autonomie de décision et d'action. L'année 1966 était celle de la préparation des fêtes du Centenaire de la Confédération canadienne. Pour obtenir un subside du gouvernement fédéral, il fallait donner au Ralliement dimension canadienne. Le Comité décida d'ouvrir le Ralliement à toute la jeunesse francophone et même aux représentants d'organisations d'étudiants anglaises à condition que ceux-ci puissent s'exprimer en français. Il ajouta aussi parmi les objectifs du Ralliement la cause de l'unité canadienne : « en invitant des jeunes des autres provinces, nous voulons créer un rapprochement entre les diverses parties du pays et servir aussi l'unité canadienne[3] ». Mais, spécifie bien Camille Richard pendant l'entrevue déjà citée, « en invitant des gens de l'extérieur, c'était bien des gens de la gauche qu'on invitait... Le problème de l'unité canadienne, ça n'entrait pas en ligne de compte. On n'en a même pas discuté de cette affaire-là. »

Un octroi de la Commission du Centenaire allait permettre d'élargir les délégués au Ralliement à toutes les classes de la population. Le principe de non-sélectivité des délégués fut maintes fois rappelé au cours des réunions préparatoires. Les jeunes professionnels et les « jeunes en affaires », les cultivateurs et les pêcheurs, les instituteurs ainsi que la jeunesse ouvrière devraient tous être représentés. On voulait avant tout éviter un certain monolithisme du public comme la consécration d'une fraction privilégiée de la jeunesse, les étudiants, quand le caractère collectif de la manifestation était fortement proclamé. On voulait actualiser par le fait même la pratique démo-

---

[3] « Les buts du projet », documentation confidentielle du Comité d'organisation du Ralliement.

cratique par opposition au fonctionnement « aristocratique » vivement critiqué de la Société Nationale.

En fait, et les organisateurs ont reconnu là une des causes principales de
l'échec du Ralliement, les délégués non étudiants furent plutôt clairsemés :
« Malgré les efforts accomplis, la représentation sur le plan professionnel
n'était pas aussi bien équilibrée : il y avait trop d'étudiants par rapport aux
non-étudiants; il n'y avait que trois ou quatre ouvriers; les chômeurs, les
non-instruits n'y avaient pas de porte-parole... On a tous déploré le fait que
l'ensemble des participants constituait une représentation de la jeune bourgeoisie intellectuelle avec le résultat que le Ralliement n'a pas créé un courant vers un leadership acadien plus représentatif de l'ensemble de la population[4]. »

Et Rachel Richard me disait, lors d'une entrevue : « Ça n'a pas débouché
parce qu'il n'y avait pas assez d'ouvriers qui assistaient à ça. Le pêcheur
acadien, lui n'y était pas... »

Le Comité devait préparer un programme, choisir les conférenciers qui seraient conviés au Ralliement. Les noms que mentionnent les procès-verbaux
de ces réunions sont aussi connus que ceux de Jacques-Yvan Morin, René
Lévesque, Jacques Brazeau, Guy Rocher, Marcel Rioux, Jacques Lazure,
Robert Sévigny, le Frère Untel, André Lorrain, Pierre Vadeboncœur, Léon
Dion, Claude Ryan et autres. Aucun Acadien ne fut proposé : « Ce n'était
pas pour rien qu'on faisait venir des Québécois. On voulait des figures pres-
tigieuses, on voulait des gens engagés, surtout de gauche ou du centre-gau-
che, mais pas de droite, c'était certain. On en aurait pris au Nouveau-Brunswick s'il y en avait eu, mais on n'en trouvait pas de satisfaisant. Mais ça
avait aussi une valeur plus stratégique et pédagogique d'inviter des Québécois, parce qu'on voulait changer le milieu, on voulait qu'il y ait des nouvelles idées qui rentrent. On voulait établir un contact avec Québec... On
voulait des intellectuels[5]. »

En fin de compte, les deux personnes qui acceptèrent de donner une conférence au Ralliement sont Jacques Lazure et Robert Sévigny, deux professeurs en sciences humaines qui firent une analyse clinique de la société acadienne, le premier dans un groupe de travail sur le pouvoir et le leadership,
le second dans un autre sur les minorités francophones canadiennes. Le
troisième thème d'étude était le néo-nationalisme acadien qu'une table ronde

---

[4] Harold McKernin, « Rapport sur le Ralliement des Jeunes Francophones des Maritimes
pour présentation à la Commission du Centenaire ».

[5] Entrevue avec Camille Richard.

devait essayer de définir. Enfin, une table ronde groupant plusieurs leaders étudiants des différentes provinces du Canada devait traiter de l'engagement social des jeunes, sujet laissé volontairement par les organisateurs à l'entière responsabilité des jeunes délégués.

Ce sont les documents dactylographiés des conférences qui ont fourni le principal matériel d'analyse de l'idéologie du Ralliement. Malheureusement, il a été impossible de reconstituer un dossier complet. En particulier, la dernière section consacrée à l'engagement des jeunes est amputée de la plupart des conférences qui furent données. Mais d'autres documents ont pu être annexés à la somme idéologique du Ralliement. Toute une documentation avait été distribuée à chacun des délégués avant le Ralliement, traitant des sujets qui allaient être publiquement discutés : elle porte le titre de *Documentation préparatoire*, et elle est jugée « essentielle » :

> Le plus grand désir du Comité est que le Ralliement soit ce que les jeunes veulent qu'il soit. C'est à cette fin que nous avons organisé des réunions préliminaires dans neuf centres français des Maritimes. Les idées rapportées de ces réunions serviront de base dans l'élaboration du programme des commissions. D'ici le Ralliement, chacun des délégués recevra quatre envois de documentation préparatoire qui traiteront des sujets qui seront discutés lors du Ralliement.
> Nous espérons que cette documentation aidera les délégués en leur faisant voir les divers aspects d'un même problème. Il va sans dire que nous incitons à lire au complet cette documentation que nous jugeons essentielle[6].

Outre les écrits des organisateurs et des futurs participants au Ralliement, la *Documentation préparatoire* contient des textes sélectionnés dans la « littérature » de la Société Nationale ou même écrits à cette occasion par des membres de la S.N.A.

Enfin, le Comité s'était donné un directeur de la publicité qui devait prévoir la liaison efficace avec tous les organes d'information français et anglais des Maritimes et même du pays tout entier. Le Ralliement devait recevoir la meilleure publicité possible comme l'indique cet extrait d'une ébauche du projet de publicité : « Inviter les mass-media (en leur procurant la documentation préliminaire) — s'occuper de leur réception — documentation de couloir — faciliter leur instrumentation — une heure par jour pour conférence de presse : prévoir un local équipé (téléphone et dactylo; prévoir la documentation complémentaire; réserver le dimanche après-midi à la radio et à la télévision[7] ».

Le côté anecdotique de ces précisions laisse deviner combien la préparation du Ralliement fut vécue par les organisateurs dans l'esprit de sérieux et

---

[6]Jacques BEAULIEU, « Historique du projet », *loco cit.*

[7]Robert BLONDIN, « Plan publicitaire préliminaire ».

dans l'enthousiasme. L'événement était une « première fois dans l'histoire de l'Acadie[8] »; ceux qui n'avaient jamais eu la parole allaient enfin pouvoir « se dire » et bientôt découvrir un « nouveau visage » à l'antique et traditionnelle patrie. Peut-être que le monde allait changer !

En 1881 avait eu lieu à Memramcook le premier congrès national acadien qui constitua « la première prise de conscience nationale officielle des Acadiens... » C'était « la première fois qu'un groupe définissait la situation acadienne au nom de la collectivité[9] ». Et en 1966, dans le même collège Saint-Joseph de Memremcook, allait se tenir le premier congrès de la jeunesse acadienne qui définirait peut-être un projet novateur pour la société tout entière.

Il faut insister sur l'atmosphère de grand-jeu qui entourait le Ralliement, sur le côté théâtral ou dramaturgique d'un événement qui relève plus de l'imaginaire que de l'action historique. Les acteurs vivaient dans un espace parallèle. C'est comme si la société avait besoin de se représenter à l'époque son avenir possible ou de découvrir sur le monde du drame son horizon utopique que les acteurs effectivement au pouvoir étaient incapables d'expliciter parce que trop collés aux opaques déterminations de la praxis sociale globale. Le Ralliement, c'est la représentation d'une nouvelle praxis possible pour la société acadienne. Le témoignage de Rachel Richard qui participait à l'événement est sans équivoque : « Pour lui, l'événement avait énormément de sens. Camille pensait vraiment que c'était arrivé pendant le Ralliement... C'est un peu comme un happening où il y avait des scènes de gens qui se défoulent, mais après, le spectacle était fini. Chacun s'en va chez soi et on continue la vie comme avant[10]. »

On ne sera pas étonné que la descente du drapeau acadien ait été l'événement qui retint la plus grande attention des observateurs du Ralliement et que la recommandation votée lors de l'assemblée plénière qui a suscité le plus de commentaires passionnés fut celle qui réclamait l'abandon des antiques symboles acadiens :

> Attendu que les signes extérieurs de notre nationalisme n'ont plus de valeur d'identité et d'épanouissement,
> Attendu que nous vivons dans une société pluraliste,
> Attendu que nous voulons que notre nationalisme soit ouvert à tous les francophones quel que soit leur credo,

---

[8]Jacques BEAULIEU, « Historique... », *loco cit.*
[9]Camille RICHARD, « Nationalisme et néo-nationalisme : de la prise de conscience à la crise de croissance », conférence donnée le 1er avril 1966 au R.J.A.
[10]Entrevue avec Rachel Richard.

Attendu qu'à l'heure actuelle la foi et le nationalisme ne sont pas liés l'un à l'autre,
Attendu que nous voulons respecter et la nature de la foi et la nature du nationalisme,
L'assemblée recommande que les signes patriotiques tels que le drapeau, l'hymne, la patronne, la fête nationale, soient conservés dans la richesse folklorique de l'Acadie mais ne
soient pas invoqués comme signes d'identité nationale[11].

Dans l'invitation qu'il envoyait à Jacques Brazeau, Camille Richard explicitait clairement la pensée du Comité d'organisation quant aux objectifs
majeurs de la manifestation :

L'objectif principal du Ralliement, selon le Comité, est de permettre la *prise de conscience
collective* dans la libre expression de la part de la jeunesse... prise de conscience de leur situation, de leurs problèmes, de leurs aspirations, de leurs besoins. Nous, du Comité,
croyons que cette organisation favorisera une telle prise de conscience et débouchera possi-
blement sur *une action et l'édification de structures selon les désirs des jeunes eux-mêmes*,
i.e., dans la mesure et selon l'orientation que les jeunes délégués eux-mêmes réunis choi-
siront. Le Comité désire un engagement social concret des jeunes, mais il tient à ce que les
modalités de l'action viennent des jeunes eux-mêmes[12].

La prise de conscience, c'est la définition explicite de la situation actuelle
telle que vécue par quelques intellectuels acadiens, définition aussi d'une
classe virtuelle qu'une théorie cohérente de sa position dans la société devra
unir autour d'un même projet collectif. Dès le départ, les intellectuels se
sont identifiés aux jeunes Acadiens de 18 à 35 ans de qui ils voulaient être
les porte-parole, une « classe » qui avait non seulement de la jeunesse mais
aussi qui était écartée du pouvoir légitime de définition des finalités sociales
et de l'action nationale. Identification aussi à la « masse », c'est-à-dire à

---

[11]Entre autres commentaires, on peut citer celui du R. F. Antoine Bernard, historien célèbre
de l'Acadie et représentant éminent d'une tradition historiographique dont j'ai montré les em-
preintes actuelles dans les *Cahiers* de la Société Historique : « Le cœur se serre à la pensée
qu'une pareille machine ait pu se montrer et fonctionner sous l'œil bénévole de chefs et éducateurs acadiens au cœur de l'Acadie renaissante, là où rayonne, depuis plus d'un siècle, le message venu des martyrs de 1755. Mais voici que je fais erreur : on ne doit plus parler de la leçon
des siècles en Acadie ! Place, désormais, aux belles doctrines de l'A.G.E.Q.!... C'est au début
d'avril 1966, il y a 4 mois, qu'un « ralliement » de la jeunesse acadienne groupa à Memramcook (ô mânes du Père Camille Lefebvre !), des délégués de diverses régions. Cela, en vue de
« faciliter à la jeunesse une prise de conscience collective dans la libre expression débouchant
sur un engagement social concret ». À ces seules lignes, vous reconnaissez déjà un certain
vocabulaire « international », une certaine phraséologie nébuleuse qui sent les bords de la Volga
et les marécages de Cuba... Vous le voyez, une magnifique entreprise de démolition nationale
fut inaugurée, sur la butte de Memramcook, sous le ragard impassible du Père Lefebvre debout
sur son socle... La protection de la Vierge de l'Assomption n'a jamais manqué, dans le passé,
au peuple acadien bousculé par tant de drames historiques. Prions que cette protection se fasse
plus maternelle encore, dans nos jours enténébrés par tant de doctrines subversives et menacés
de tant de catastrophes ! » (Éditorial, *l'Évangéline*, 9 avril 1966.)

[12]Camille RICHARD, lettre à Jacques Brazeau, 7 février 1966.

l'ensemble des classes sociales que les jeunes des différents milieux rassemblaient en un simulacre de société globale, et identification par opposition à l'élite qu'on se représentait homogénéiquement groupée dans la S.N.A.

Dans sa genèse, le Ralliement était déjà un projet critique : il allait permettre l'expression d'une contre-idéologie et, espérait-on, la création de « structures » parallèles à celles de la Société Nationale pour un engagement historique qu'on voulait plus moderne, conscient et plus responsable. La vieille vision du monde allait être représentée, réexplicitée pour dessiner un nouvel horizon à la société acadienne. La « prise de conscience » du Ralliement, c'est la prise de la parole qui doit libérer les significations fétichisées et vécues comme opprimantes du langage national, c'est le projet de refaire pour aujourd'hui la totalité du sens et des valeurs de l'Acadie; c'est aussi la prise du pouvoir sur le mode ludique et symbolique quand celui-ci est perçu par les acteurs comme inaccessible.

II. Le paradigme d'un discours précurseur

> « Nous autres, on critiquait l'idéologie. On était conscient que c'était un système d'enveloppement de la réalité dont ces gens-là se servaient pour se maintenir en place. »
> Rachel RICHARD (*entrevue*).

Le Ralliement se définit au départ comme la critique de l'idéologie dominante de la société acadienne, identifiée sous le nom de « nationalisme acadien ». Il est la tentative de donner au fait acadien une nouvelle intelligibilité par la substitution d'une analyse « scientifique » (psychologique et sociologique) de la société à l'idéologie traditionnelle. Et partant d'un diagnostic clinique « objectif », il prétend « réinventer le nouveau visage collectif » de la société et « engager » la jeunesse dans l'œuvre créatrice des « forces vives » de la nation.

Sans tradition historique, le Ralliement doit s'inventer de toutes pièces. La tâche difficile d'un tel remembrement du sens global de l'histoire revient au départ à un homme, celui qui a su le mieux expliciter et systématiser ce que tant d'autres, connaissances et inconnus, avaient ruminé ou rabâché dans leur solitaire et malheureuse confrontation au langage. Car dans une société où de longue tradition l'expression publique reste le privilège des notables à l'âge « respectable » et où par surcroît la langue s'est abîmée dans la trivialité quotidienne et privée parce qu'impuissante à rivaliser avec l'autre langue, celle-là officielle, prestigieuse et impérieuse dans une province anglaise, c'est triompher d'une situation objectivement désespérée que d'articuler une parole cohérente qui n'est pas réédition de l'idéologie traditionnelle.

Dans une telle société, l'orateur accède au prestige qui confère le pouvoir parce qu'il sait dire et bien dire, mais à condition que sa parole colle au langage du pouvoir : le pouvoir du discours n'est légitimé que s'il reproduit le discours du pouvoir, sinon il est condamné à rentrer dans la clandestinité, seul ou avec ceux qui n'ont pas choisi l'alternative de l'exil.

C'est bien ce qui s'est passé après la conférence de Camille Richard donnée devant les membres de la S.N.A. en novembre 1965. Explicitation d'un nouveau sens de la société acadienne, le discours devrait unifier un groupe encore disparate en une parole illégitime mais finalement cohérente et assez globale pour rivaliser avec la parole traditionnelle. L'on doit reconnaître en ce discours le fondement idéologique du Ralliement qui sera la tentative de légitimation d'un pouvoir honni et de normalisation d'un groupe quasi clandestin[13].

La structure de l'idéologie du Ralliement est déjà transparente dans le texte du sociologue, intitulé « L'idéologie nationale face à la société acadienne ». C'est pourquoi il est important d'en reproduire de longs extraits :

Il me faut d'abord lancer quelques fleurs, à savoir rendre hommage à ceux qu'il est convenu d'appeler depuis 1881 notre élite nationale, cette intelligentsia bourgeoise formée pour la plupart sur les bancs de nos collèges, à qui on a répéte tant de fois qu'elle aurait à remplir la fonction sociale d'élite, de chefs de nos destinées nationales... À cette élite, il faut, je pense, rendre hommage... En s'érigeant contre l'acculturation progressive et systématique anglophone, cette élite... a constitué une organisation sociale ou une armature socio-économique et culturelle qui peut encore servir de base et de point de départ en tout cas, non seulement à la survivance de notre peuple mais surtout, du moins je l'espère, au véritable relèvement social, économique et culturel de la population française des provinces atlantiques.

C'est ici, je pense, que résident à la fois la beauté et le drame de la chose. Il y a un tragique « si » conditionnel... je veux dire l'attitude de la population française en général et des jeunes en particulier envers la question nationale : la non-participation, l'agressivité, ou même l'indifférence chez une large part d'entre eux, sinon chez la majorité...

Je crains fortement que nous fassions fausse route. Du moins, chose qui me paraît, malheureusement, de plus en plus évidente, c'est que nous fassions, l'élite et la masse, et surtout la jeunesse, route à part. Tout se passe comme si chacun se parlait à soi, mais non à l'autre. Il me semble nécessaire et urgent qu'un véritable dialogue s'établisse, et non de surface seulement.

Si ceux qui font partie de l'élite nationaliste veulent travailler vraiment au nom du peuple acadien... il est grand temps, je pense, de rétablir le contact et le dialogue dont peut-être les ancêtres chefs acadiens avaient ingénieusement trouvé la formule.

Ce décalage grandissant s'explique en large part, je pense, par le contexte sociologique

---

[13] Il est écrit dans le procès-verbal de la réunion du 24 janvier 1966 : « On s'entend également sur le principe du secret : *tout doit rester entre nous.* »

actuel du changement social. Nous traversons, depuis une trentaine d'années au moins, une période de transformations et de bouleversements... Il est normal, dans un tel contexte d'une société en rapide évolution, que les institutions mêmes considérées comme sacrées et fondamentales soient remises en question. Le changement social et l'ouverture sur le monde extérieur ont eu comme conséquence chez nous d'introduire une sorte de « relativisme culturel » qui a développé peut-être une sorte de scepticisme, de remise en question, voire même une certaine indifférence. Ceci explique, je pense, en partie, la non-participation, l'apathie et l'indifférence de la population envers le message national.

Ceci est particulièrement vrai de la jeunesse étudiante. Cette jeunesse, j'en sais quelque chose, elle cherche, elle se cherche, je dirais même qu'elle vous cherche, mais éprouve d'énormes difficultés à vous rejoindre...

Ce que reproche surtout la jeunesse étudiante au nationalisme acadien, c'est peut-être de constituer un nationalisme bourgeois, *i.e.* conservateur, de droite. Et ce nationalisme est bourgeois, disent les jeunes, parce que ceux qui s'en occupent activement et en assument la direction sont tous des gens bien en place, jouissant d'un haut prestige social de par leur profession, des gens de haute instruction et disposant d'un revenu beaucoup plus élevé que la moyenne. De sorte que, de par leur situation, fort enviable d'ailleurs, économiquement parlant, ces gens ne partagent pas du tout les misères de la grande masse acadienne — misères fort prosaïques d'ailleurs, telles que équilibrer le budget familial, se débarrasser de dettes encombrantes, travailler en anglais pour un « boss » anglophone, n'avoir pas l'instruction nécessaire et désirée pour arriver, etc. — misères sur lesquelles ces gens qui constituent l'élite se penchent, honnêtement et sincèrement peut-être, mais malheureusement avec des gants blancs. Et j'ai moi-même entendu ce reproche formulé un peu différemment : « Nous ne savons que faire d'un nationalisme de salon, fait sur mesure pour gens bien intentionnés et portant gants blancs... »

À l'exemple du Concile, je pense que l'idéologie nationaliste acadienne devra se moderniser, se rajeunir plus qu'elle ne l'a fait jusqu'ici. Une idéologie, un nationalisme où les diverses classes de notre société participeront réellement et assumeront des responsabilités. Une idéologie qui débouchera sur les problèmes réels et vécus des Acadiens. Une idéologie qui dépassera, je l'espère, le stade de la *survivance* comme thème-clef. Une idéologie qui présentera beaucoup plus que simplement des thèmes de « survivance » et de « bonne-entente ». Une idéologie qui amènera les Acadiens à se tourner davantage vers le Québec et à regarder nos frères canadiens-français avec moins de méfiance et de crainte. Une idéologie qui entraînera les Acadiens ou, si vous préférez, les parlant français des Maritimes, à combattre et à travailler pour des buts communs et non à gaspiller leurs énergies dans des luttes et des chicanes régionalistes ridicules et inutiles. Une idéologie enfin — et c'est le souhait que je formule le plus sincèrement — une idéologie, dis-je, qui embrigadera les éléments les plus dynamiques et les plus révolutionnaires de toute société, je veux dire les jeunesses étudiantes et autres.

Personnellement, le nationalisme pour moi demeurera essentiellement toujours un instrument, jamais une fin en soi. Et je ne saurais que faire d'une idéologie nationaliste dont le but ultime et exclusif serait la conservation de la langue et de certaines traditions. Non. Nous disposons actuellement d'un instrument, qui, pour toutes ses imperfections, n'en demeure pas moins un instrument développé et conservé par une élite bien intentionnée, instrument qui peut s'avérer fort fécond dans le relèvement et le mieux-être socio-économique et culturel de la population française des provinces Maritimes.

Au peuple acadien qui me jugera, j'ai l'audace d'affirmer à la suite du grand poète Gilles Vigneault :

« Nous avons la jeunesse
Nous avons, le temps presse
Nous avons la promesse
Du plus brillant avenir[14]. »

1. Exception faite des éloges préliminaires et très circonstanciels adressés à l'élite, la conférence se donne comme le résultat d'une recherche, le produit d'une réflexion sur l'idéologie et la société acadiennes. Ce qui se veut ici « examen de conscience » deviendra « prise de conscience » dans le texte du Ralliement, c'est-à-dire articulation d'une critique « objective » de la situation et formulation d'un contre-projet. La critique « objectivante », telle est la position de départ du sociologue qui valorisera un peu plus loin l'attitude en opposant « relativisme culturel » et conservatisme. L'analyse scientifique sera toujours très intimement dépendante du projet idéologique.

2. La suite logique de cette position, c'est le constat d'une crise de la société, celui de l'échec de l'élite traditionnelle à faire d'une société une collectivité cohérente. Agressivité envers le message, non-participation et indifférence de la population sont les manifestations retenues de la crise. La distance qui éloigne les agents sociaux, en particulier celles qui font se mouvoir l'élite et la masse dans des voies séparées, est le signe du caractère anomique de la situation. Crise de la société adulte, crise de la jeunesse. Celle-ci s'est égarée dans le chemin de l'histoire, elle qui est plus instruite que ses pères et qui cherche des voies d'engagement, elle se découvre dans la même position que le reste de la population face à la chose nationale, c'est-à-dire bloquée. Diagnostic d'une pathologie de classes, diagnostic d'une pathologie du rapport entre les générations, les deux étant étroitement liés sinon identiques.

3. Le constat de la crise annonce la critique de ses causes : critique de l'idéologie nationaliste, critique de la classe définitrice de cette idéologie, critique de la praxis globale par elle définie et contrôlée. Aussi revendication d'un pouvoir jusqu'alors refusé aux classes laborieuses de la population et à la jeunesse, principalement les étudiants.

4. La contre-idéologie qui n'est encore dessinée que négativement veut être une idéologie « scientifique ». La critique de l'idéologie nationaliste et des valeurs qui la supportent n'est pas seulement faite au nom d'autres va-

[14]Camille RICHARD, « L'idéologie nationale face à la nouvelle société acadienne », Rapport annuel, 1966, S.N.A., texte reproduit dans la *Documentation Préparatoire* A, R.J.A., 1966.

leurs mais veut se fonder sur une analyse « scientifique » de la situation. Pour être surmontée, la crise doit être expliquée, comprise. C'est le changement social qu'a connu la société acadienne dans les dernières décades qui explique le décalage de l'idéologie par rapport à la situation réelle, la distance grandissante entre l'élite et la masse, entre l'élite et la jeunesse. Il faut redonner une nouvelle intelligibilité à l'histoire récente pour combler les indéterminations de la praxis et ouvrir à l'avenir des horizons nouveaux. Cette originale position du problème qui introduit dans la société un nouveau langage permet de légitimer la rupture puisqu'on souligne la normalité de la remise en question de l'ordre social. La sociologie et la psychologie rivalisent avec la tradition comme pouvoir de légitimation. Une théorie scientifique de la société ouvre à la jeunesse comme aux intellectuels des possibles et permet de définir pour eux des nouveaux rôles.

5. Enfin, la critique scientifique délivre un projet novateur pour la société globale. Le néo-nationalisme sera, dit-on, plus jeune, plus dynamique, mieux adapté à la nouvelle situation, une idéologie qui, indispensable à la relève de la société acadienne et mécanisme essentiel à la maîtrise de l'histoire, sera non plus l'instrument d'une classe privilégiée mais bien le lieu de participation réelle de toutes les classes de la société. L'idéologie ne sera plus conservatrice mais « révolutionnaire », elle sera, au sens de Mannheim[15], une utopie pour l'homme nouveau et la nouvelle société acadienne.

L'articulation de ce discours est celle du Ralliement, pourtant plus difficile à reconstruire parce que les idéologues y sont multiples, chacun explicitant un élément de la structure. L'idéologue clef du Ralliement explicite à lui seul la « conscience possible » d'un groupe, ce qui explique la mission quasi prophétique qu'on lui avait assignée et que lui-même a pu vivre pendant l'événement. Les dernières lignes de l'auteur sont significatives de sa conscience d'un tel rôle historique : « Au peuple acadien qui me jugera... »

On pourra observer un appauvrissement du sens dans les autres textes qui sont généralement des variations sur les mêmes thèmes, un glissement de la signification dans des expressions plus stéréotypées. Ainsi, l'analyse et la critique du pouvoir seront banalisées au point de devenir l'expression commune du conflit des générations. Le message original, dans sa routinisation, subit des pertes sémantiques qui ne seront pas récupérées en un texte final que les participants au Ralliement n'ont pas écrit. Sa réception mal décodée se manifestera dans les lacunes et l'anarchie des recommandations

---

[15]Karl MANNHEIM, *Idéologie et Utopie.*

votées par l'assemblée. Dans un texte déjà cité[16], l'un des organisateurs commente aussi le décalage observé : « S'il est vrai que les participants sont arrivés à une certaine prise de conscience de la situation acadienne du jour, il n'en reste pas moins vrai, malheureusement, que l'ensemble des participants n'était pas assez préparé, pas assez sensibilisé pour vraiment saisir l'urgence et la complexité de plusieurs de leurs problèmes. Du moins, s'ils pouvaient les saisir, ils ne sont certes pas arrivés à proposer des solutions et des formules nouvelles. Par ailleurs, il faut remarquer que c'était la première réunion de ce genre. »

Le Ralliement est essentiellement l'œuvre de son Comité d'organisation même si celui-ci désirait « que le Ralliement soit ce que les jeunes veulent qu'il soit[17] ».

III. Une crise de la société globale

Le point de vue à partir duquel la société acadienne est envisagée par le Ralliement n'est pas celui du glorieux passage de la survivance à l'épanouissement, du progrès des institutions et de la « cause » acadienne au Nouveau-Brunswick depuis la Renaissance. Il n'est plus question de faire le bilan des succès remportés dans une remarquable continuité depuis le miracle de 1881 ni de rendre hommage aux grands bâtisseurs de la nation. La Providence n'est plus de la partie pour les organisateurs et les délégués de 1966. Entre la survivance et l'épanouissement, il existe désormais un creux, et la continuité est rompue parce que la participation générale de la population à la « question nationale » n'est pas réalisée. Les chefs de la nation ont perdu la formule que « peut-être les ancêtres chefs acadiens avaient ingénieusement trouvée[18] ». Une crise affecte la société actuelle dont on trouve des indices dans l'attitude de la population : « agressivité manifestée envers le message, non-participation aux activités nationales de la population acadienne, (son) indifférence même[19]... ».

Il est intéressant de remarquer déjà que le Ralliement fait le même constat que la Société Nationale quelques années plus tôt, de l'échec du nationalisme quant à son impact sur la population, et que le point de référence est le même, le fameux congrès de Memramcook. Seulement, alors que le premier

---

[16]Harold McKernin, « Rapport sur le Ralliement... », *loco cit.*

[17]Jacques Beaulieu, « Historique du projet », *loco cit.*

[18]Camille Richard, « L'idéologie nationale », *loco cit.*

[19]*Ibid.*

évoque ce qu'il juge comme un moment exemplaire de l'histoire pour déprécier l'action de la seconde, celle-ci se réclame de la grande tradition, proclame sa fidélité à l'exemple du passé et justifie ainsi sa rectitude devant la critique. Pour le Ralliement, l'histoire est une idée; pour la S.N.A., elle était un ordre. Les intellectuels chercheront dans l'histoire l'intelligence du présent quand les notables en récitaient rituellement les saints épisodes pour mieux solidifier l'ordre hérité avec mission de le transmettre. La controverse sur l'histoire, ou plus justement sur le sens de la continuité, est un aspect essentiel de la querelle idéologique qui s'ouvre entre l'équipe du Ralliement et celle de la S.N.A.

« On pourrait se demander, écrit C. Richard, si une certaine distance n'existe pas entre les masses et l'élite ? Entre la jeunesse et l'élite[20] ? » La réponse est donnée très explicitement dans la première conférence[21]. La crise de l'unité sociale que manifeste la distance entre les classes atteint des secteurs divers tels que les institutions d'enseignement, l'Église, la famille, la Société Nationale, etc. En réalité, c'est une conception traditionnelle de l'autorité véhiculée dans ces foyers de la tradition qui est ici mise en cause :

> Les collèges classiques, seuls capables de prendre la relève, choisissent (c'était la mode) d'orienter leurs élèves dans les trois professions suivantes (dites nobles) et dans cet ordre : la prêtrise, la médecine et le droit. Orienter devient le mot clef. Disons plutôt diriger, non, plutôt pousser. Même avec l'avènement de deux guerres mondiales, où le progrès s'accélère à un rythme effarant, où la diffusion de la pensée mondiale se fait grandissante, nos institutions sont lentes à emboîter le pas au progrès...
>
> Parlons un peu du rôle du clergé acadien dans tout cela. J'aborde ce sujet avec une très grande tristesse. Le Concile nous donne maintenant le droit de parler sans risque grave, paraît-il ? Par un abus de leur autorité et par un enseignement religieux à petites pratiques, bons pour ces chères Dames de Sainte-Anne, le clergé a contribué à former une population opprimée, malaxée de scrupules...
>
> Depuis plusieurs décades, on nous enseigne à l'école et on nous prêche à l'église que tous les hommes sont créés égaux, que la liberté est une chose sacrée, que la démocratie doit prévaloir à tout prix. Par ailleurs, on trace nos lignes de conduite, on fixe nos objectifs, on détermine nos cadres, normes et valeurs, on parle en notre nom et on exige obéissance et conformité quasi absolues. Une population plus éclairée et mieux avertie, surtout une jeunesse mieux éduquée et plus exposée à une diversité d'opinions, n'accepteront plus des données dogmatiques, des ordres formels ou des directives officielles sans en savoir les raisons d'être, les conséquences et surtout sans prendre leurs propres décisions[22].

---

[20] Camille RICHARD, « Nationalisme et néo-nationalisme », conférence donnée le 1er avril 1966 au Ralliement.

[21] Camille RICHARD, « L'idéologie nationale », loco cit.

[22] Julien PÉZET, « Le leadership et la jeunesse », Doc. Prép. C, R.J.A., 1966.

Les nouveaux idéologues font état de la crise de l'unicité d'un monde qui n'arrive à se dégager de ses formes anciennes, de la crise des valeurs que la pratique univalente de l'autorité défigure à son profit, de la crise du pouvoir de l'élite et du clergé inaptes à affronter les réalités nouvelles, de la crise des institutions trop fermées au monde et craquelées par la poussée interne de contradictions croissantes. Les témoignages du même constat d'échec de la participation éclairée et authentique de tous aux différents niveaux de la vie sociale sont presque invariablement répétés par les jeunes délégués : « L'école, la famille et la paroisse nous ont surtout indiqué les gestes à poser ou à éviter, les vérités à « apprendre », les choses à craindre, le travail à réaliser, sans nécessairement inciter à une découverte, à un choix, à une prise en charge qui soient de plus en plus lucides et responsables[23]. »

Le pouvoir s'exerce impassiblement identique à lui-même, sans jamais renouveler le contrat, implicite ou non, qui le rendait effectif. Ou bien il fonctionne « à vide » et la distance qui sépare les chefs de la masse devient fictive, ou bien il s'exerce réellement « engendrant à la base servilité et infantilisme[24] ». Les mécanismes normaux qui pouvaient assurer la communication dans un temps révolu ne fonctionnent plus. L'idéologie elle-même n'a pas adapté son message à la situation, elle s'est figée par rapport à la « réalité sociale changeante », elle est devenue inadéquate à rejoindre la parole de la population :

Certains indices semblent indiquer que l'idéologie ne répond plus, comme c'était peutêtre le cas dans les années passées, aux aspirations, aux besoins et au genre de vie d'une population de plus en plus organisée[25].

Le présent nationalisme ne répond pas aux besoins de la masse parce qu'elle ne participe pas à sa définition. Ils considèrent que le décalage entre le nationalisme et la réalité sociale changeante est encore très grand[26]...

Les diagnostics s'accordent pour dénoncer le malaise de l'actuelle situation. Les individus séparés sont amenés à témoigner d'expériences qui s'agglomèrent en un constat global de faillite de l'action sociale. Pour les uns, la crise est saisie à un niveau macro-sociologique, celui des classes, de l'idéologie, de l'histoire, de la communication. Pour les autres, elle est plus localisée et plus concrètement située dans l'espace vécu de la famille, de

---

[23]FRANCINE CAMPEAU, l'Intégration des jeunes ruraux dans la société, Doc. Prép. D. R.J.A., 1966.

[24]Roméo SAVOIE, « Quelques obstacles à la création artistique »..., loco cit.

[25]Camille RICHARD, « Société acadienne et transformations sociales », Revue Économique, janv. 1965, p. 6.

[26]Ronald CORMIER, « Le néo-nationalisme acadien », conférence donnée le 1er avril 1966 au Ralliement

l'école, de la paroisse ou du collège classique. L'opposition élite/masse (jeunesse incluse dans le dernier terme) se privatise pour devenir l'opposition parents/enfants dans le cercle de la famille. Les deux langages ne s'excluent pas, ils se complètent et sont pénétrés l'un de l'autre, la « banalité » quotidienne n'étant banale qu'en l'absence de la pensée conceptuelle et totalisante. La dualité dans la parole du Ralliement réalise le passage du niveau psychologique de la crise de type œdipien vécue dans la famille à celui de la société globale où est réactualisé, selon les mêmes mécanismes, le conflit.

La crise de la conscience historique s'exprime pendant le Ralliement dans l'antagonisme non banal des générations. Au sommet, on voudrait assurer la relève, donner en héritage un pouvoir sur parole de fidélité pour porter à la gloire le peuple élu. Et c'est en vain qu'on cherche dans la jeunesse l'avant-garde prédestinée à la mission nationale. À la base (c'est bien à ces deux niveaux séparés, hiérarchisés et opposés que se situent eux-mêmes le groupe de la S.N.A. et celui du Ralliement), on cherche aussi, parce qu'on est séparé du jeu historique, on cherche pour « prendre conscience » ou expliciter une histoire possible, on découvre les creux de l'histoire imminente et du même coup on découvre la continuité comme un temps long à raccorder. Les intellectuels parlant pour les générations nouvelles constatent le vide mitoyen et les deux vies parallèles de l'élite et de la masse/jeunesse, ils constatent les brisures de la synchronie parce qu'ils visent avant tout la continuité, non pas celle d'une classe privilégiée et des formes sociales qu'elle a consacrées, mais celle de la société entière.

Que les acteurs du Ralliement passent indiscernablement de la crise de la société à celle de la jeunesse, on comprend maintenant pourquoi : parce qu'ils sont jeunes, bien sûr, mais avant tout parce qu'analogiquement ils expriment la discontinuité réelle et la continuité possible de leur société : « Les personnes d'âge mûr ont l'expérience et la maturité en leur faveur. On attache une grande importance à ces éléments dans notre société. Pourquoi une jeunesse avec peu d'expérience, mais avec des convictions solides, des théories valables, des idées nouvelles, n'aurait-elle pas le droit de prendre position dans les réalités sociales qui l'entourent[27] ? »

« Il me semble nécessaire et urgent qu'un véritable dialogue s'établisse, et non de surface seulement... Il faut redéfinir les positions pour réouvrir le

---

[27]Murielle LAGACÉ, « L'engagement social de la jeunesse francophone des Maritimes », Doc. Prép. D, R.J.A., 1966.

dialogue[28]. » « Entre les deux groupes, un dialogue franc et sincère est requis[29] » : le constat global de l'échec du langage, du pouvoir, de l'élite, à
ouvrir la société à la jeunesse — classe concrète mais aussi support symbolique de tout ce que l'histoire contient de neuf et de possible — est non pas
le procès catégorique de l'ancien qu'un geste historique ou symbolique
aurait reçu pour mission d'enterrer, mais celui d'une histoire non dialectique
et unidimensionnelle. Si la vieille totalité idéologique s'avère aujourd'hui
être un obstacle à l'unification de la praxis sociale, si elle est impuissante à
rencontrer les nouvelles réalités dont les jeunes du Ralliement manifestent
les antagonismes, il faut « réouvrir le dialogue », c'est-à-dire libérer le sens
de son trop-plein de détermination pour l'ouvrir aux significations nouvelles :
« Comment refaire constamment l'unité (écrivait C. Richard après le Ralliement, mais en retraduisant la problématique d'alors), comment opérer la difficile tâche de réunir l'antique et le neuf dans un projet collectif cohérent et
sans cesse à refaire, si les membres de la collectivité ne se sentent pas solidaires les uns des autres, s'ils ne partagent pas ensemble une conscience
d'être UNITÉ, TOTALITÉ, si la société elle-même est divisée, déchirée, dispersée[30]. »

IV. La critique de l'idéologie nationaliste

Le problème du nationalisme comme « théorie » de la société acadienne
est au centre de la réflexion du Ralliement. C'est dans le Québec des années
1960, celles de la « révolution tranquille », que les intellectuels du Ralliement vont chercher leur inspiration et non dans la tradition de la Société
Nationale que l'on identifierait facilement à celle qui prévalait au Québec
pendant les « années noires ». « Un peuple ou un groupe ethnique ne peut
survivre sans fierté, disait C. Richard en 1965. Si le peuple acadien veut
survivre en tant que peuple, l'Acadien devra apprendre à être fier d'être acadien, être fier de son ou de ses idéologies nationales, être fier de ses leaders,
être fier de ses réalisations artistiques, techniques, économiques, culturelles,
etc. De cette fierté que la jeunesse québécoise a retrouvée récemment, fierté
que l'on devrait, à mon sens, sans hésitation, imiter. Mais pour cela, il nous
faudra peut-être avoir un nationalisme moins humble, moins doux, moins
soumis, plus dynamique et plus agressif[31]. »

---

[28] Camille RICHARD, « L'idéologie natinale », loco cit.
[29] Murielle LAGACÉ, « L'engagement social... », loco cit.
[30] Camille RICHARD, « L'Acadie, une histoire à faire ? » dans Maintenant, 1969, p. 172.
[31] IDEM, « L'idéologie natinale... », loco cit.

Si le nationalisme en tant que phénomène de solidarisation sociale et d'expression d'une identité collective est reconnu comme nécessaire quand la pratique sociale est en crise, on n'en est plus au Ralliement, à invoquer les signes traditionnels du patriotisme, la fidélité au passé et la ferveur religieuse pour conjurer magiquement les dangers du présent. Les jeunes intellectuels n'ont pas été initiés à l'usage rituel des formules traditionnelles ou bien ils ont failli aux épreuves initiatiques que les pères de l'ordre leur ont fait passer, ou encore ils sont allés chercher à l'étranger « des idées », comme on disait à l'université... Le mythe et le rapport traditionnel au passé perdent chez eux l'aura de sacralité qu'ils pouvaient avoir dans la Société Historique et dans la Société Nationale pour être objectivés comme des mécanismes de cohésion sociale et d'intégration historique. Le langage noble qui disait la chose nationale « du haut de la chaire » se trouve désacralisé pour devenir « instrument », le mythe « démagifié » pour devenir idéologie. Dans l'idéologie, on découvre une fonction essentielle à la praxis, mais du même coup le contenu de l'idéologie nationale est reconnu dysfonctionnel, anachronique.

Quelques lignes d'un discours sur le néo-nationalisme sont révélatrices : « Je vous avoue carrément que je ne connais pas les mots de notre hymne national et que je suis pas certain si le tricolore étoilé porte son étoile en haut à droite ou en haut à gauche. Ce qui m'intéresse, c'est l'avenir, et dans cet avenir, il y a beaucoup de choses auxquelles ont tenu nos ancêtres qui n'auront pas leur place. Nous ne sommes pas tous conservateurs de musée, que je sache[32]. »

Le ton est frondeur, l'intention provocatrice, profanatrice. L'édifice des représentations collectives de la S.N.A. se trouve globalement dévalorisé parce que les symboles sont renvoyés à l'indifférente insignifiance des signes neutres. Un monde du sens et de la valeur est anéanti comme un château de cartes quand la symbolique qui le supportait tout entier est rendue à l'espace du sens libertaire et des valeurs relatives.

Un participant a qualifié le Ralliement de « défoulement ». La S.N.A. absente est le partenaire du tournoi qui se joue verbalement, bien réel car on sait que l'enjeu est sérieux, fictif aussi car on mime un pouvoir qu'on n'a jamais possédé et qu'on ne revendique qu'indirectement. Et si les exemples

---

[32] Pierre SAVOIE, « Néo-nationalisme acadien », conférence donnée le 1er avril 1966 au Ralliement.

du texte qui précède sont moins nombreux qu'on pourrait s'y attendre, c'est que d'une part les organisateurs avaient été soumis à de fortes pressions de la part de l'élite dirigeante, que d'autre part le caractère cérémonial du congrès et les rôles importants de délégués empêchaient l'humour dilettante de se manifester. Le rideau étant levé, les acteurs ne peuvent plus se permettre le libertinage des coulisses...

Dans l'introduction du *Document Préparatoire*, Roger Savoie expose en ces termes la problématique du Ralliement concernant le nationalisme acadien :

> Pour le moment, il nous suffit de le repenser (le nationalisme), de le remettre en question pour voir si, oui ou non, il répond à nos aspirations les plus profondes, à notre vision de l'avenir dans le contexte pancanadien.
>
> Le terme nationalisme traîne derrière lui tout un passé. Il est susceptible de toutes les acceptions. Il charrie un poids énorme de structures, d'idéologies, de folklore, de coutumes, d'attitudes, d'affectivité et de préjugés...
>
> Nous en sommes arrivés à ce point où nous nous demandons si vraiment il y a un patriotisme et un nationalisme acadiens. S'il y a un « type acadien » et un « citoyen acadien ».
>
> Si les « signes » du patriotisme acadien (drapeau, hymne, patronne, fête nationale) sont dégonflés ou s'ils tiennent encore une puissance de signification. Si les structures sociales acadiennes ont encore une fonction vitale... S'il existe ou peut exister une « culture » acadienne. Si l'idéologie acadienne n'est pas un mythe ou si elle est simplement teintée d'archaïsme. Si le patriotisme acadien n'est pas trop accentué dans le sens de la religiosité, de la sentimentalité, d'attaches « nerveuses » à l'histoire[33]...

Le changement par rapport au vieux discours, c'est que celui-ci est mis à distance, livré à l'interrogation méthodique. Le langage a changé (l'on verra dans la section suivante comment une tradition empruntée vient remplacer la tradition locale); le rapport au langage et au monde a changé. La syntaxe de la phrase est un indice de ce changement : l'interrogation saccadée et répétée, le rythme coupé et rapide contrastent avec le style déclamatoire, solennel, la succession de phrases ritualisées empruntées au fonds liguistique coutumier. La même rupture se manifeste au niveau des valeurs : le drapeau, l'hymne, la patronne, la fête sont mis entre parenthèses et traités comme des signes dont il reste à découvrir la signification et la fonction. Séparés de leur valeur, ces signes retournent, pour le temps de la problématique, au terrain vague de l'arbitraire. Il en est de même pour les mots « acadien », « nationalisme », « culture acadienne »...

Ce nouveau rapport au langage et au monde est comme le code éthique du Ralliement, un modèle que les organisateurs opposent au vieux code du respect, de la vénérabilité, des privilèves. La critique de l'idéologie passe par

---

[33] Roger SAVOIE, « À tous nos délégués », Doc. Prép. A, R.J.A., 1966.

celle du rapport à l'idéologie; la critique de l'explicite suppose celle de l'implicite, c'est-à-dire de la vision du monde. On veut changer le discours pour changer le rapport au monde; on veut changer le monde !

L'idéologie nationale est, selon les nouveaux définiteurs, conservatrice parce qu'elle est l'idéologie de la bourgeoisie acadienne, un langage de classe et non celui d'une société globale, une idéologie qui a pour fonction de conserver comme de consacrer des anciens privilèges et un type traditionnel de pouvoir. En effet, pour des jeunes étudiants et professeurs attirés par la nouvelle idéologie libérale du Québec et généralement sympathiques aux mouvements étudiants de gauche, les attributs de « bourgeois » et « conservateur » rassemblent tous les griefs, toutes les malédictions ou encore toutes les analyses critiques faites ou à faire, ils sont l'antithèse des nouvelles valeurs de référence telles que liberté, démocratie, participation : « La plupart des jeunes sont d'accord pour dire qu'il (le nationalisme) est formulé par une « bourgeoisie intellectuelle », par une classe sociale qui est considérée comme étant supérieure vu son niveau d'éducation et sa situation financière. Il va sans dire que cela est vrai. Ce n'est pas la masse qui le définit mais bien un petit groupe de gens en place. Le nationalisme est bourgeois et conservateur, disent les jeunes... Les jeunes ne veulent pas accepter ce nationalisme bourgeois pour une raison seulement. Ils croient que cette forme de nationalisme ne répond pas aux besoins de la masse acadienne, de la société acadienne... Ils affirment que ce nationalisme est conçu en fonction des besoins de la bourgeoisie intellectuelle et non en fonction de ceux de la masse[34]. »

Le procès de l'idéologie appelle celui de la classe définitrice, la « bourgeoisie intellectuelle ». La société n'est plus évoquée comme une totalité abstraite qu'un monument, une institution, un chiffre d'affaires ou un grand personnage pouvaient symboliser. On la dit pour la première fois divisée en classes dont les intérêts sont antagonistes. L'élite n'est plus traitée avec le respect qui revenait à son rang, mais comme un agent responsable de la crise de la société. Les mots qui servent à la décrire sont nouveaux, l'explication du fonctionnement social qu'ils sous-entendent plus qu'ils ne développent est nouvelle. Ils font référence à un autre modèle de solidarité et à une autre théorie de la société que ceux traditionnellement évoqués, la démocratie :

> Notre ancien mode de vie nous a peut-être trop habitués à ne voir surtout dans la démocratie que le rôle d'une élite qui dirige et qui éduque la masse. Une élite qui commande et une masse qui lui est soumise et qui lui obéit. Une telle idéologie encourage le culte de

---

[34]Ronald CORMIER, « Le néo-nationalisme acadien », *loco cit.*

l'autorité et des personnalités qui favorise la passivité. Elle pose de sérieux obstacles à l'éducation et à la responsabilité personnelle nécessaire à l'exercice de la véritable démocratie[35].

Notre société s'oppose à la dictature sous toutes ses formes. De plus en plus, les gens veulent prendre leurs propres décisions... Ceux qui persistent encore à vouloir mener, diriger la masse « dans la bonne voie » s'appuient sur la conviction que les autres leur sont inférieurs... Le leader d'aujourd'hui doit travailler avec le peuple et non pour le peuple[36]...

L'ancien mode de vie qui détermine encore l'actuelle conception de l'autorité, l'actuelle pratique du pouvoir et le rapport à ce pouvoir s'opposent à l'exercice de la « véritable démocratie ». À l'idéologie et à la praxis traditionnelles, on oppose l'idéologie libérale et le type de gouvernement qui prévalent dans les autres sociétés d'Amérique.

On voit que les termes empruntés au lexique d'une idéologie socialiste sont plus utilisés par les participants au Ralliement pour leur pouvoir symbolique et pour leur connotation provocatrice qu'en tant que concepts clairement définis dans une théorie cohérente. La critique socialiste de la société bourgeoise est loin d'être refaite à l'époque du Ralliement. Quelques recommandations seront bien votées qui traitent de la question ouvrière et du rapport entre les classes, mais les solutions proposées au problème social par les participants sont très éloignées de la tradition marxiste-léniniste[37]. Quand, au cours du Ralliement, on parle de « prolétariat » et de « l'exploitation de la classe ouvrière », quand on dénonce la « bourgeoisie » au pouvoir et le caractère de classe de l'idéologie nationale, on veut jouer avec la valeur des mots plus qu'avec leur signification théorique, valeur globalement acceptée comme l'antivaleur dans la société acadienne. Les intellectuels ont choisi de mener leur combat au niveau de l'imaginaire, de la symbolique et des archétypes de la culture acadienne.

Il faut revenir aux arguments développés dans la critique de l'idéologie « bourgeoise », et tout d'abord sur le thème redondant de l'association de la langue et de la foi dénoncé comme un vieux mythe.

---

[35] Camille RICHARD, « Nationalisme et néo-nationalisme », *loco cit.*

[36] Julien PÉZET, « Le leadership et la jeunesse », *loco cit.*

[37] « *Attendu qu*'il existe actuellement une exploitation de la classe ouvrière par une classe dirigeante; que les universitaires font partie de cette classe dirigeante, l'Assemblée recommande que des rencontres ouvriers-étudiants soient organisées sur une base stable... *Attendu qu*'il faut améliorer le dialogue entre ouvriers et universitaires, l'Assemblée recommande qu'une demande soit faite au ministère du Travail pour établir, pendant l'été, des équipes de recherches affectées au milieu ouvrier. » On voit que cette problématique des classes sociales emprunte au marxisme son diagnostic mais ne s'écarte pas de la tradition quant au moyen de régler les conflits.

La grande majorité des jeunes Acadiens envisagent le nationalisme acadien tel qu'il existe présentement comme du sentimentalisme religieux... Ils considèrent que la relation étroite entre la religion et le nationalisme est allée à l'encontre du bien de la société[38]...
Un trait caractéristique du nationalisme acadien tel que conçu aujourd'hui et par le passé : le religieux. On peut le qualifier de nationalisme marial...
Conscient de la religiosité de l'Acadien, l'élite a bientôt établi le mythe « la langue gardienne de la foi ». Ainsi l'importance de la langue française chez l'Acadien. Mais le monde matérialiste du XXe siècle insiste beaucoup sur l'aspect économique et l'Acadien n'y échappe pas. Or celui-ci est beaucoup plus intéressé à son estomac, à recevoir un bon salaire que d'approfondir ses connaissances linguistiques[39]...

La traditionnelle association de la langue et de la foi dans l'idéologie (comme celle de l'élite professionnelle et du clergé dans la classe dirigeante) est dénoncée et démythifiée. Pour les nouveaux nationalistes, nationalisme et religion doivent être séparés. Dans une recommandation de l'Assemblée Générale déjà citée, il est affirmé que « la foi et le nationalisme ne sont pas liés l'un à l'autre », que la « nature » de la foi et celle du nationalisme sont indépendantes.

C'est toute l'ancienne vision du monde de l'élite qui est remise en question. Il suffit de nier la coordination du temporel et du surnaturel, de l'histoire et de la providence, du devoir patriotique et de la mission divine, du drapeau bleu blanc rouge et de l'étoile de Marie etc., pour invalider les fondements de l'idéologie dominante, la justification du pouvoir à l'élite définitrice et une certaine forme d'action nationale. Sans être anticlérical, sans être socialiste malgré une apparente homologie de vocabulaire, le Ralliement vise à banaliser les associations et les symboles les plus « sacrés » de l'espace imaginaire acadien.

Il est remarquable qu'au Ralliement on n'ait pas consacré de section ou même de conférence à la religion alors que celle-ci est essentielle tant dans la pratique sociale que dans l'idéologie nationale. C'est que la séparation des rôles et des fonctions est déjà effective lors du Ralliement. On s'est réuni pour parler du nationalisme et non de la religion. Dans la vie civile, on veut définitivement dissocier les deux fonctions : il fut voté en Assemblée Générale « que les cours de sciences religieuses soient désormais facultatifs dans nos collèges et universités ». Bref, ce qui constituait l'axe de l'idéologie nationale traditionnelle, la fidélité au passé et la dévotion à la Vierge de l'Assomption, est critiqué comme pure survivance de représentations mythiques.

---

[38] Ronald CORMIER, « Le néo-nationalisme acadien », *loco cit.*
[39] Joanne, Conrad et Raymond LEBLANC, « Le nationalisme acadien », Doc. Prép. A. R.J.A., 1966.

Le rôle du passé, dit-on, a été beaucoup trop valorisé par le nationalisme de droite : « Le nationalisme acadien a manqué de dynamisme parce que trop centré sur le passé[40]... » « On a souvent accusé l'Acadien de sa nostalgie du passé, de son passé historique. Devant cette critique, assez juste d'ailleurs, la jeune génération acadienne tend à s'attacher plus au présent en vue de l'avenir[41]... »

L'attitude du Ralliement face au passé est anticultuelle : de valeur, le passé devient histoire, objet de connaissance. Son usage ne sera plus apologétique mais critique : « Il me semble capital que nous connaissions mieux notre passé, d'où nous sommes issus, afin de connaître d'une part ce que nous sommes; mais ce recul historique présente aussi un autre avantage : en objectivant le passé et conséquemment le présent, il permet des choix plus objectifs, plus rationnels et moins émotifs[42]. »

Le rapport « scientifique » au passé permet de critiquer l'idéologie officielle, de dénoncer comme idéologiques les représentations de l'histoire acadienne par la tradition et l'élite, d'expliquer leurs conditions d'émergence. La section suivante s'attachera à analyser ce passage de la tradition à la critique de la tradition par le moyen du discours scientifique.

Le nationalisme des anciennes générations a été fermé au monde, isolationniste, replié sur la région ou même la paroisse, à l'abri des influences étrangères :

> Notre nationalisme ne doit plus être centré autour du clocher paroissial. Le concept vague de nation acadienne avec drapeau et tout le tralala mais sans patrie ne me semble plus acceptable aujourd'hui... Il est déplorable qu'à certaines occasions il y eût de la part des Acadiens des attitudes de froideur, voire d'hostilité, envers les Canadiens français du Québec[43].
>
> Les jeunes sont conscients d'un fait important. Ils réalisent que nous ne pouvons plus faire de régionalisme, de séparatisme, voire même d'isolationnisme. Ils réalisent qu'ils font partie d'une nation et celle-ci est canadienne et non acadienne[44]...

L'identification acadienne est conservatrice, selon le Ralliement. Une ambiguïté de la contre-idéologie s'exprime ici : si l'Acadie comme nation, histoire, culture, patrie est une mystification des anciennes générations et de la bourgeoisie actuelle, il faut trouver une autre identité qui fasse l'unanimité. Or, lors du Ralliement, on se définit tantôt comme Acadien, tantôt

---

[40]M. BOURQUE, C. BÉLANGER, G. ALBERT, « Néo-nationalisme acadien » Doc. Prép. A, p. 62.

[41]Joanne, Conrad et Raymond LEBLANC, « Le nationalisme acadien », loco cit.

[42]Camile RICHARD, « Nationalisme et néo-nationalisme », loco cit.

[43]Pierre SAVOIE, « Néo-nationalisme acadien », loco cit.

[44]Ronald CORMIER, « Le néo-nationalisme acadien », loco cit.

comme Canadien, mais aussi comme francophone des Maritimes et Canadien français. La définition qu'on se donne surtout est « la jeunesse des Maritimes » ou « la jeunesse francophone des Maritimes », ce qui permet en partie d'éviter d'affronter l'ambiguïté. Le symbole d'identité reste ambivalent et contradictoire. L'auteur du dernier texte cité exprime comme suit le problème vécu de l'identification :

> Aujourd'hui nous faisons l'expérience d'un phénomène que certains considèrent étrange et que d'autres considèrent affreux. Il s'agit de certains jeunes qui rejettent tout ce qui est acadien et qui refusent même de se dire « Acadiens »...
>
> Alors, pourquoi ne veulent-ils pas se dire et même se faire appeler « Acadiens » ? La raison majeure pour ce refus réside dans le fait que l'Acadien est stéréotypé. Le stéréotype de l'Acadien se définit comme suit : il est économiquement défavorisé et financièrement dépourvu; il est très profondément attaché à une religion qui n'est que de la religiosité; il ne veut pas s'instruire, et par le fait même, son niveau d'éducation laisse à désirer; il va sans dire qu'il essaie d'être bilingue mais qu'il parvient seulement à mal parler le français et l'anglais; il est soumis à l'autorité, surtout à l'autorité cléricale, de manière absolue; il souffre de toutes sortes de complexes notamment de complexes de persécution et d'infériorité.
>
> Tous ces éléments du stéréotype sont censés le rendre conformiste, conservateur et traditionaliste. Certains jeunes ne veulent plus se dire « Acadiens » à cause de ce stéréotype et ils ne sont pas à blâmer parce qu'il est difficile pour un jeune « Acadien » de se frayer un passage dans la société moderne lorsque le stéréotype lui barre la route du succès économique et social[45]...

Les significations et les valeurs attachées au signe d'identité sont usées. Ce n'est pas dans la tradition ni dans les exemples du passé qu'on parviendra à revaloriser le contenu réel du signe. Les modèles, c'est maintenant à l'extérieur qu'il faut aller les chercher, au Canada ou au Québec. En 1966, contre l'identification acadienne péjorative pour les jeunes, on hésite encore à se définir ou on le fait contradictoirement.

La critique du nationalisme, de l'élite et de l'ordre social qu'elle perpétue, c'est la réponse globale d'une génération, ou plus justement des franges instruites de la jeune génération, à une identification qui lui paraît désuète, inadaptée à sa situation et étrangère puisqu'elle n'a pas participé à sa définition. Le malaise existentiel que ressentent les jeunes devant la théorie stéréotypée de l'homme acadien et de l'acadianité, la fin catégorique de non-recevoir devant le message traditionnel ou tradionnellement émis d'en haut et le procès général d'une organisation sociale très hiérarchisée comme d'une pratique nationaliste de caste sont l'expression d'une crise d'identité restée longtemps inconsciente, refoulée parce qu'impossible à dire. Le droit à la parole récupéré, approprié à la première occasion qui s'est présentée, les

---

[45] *Ibid.*

intellectuels vont l'utiliser pour définir une nouvelle théorie de la collectivité acadienne qui soit plus adéquate à la lecture qu'ils font de la situation. Ayant conquis la parole, ils vont revendiquer le droit à la participation égale au destin de la nation. Mais deux discours visant le même public et ambitionnant de couvrir tout le champ des significations collectives qui tendent à constituer deux sociétés différentes s'excluent l'un l'autre. Le langage neuf s'expérimente et conquiert son pouvoir légitime au détriment de l'autre. Il reste à analyser comment les nouveaux idéologues ont pu introduire leur théorie collective dans un champ jusque-là hermétique et comment ils sont parvenus à justifier un pouvoir de contestation et de contre-définition devant et contre l'autorité traditionnelle.

V. Sur le normal et le pathologique

Le Ralliement s'est ouvert devant les délégués avec deux principes directeurs bien explicités par les organisateurs : l'*objectivité* dans la réflexion et la recherche, l'*engagement* ou la « prise de position claire », franche, stimulante sur la question nationale acadienne[46] ». La critique de l'idéologie nationaliste veut être une critique scientifique, le néo-nationalisme une idéologie « objective ».

Les définiteurs du Ralliement sont principalement des professeurs en sciences humaines. C'est parce que les intellectuels n'ont d'autre pouvoir que celui de l'argumentation juste qu'ils sont obligés de recourir à elle pour fonder et donner une légitimité à leur critique. Sans le prestige et sans le pouvoir réel que possèdent les notables, il faut trouver une autre instance de légitimation que la tradition locale. C'est alors que la science comme tradition parallèle mais aussi tradition critique est utilisée pour rivaliser avec un pouvoir quasi total et pour introduire une nouvelle forme de pouvoir dans la société. Tradition universelle et plus ou moins reconnue comme telle par les chefs traditionnels, la science n'a pas besoin de conquérir sa légitimité dans une société où le savant reste un phénomène curieux, étrange, étranger, mais quand même entouré du prestige que confère l'originalité d'avoir longtemps « été aux études » dans une université lointaine. L'enjeu est la conquête d'un pouvoir parallèle, critique du pouvoir traditionnel de décisions et fondé sur une légitimité autonome, elle aussi critique de la légitimité traditionnelle.

Tel est le rapport entre les positions d'objectivité et d'engagement social

---

[46] Programme du Ralliement, 4e ébauche, document confidentiel.

des organisateurs du Ralliement : on se souvient qu'en allant chercher des conférenciers au Québec ils visaient des « intellectuels de gauche », c'est-à-dire des pairs de renommée qui réunissaient et la science et une nouvelle vision du monde, les deux critiques de l'ordre social conservateur.

Ce que vont tenter les définiteurs du Ralliement, c'est de fonder leur projet sur une certaine analyse sociologique de la situation acadienne, d'expliquer et donc de faire reconnaître le caractère normal de la crise actuelle et de la critique globale de la société par la jeunesse[47]. Ils vont essayer de légitimer leur parole comme parole critique et donc de la substituer au langage institutionnel de l'idéologie officielle. Cette position était explicitée dans l'introduction au *Document préparatoire*, présentée comme la problématique officielle du Ralliement :

> Nous reconnaissons tous que la société francophone des Maritimes se transforme rapidement... Parallèles à ces changements, surgissent de nouveaux groupes socio-économiques tels que techniciens, ouvriers spécialisés, professionnels... Il faut surtout souligner que nous assistons à l'émergence de nouvelles classes de jeunes, foyers de nouvelles valeurs. Il est normal, dans un tel contexte en pleine évolution, que les institutions et les valeurs considérées jusqu'à présent comme sacrées soient remises en question. On conviendra que dans un tel contexte social, il faut que la jeunesse s'interroge sur la signification à donner à cette évolution sociale, sur le rôle qu'elle peut y jouer[48]...
>
> Dans ce vaste mouvement d'évolution normale, quoi de plus naturel que le fait que certaines formes de l'autorité traditionnelle et des pouvoirs traditionnels soient remis en question ? Soulignons que ce vaste mouvement de « remise en question de la vérité traditionnelle » est un phénomène international et trouve également des adeptes dans la philosophie et la théologie contemporaines. Mentionnons à cet effet le rôle d'un Concile Vatican II... Cette jeunesse, plus instruite que ses pères, revient à la charge en leur posant des questions quelquefois embarrassantes... C'est un processus parfaitement normal de l'évolution psychologique vers la maturité. Bien sûr, c'est douloureux ! Et c'est normal. Mais n'est-ce pas pour le bien de toute la société[49] ?

---

[47]Roger Savoie présentait en ces termes l'intention du Ralliement et la lecture qu'il fallait en faire : « Que les jeunes francophones des Maritimes veuillent prendre conscience de leurs problèmes à l'occasion d'un ralliement doit être interprété d'une façon positive... Aurions-nous peur qu'ils renversent les structures traditionnelles sans considération ?... Craindrions-nous qu'ils dénichent les failles de notre système patriotique, politique, social ou religieux ? Nous ne pourrions alors que leur en savoir gré puisque la critique positive n'a jamais fait de mal qu'aux faibles... et la vérité, si douloureuse soit-elle, nous sera salvatrice si nous voulons la regarder en face dans l'humilité... ». (*L'Évangéline*, 21 mars 1966.)

[48]Introduction au *Document Préparatoire* du Ralliement.

[49]Camille RICHARD, « Nationalisme et néo-nationalisme », *loco cit.* Ce thème est souvent repris par l'auteur, notamment dans « L'Acadie, une société à la recherche de son identité », *loco cit.*

Au risque de réduire le Ralliement à une unique biographie et le modèle de son idéologie à la bibliographie du sociologue, on ira chercher dans un dernier écrit une explicitation de la même thèse. Il est ici remarquable que l'idéologie, par retour critique sur ses fondements, est livrée en même temps que ses conditions sociales de production, rationalisation à caractère scientifique qui subtilement valorise et justifie des positions idéologiques non orthodoxes dans le milieu. Ce texte, postérieur au Ralliement, vise à définir une nouvelle classe sociale ainsi que les rôles nouveaux des intellectuels et étudiants, aussi à justifier l'introduction de valeurs étrangères et un nouveau rapport aux valeurs traditionnelles :

> En somme, peut-être assistons-nous à l'émergence d'un nouveau mouvement social chez les francophones... On peut postuler que les conditions d'une telle évolution semblent particulièrement favorables dans le milieu universitaire, notamment chez le corps professoral. Ces intellectuels, professeurs et étudiants, de par la nature même de leur travail, sont plus exposés et réceptifs que d'autres groupes aux idées de l'extérieur. Déracinés socialement, ils sont davantage sensibilisés par rapport au relativisme culturel et ainsi mieux disposés à relativiser et en quelque sorte démystifier les valeurs, les absolus, les interdits de la « culture acadienne »; cette attitude les conduit à chercher ailleurs que dans le milieu global qui les entoure leurs motivations, leurs idéologies, leurs valeurs[50].

La société a changé, elle a normalement évolué du modèle traditionnel et sacral à celui plus moderne d'une société pluraliste et de classes. L'infrastructure de la société a subi de grands changements dans la période contemporaine, mais l'idéologie et la vision du monde de la classe dirigeante n'ont pas suivi le rythme de croissance. Dans le titre de la première conférence, « L'idéologie nationale face à la nouvelle société acadienne », était déjà contenu le rapport antithétique des deux niveaux de la réalité sociale. La « crise de croissance » qui affecte aujourd'hui la société acadienne est celle des distances sociales, distances provoquées par le décalage entre l'infrastructure et l'idéologie nationale :

> Si l'ancien nationalisme ne suffisait plus devant les problèmes combien plus complexes de la nouvelle société, le nationalisme de ces récentes années n'a peut-être pas non plus résolu entièrement sa crise de conscience. L'idéologie nationale se sentirait-elle un peu mal à l'aise dans notre société en transformation rapide ? Si le mode de vie, certaines valeurs et les structures sociales changent constamment et rapidement, l'idéologie ressent peut-être une certaine difficulté à se mettre au pas. Ce qui serait normal car souvent les mentalités changent moins vite que la technique et l'organisation économique...
> Le drame — si drame il y a — qui se joue sous cet échec partiel du nationalisme, c'est que

---

[50] Camille Richard, « Le milieu social francophone de Moncton », dans *Revue de l'Université de Moncton*, I, janvier 1969, p. 34. La continuité idéologique chez cet auteur est frappante. Ses écrits sociologiques qui ont suivi ceux du Ralliement sont des variations autour des thèmes définis en 1966.

l'idéologie nationale et ses leaders n'ont pas encore assumé dans toute sa complexité le social ou le socio-politique de la nouvelle société. Ce qui empêcherait en partie le plein épanouissement du francophone des Maritimes[51]...

L'idéologie s'est cristallisée contrairement à la praxis; les chefs nationaux n'ont pas su assumer l'histoire. Mais il est une classe qui, par sa situation historique et sa position dans la société, se trouve en affinité avec le changement social : la jeunesse, spécialement les étudiants et leurs maîtres à penser, les intellectuels.

Étant donné le changement historique « normal » de la base de la société acadienne à la suite des changements survenus dans le monde environnant, il est « normal » ou « naturel » que la critique s'installe dans la société quand des secteurs perdurent dans leurs formes anciennes. Même le plus vénérable et le plus sacré doivent être « remis en question » s'ils s'avèrent être un blocage au changement. Il faut démythifier la société pour la faire entrer dans l'histoire. Est-il un exemple plus édifiant pour la mentalité traditionnelle que celui du Saint-Père qui convoqua le Concile Vatican II ?

Le procédé idéologique consiste à faire permuter les termes et les valeurs de l'idéologie adverse en renversant la définition du normal et du pathologique, ceci sous couvert de l'argumentation sociologique. La force de la nouvelle idéologie, c'est qu'elle se donne comme critique, en même temps critique d'elle-même et critique de la concurrente qui ne peut prétendre à une quelconque scientificité.

De la controverse idéologique à l'action politique, qu'on nomme ici « engagement », le cheminement est progressif et inéluctable. Même si le sociologue avait bien prévu que son rôle d'analyse était de s'en tenir aux faits (« ce n'est pas à l'analyse sociologique d'indiquer les voies à suivre ou de tracer ce qui devrait être[52] »...), il reconnaît par ailleurs la nécessité d'en arriver à la critique effective du pouvoir : « La remise en cause des valeurs, dans des sociétés aussi structurées que les nôtres, conduit fatalement à la remise en question des pouvoirs contrôlant ces valeurs. Sans cela, il ne saurait s'agir ni de contestation, ni de participation véritable[53]. »

Une ambiguïté du Ralliement est ici exprimée : les intellectuels produisent une nouvelle idéologie pour la société globale et revendiquent un nouveau mode de pouvoir qu'ils refusent de prendre et d'assumer. C'est comme si le Ralliement avait poussé le jeu trop loin dans le sérieux ou le symbolique trop près de l'histoire et, au moment où le passage pouvait devenir effectif,

---

[51] Camille RICHARD, « Nationalisme et néo-nationalisme », *loco cit.*
[52] *Ibid.*
[53] IDEM, « L'Acadie, une histoire à faire ? » *loco cit.*

les acteurs avaient disparu derrière le rideau de scène. Et cette ambiguïté est vécue comme un échec par les acteurs : l'échec du Ralliement, ce fut de ne pas révéler les « leaders » en qui se serait personnalisé le pouvoir parallèle constitué : « Presque tous auraient souhaité voir un groupe de jeunes *leaders acadiens* émerger pour préparer, réaliser et donner suite au Ralliement. Il est peut-être vrai, comme plusieurs semblent le croire, qu'il y a un vide au niveau du leadership acadien, un vide qui se laisse facilement combler par des influences extérieures, surtout des jeunes du Québec qui ne tiennent pas toujours assez compte des conditions et des traditions du milieu[54]. »

Qu'on note ici l'attitude à l'égard de l'histoire et des « traditions » acadiennes, très précieuse pour comprendre le projet des jeunes qui s'exprime dans les mêmes termes que celui de la S.N.A. — relève, continuité — mais contre celui-ci, précieuse aussi pour relativiser l'attrait manifeste du modèle et des hommes de gauche québécois qui restent, on le voit ici, des non-Acadiens...

Les organisateurs auraient voulu que les jeunes prennent le pouvoir conformément à l'idéal démocratique du Ralliement, ils s'étaient donné les rôles de définiteurs pour rendre à la jeunesse la liberté qui lui revenait. Ils se définissaient exclusivement comme les idéologues d'une classe potentielle elle-même représentative de toute la population acadienne et non comme des chefs nationaux en promesse, rivaux déclarés de l'élite au pouvoir.

Les extraits suivants reprennent le « principe de base » énoncé par le sociologue et mènent la critique à son aboutissement logique, la fin de non-recevoir à l'adresse de l'actuel collège directorial de la société :

Il nous faut accepter comme principe de base que la société évolue très rapidement, que la mentalité des gens a changé, en conséquence il serait absurde de croire que la société acadienne n'a pas été affectée, et encore plus ridicule de vouloir empêcher ou retarder cette évolution inévitable...
Une population plus éclairée et mieux avertie, surtout une jeunesse mieux éduquée et plus exposée à la liberté de pensée, n'accepteront plus des données dogmatiques, des ordres formels ou des directives officielles sans en avoir les raisons d'être et les conséquences et surtout sans en faire leur propre décision[55].
Si l'on admet que la société change rapidement, il faut également admettre que les chefs doivent changer, que la conception même de l'autorité et du leadership doit être remise en question...
La jeunesse est portée à critiquer ceux qui exercent le leadership actuel. Il ne faut pas trop

---

[54]Harold McKernin, « Rapport sur le Ralliement », *loco cit.*
[55]Julien Pézet, « Le leadership et les Acadiens », conférence donnée à la S.N.A., en novembre 1966, Rapport Annuel, S.N.A., 1966.

s'en étonner et encore moins en être scandalisé... Jusqu'à date, nous n'avons pas réussi à fournir des chefs acceptables et par conséquent la jeunesse cherche ailleurs[56]. »

Les théoriciens du Ralliement élaborent la justification d'une sorte de « révolution culturelle » pour l'Acadie. La critique du nationalisme et du pouvoir s'accompagne d'une théorie de l'évolution sociale qui privilégie le rôle de la jeunesse. C'est à ce sujet abstrait que les idéologues délèguent le nouveau leadership de la société, héros sans visage, force potentielle mais non individualisée. Le problème concret de la « relève » posé par les chefs de la Nationale ne reçoit ici qu'une solution problématique :

> Les jeunes de vingt et les jeunes adultes de trente ans sont souvent plus sensibilisés aux nouveaux problèmes socio-politiques parce qu'ils sont davantage le produit des nouvelles structures sociales. Et en ce sens, cette jeunesse a une contribution positive et importante à donner[57].

> Nous sommes dans une société qui subit de plus en plus un changement radical... Nous devons admettre que les jeunes sont plus près de la réalité sociale changeante parce qu'ils vivent dans ce changement, parce que pour eux ce n'est pas du tout nouveau mais de l'actuel[58].

Les nouvelles générations, contemporaines du « changement radical » de la société acadienne, sont donc historiquement mieux adaptées à la situation et comme en affinité intime en elle. Mais aussi, les jeunes sont plus instruits que leurs prédécesseurs : « Notre génération est plus impatiente que la précédente. Il y en a qui disent que c'est parce qu'elle est jeune. J'ose croire plutôt que c'est parce qu'elle est moins ignorante[59]... »

Plus instruite que les générations passées, la jeunesse offre la classe d'âge la mieux apte à affronter les réalités nouvelles. C'est en elle que la société peut trouver « les éléments les plus dynamiques et les plus révolutionnaires[60] » pour redéfinir son idéologie, pour moderniser ses institutions, bref pour réaliser consciemment la « nouvelle société ». Et parce que la jeunesse est une « classe » qui inclut toutes les classes sociales — « la jeunesse canadienne-française englobe le jeune professionnel et le jeune travailleur[61] » —, parce que le Ralliement veut faire participer également l'étudiant et le travailleur ou le jeune chômeur, son action ne sera pas marquée par une appartenace de classe univoque comme l'est celle de l'actuelle « bourgeoisie intellectuelle », mais sera au contraire le produit d'une participation véritable, c'est-à-dire une action collective.

---

[56]Julien PÉZET, « Le leadership et la jeunesse », *loco cit.*
[57]Camille RICHARD, « Nationalisme et néo-nationalisme », *loco cit.*
[58]Ronald CORMIER, « Le néo-nationalisme acadien », *loco cit.*
[59]Pierre SAVOIE, « Néo-nationalisme acadien », *loco cit.*
[60]Camille RICHARD, « L'idéologie nationale... », *loco cit.*
[61]Murielle LAGACÉ, « L'engagement social de la jeunesse », *loco cit.*

La fonction de ce discours est d'expliquer la normalité de la critique et d'ouvrir des horizons nouveaux pour les jeunes, principalement les étudiants et les intellectuels qui jusqu'alors avaient été écartés de l'action nationale. Elle est aussi de donner aux jeunes une certaine « conscience de classe », plus exactement une conscience collective qui transcenderait les consciences de classes particulières. Le Ralliement veut créer la jeunesse acadienne en lui donnant une certaine théorie d'elle-même, il doit se constituer un public qui n'aurait pas comme celui de la Société Nationale ce caractère privilégié et sélectif dénoncé mais qui représente effectivement une collectivité entière, participante et responsable. En s'adressant à son public direct, la jeunesse acadienne, les idéologues cherchent à recréer une société globale, à constituer la nation acadienne autour d'un discours unanime; ils cherchent à s'approprier le public d'élection de la Société Nationale : toute la population francophone des Maritimes. La jeunesse est identifiée à la « masse », comme une micro-société globale qui serait dépourvue du pouvoir de définir son destin collectif. Mais elle en est comme l'avant-garde révolutionnaire. Elle serait l'homologue dans la société acadienne du prolétariat dans les sociétés industrialisées...

Ainsi, le discours de type sociologique a apporté une signification au diagnostic de crise qui avait été posé et il a justifié l'existence du Ralliement, son rôle et sa fonction critico-créatrice. Cependant, l'entreprise de légitimation « scientifique » est faible ou vaine quand le partenaire ignore les règles du jeu ou feint de les ignorer pour rendre le jeu impossible. Le terrain des valeurs est un irréfutable que la science elle-même ne saurait ébranler. Il n'est pas suffisant d'argumenter justement pour convaincre celui qui ne connaît de preuve que la certitude de l'expérience, la tradition. Aussi faut-il attacher une importance particulière au discours du prêtre qui, au nom des valeurs chrétiennes immuables, défend inconditionnellement le parti de la modernité contre le conservatisme. La vérité du Ralliement coïncide aussi avec l'enseignement éthique de l'Église :

> Fausse attitude que cette nostalgie d'un passé idéalisé et à jamais disparu. Fausse attitude que cette peur maladive de l'avenir et de ce qu'il vous réserve. Pour un chrétien, c'est un manque de foi dans la puissance du Christ ressuscité. Fausse, déplorable et sénile attitude celle de celui qui s'agrippe de tout son être au cadre de porte d'un passé qui lui échappe et qui lutte aveuglément pour maintenir le *statu quo* de vieilles institutions, de vieux schèmes de valeurs et de pensée. Non, soyons jeunes, respirons l'air de notre temps, laissons-nous baigner par le soleil d'aujourd'hui, emboîtons le pas avec ceux qui travaillent, souffrent et meurent pour un monde meilleur...
>
> Mais ça va exiger de la jeunesse pour se lancer tête baissée dans cette difficile corvée. Courage pour s'arracher à des habitudes, à des manières de faire, de pensée, à des schèmes

de valeurs usés, dépassés. Courage pour remettre en question de vieilles institutions, pour poser des questions qui vont énerver, mettre en péril notre bonne vieille paix, nous faire perdre un peu de sommeil. Courage pour payer de sa personne ces dures luttes pour la justice, le respect de l'homme[62].

On pourra comparer ce document à ceux de Mgr Robichaud par exemple qui, au nom de la même autorité spirituelle, condamne aussi radicalement les offensives modernistes et réformatrices qui se manifestent en Acadie.

On a vu quelles étaient les fonctions du discours scientifique pour le Ralliement. Il est important de revenir à la grille des valeurs chrétiennes, au discours plus traditionnel des chefs aînés. C'est comme si le Ralliement ne pouvait totalement inventer une nouvelle parole qui ne tienne compte de l'ancienne et qui ne lui soit de quelque manière raccrochée. Certes, l'évocation des valeurs chrétiennes n'est pas la même que celle d'hier ou celle des hommes d'hier, mais la filiation doit être explicitée. « Il faut dire, écrit Ronald Cormier, que les jeunes ne veulent pas enlever la religion de la culture acadienne mais qu'ils veulent lui enlever son pouvoir contrôlant[63]. » Un sens, des valeurs sont à réinvestir dans un nouveau projet pour que celui-ci soit collectif, national. Les jeunes du Ralliement doivent se rattacher explicitement à quelque forme possible ou réelle de l'espace héréditaire pour être entendus par toute une collectivité et non seulement par quelques adeptes originaux[64].

Le discours scientifique ne recouvre pas pour la mentalité traditionnelle la totalité du sens du monde, il ne saurait suffire par conséquent à fonder à lui seul une nouvelle tradition. Spécialisé, partiel, il doit s'intégrer à la structure globale du sens coutumier et pour cela les valeurs centrales qui fondent l'ordre des choses et des hommes doivent le recouvrir.

Le même mécanisme se retrouve au niveau des personnes ou des statuts: dans le Comité d'Organisation, on compte un prêtre parmi les trois ou quatre principaux organisateurs, c'est-à-dire un personnage dont le statut social et spirituel vient apporter au groupe étiquette de traditionnelle légitimité. On pourrait voir là un indice de stratégie politique; j'y verrais pour ma part le signe d'un certain ordre social moins radicalement soumis au changement que certaines régions du langage.

---

[62]Fernand ARSENAULT, C.S.C., « L'engagement des chrétiens », Doc. Prép. D, R.J.A., 1966.
[63]Ronald CORMIER, « Le néo-nationalisme acadien », loco cit.
[64]Il en est de l'Acadie comme de la Tunisie décryptée par Jacques BERQUE : « Les remaniements inlassables de la forme, tant de variations sur tant d'immémorial, aujourd'hui le modernisme qui rase les palais, ouvre des écoles et des bureaux, érige des blancheurs lisses à étages parmi les reliefs brûnatres du passé, tout cela confondait les époques, brouillait les pistes du même être collectif qui bougeait toujours fidèlement dans l'espace héréditaire... » (L'Orient second, p. 10.)

VI. Pour une nouvelle intelligibilité de l'Acadie

Le normal, pour le Ralliement, c'est l'émergence du pluralisme de classes et idéologique qui vient bouleverser l'ancien monolithisme de la société traditionnelle. L'Acadie est passée dans les dernières décades de l'immémorial au moderne. C'est du moins l'analyse de la situation par les intellectuels qui veulent donner un sens historique à leur action et à leur projet de fonder une nouvelle société sur un nouveau discours. Le normal, c'est le changement infrastructurel qui débouche sur la critique objective de l'idéologie dominante anachronique et sur celle de la praxis collective dirigée et contrôlée par une classe supérieure coupée de l'ensemble de la population. En somme, ce qui correspond à la situation de 1966, c'est l'apparition d'une collectivité consciente qui veut reprendre le pouvoir de définir et de faire son histoire, en dépit d'une certaine tradition, d'institutions, de valeurs et de pouvoirs qui pouvaient être acceptés comme le plus sacré, donc intouchables et inamovibles. Le Ralliement, c'est un peu pour les organisateurs la représentation de l'idée d'une société future, une première répétition — dans une indétermination encore assez grande des rôles — qui préfigure l'Acadie moderne.

Le normal a été défini scientifiquement parallèlement à l'acceptation traditionnelle du bien et du vrai. Le pathologique va être diagnostiqué « objectivement » pour démentir les tableaux de l'idéologie officielle et pour apporter une nouvelle intelligibilité à l'histoire démythifiée.

C'est sur la société et l'homme minoritaire acadien que le Ralliement a choisi de fixer sa réflexion. Il faut faire une psychanalyse et une socio-analyse de l'homme et de la société minoritaires pour que les fondements du néo-nationalisme soient une connaissance et non pas une idéologie au sens de fiction[65]. Il faut que l'analyse clinique soit juste pour que le traitement soit efficace.

Voici comment le sujet était envisagé et défini par les organisateurs :

Ce qui semble important, c'est ici de traiter des problèmes communs aux minorités en termes d'obstacles et de barrières psychologiques et socio-culturelles qui bloquent pour ainsi dire les minorités et les empêchent d'accéder à une pleine maturité psychologique.

---

[65] « L'homme d'aujourd'hui ne peut plus s'appuyer sur la simple tradition pour connaître son milieu et la culture ne peut plus lui fournir une connaissance globale du social... Seules les recherches scientifiques, c'est-à-dire contrôlées et faites selon des méthodes rationnelles et rigoureuses... peuvent maintenant apporter à l'homme une connaissance authentique et approfondie de son milieu... La recherche en sciences sociales constitue probablement l'outil le plus raffiné et le plus sûr pour comprendre son milieu. » (Camille RICHARD, « Connaissons mieux notre milieu », *Revue Économique*, septembre 1964, p. 16.)

d'atteindre un plein épanouissement culturel. Ne pourrait-on pas par exemple parler de
« complexes » et d'« aliénation » ? Ainsi, chez les Acadiens, il me semble que l'on puisse
parler d'attitudes de soumission face à l'autorité, de vaincu; de sentiment d'infériorité; de
repliement sur soi (isolationisme culturel); d'une nation qui, en termes philosophiques, est
restée au niveau de l'individu et n'a pas encore accédé au statut libre de la personne;
d'obstacles d'ordre socio-culturel tels la pauvreté relative, le sous-développement, certaines carences au niveau du leadership intellectuel, économique...
      L'idéal serait donc de dégager une espèce de « personnalité sociale totale » ou « caractère
national » propre à la minorité francophone des Maritimes[66].

Il est clair qu'on veut remplacer le syncrétisme sacré du discours traditionnel — qui remplissait toujours les vides possibles de l'argumentation ou
l'indétermination d'en bas par l'intervention providentielle ou totalité d'en
haut — par un nouveau syncrétisme, cette fois emprunté à la tradition scientifique. Il faut reconquérir le sens perdu de l'histoire et de l'être acadiens
pour récupérer le pouvoir d'agir sur eux quand on a conscience qu'ils sont
dominés par autre chose qu'eux-mêmes. Pour cela, il faut rompre avec la
lecture traditionnelle de l'histoire qui insistait sur l'unicité exemplaire du
peuple acadien pour le définir comme une minorité, c'est-à-dire une société
comparable à d'autres et sur lesquelles existe déjà une certaine littérature
scientifique. On fait appel à des spécialistes québécois pour traiter de la
question acadienne comme cas particulier de la question minoritaire avec
autant de confiance que l'élite traditionnelle qui invitait l'historien local à
évoquer les glorieux exploits des ancêtres lors d'une cérémonie à caractère
national.
      Alors, quelle est cette « personnalité sociale totale » de l'Acadien qui
prévaut chez les idéologues du Ralliement ?

      Le Père Mailhot a traité des minorités, sociologiquement parlant...
      Il put remarquer, en cours de processus, le partage des minoritaires en deux attitudes, l'une
de chauvinisme intransigeant, l'autre fondée sur une haine de soi, de bonne-entente ser-
vile. On peut remarquer une très forte tendance à l'auto-accusation et à l'auto-dépréciation,
des traits névrotiques, de la compulsion, une tendance aux comportements répétitifs...
      Il remarqua, de part et d'autre, une obsession du passé, une référence constante à des
« traumatismes collectifs », l'obsession des forces économiques en termes de sécurité et
d'insécurité[67]...

La même conférence inspira un journaliste de l'*Évangéline*, participant au
Ralliement, à appliquer ce diagnostic à la situation acadienne :

      Le rapport du colloque... nous a permis de constater que le fait de faire partie d'un groupe
minoritaire inhibe l'homme, ne lui permet pas toujours de donner sa pleine mesure et l'empêche de s'accomplir en tant qu'homme...

---

[66]Lettre de Camille Richard à Jacques Brazeau, *loco cit.*
[67]« Problèmes psychologiques d'une minorité », extrait d'un communiqué de la Presse Canadienne, janvier 1966, Doc. Prép. B, R.J.A., 1966.

Lors de la réunion du Cercle Jean-XXIII à Moncton, on a constaté à peu près les mêmes phénomènes chez la population minoritaire du Nouveau-Brunswick : complexe de persécution, conservatisme et un manque de fierté nationale. Quand il y a nationalisme, c'est d'abord un nationalisme « marial » qui devient par la suite... un nationalisme « féminisé », qui n'a pas d'écho chez les jeunes d'aujourd'hui[68]...

Les thèmes de la critique de l'idéologie nationaliste se retrouvent dans les portraits cliniques de l'Acadien minoritaire. Le modèle prestigieux du diagnostic savant apporte aux idéologues en même temps un nouveau code pour déchiffrer l'histoire, un mode cohérent de rationalisation de leurs attitudes face à l'élite et à son idéologie, enfin un sentiment de communauté ou de solidarité avec les intellectuels et néo-nationalistes non acadiens, essentiellement québécois.

Mais aussi, un tel discours a sûrement au Ralliement fonction psychanalytique ou d'exorcisme : en disant les éléments pathogènes de la personnalité typique acadienne, en dédoublant cette personnalité en un patient et un analyste, on a déjà entrepris sur soi-même le processus de normalisation ou de guérison qui consiste à dire des conflits qui étaient jusque-là non conscients, latents, refoulés. Ce qu'un participant appelait le stéréotype de l'Acadien, image négative d'identification en qui les jeunes refusaient de se reconnaître (spontanément, sans en avoir explicité le sens) est, par l'introduction de l'explication psychologique, clairement manifesté et entendu, défini selon les critères scientifiques comme pathologique, donc déjà partiellement exorcisé et en voie de normalisation.

L'emprunt du rôle d'analyste permet aux idéologues de se définir comme l'élément fort du rapport thérapeutique et donc d'inverser le rapport usuel qui privilégiait les rôles de l'élite. Comme s'ils étaient initiés à la pratique du chaman, les acteurs revendiquent le pouvoir d'être en possession du sens profond de l'histoire et des moyens de la transformer.

Les langages et les méthodes de la psychologie, la sociologie et l'historiographie[69] sont empruntés par l'équipe du Ralliement pour appuyer leur

---

[68]Monique BLONDIN, « Aux mêmes causes les mêmes effets », extraits de l'*Évangéline*, 5 février 1966, Doc. Prép. B, R.J.A., 1966. Voir aussi G. RINGUETTE et G. GORMIER, « Facteurs psychologiques et maturité acadienne », Doc. Prép. B; Rachel RICHARD, « La femme et la minorité », Doc. Prép. B; Joanne, Conrad, Raymond LEBLANC, « Le nationalisme acadien », *loco cit*.

[69]Si je n'ai pas insisté sur l'apport de cette discipline au Ralliement, c'est qu'elle est en effet d'usage mineur par rapport à la psychologie et la sociologie. Pourtant, si au Ralliement on n'use pas de l'historiographie comme des autres disciplines, on mentionne son usage possible comme d'un instrument critique de l'idéologie dominante. J'ai déjà cité l'appel du sociologue Richard à l'histoire — « il me semble capital que nous connaissions mieux notre passé... »

projet novateur en lui donnant la meilleure intelligibilité possible. J'ai montré l'importance de cette fonction linguistique et montré néanmoins les limites de l'argumentation de type scientifique en ce qui concerne les valeurs et les instances suprêmes de légitimation d'un nouveau message et d'un nouveau pouvoir. C'est comme si le progrès ou l'histoire consistaient pour une société dans la découverte du sens caché, dans l'actualisation de possibles latents ou encore dans l'explicitation d'un nouvel ensemble significatif à partir d'un signifié originel immuable, peut-être de ce que Jacques Berque appelle une « nature » profonde, antérieure à la culture, celle-ci n'étant que l'historisation toujours renouvelée d'un fondamental. On fait appel à la tradition pour légitimer le nouveau, aux valeurs ancestrales et comme consubstantielles à l'Acadie pour supporter un projet novateur. Mais inversement, le langage neuf du Ralliement est utilisé pour réactualiser une vision du monde qui n'est pas neuve, comme le montre le texte suivant écrit pour le Ralliement par le sénateur Calixte Savoie :

> Pour connaître les hommes, il faut vivre au milieu d'eux, les coudoyer, les questionner, en un mot les étudier pour arriver à les mieux comprendre et à mieux les apprécier. Il m'a été donné, pendant plus de quarante ans, de me mêler à toutes les classes de la société acadienne de tous les coins du pays. J'ai appris, en effet, à bien les connaître, à les comprendre et à les apprécier comme groupe ethnique et comme individus : un peuple pauvre, timide, soupçonneux, craintif ; un peuple dépourvu, vivant dans des conditions difficiles, mais apparemment content de son sort; un peuple attaché à son clocher, très soumis aux autorités religieuses et se laissant guider par elles.
> Par ailleurs, il m'a été donné pendant cinq ou six ans, de vivre au milieu d'une population totalement de langue anglaise. La vie que menaient les deux groupes constituait un contraste qui sautait aux yeux. Celui-ci possédait la finance, contrôlait l'économie du pays, était maître du commerce, de l'industrie et du fonctionnarisme. Le peuple acadien, lui, était un peuple ignorant et cela se comprend; il ne possédait aucune œuvre de vie matérielle et il était entièrement à la merci de l'Anglais qu'il considérait comme son maître et dont il était le serviteur, sinon l'esclave. En un mot, il était un peuple inférieur, sous-développé, un peuple en remorque[70].

Le langage est moins ésotérique que celui des spécialistes; pourtant le diagnostic sur l'homme minoritaire et la société acadienne est essentiellement le même : un individu aliéné, une nation de second rang « qui n'a pas accédé

— et je mentionnerai cet autre extrait du texte de Roméo SAVOIE (« Quelques obstacles à la création artistique dans la société acadienne ») : « Le Serment d'Allégeance, qui fut le point tournant de notre histoire, selon moi n'a pas été expliqué de façon satisfaisante. Je crois qu'il devrait y avoir une étude faite pour déterminer les causes réelles de son refus. L'analyse de ce geste posé à un moment critique, à un moment déterminant de nos vies, favoriserait peut-être l'orientation de notre avenir d'une façon plus juste, sinon, au moins en connaissance de cause. »

[70]Calixte SAVOIE, « Regard sur le passé acadien », Doc. Prép. A, R.J.A., 1966.

au statut libre de la personne », un rapport d'inégalité et de domination entre deux sociétés, rapport qui secrète ses propres mécanismes de perpétuation. Les blocages qui empêchent le peuple acadien d'accéder « à la pleine maturité » et au « plein épanouissement » sont d'ordre matériel, psychologique, culturel. Avant l'explicitation d'une idéologie nouvelle par la S.N.A. réformée, ce discours du patriarche acadien devait avoir force de tradition. L'avènement d'une nouvelle équipe définitrice de l'idéologie de la bonne-entente et du rayonnement avait eu comme effet l'effacement, sur le plan de l'explicite, d'une vision beaucoup plus sombre de la situation qui pouvait engendrer des projets plus combatifs et radicaux. Le nouveau langage des intellectuels redécouvre une tradition antérieure, la conclusion du discours du sénateur est très significative de ce point de vue, elle pourrait très facilement être attribuée à l'un des idéologues du Ralliement :

> Si nous voulons vraiment devenir un grand peuple, il est nécessaire que nous devenions un peuple laborieux, un peuple penseur et créateur. Il est nécessaire que nous entrions dans les rangs des chercheurs, des hommes de science, des artistes, des écrivains. Il est nécessaire que notre jeunesse soit orientée, qu'elle soit comprise. C'est seulement lorsque les Acadiens produiront des hommes de valeur dans les domaines des sciences, des arts, des lettres, de la littérature, de la philosophie, de l'économie et que sais-je encore, que nous commencerons vraiment à retrouver notre vrai plan dans le Canada et dans le monde[71].

La « prise de conscience » du Ralliement en 1966, c'est l'explicitation d'une existence collective durement aliénée, dépossédée, étrangère à son histoire et mutilée dans son rapport au monde. À l'intérieur de la société, la jeunesse et la « masse » sont coupées de l'histoire parce qu'une classe dominante « autocratique » gère après Dieu le patrimoine national; antagonistes sont les générations parce que des institutions vieillies, des pouvoirs anachroniques et des valeurs usées continuent à définir leurs rapports à rendre les pratiques aveugles : pathologique est encore la vie familiale où le « mal du silence » isole les enfants des parents parce que ceux-ci perpétuent autoritairement un ordre oppressif. Crise de croissance nationale, crise de conscience de la jeunesse, en un mot, crise de civilisation pour citer textuellement le sociologue.

Le rapport de la société aux autres sociétés est aussi un rapport de dépendance et d'inégalité : la société acadienne est minoritaire, l'attribut connotant bien plus que sa dénotation quantitative. Une société minoritaire est décrite comme ontologiquement affligée et existentiellement malheureuse. Minoritaire veut dire complexé, timide, soupçonneux, craintif, soumis; être minoritaire engendre obéissance docile, servilité, passivité, assujettissement,

---

[71] *Ibid.*

esclavage, etc. Synthétiquement, une minorité est le lieu d'éclosion possible de nombreuses maladies de la personnalité et du comportement (sexualité sans amour, etc.); elle est le milieu formateur d'une « personnalité sociale totale » dépersonnalisée, désocialisée, détotalisée.

Seulement, la « prise de conscience » de cet être (individu et société) minoritaire passe par le langage de la pathologie et du traitement clinique et non par celui du politique. Le « il faut réouvrir le dialogue » est très significatif de ce point de vue : il faut prendre la parole, briser le silence et les distances pour résoudre les conflits profonds, comme un patient arrive à exorciser sa névrose en se contant devant le psychanalyste; il suffirait d'« organiser des rencontres ouvriers-étudiants sur une base stable », « de fournir à la disposition des étudiants une ample information concernant le syndicalisme ouvrier », d'« améliorer le dialogue entre ouvriers et universitaires » pour que « le patronat comprenne la classe ouvrière » et que cesse « l'exploitation de la classe ouvrière par une classe dirigeante » dont les intellectuels font partie[72]. Bonne volonté et esprit de charité partagés par chacun des protagonistes devraient suffire à concilier les rôles, les aspirations, les droits légitimes, les langages.

« Le nationalisme devrait être un outil de progrès constant à la disposition de notre groupe ethnique pour l'aider à se dépasser et à s'intégrer à fond dans les nouvelles structures de la civilisation technologique[73]. » Créer un langage qui serait libérateur de l'homme minoritaire acadien, dont la fonction serait de « sauver l'homme » et non plus d'éterniser son aliénation, tel est le projet des hommes du Ralliement. Le rôle qu'ils s'attribuent est plus analogue à celui du psychanalyste qu'à celui du leader politique : grand maître de la conscience, délivreur de la parole et accoucheur de la liberté. Un certain millénarisme n'est pas absent de la prédication : viendra le jour où l'homme acadien quittera son actuelle condition pour réintégrer son existence promise d'homme libre, où le « nouvel Acadien » s'épanouira dans un monde de justice, d'amour et de charité.

---

[72]Résolutions de l'Assemblée Générale du Ralliement.
[73]Camille RICHARD, « Nationalisme et néo-nationalisme », *loco cit.*

VII. Le néo-nationalisme est un humanisme

> « Ce qu'il faut avant tout, c'est
> sauver l'homme, c'est le libérer[74]. »

La fin ultime de toute action est, pour les hommes du Ralliement, la libération de l'homme. La manifestation elle-même voulut être la représentation de cette liberté en dehors de l'espace quotidien par des acteurs qui incarnaient des rôles neufs, comme si les vieux acteurs jouant leurs rôles usuels dans les lieux consacrés ne pouvaient que représenter la contrainte ou tout ce qui s'oppose à la liberté[75]. En disant l'homme libre, on contribue à le créer, on a commencé d'extirper de soi l'homme aliéné et toute la négativité de l'homme minoritaire. On définit aussi un nouvel horizon pour une action future, la libération objective d'une collectivité entière restée prisonnière de ses mythes et traditions. « Et je ne saurai que faire, disait C. Richard dans sa première conférence, d'une idéologie nationaliste dont le but ultime serait la conservation de la langue et de certaines traditions. »

La liberté est la valeur centrale du Ralliement, qu'on oppose aux valeurs vécues comme contraignantes de l'idéologie traditionnelle. Elle était déjà implicitement entendue dans les deux mots synthétisant le projet global des intellectuels : prise de conscience, engagement. Ces concepts renvoient aux écoles existentialiste et personnaliste[76], deux traditions philosophiques alors très vivantes dans les milieux intellectuels québécois, parce qu'elles substituaient une éthique de la liberté individuelle et de la responsabilité à la morale traditionnelle d'un christianisme austère et autoritaire, héritier du jansénisme. « Liberté » est ici moins un concept que la désignation symbolique d'une vision globale du monde, porteuse d'un modèle nouveau d'être au monde, dans les deux sens de norme et d'idéal :

> Il lui faut aussi assumer cette liberté nouvellement acquise et dont elle (la femme) est encore effrayée. Cette liberté implique en effet choix, engagement et responsabilité. « La liberté… est parfois plus lourde à porter que la contrainte. Être libre, c'est refuser la pos-

---

[74]Camille RICHARD, « Nationalisme et néo-nationalisme », *loco cit.*

[75]Cf. Procès-verbal de la réunion du 24 janvier 1966.

[76]La philosophie personnaliste du Ralliement fut explicitée au tout début par Roger Savoie et unanimement acceptée par les organisateurs. Les références nombreuses à Gabriel Marcel et Emmanuel Mounier en font foi (*Cf.* procès-verbaux des réunions des 12 et 24 janvier 1966). Par exemple : « L'éthique qui s'élabore aujourd'hui un peu partout et dont nous commençons à peine à percevoir les points saillants ne saurait être qu'une éthique basée sur les valeurs supérieures de personne, de service, d'amour, de liberté et de responsabilité. » (Roger SAVOIE, Procès-verbal du 24 janvier 1966.)

sibilité d'accuser l'« autre », le sort, la société. C'est refuser de confier au hasard, à l'accident, le soin de mener, bien ou mal, son existence. Être libre, c'est une discipline plus qu'une facilité. C'est être responsable et en avoir conscience » (Colette GOUVION, *l'Express*, n° 768, p. 81)[77].

Le changement dans les valeurs que vise le Ralliement pour la société acadienne est celui qu'a connu l'Église dans les récentes années, modèle dont il se réclame à plusieurs reprises en se référant au Concile Vatican II : libération du dogme pour retrouver la parole et le geste créateurs, libération de la forme et du signe réifiés pour reconnaître l'authenticité du sens originel, libération de la vie et de l'expérience contre le transcendantalisme providentiel. Liberté est associée à créativité, jeunesse, art. Il faut revaloriser l'homme et, dans la société, la jeunesse afin de se débarrasser de la tare minoritaire et d'assumer pleinement la condition originelle d'homme libre. « Il est nécessaire, disait Calixte Savoie, que nous devenions un peuple laborieux, un peuple penseur et créateur[78]. »

Pour qu'une société produise des artistes, il faut que soient remplies certaines conditions comme la non-répressivité des traditions et la permissibilité consciente des élites, ce que n'a pas réalisé la société acadienne :

Encourager les arts et les artistes dénoterait une maturité d'esprit, un sens humain profond et un sens complet de la liberté. Ne pas encourager les arts supposerait une société d'infantilisme, pas consciente de sa dignité et de sa liberté...

Nous déplorons le fait que notre société n'a pas favorisé la formation d'artistes, parce qu'elle n'a pas favorisé la formation d'hommes libres. Car, pour créer, il faut être libre[79]...

D'un sens métaphysique de la liberté le Ralliement passe insensiblement à une acception plus sociologique qui pourrait déboucher sur un nouveau modèle d'action politique :

Ce qu'il faut avant tout, c'est sauver l'homme, c'est le libérer. Cette libération, dans notre contexte, signifie non seulement la bonne intention, mais la réalisation concrète vers la disparition de toutes les inégalités sociales, politiques, économiques et culturelles...

Il ne faudra surtout jamais perdre de vue que la fin première du nationalisme, qui est la fin première de tout organisme socio-politique, de toute institution sociale, celle de libérer l'homme, de l'affranchir de toute sorte d'esclavage, de toute oppression et de toute contrainte qui pourrait nuire à sa condition d'homme libre. Tel est le nouvel humanisme, tel est le nouveau nationalisme que l'on se doit de suivre en tant qu'homme et chrétien, sans jamais dévier, sans jamais compromettre sa réalisation[80].

Le manifeste que le « club politique » autrefois clandestin rêvait d'écrire se trouve publié ici par son idéologue le plus prolifique. Outre l'éthique de

[77]Rachel RICHARD, « La femme et la minorité », Doc. Prép. B, R.J.A., 1966.
[78]« Regard sur le passé acadien », *loco cit.*
[79]Roméo SAVOIE, « Quelques obstacles à la création artistique... », *loco cit.*
[80]Camille RICHARD, « Nationalisme et néo-nationalisme... », *op. cit.*

l'engagement personnel qui s'adresse à chaque individu en tant qu'homme libre, un autre modèle de société est visé : celui d'une société libérale où la croissante productivité permet l'accès de tous à un niveau de vie élevé et la réduction progressive de toutes les inégalités sociales; une société qui a réglé ses problèmes de production et de juste distribution, où les hommes peuvent satisfaire leurs besoins économiques; une société affranchie de son passé et des multiples liens de dépendance, devenue maîtresse de ses destinées, où les hommes ont enfin retrouvé leur condition essentielle d'hommes libres et de chrétiens, en passant « du niveau de l'individu... au statut libre de la personne »; une société aussi qui a dépassé sa condition minoritaire et qui peut désormais faire le choix de vivre au rythme de la civilisation occidentale. Accéder au droit de participer entièrement à l'aventure américaine, c'est là qu'est « le fond du problème[81] ». D'autres textes viennent confirmer cette orientation :

> Je crois que sans exception nous voulons simplement mieux vivre, individuellement et collectivement. Mieux vivre sur le plan matériel d'abord. Nous voulons tous bénéficier d'une certaine aisance matérielle comme il est normal d'ambitionner dans le pays favorisé que nous habitons...
>
> Ensuite, mais tout autant, nous voulons mieux vivre sur le plan culturel... Que voulons-nous au juste ? À mon avis, nos aspirations culturelles peuvent se résumer en deux mots : liberté et respect... Le fait que notre langue jouisse du même statut que le russe dans les cours de justice de cette province démontre un peu jusqu'où la liberté culturelle existe[82].

Le niveau d'aspiration ou celui de liberté visé est à deux degrés : le premier est celui de l'Autre, le modèle du maître ou de l'homme libre, de la société majoritaire qui jouit du prestige et de l'autonomie. Il s'agit d'accéder au même statut que le partenaire de la province et, par extension, que toute société non minoritaire du continent, de pouvoir être présent partout et au même titre que l'autre au Nouveau-Brunswick, de pouvoir gérer une histoire qui ne serait pas passé mythique mais bien l'histoire d'une collectivité responsable, digne et respectée :

> Si nous voulons donner à notre génération une fierté, il faut lui donner des buts à la mesure de son ambition, des buts pour lesquels notre génération sera digne de respect. Laissons-lui façonner le Nouvel Acadien. Celui-ci n'est plus l'esclave d'un passé mais solidaire d'un avenir qui lui appartient. Il veut être présent, et pour cela il est prêt à payer de son travail et de ses efforts, dans la vie ouvrière, professionnelle, sociale et politique de sa province, au même titre et jouissant du même respect et de la même liberté que ses concitoyens anglophones. Rien de plus, rien de moins[83].

---

[81] « Le nationalisme acadien doit constituer un moyen à notre disposition... qui nous permettra à nous, francophones des Maritimes, de progresser, de vivre, et de suivre le rythme, parfois essoufflant de la civilisation occidentale. Voilà, il me semble, le fond du problème... » (*Ibid.*)

[82] Pierre SAVOIE, « Néo-nationalisme acadien », *loco cit.*

[83] *Ibid.*

L'horizon objectif du projet est inspiré par l'image de l'autre, soit le citoyen de la province, soit l'Américain ou l'homme occidental, projection dans la positivité de l'homme minoritaire dépassé, lieu de ce Nouvel Acadien libéré de sa condition d'homme « colonisé ».

L'autre degré d'aspiration, l'autre lieu de libération de l'Acadie, c'est l'utopie, le lieu de la valeur pure, substitut pour les opprimés et dépossédés du lieu historique. Là, le Nouvel Acadien n'est pas déterminé par l'image de l'autre et son espace vital ne connaît plus de limites existentielles à la liberté. Ce degré était déjà visé par le sociologue, mais il est surtout explicité par le prêtre :

> Partout on dit et on écrit que l'on s'en va vers une ère magnifique. Ce sera celle de la conquête des espaces planétaires, de la victoire de l'homme sur la faim. Ce sera l'ère des « chances égales » pour tous, pour tous les pays, toutes les classes, tous les hommes. Chacun pourra se réaliser pleinement, avoir accès aux biens matériels et culturels. L'homme sera libéré de l'aspect humiliant et écrasant du travail, pour vivre en conformité avec sa dignité d'homme, de personne aimée de Dieu...
> Nous pouvons, nous, croyants, apporter une contribution irremplaçable dans la construction de l'homme nouveau. Nous pouvons aider nos compagnons-bâtisseurs à découvrir une dimension toute nouvelle de l'homme et du monde...
> Avec l'entrée du Christ dans le monde, l'homme devient capable de rompre ce cercle fermé des choses finies pour s'élancer vers ce dépassement qui débouche dans la vie incorruptible, l'amour définitif[84]...

Le Nouvel Acadien est porteur d'un message prophétique et d'une promesse de délivrance pour l'humanité entière. En s'engageant dans « la renversante aventure » du monde, il participe au grand courant mystique qui doit entraîner l'humanité vers la lumineuse félicité.

Le rappel par le prêtre de la mission spirituelle de l'homme acadien qui consacre sa vocation temporelle de rompre avec le vieil homme pour découvrir l'homme libre vient souligner, et la filiation spirituelle des jeunes par rapport à leur héritage culturel, et la continuité de leur action dans un processus ininterrompu mais parvenu au niveau de la conscience, de la connaissance et de la liberté.

L'homme nouveau est un projet, non plus un souvenir. Il n'est pas cet homme mythique dont la règle de vie serait aujourd'hui la répétition fidèle de l'Exemple primordial. Le chrétien est un homme d'avenir, libérateur du vieil homme qu'il porte en lui. L'homme mystique entre dans l'histoire et dans l'action. Il n'y a plus de hiatus entre les normes de l'action et de l'esprit. La libération de l'Acadien dans l'histoire est un moment de la création de l'homme total.

---

[84] Fernand ARSENAULT, « L'engagement des chrétiens », *loco cit.*

Quelles sont les tâches principales du projet de révision de l'ancien nationalisme pour produire une doctrine d'avant-garde ? Quelles conditions la nouvelle idéologie devra-t-elle remplir pour « assumer dans toute sa complexité le social ou le socio-politique de la nouvelle société[85] » ?

Premièrement, le nationalisme doit être rajeuni et modernisé :

> Permettez-moi, en terminant, de lancer un vibrant appel en faveur de la jeunesse : d'une part, rajeunir le nationalisme acadien, d'autre part se tourner davantage vers les jeunes éléments dynamiques de notre société[86].
>
> Un néo-nationalisme basé et appuyé par les intérêts des deux générations et rencontrant les conditions socio-économiques actuelles et le monde moderne en évolution s'impose aujourd'hui. L'avenir dépend du sang nouveau dans une atmosphère de collaboration pour l'édification d'un nouveau type acadien[87].

Conformément à la théorie que les jeunes ont d'eux-mêmes et de l'évolution de la société acadienne, le néo-nationalisme sera libérateur parce que les jeunes, contemporains du nouveau, sont sensibles aux nouvelles valeurs, parce que biologiquement, psychologiquement et sociologiquement ils vivent l'expérience du changement. L'être-au-monde de la jeunesse est représenté selon un processus avant tout créateur, en opposition avec l'attitude légaliste du vieux nationalisme ritualisé, autoritaire, dogmatique. Le « il faut être moderne » du jeune Rimbaud est le mot d'ordre existentiel du Ralliement.

Deuxièmement, le nationalisme doit valoriser la démocratie parce qu'elle est condition de la liberté et de la justice. Le principe démocratique qui se traduit dans la pratique par la libre et entière participation de chacun à la définition ou à la création du collectif s'applique aux générations comme aux classes sociales : « chances pour tous, pour tous les pays, pour toutes les classes, pour tous les hommes[88] » :

> Une idéologie, un nationalisme où les diverses classes de notre société participeront réellement et assumeront des responsabilités[89]...
>
> Il faut apprendre à se servir de la démocratie et cela en la servant : que l'élite ait à cœur de faire partager par tous la fierté qui doit l'animer, du prolétaire au professionnel[90].

C'est par l'égalité d'accès et de participation au pouvoir que les inégalités et les distances sociales se résorberont et que la société deviendra vraiment collectivité, sujet fort et unanime de définition de l'identité nationale. La démocratie est la valeur qui doit actualiser sociologiquement la liberté.

---

[85] Camille RICHARD, « Nationalisme et néo-nationalisme... », loco cit.
[86] IDEM, « L'idéologie nationale... », loco cit.
[87] Joanne, Conrad, Raymond LEBLANC, « Le nationalisme acadien... », loco cit.
[88] Fernand ARSENAULT, « L'engagement des chrétiens », loco cit.
[89] Camille RICHARD, « L'idéologie nationale... », loco cit.
[90] Rachel RICHARD, « La femme et la minorité », loco cit.

Troisièmement, le néo-nationalisme doit faire craquer la vieille gangue acadienne pour s'ouvrir au monde, soit à la province, soit au Québec, soit au Canada. L'ambiguïté du projet concernant l'identification n'est pas résolue ni même peut-être consciente chez les participants au Ralliement. C'est encore négativement que le Ralliement définit son identité, la question de l'option nationale n'ayant pas été vraiment posée. Les problèmes politiques que soulève la question acadienne sont restés en attente, comme s'ils devaient être traités postérieusement ou par d'autres individus que les intellectuels évoluant dans le monde de la valeur et du symbole, en marge du monde de l'action. Voici des expressions diverses de cette définition problématique :

> Ainsi, on aura un nationalisme vivant, dynamique, vécu, qui sera vraiment l'humanisme avec le plus proche, c'est-à-dire la reconnaissance et le partage des valeurs humaines avec tous les hommes certes, mais d'abord avec celui qui parle et qui vit la même culture que soi[91].
>
> Il est temps qu'on se le dise : nous sommes chez nous ici, au Nouveau-Brunswick ! Notre devise ne pourrait pas être « maître chez nous », comme diraient nos voisins, mais bien, « partenaire chez nous ». Partenaire chez nous, ce n'est pas Caraquet, ni Saint-Basile, ni Moncton, c'est le N.-B. tout entier... Nous avons jusqu'ici fermé les yeux sur notre patrie. Il est temps d'opter résolument pour le N.-B. ... Notre nationalisme doit être provincial[92].
>
> Ils (les jeunes) réalisent que nous ne pouvons plus faire de régionalisme, de séparatisme, voire même d'isolationnisme. Ils réalisent qu'ils font partie d'une nation et celle-ci est canadienne et non acadienne. Ils réalisent cependant qu'ils ont une culture française qui est propre au groupe. C'est donc pour ceci qu'ils favorisent un nationalisme dans le contexte pancanadien[93]...
>
> L'Assemblée recommande que les Francophones des Maritimes s'orientent plus vers un nationalisme canadien-français que vers un nationalisme de type acadien[94].

Les témoignages sont assez différents pour marquer au moins l'ambiguïté, sinon l'incompatibilité des projets proposés. En 1966, le néo-nationalisme veut « se poser en s'opposant » (C. RICHARD), couper les liens de dépendance avec l'image d'une vieille société comme avec ses définiteurs traditionnels. Mais si l'on reconnaît que ce n'est pas la S.N.A. qui détient le pouvoir au Nouveau-Brunswick[95], on ne cherche pas à définir une option politique et nationale nouvelle et, par conséquent, on ne remet pas en question le *statu quo* politique provincial. En fait, le seul conférencier appelé à

---

[91] *Ibid.*

[92] Pierre SAVOIE, « Néo-nationalisme acadien », *loco cit.*

[93] Ronald CORMIER, « Le néo-nationalisme acadien », *loco cit.*

[94] Résolutions de l'Assemblée Générale du Ralliement.

[95] « Le pouvoir, dans cette province, permettez-moi de le dire, ne s'exerce pas à la S.N.A. » (Pierre SAVOIE, « Néo-nationalisme acadien », *loco cit.*

définir le néo-nationalisme acadien en termes politiques confirme l'appartenance provinciale et revendique la présence francophone à tous les échelons[96].

Qu'on se rappelle la conjoncture politique de l'époque : un premier ministre acadien à la tête de la province, très lié à l'équipe dirigeante de la Société Nationale; l'ouverture de postes de fonctionnaires aux francophones
« bilingues » à Fredericton; la fin des travaux de la Commission Laurendeau-Dunton qui recommande la reconnaissance officielle des deux langues
au Nouveau-Brunswick. La S.N.A. fait campagne pour que la représentation
des francophones chez les fonctionnaires et dans les cabinets ministériels
soit plus équitable, elle réitère sa fidélité, au nom du peuple acadien, à la
province, à la Confédération, à la Reine d'Angleterre et du Canada. Contre
le « danger séparatiste » du Québec, elle répète son allégeance au pouvoir
anglais au détriment des relations privilégiées qu'elle aurait pu entretenir
avec le Québec.

Face à cette position, le Ralliement demeure très ambivalent. Le jeune nationalisme québécois exerce sur lui une incontestable force d'exemple par sa
nouvelle revendication d'une plus grande et même d'une complète autonomie : « M. Falardeau... invite ses concitoyens à « inventer nos propres
solutions », à multiplier les foyers de décisions, et, si possible, améliorer
« notre mémoire collective »... Depuis peu, au Québec, se manifeste le désir
d'une « vraie autonomie » et les axes nouveaux des désirs collectifs « orientent vers la sécularisation et la socialisation[97] »...

Mais aussi, un modèle de confédération plus respectueux du droit des
minorités qui restaure l'image d'un Canada unique dans la dualité prend
figure de libéralisme attrayant pour de jeunes Acadiens qui refusent l'identification à l'Acadie légendaire et qui, après l'abandon du foyer originel,
cherchent « dramatiquement » un nouveau lieu non problématique. Le Nou-

---

[96] Camille Richard avait pourtant soulevé le problème du choix politique qu'avait à faire le
peuple acadien : « La population, depuis dix, vingt ans et plus est soumise à des structures
d'acculturation massives qui menacent peut-être dans leurs fondements mêmes l'ethnie acadienne et sa survivance... Deux autres phénomènes d'ordre politique, dont l'Acadien doit envisager les implications, viennent s'ajouter à cette situation déjà critique : la possibilité d'une part
d'un Québec indépendant et, d'autre part, d'une union dans deux, trois ou quatre provinces de
l'Atlantique. Il est évident que ces deux situations politiques hypothétiques, si jamais elles se
réalisent, l'une ou l'autre, transformeront radicalement le destin du groupe ethnique acadien. »
(Dans « Société acadienne et transformations sociales », loco cit.) Si le problème est bien posé,
il n'est nullement confronté ni résolu par le Ralliement.

[97] Clément TRUDEL, « Le pouvoir au Canada français », le Soleil, 26 février 1966, cité dans
Doc. Prép. C. R.J.A., 1966.

veau-Brunswick (non celui de. l'histoire mais celui visé par la Commission Laurendeau-Dunton) peut alors être élu comme une authentique patrie; le Canada peut devenir le foyer d'une identité en projet.

Mais il est clair que l'unanimité n'est pas faite au Ralliement. Quand on a voté à l'Assemblée Générale pour un nationalisme plus canadien-français qu'acadien et pour l'abandon des signes traditionnels d'identification, l'unanimité était réalisée dans l'opposition au vieux nationalisme mais non dans un projet concret de construction nationale[98]. Le projet positif contenu dans la négation de l'ancien nationalisme, c'est l'ouverture au monde, la permissibilité, l'innovation, toute la galaxie de valeurs qui gravitent autour du noyau liberté.

L'utopie ou l'espace imaginaire est l'habitat des intellectuels du Ralliement. La nation, qu'ils tentent de définir pour la collectivité des jeunes, est symbolique, elle est un lieu pur de finalités idéales et non pas espace objectivement possible ni projet d'une praxis historique. Ils ont eu l'intuition de ce que serait le « nouvel Acadien » en même temps qu'ils ont reçu mission de découvrir l'idéal de liberté.

On retrouve chez les principaux idéologues de 1966 une attitude qui était déjà celle des idéologues de la Société Nationale, celle de la conscience d'une prédestination à remplir un rôle national providentiel[99]. Le néo-nationalisme des intellectuels demeure dans la valeur pure, il n'arrive pas à engendrer concrètement un projet d'action libératrice, un vrai manifeste politique[100].

Il est remarquable que, dans le secteur économique qui fut de très près associé à la nouvelle réalité acadienne et au néo-nationalisme, le Ralliement

---

[98] Il faudra attendre la conférence de Roger Savoie donnée en 1968 « Chez Lorentin » pour que se trouve clairement levée l'ambiguïté et explicité un nouveau projet nationaliste acadien qui soit aussi politique (*cf.* dernier chapitre).

[99] « On pourrait se demander si le nationalisme a vraiment réussi à « populariser » son message aux masses... à ceux en somme qu'ils (les chefs) auraient comme mission de relever et de libérer. » (Camille RICHARD, « Nationalisme et néo-nationalisme », *loco cit.*)

[100] Les derniers textes du Ralliement n'ont pas levé l'indétermination du langage philosophique des premières réunions. Voici par exemple comment Camille Richard présentait au groupe ses « motivations » relatives à sa volonté d'engagement dans l'action nationaliste : « J'ai des valeurs que je voudrais plus importantes pour moi... C'est celle de la libération sociale et personnelle de l'homme; de faire disparaître la misère sous toutes ses formes; celle de liquider le mal en nous et autour de nous; celle de découvrir la vérité et surtout de découvrir celle de chacun; en somme, celle d'unir les hommes en liquidant une fois pour toutes les différences, différences que je crée chaque jour afin d'exploiter mes frères et vice versa... » (Procès-verbal de la réunion du 24 janvier 1966.)

n'ait pas cherché à innover ni à singulariser sa position par rapport à celle de la Société Nationale. Tous les textes traitant spécifiquement de la question économique qui sont consignés dans le *Document Préparatoire* sont empruntés au discours de la Société Nationale. Malgré la critique déjà relevée de la division de la société en classes antagonistes et aussi le constat d'une « exploitation de la classe ouvrière », le procès du mode de production capitaliste n'est esquissé dans aucun texte. Les recommandations votées par l'Assemblée dans ce domaine démontrent à quel point la réflexion économique était absente du Ralliement :

> L'Assemblée recommande que l'on appuie la Société l'Assomption qui, par son infiltration dans le commerce, vise à devenir une puissance économique dans les Maritimes.
>
> L'Assemblée recommande que la fédération des Caisses Populaires étudie la possibilité dans la législation qui les régit d'assurer un meilleur service à ses clients, semblable aux autres établissements financiers[101]...

Comme en politique, le Ralliement se révèle partisan du *statu quo* économique du fait qu'il ne se réfère à aucun autre modèle que celui qui prévaut au Nouveau-Brunswick. C'est au sein de la « civilisation occidentale » et « dans notre société économique de progrès constant et à haute productivité[102] » que les hommes pourront faire disparaître toutes inégalités, accroître constamment le standard de vie, répartir justement les richesses..., créer une « terre nouvelle ». Tout ce qui est condamné, c'est l'ancien désintéressement du nationalisme marial au processus économique : « Tout est maintenant basé sur l'économie... Le nationalisme acadien doit nécessairement se détacher de la religion pour survivre et insister davantage sur l'économie[103]. »

On pourra se reporter aux discours de Jean Cadieux pour mettre en évidence la parenté des points de vue. Mais la finalité de l'économique est nouvelle : la libération de l'homme. Pour le Ralliement, l'économie est un humanisme.

Les instigateurs du Ralliement sont restés au niveau des valeurs et de la symbolique, ils n'ont pas dessiné un modèle concret de société à bâtir ni proposé un projet d'action plus précis que celui de rajeunir le nationalisme. La distanciation opérée par l'attitude et le langage scientifiques servait en même temps qu'elle justifiait le projet d'en rester à la valeur. Elle avait pour but de situer le nouveau rôle d'intellectuel par rapport à ceux de l'élite tradi-

---

[101] Cette recommandation n'est pas une initiative du Ralliement, elle avait été lancée dans le milieu des affaires avant 1966, au moins comme projet.

[102] Camille RICHARD, « Nationalisme et néo-nationalisme », *loco cit.*

[103] Joanne, Conrad, Raymond LEBLANC, « Le nationalisme acadien », *loco cit.*

tionnelle et de conquérir la légitimité de sa fonction dans une société où les pouvoirs étaient indifférenciés et totalement exercés par les notables. Les intellectuels visaient le pouvoir d'agir sur les significations collectives et de définir les finalités quand, à cause des changements survenus dans la société, l'élite traditionnelle était perçue comme incapable de recréer un langage compatible avec l'histoire présente. Ils ne revendiquaient pas seulement le droit à la parole, mais aussi et surtout le pouvoir de déterminer le langage sociétal et, par celui-ci, les grandes finalités de la collectivité. D'où les élans prophétiques et messianiques des principaux idéologues.

La fonction essentielle de la manifestation de 1966 fut, en somme, de créer des rôles et d'essayer de les faire reconnaître, autrement dit d'entamer le monopole du pouvoir acadien jusqu'alors aux mains des dignitaires traditionnels. Ces rôles sont dits et joués pendant les trois jours que dura le Ralliement; le pouvoir que réclament les intellectuels est investi pendant cette fin de semaine. C'est pourquoi on relève une ambiguïté profonde dans le projet néo-nationaliste : il n'est pas encore temps d'élaborer pour la société globale un projet cohérent qui serait susceptible d'être substitué à celui de la Société Nationale. Le néo-nationalisme n'est pas encore une « doctrine » ni une théorie élaborée de la situation acadienne. Il faut justifier la nécessité d'une idéologie nouvelle, comme celle de nouveaux rôles sociaux. Il faut justifier le besoin d'une renaissance idéologique, et donc faire consacrer la valeur liberté sans laquelle cette renaissance serait impossible. Il faut insister sur la valeur démocratie pour ouvrir le jeu à de nouveaux acteurs. Il faut plaider la cause et les vertus de la jeunesse pour introduire la valeur du changement et réciproquement diagnostiquer le changement pour justifier les revendications des jeunes.

Même s'ils crurent parfois que le temps était venu de changer le monde et que leur tour était arrivé, les organisateurs du Ralliement étaient conscients que leur rôle consistait surtout à « donner aux jeunes l'occasion de se chercher », à inaugurer un nouveau lieu d'élaboration des finalités collectives plutôt que de publier déjà dans le contexte d'une idéologie cohérente un projet collectif mûri, coordonnant l'action de transformation réelle du monde. La manifestation devait être la première, on voulait qu'elle se répète chaque année, on espérait qu'elle donnerait lieu à une organisation permanente, sorte de Société Nationale des jeunes, que des leaders allaient émerger, que les grandes questions nationales seraient discutées...

Peu de ces espoirs furent comblés, et les principaux organisateurs du Ralliement durent s'exiler. Ce qui restait du Ralliement en 1967, c'était quelques documents écrits, souvenirs et désillusions. Mais le Ralliement allait avoir une suite, et il faut voir dans l'idéologie du mouvement étudiant de 1968-1969 le prolongement direct de son action. Une tradition critique avait été créée en Acadie.

CHAPITRE V

LE PROJET NÉO-NATIONALISTE

« C'est l'impossible qu'il faut que tu fasses. Le possible, les autres le font tous les jours. »

(Michel BLANCHARD, dans *l'Acadie, l'Acadie.*)

« C'est fini pour nous, Acadiens, de jouer à l'agneau si doux dont on a longtemps qualifié notre race... Ça fait depuis 1713 que nous sommes esclaves de la domination anglaise comme de maudits colonisés. *Il est temps pour nous de nous affirmer et de choisir entre vivre dans une société où nous pourrons nous épanouir librement dans notre culture acadienne ou de s'angliciser une fois pour toutes...*

« Nous sommes d'accord avec les Québécois qui veulent leur indépendance, car nous voulons la nôtre aussi. »

(LES FILS DE L'ACADIE, « C'est fini », *le Progrès-l'Évangéline*, 17 novembre 1970.)

I. Le mouvement étudiant

Le Ralliement de 1966, selon les participants, a échoué sur bien des points. On n'est pas parvenu à définir une idéologie assez cohérente pour remplacer l'ancien nationalisme; on n'a pas réussi à constituer un noyau de permanents, cette équipe idéale recrutée démocratiquement et prête à s'engager dans une action nationale rajeunie; les anciens n'ont pas compris ou ont refusé d'entendre le message des jeunes et, le Ralliement fini, ont exercé des pressions diverses sur les organisateurs les plus influents pour les engager à la modération, voire à la retraite. « L'intelligentzia bourgeoise, devait écrire Ronald Cormier deux ans plus tard, a fait la sourde oreille aux revendications des jeunes et le mouvement qui s'amorçait a sombré[1]... »

Ce serait voir à courte vue que réduire la signification historique de l'événement à l'interprétation qu'en donnent les acteurs. Il faut comprendre le Ralliement comme le lieu fécond de création d'un langage qui aidera les idéologues du néo-nationalisme à recréer pour eux et pour leur société un rapport vivant à la culture. Le message des étudiants de l'Université de Moncton qu'émet le journal *l'Insecte* à partir de décembre 1967 a son origine directe dans le Ralliement. Entre le Ralliement et les dernières formulations de l'idéologie néo-nationaliste acadienne, il y a non seulement filiation, mais intime continuité[2]. Il suffit de se reporter aux derniers éditoriaux du journal *Liaisons*, qui paraissait au Collège Saint-Joseph depuis quelque vingt-six années, pour identifier le tournant idéologique du journal comme une manifestation concrète des premières retombées de l'offensive de 1966.

La livraison de *Liaisons* du 28 avril 1967 portait en gros titre : « La gauche à l'action ». L'éditorialiste l'expliquait en ces termes :

> Notre public lecteur se demande certainement pourquoi le *Liaisons* porte, en grosses manchettes, le titre « La gauche à l'action ». Une explication est dans l'ordre puisque c'est la première fois que le journal *Liaisons* donne l'opportunité à un groupe avant-gardiste de prendre la parole.

---

[1] Ronald CORMIER, « La jeunesse veut provoquer le progrès », *l'Évangéline*, 15 août 1968.
[2] Cette continuité reste partiellement cachée dans la production idéologique qui a suivi le Ralliement, celle dont traite ce chapitre. Elle deviendra plus explicite dans les œuvres postérieures, en particulier dans le discours idéologique du Parti Acadien fondé en 1971 : voir par exemple l'usage qui est fait du langage et des méthodes des sciences humaines dans *le Parti Acadien*, Parti Pris, 1972. En un sens, on peut interpréter la praxis néo-nationaliste des années 1967-1971 comme une phase mineure de la production idéologique, mais déterminante d'un point de vue politique puisqu'elle aboutira à la création d'un parti national, événement sans précédent dans l'histoire acadienne. L'approfondissement idéologique du nouveau projet nationaliste devrait être la phase ultérieure, dont on découvre déjà les prémisses dans la revue *l'Acayen* fondée en 1971.

Vous remarquerez que le ton des articles est celui qui est propre à des journalistes engagés...

Une gauche n'existe pas de manière structurée ici, à l'Université de Moncton, mais plusieurs gauchistes émettent des opinions nouvelles qui méritent d'être prises en considération. C'est pourquoi *Liaisons* offre ses structures afin de connaître ce que pense cette
gauche, ce qu'elle veut.

Nous suggérons à notre public-lecteur de lire attentivement, d'analyser les articles et les
commentaires et de prendre position[3].

L'auteur de ces lignes est le même qui donna une conférence sur le néo-
nationalisme pendant le Ralliement. Les thèmes, le vocabulaire, l'idéalisme
même du Ralliement sont passés dans la prose du vieux journal. La feuille
de collège annonce qu'elle se met au service de la « gauche ». Voici
comment un éditorialiste de l'ancienne équipe de *Liaisons* rend compte de
cette mutation :

DU SANG NOUVEAU
L'équipe de Liaisons opte pour une politique de professionnalisation du journalisme au
sein même du campus.

Cette orientation nouvelle touche autant le domaine des affaires internationales que celui
du syndicalisme étudiant à l'échelle provinciale. Il est urgent de s'affranchir des réalités
banales de notre milieu. Liaisons n'est plus un journal où chacun y allait de son inspiration
pseudo-romantique, mais un organe d'action où même les idées les plus avant-gardistes ont
leur raison d'être... C'est en sensibilisant tous les étudiants que nous parviendrons à
atteindre ce degré de maturation politique indispensable à une action positive adulte[4].

Cet éditorial était le dernier du journal *Liaisons* qui allait être remplacé le
mois suivant par une feuille au titre insolite : *l'Insecte*. Il faisait la transition
entre deux « règnes » dont le nouveau n'allait pas tarder à manifester sa vi-
rulente créativité, tant dans le langage que dans l'action.

Il nous prévient que le journal change d'équipe de rédaction, de fonction
et d'idéologie. Le mémorable *Liaisons* était-il devenu aussi désuet et aussi
dysfonctionnel que l'affirment les innovateurs ? Peu importe. La gauche ou
les « quelques gauchistes » de l'Université de Moncton qui se sont affirmés,
définis et regroupés pendant le Ralliement, ont acquis suffisamment de pouvoir pour investir partiellement puis totalement le journal étudiant. L'ancien
journal véhiculait, plus ou moins explicitement, l'idéologie dominante de la
société acadienne[5]. Le nouveau se définit d'emblée en réaction contre cette
idéologie : de gauche, il entend contester; d'avant-garde, il entend innover,
créer, aussi provoquer. Il suffit de reprendre les grands leitmotive du Ralliement pour déchiffrer le nouveau message du journal, du moins en cette pé-

---

[3] Ronald CORMIER, *Liaisons*, 28 avril 1967.
[4] Jean-Eudes GENDRON, *Liaisons*, 15 novembre 1967.
[5] *Cf.* l'éditorial de Lucille FOUGÈRE, *Liaisons*, 14 octobre 1964, cité plus loin.

riode de transition : gauche, politisation, engagement, action, changement, humanisme...

Cependant, si le premier éditorial cité est parfaitement en affinité avec le Ralliement, les suivants ne s'y réduisent déjà plus totalement : « il est urgent de s'affranchir des réalités banales de notre milieu », est-il écrit dans le dernier éditorial de *Liaisons*. Milieu étudiant ? Milieu universitaire ? Milieu acadien ? Certainement les trois en même temps. En réaction contre un certain amateurisme du journalisme étudiant, on veut faire du journalisme « professionnel ». En réaction contre un certain rapport filial signifié par l'ancien titre *Liaisons*[6], on veut entrer dans un nouveau réseau, celui du syndicalisme étudiant provincial et canadien. En réaction aussi contre le paysage trop familier, « banal », du village et du « milieu », on annonce que l'horizon sera reculé pour toucher la dimension internationale, d'ailleurs déjà suggérée par le mot polysémique la « gauche ». C'est globalement en opposition à l'ancien et à la tradition que l'idéologie des étudiants s'impose en 1967.

La définition « de gauche » serait trop étroite pour cerner l'orientation nouvelle du journal. Si Ronald Cormier s'en réclame, Michel Blanchard s'en méfie, comme si l'attribut était au départ trop embarassant. En prenant le titre insolite *l'Insecte*, le journal signifie qu'il « ne se définit pas à priori[7] ». Le nouveau directeur refuse dès le départ toute étiquette, en particulier celles du Ralliement et du syndicalisme étudiant canadien, pour marquer une nouvelle fois la rupture, pour affirmer sa totale liberté. C'est en provocateurs que *l'Insecte* et les deux autres publications financées par la Fédération des Étudiants de l'Université de Moncton (F.E.U.M.), *le Microbe* et *la Moustache*, s'introduiront dans le champ sémantique de la société[8].

---

[6] *Cf.* Michel BLANCHARD, « La métamorphose », *l'Insecte*, 15 décembre 1967.

[7] *L'Insecte*, décembre 1967.

[8] L'on pourra objecter que ces documents n'ont de signification que « régionale » par comparaison aux écrits analysés avant, en particulier les publications à caractère « national » de la S.N.A. Certes, ce sont des journaux d'étudiants comme il en existe dans toute université, dont les titres rappellent le folklore et le libertinage. Mais il faut comprendre la singularité en Acadie du rapport de l'université à la société globale, la singularité aussi du journal dans la production idéologique globale. L'Université de Moncton, de création très récente (1963), est d'importance fondamentale dans l'Acadie contemporaine. Elle est, avec la Société l'Assomption et la S.N.A., une institution clé. (Son recteur jouit d'un pouvoir plus grand que le président et le secrétaire général de la S.N.A., autrefois ómnipotents.) L'Université est devenue un lieu essentiel de définition nationale. S'y trouvent regroupés tous les leaders et idéologues qui n'ont pu œuvrer au sein des institutions traditionnelles. On ne sera donc pas surpris de l'importance accordée ici aux publications « universitaires » qui sont éminemment « nationales ».

Pour saisir l'effet de provocation, il suffit de se reporter à la « guerre des mots » qui éclata entre *l'Évangéline* et la nouvelle équipe étudiante dès la parution de l'éditorial « la gauche à l'action ». Le *Liaisons* du 15 novembre 1967 présentait en gros titre : « Comment le Canada participe au génocide du peuple vietnamien ». À cause de l'orientation politique de l'article comme du tournant idéologique « dangereux » annoncé par le journal, un rédacteur de *l'Évangéline* avait, en première page de ce quotidien, défini ce qu'il fallait attendre d'un « respectable » journal étudiant et en somme donné la leçon à ses jeunes confrères[9]. La réplique des étudiants fut publiée dans *l'Évangéline* :

> Que le journal *Liaisons* ait à faire un peu de sensationnalisme pour que la masse somnambule prenne conscience me paraît simplement normal. *Liaisons* se voit dans l'obligation de donner une information orientée afin de produire une réaction chez les étudiants...
> Que le camarade Gheerbrant donne plus d'importance à la culture « commune » — musique, littérature, etc. — qu'aux réalités du monde qui nous entoure — guerre au Vietnam, conflit israélo-arabe, etc. — me semble un peu bourgeois...
> Ce qui me frustre, c'est que la « Colonne de gauche » du camarade Gheerbrant soit plutôt de droite, bourgeoise et réactionnaire...
> En terminant, je suggère au camarade Gheerbrant que la lecture de *la Lutte des classes* de Karl Marx lui serait plus profitable que celle de *Fin de partie* de Beckett[10].

Après les deux derniers numéros de *Liaisons* qui sont aussi les deux premiers de la nouvelle équipe, *l'Insecte* paraît en décembre 1967. Il ne sera publié que quatre numéros, le dernier datant de décembre 1968. On verra l'importance particulière qu'il faut accorder à ce journal qui, bien que financé par la FEUM, sera plus le carnet de Michel Blanchard et de ses épigones que des autres idéologues étudiants. Mais c'est dans *l'Insecte* que paraîtront les textes les plus importants de l'époque.

L'Insecte voulait être plus qu'une feuille de campus à circulation interne. Il en était tiré un grand nombre d'exemplaires que les étudiants s'efforçaient de diffuser à Moncton et en différents centres de la province, surtout dans le nord et le nord-est du Nouveau-Brunswick. Il rêvait de rivaliser avec *l'Évangéline*. *L'Évangéline* étant représenté comme l'organe de la « patente » et critiqué à cause de son inféodation à « l'*establishment* » acadien, les étudiants voulaient faire de *l'Insecte* le journal de l'opposition, représentatif non seulement des étudiants, mais des « masses » ou du « peuple » dont les étudiants se disaient solidaires : « Il n'est certainement pas dans l'intention de notre équipe de lécher la masse à la manière des bourgeois patentards...

---

[9]*Cf.* « Colonne de gauche » d'A. GHEERBRANT, *l'Évangéline*, 28 nov. 1967.
[10]Ronald CORMIER, *l'Évangéline*, 2 décembre 1967.

Notre équipe nouvellement formée fera bloc et frappera là où les assis et les bourgeois sont les plus douillets[11]. »

Le nouveau journal comporte un élément ludique et frondeur. Mais l'objet de sa critique est l'élite acadienne, le mode d'exercice de son pouvoir et son discours. Le journal veut brouiller le rapport traditionnel entre l'élite et la population acadiennes; en s'interposant entre la base et le sommet, il entend « parasiter » la communication. D'où sa position importante dans le système idéologique de la société globale et la conscience de cette importance chez les acteurs.

Son rôle restera pourtant intermédiaire, rôle critique de médiation plus que définiteur d'idéologie. Entre *Liaisons* et *l'Embryon*, le dernier journal étudiant, *l'Insecte* fut comme un acte libre, un geste difficilement réductible à ses motivations et à ses finalités. Dans la continuité, il s'impose, mais pour la dérouter ou la pervertir. Pour l'esprit quotidien, schématique banalisation de l'esprit de sérieux, il fut comme un acte de folie corrosive qui s'attache à détruire par profanation des laborieuses constructions dites nationales. À ce rire nietzschéen qui fit trembler le cœur et l'esprit d'une Acadie lunaire et « mariale », comme on a pu la qualifier pendant le Ralliement, il faudra consacrer une analyse particulière.

Parallèlement au journal de Michel Blanchard, deux organes d'information paraîtront de novembre 1968 à juillet 1969, soit successivement *le Microbe* et *la Moustache*. De petit format, dactylographiées, ces feuilles étaient distribuées une ou plusieurs fois par semaine, selon la densité événementielle de l'histoire du moment. Le secrétariat général de la FEUM les présentait ainsi :

> *Le Microbe*, et maintenant *la Moustache*, que la FEUM publie, ont toujours contenu une information sérieuse et substantielle, en plus d'éditoriaux et autres prises de position de l'équipe qui le publie. Ces informations ne plaisent pas à tout le monde et n'ont pas l'intention de le faire...
>
> J'ai soutenu personnellement la publication du *Microbe* et celle de *la Moustache* parce qu'il me semble essentiel de prendre une telle approche journalistique afin de bien informer les étudiants et de présenter aussi les questions d'importance à l'université afin de stimuler chez les étudiants une prise de position[12].

Ces deux publications internes n'ont pas le côté spectaculaire et théâtral de *l'Insecte*, à part leur titre. Mais elles émanent de la même source idéologique.

Les derniers numéros de *la Moustache* furent publiés en juillet 1969.

---

[11] Michel BLANCHARD, *ibid.*
[12] Paul-Eugène LEBLANC, *la Moustache*, 15 février 1969.

Puis, ce fut le silence qui dura jusqu'en décembre 1970, date de publication de *l'Embryon*. Dix-huit mois de « répression », selon une expression consacrée chez ceux qui l'ont observée ou subie : l'équipe de *l'Insecte* avait été renvoyée de l'université; les principaux leaders étudiants avaient, ou bien quitté l'université au terme de leurs études, ou bien été exclus, dont certains avec une injonction leur interdisant l'accès à l'université.

Deux anciens étudiants, qui avaient assisté au Ralliement et collaboré à *l'Insecte*, publièrent le premier *Embryon*. Le style, le ton, le contenu ne sont plus les mêmes. On en jugera par cet extrait du premier éditorial :

> Au commencement, il fut une question : serait-il possible de créer un véhicule capable d'exprimer efficacement la prise de conscience collective d'un groupe en pleine effervescence intellectuelle ?... En ce moment, notre attitude en est une de complète conciliation. Tournons-nous vers l'avenir car il serait futile de revenir sur le passé...
>
> La situation paradoxale de l'U. de M. dans un bain pressurisant d'anglophones multiplie en les intensifiant les justifications du journal. Ceci à la condition implicite que le campus se réalise comme francophone et veuille le demeurer. Nous percevons ce désir timide mais grandissant; il doit donc se réaliser. Sans une littérature pour affirmer notre existence, nous oublierons qui nous sommes et ce que nous voulons être. C'est l'assimilation[13]...

Il fallait un journal, une « littérature », qui définisse pour aujourd'hui le « nouvel Acadien » et donne réponse à son inséparable incertitude. C'est dans ce premier numéro de *l'Embryon* que sera publié le « Manifeste Politique » de Raymond Leblanc, la première « officielle » du projet néo-nationaliste d'indépendance et d'annexion au Québec, c'est-à-dire la première tentative de donner au projet la légitimité de l'écrit et la représentativité du collectif alors qu'on l'avait maintenu dans les limites de l'opinion individuelle et de la parole régionalisée. *L'Embryon*, c'est d'une part une certaine réconciliation avec la tradition acadienne, tant celle du vieux nationalisme que celle du Ralliement, d'autre part un manifeste du nouveau parce que la rhétorique nationale a donné pour la première fois naissance à un projet collectif « total », donc politique. *L'Embryon* avait finalement rendu explicite ce qui était resté inédit, pendant le Ralliement et dans les rares publications du néo-nationalisme.

Mais *l'Embryon* n'eut que deux numéros. Le fait est très significatif de l'extrême difficulté de la création culturelle en Acadie, surtout quand elle veut défendre son indépendance idéologique et pratique. Toutes les tentatives récentes d'institutionalisation parallèle ont subi le même sort, victimes des pressions externes autant que des faiblesses internes. Rapports de pouvoir ?... J'y verrai pour ma part l'effet d'une culture dramatiquement unitaire,

---

[13] *L'Embryon*, décembre 1970.

i,ivariablement réductrice à une tradition qui n'a jamais eu d'autre alternative que d'être absolue, parce que l'histoire a toujours été pour elle offensive, risque de séparation, péril « ethnocidaire ». Le mythe toujours réactualisé par les institutions centrales reste l'unique mécanisme de réappropriation de l'existence collective. Sans l'expérience du multiple, sans véritable tradition critique, la société est conduite à réprimer toute tentative d'individuation. « Ma province est une lamaserie », est-il écrit dans la conclusion du livre collectif *le Parti Acadien*. L'analogie serait plus juste si elle s'appliquait à la société acadienne elle-même.

Entre 1969 et 1971, l'idéologie néo-nationaliste s'exprima ailleurs que dans les journaux qui lui étaient pleinement consacrés. Elle fut tenace, malgré les manœuvres multipliées de l'élite au pouvoir pour la taire, la privatiser ou la déprécier.

Un numéro de la revue *Liberté* fut entièrement ouvert aux jeunes artistes et idéologues acadiens[14]. Une série d'émissions radiophoniques enregistrées à Moncton par Radio-Canada leur fut aussi consacrée. Le procès de Michel Blanchard, aussi appelé « procès du bilinguisme », fit plus de publicité pour les thèses des jeunes nationalistes que n'aurait pu le faire un second Ralliement ou même un congrès national. Au cours de l'assemblée annuelle de la Société Nationale des Acadiens de 1970, la proposition de Michel Blanchard de faire une étude sur l'annexion au Québec des comtés français du Nouveau-Brunswick fut un autre coup de maître pour vulgariser le nouveau « projet collectif » acadien. Il y eut encore les conférences publiques de Bernard Gauvin et Raymond Leblanc. Extrêmement importante fut la conférence de Roger Savoie en 1968 qui a dessiné toutes les élaborations ultérieures du néo-nationalisme. Enfin, dans les « Opinions du lecteur » de *l'Évangéline*, on trouve des textes intéressants, comme on le voit, réduits au statut d'opinions individuelles quand le discours de l'éditorial prétend au statut du collectif, de l'unanime et du national. Ce sont tous ces documents qui ont fourni le matériel d'analyse de l'idéologie néo-nationaliste[15].

---

[14] Numéro curieusement préfacé par le Premier ministre Louis Robichaud. On trouvera dans cette préface remarquable illustration de la réduction de la notion de culture. En faisant de l'idéologie néo-nationaliste contestataire de l'idéologie officielle une simple région culturelle, soit une « littérature », on la désarme de son pouvoir historique et on la prive de ses fonctions spécifiques. C'est un peu comme si on pouvait laisser dire aux « artistes » ce qu'ils veulent puisque de toute façon ce sont des « artistes » qui ne font que de l'« art », pur divertissement « culturel » vidé de toute signification politique.

[15] L'analyse s'arrête aux productions de l'année 1971. Il faut cependant reconnaître, avec quelques années de recul, que beaucoup de documents utilisés sont d'importance mineure d'un point de vue historique. Le néo-nationalisme en était encore à ses balbutiements. Depuis, des

Une place à part doit être réservée au film *l'Acadie, l'Acadie* de Pierre Perrault et Michel Brault (O.N.F., 1971). Ces cinéastes avaient enregistré en 1968 et 1969 quelque chose comme soixante-dix heures de paroles des étudiants de l'Université de Moncton, en particulier des principaux leaders et idéologues du mouvement néo-nationaliste. Ces documents constituent un témoignage exceptionnel de l'époque. Mais, comme ils reproduisent une parole non élaborée comme peut l'être une conférence et surtout comme le sont des écrits destinés à la publication, ils ont été surtout utilisés comme complément, pour vérifier des hypothèses ou appuyer certaines démonstrations. Quant au film lui-même, le lecteur pourra s'y reporter comme à un document ethnographique remarquable sur les événements, les idées et les hommes de l'époque et de la société dont traite ce travail.

Il est intéressant que le nouveau discours émis par les jeunes intellectuels et étudiants acadiens cherche et trouve audience au Québec. On en a vu un exemple dans l'historiographie critique avec Régis Brun[16], un autre avec l'idéologue du Ralliement Camille Richard[17], les derniers plus nombreux de la « dernière vague » nationaliste soit Roger Savoie[18], Raymond Leblanc[19], Me Roger Savoie[20], Pierre Bluteau[21], Bernard Gauvin, Paul-Eugène Leblanc[22], et aussi Michel Blanchard qui constitua au Québec autour de Gérard Bergeron un Comité pour le Procès du Bilinguisme. Et j'en oublie peut-être. Les nouveaux idéologues cherchent au Québec les moyens de diffusion qui leur sont inaccessibles dans la société acadienne. Ils cherchent audience dans les milieux nationalistes et indépendantistes québécois (ainsi que dans les milieux progressistes anglais sympathisants[23]) avec qui ils veulent partager le même destin et participer à la définition des mêmes fins « collectives ». Par ailleurs, à l'Université de Moncton, des étudiants québécois représentants de cette « jeunesse en révolution[24] » contribuèrent à l'explicitation du nouveau

---

documents plus importants ont été publiés en Acadie, notamment la revue *l'Acayen* et un livre, *le Parti Acadien*, déjà cité. Mais ces documents n'infirment en rien les principales conclusions de la présente analyse. Ils permettent, entre autres, de justifier l'importance accordée au néo-nationalisme dans cette étude.

[16] *Le Devoir*, 14 novembre 1969.

[17] *Liberté*, n° 65; *le Devoir*, 15 décembre 1970; *Maintenant*, n° 87, 1969.

[18] *Liberté*, *loco cit*.

[19] *Ibid.*; aussi *Poésie 70*.

[20] *Le Devoir*, 30 décembre 1970.

[21] *Québec-Presse*, 1er mars 1970.

[22] Émissions *Présent* de Radio-Canada des 17, 21, 25 et 28 août 1970.

[23] « Les Acadiens », *Mysterious East*, March-April 1971.

[24] Jacques Lazure, *la Jeunesse du Québec en révolution*.

projet acadien. Sans ces Québécois, l'histoire aurait sans doute été plus lente, la parole plus timide et hésitante, l'écriture plus rare. Qui a pu observer la praxis de l'époque saura reconnaître les rôles d'un Perrault et d'un Brault, par exemple, dans ce processus accélérateur d'explicitation, de prise de conscience, de la parole et d'un certain pouvoir d'agir sur l'histoire. On comprendra pourquoi l'élite au pouvoir, rangée derrière le projet d'union des provinces Maritimes et partisane de la « bonne entente » avec la société anglaise, fit les pressions nécessaires et parfois suffisantes pour écarter tant les cinéastes de l'Office National du Film[25] que les journalistes de Radio-Canada et de l'Évangéline suspects pour leurs sympathies à l'égard des nouveaux idéologues acadiens, ou encore les « étrangers » de l'Université de Moncton œuvrant à l'explicitation de l'idéologie indépendantiste acadienne.

La croissance du néo-nationalisme en Acadie doit être comprise dans sa relation avec le mouvement indépendantiste québécois des dernières années soixante. La polarité du Québec et du Canada et leur opposition radicale ont déterminé, à l'intérieur du nationalisme acadien, la même polarisation autour de l'« Acadie ». Au projet d'union des provinces Maritimes auquel souscrivent les notables des principales institutions nationales s'oppose le projet d'annexion des comtés français du Nouveau-Brunswick au Québec. André Dumont, député acadien indépendant à Fredericton et depuis membre du Parti Acadien, écrivait : « Sur vos somptueux bureaux d'acajou, dépliez une humble mappe du Nouveau-Brunswick, placez-y une règle en diagonale de Grand-Sault à Moncton. En suivant bien cette direction, tirez une ligne au crayon d'un bout à l'autre et inscrivez de nouveau dans la partie supérieure de ce partage l'appellation ACADIE en grosses lettres[26]... »

Le néo-nationalisme, fort du nouveau projet politique inspiré par le modèle québécois, pourra-t-il recréer autour de l'Acadie un discours vivant, assez cohérent pour pouvoir conquérir auprès du discours « national » statut aussi légitimement et historiquement « national » ? Par contrainte externe et nécessité interne, la tradition culturelle unitaire peut-elle accepter la possibilité du multiple ? Et une fois de plus, tradition et nouveau sont-ils les termes adéquats de l'opposition ? Le multiple n'est-il pas la réactualisation du même, la polarisation manifestation du vécu et le symbole permanence profonde de l'unique ?

---

[25] Réjean POIRIER, « Un film gênant », le Progrès-l'Évangéline, 30 juillet 1971.
[26] André DUMONT, « Rendez-nous notre terre », l'Acayen, juin 1972.

II. « La gauche à l'action »

Dans l'éditorial qui annonçait un changement dans sa formule, le journal *Liaisons* exhibait en gros titre : « La gauche à l'action ». Il prévenait que ses colonnes seraient désormais ouvertes à un « groupe avant-gardiste » de l'université et que les journalistes seraient plus engagés que par le passé. On a déjà pris connaissance, dans la présentation, de l'envergure des réformes envisagées par la nouvelle direction du journal. Quelle est la signification d'un tel changement ? Comment faut-il comprendre l'événement, c'est-à-dire cette première offensive idéologique, par rapport à la somme idéologique que les étudiants produiront dans les années suivantes ?

Les responsables du changement, dont certains ont participé au Ralliement, veulent, en 1967, redéfinir leurs rôles, changer une certaine configuration des rapports traditionnels de la société acadienne, intervenir dans le jeu de leur société dont ils étaient jusqu'alors écartés. Les anciens rôles très subalternes, spécialisés et corporatistes attribués au journal, aux étudiants et à l'université sont globalement contestés pour être remplacés par des rôles et des fonctions « d'avant-garde » qui devront changer la structure de la société. Il n'est pas utile de revenir sur ces mobiles qui ont été exposés dans l'analyse du Ralliement.

Or, pour changer un certain ordre du monde, il faut que le rapport à celui-ci soit changé : il faut changer de parole, il faut rénover les symboles. C'est là qu'avaient porté tous les efforts du Ralliement; c'est par là que vont commencer les nouveaux idéologues étudiants : « jouer » le changement, le représenter avant qu'il devienne effectif.

« La gauche à l'action » a valeur de manifeste symbolique. La « gauche » est une appellation générique qui introduit ceux qui se réclament d'elle dans un nouveau rapport à la société globale, rapport avant tout politique qui met en opposition deux visions du monde et deux praxis antagonistes, chacune exclusive. S'identifier à la gauche, c'est le moyen pour les étudiants de s'emparer d'un pouvoir qui leur était jusqu'alors refusé. C'est non seulement créer de toutes pièces un nouveau pouvoir dans la société acadienne, mais aussi le seul pouvoir susceptible d'entrer en concurrence complète avec l'ancien, la « droite ». C'est d'un seul coup opposer à une totalité une autre totalité, donc franchir d'emblée les nombreuses étapes ou rites de passage qui séparent méthodiquement la base du sommet. Ce mécanisme de création d'une nouvelle opposition fondamentale dans la société est parfaitement illustré dans un article du premier *Liaisons* contestataire : « Le départ des deux experts en biologie marine dépendait donc d'un prétexte financier qui voile des différences idéologiques, des différends qui opposent une gauche et des gauchistes voulant des changements et une droite réactionnaire qui veut garder les Acadiens dans l'ignorance[27]. »

Une nouvelle définition de soi appelle une nouvelle définition de l'autre. Créer la gauche, c'est aussi proclamer l'existence d'une droite et les mettre en rapport. C'est introduire une interprétation nouvelle de la société, présenter un nouveau discours surchargé de valeur, d'affectivité, de symboles. Les témoignages de ce type de création symbolique sont multiples : à la vieille « patente » s'est substituée une « nouvelle patente », la formule acadienne de la « bourgeoisie réactionnaire »; à l'*Évangéline*, la « Colonne de gauche » (ainsi dénommée parce qu'elle est située à gauche de la une) est « plutôt de droite, bourgeoise et réactionnaire[28] »; aux assemblées générales de la S.N.A. où sont censées représentées les différentes classes de la population, on distingue comme dans la société trois éléments : « les progressifs (étudiants, professeurs, personnes à l'esprit ouvert), l'*establishment* bourgeois et rétrograde de la S.N.A. et les représentants des corps intermédiaires, dupes et peureux[29] »; et, plus profondément dans l'analyse sociologique, la conception que l'élite se fait de la culture est « bourgeoise » : c'est méconnaître les « vrais problèmes » et la « vraie culture du peuple acadien » que d'aller négocier en France l'installation en Acadie d'une « maison de la culture » destinée à diffuser la musique, la littérature et les bonnes manières « bourgeoises » de la métropole culturelle : « La maison de la culture que les gens du peuple se passent dans le cul servira à la mystification et à l'éternalisation de la bourgeoisie acadienne; c'est-à-dire que les avocats, les médecins, les présidents et gérants de compagnies d'assurances, les administrateurs d'universités, pour ne pas oublier les juges... se feront un devoir de s'afficher dans leur tenue de pingouin sur la première page de leur journal, l'*Évangéline*[30]. »

La division de la société en deux catégories aussi antithétiques sert donc de support symbolique à des oppositions beaucoup plus concrètes, vécues, quotidiennes. Elle déplace les niveaux pour mieux les représenter. Elle les dramatise.

S'identifier à la gauche et identifier l'autre à la droite réactionnaire, c'est encore rejoindre dans l'espace imaginaire une communauté internationale

---

[27] Ronald CORMIER, *Liaisons*, 28 avril 1967.
[28] IDEM, Lettre à l'*Évangéline*, 2 décembre 1967.
[29] Jocelyn HACHÉ, l'*Écho*, 13 mars 1970.
[30] Ronald CORMIER, « Lettre du Marais », l'*Insecte*, avril 1968.

« révolutionnaire », c'est s'engager symboliquement dans le grand combat du prolétariat, des opprimés et des parias contre les bourgeoisies possédantes et les forces de la répression. La Révolution qui annonce triomphalement la société sans classe, préfiguration de la Jérusalem céleste, est ce lieu/temps hypothétique où le.rêve aime à situer son action. En elle est rejoint le sacré qu'on cherche en vain dans la vie présente. « Il faut s'affranchir des réalités banales de notre milieu » pour revivre le merveilleux dans un ailleurs du monde.

S'identifier à la gauche a donc l'avantage de donner une définition réelle (même symbolique) à un groupe possible, de conférer à ce groupe un grand pouvoir et de le relier à une communauté beaucoup plus vaste, beaucoup plus prestigieuse que celle du collège classique ou de l'Université de Moncton. C'est aussi se donner la possibilité d'emprunter à une traditiion toute prête un langage, une symbolique, une histoire, une idéologie éprouvée, en un mot une cohérence.

Il suffisait donc, au départ, d'en appeler à « la gauche » pour se dire autrement et de façon efficace, pour se représenter sur le chemin inexorable du pouvoir et pour se situer comme le seul adversaire possible de la classe dominante. La provocation avait été enregistrée par « l'autre » qui n'avait pas tardé à entrer dans le jeu comme l'illustre la polémique qui éclata entre *l'Évangéline* et *Liaisons* en décembre 1967. L'article suivant, publié à la suite de cette polémique dans le premier numéro de *l'Insecte*, constitue peut-être la meilleure illustration de cette fuite dans l'abstrait des premiers écrits étudiants :

> ... *L'Insecte* sonne l'alerte. Il a décidé d'envenimer l'idéologie honteuse d'une presse qui relève du charlatanisme. Il a décidé de dénoncer le caractère fasciste des propos de certains chroniqueurs. Il lui sera aisé d'étaler les contradictions d'un amateuriste réactionnaire...
>
> *L'Insecte* dénoncera les crimes de guerre commis au Vietnam comme au Congo par les agents de l'impérialisme américain.
>
> *L'Insecte* dénoncera les dictatures militaires de Grèce, d'Espagne et d'Amérique Latine et se voudra solidaire du sort tragique de partisans qui mordent la poussière comme de celui des détenus politiques condamnés pour excès de sincérité.
>
> *L'Insecte* participera à la lutte des étudiants du monde entier contre l'oppression et la censure, contre les préjugés et le mensonge, contre l'aliénation de l'homme par son travail et de l'homme par l'homme, contre les idolâtries et les mystifications. *L'Insecte* sera humaniste et non parasite.
>
> Vive *l'Insecte*[31] !

---

[31] IVAN, « Alerte », *l'Insecte*, 15 décembre 1967. Ivan était le pseudonyme d'un professeur de nationalité française, tout récemment établi à Moncton. Il n'est pas indifférent que ce soit un professeur et un étranger qui écrivit ce texte-manifeste dans le numéro un du journal. Ce fait contribue à démontrer le caractère ludique et provisoire de l'appel à la gauche. Plus tard, aucun

D'autres articles sont publiés sur la politique internationale dont les seuls titres affichent la référence idéologique : « Les salauds en Orient ou les Américains au Vietnam », « Comment le Canada participe au génocide du peuple vietnamien », « Cinquante ans de révolution : novembre 1917, novembre 1967 »...

Un texte très significatif de Ronald Cormier donne la clé de l'interprétation de cette offensive symbolique :

> Il semble qu'il existe, dans notre milieu, un phénomène qui est propre à une société qui a une phobie plus grave que le plus beau complexe d'infériorité. Il s'agit évidemment de la phobie du vocabulaire non-traditionnel, de la phobie des mots prononcés par différentes sortes de mouvements de gauche.
>
> Les mots tels que avant-gardiste, gauchiste, révolutionnaire, revendicateur, socialiste et communiste provoquent une panique folle chez plusieurs gens de la région. Il est à se demander si cette situation est normale dans la société industrielle et technologique qui nous entoure. Nous croyons que cette peur des mots est un des signes les plus évidents d'une société qui n'a pas encore connu le pluralisme de la société technologique du xxe siècle[32]...

C'est pour mieux marquer la volonté de rupture qu'il est fait appel à un lexique déjà valorisé dans le milieu, celui qu'on associe traditionnellement à la ville et aux pays étrangers, celui qu'on invoque pour rendre compte de toutes les malédictions d'une certaine civilisation moderne. C'est lui qu'on identifie comme l'anti-tradition, la puissance adverse destructrice des grandes puissances ataviques que sont la famille, l'Église et la patrie. Finalement, le recours à ce lexique préalablement codé est la voie « normale », soit l'« anomie normale » par rapport aux cadres sociaux traditionnels. Il eût sans doute été inopérant d'en appeler au Tao chinois ou au Zen-bouddhisme par exemple pour faire la critique de la tradition.

Il faut ici évoquer un événement sensationnel qui a valeur d'exemple, soit la profanation du drapeau acadien par des étudiants et la cérémonie expiatoire qu'elle provoqua. Le 28 février 1968, l'*Évangéline* publiait en première page la photographie du nouveau drapeau dont se réclamaient les étudiants de l'Université de Moncton : le mémorable tricolore français à l'étoile de Marie, flanqué du « redoutable » emblème communiste, la faucille et le marteau. Pour rendre compte des réactions qu'a pu provoquer « l'offense », je citerai les commentaires qui accompagnaient le reportage photographique sur la « manifestation de fidélité et de solidarité au drapeau acadien » qui fut organisée à Rogersville par l'Association du Monument National à Notre-Dame de l'Assomption :

étranger à la culture acadienne ne signera un texte idéologique de quelque importance, car le langage se sera concrétisé en histoire et en expérience éprouvées.

[32] Ronald CORMIER, « La peur des mots », *Liaisons*, 28 avril 1967.

Un groupe de manifestants de l'École Consolidée de Rogersville s'est rendu près de la statue de Mgr Richard, sur les terrains du Monument National. Après avoir placé le drapeau entre les doigts de la main droite du « Père de l'Acadie », les étudiants, attentifs, revivent avec émotion la journée historique du 15 août 1884, à Miscouche, alors que les Acadiens, réunis pour leur deuxième congrès national, choisissaient le tricolore étoilé pour leur emblème national.

En réparation de l'injure faite à notre drapeau national, le groupe de fiers jeunes Acadiens s'est ensuite rendu placer l'emblème national sur le tombeau de Mgr Richard, dans la crypte du Monument National. C'était là une approbation non équivoque du choix fait en 1884. Le photographe a su capter le sérieux du geste posé par ces jeunes patriotes.

N'ayant pu obtenir les services d'un membre de l'AEUM et aucun étudiant de Rogersville ne voulant se souiller en tenant élevé un tel étendard infâme, un mannequin à la chevelure en vadrouille sauva la situation.

« Décidément, nous ne voulons pas de cet étendard à deux enseignes contradictoires. Jetons-le au feu ! Seules les flammes pourront purifier notre drapeau de cette souillure et laver l'injure faite ! » Le photographe a pris le cliché au moment où le feu allait réduire le tout en cendres, avant la levée du seul et véritable drapeau acadien[33].

La nouvelle idéologie des étudiants déborde largement des cadres sociaux qui l'exprimaient traditionnellement. Parce que la gauche est un phénomène total ou qui aspire à la totalité, les nouveaux idéologues refuseront toute spécialisation ou limitation de leur champ d'action :

Nous sommes conscients que nous remettons en question tout un système hiérarchique dans la société acadienne, mais faut-il avoir peur de remettre en question une petite dictature bourgeoise qui veut garder la population dans l'ignorance en prenant le contrôle de tout et en mettant à la porte tous ceux qui s'y opposent[34] ?

L'action de la gauche étudiante en est une de constestation, de remise en question constante de tout le système social[35].

La mission de la gauche est d'être l'avant-garde révolutionnaire du peuple ou, comme il est plus fréquemment désigné, de la « masse ». Entre la gauche et la droite, il y a « la masse », manipulée par le pouvoir « réactionnaire » et « démagogique », inconsciente de l'exploitation dont elle est victime. Mais la gauche partage le sort de la « masse exploitée », elle « parle son langage »; aussi est-ce à elle que revient le droit légitime de parler au nom du collectif :

D'après les jeunes, les extrémistes sont les seuls capables de provoquer une action chez la masse parce que la droite, les forces conservatrices, n'engendrent pas le changement de peur de perdre le pouvoir qu'elle détient...

[33] *L'Évangéline*, 20 mars 1968. Voir aussi le long article, « Les origines du drapeau et de l'Hymne national des Acadiens », dans le même journal, communiqué par l'Association du Monument National. Également les lettres de Ph. P. LEBLANC dans *l'Évangéline* du 12 mars 1968 et de A. M. SORMANY, 14 mars 1968.

[34] Ronald CORMIER, *Liaisons*, 28 avril 1967.

[35] IDEM, *l'Évangéline*, 15 août 1968.

La gauche est la seule force qui puisse provoquer une prise de conscience de la part de la masse car elle est la seule capable de parler son langage; elle est la seule qui a vécu et qui vit encore les problèmes de la masse[36].

L'idéologue doit trouver son public. De gauche, l'étudiant revendique le droit de parler au nom de la masse, c'est-à-dire de la presque totalité des effectifs de la collectivité. Mais cette gauche qui a pris la parole en Acadie est constituée d'étudiants qui ressentent le besoin de justifier leur nouveau rôle parce qu'il rompt avec les rôles coutumiers attribués aux jeunes. Ronald Cormier a participé au Ralliement, il reprendra souvent textuellement les arguments militant en faveur de l'intervention de la jeunesse dans l'action collective :

Les jeunes sont certes les seuls qui sont capables de faire la révolution car ils sont les seuls qui sont dans une situation qui n'entrave pas leur action[37].

Les étudiants, de par leur situation d'étudiants, ont la possibilité de s'engager activement dans tous les mouvements sociaux de leur milieu... Dans la mesure où ils auront acquis un sentiment de solidarité avec le monde qui les entoure, ils entreront dans le combat[38].

Le seul discours sur la gauche aurait suffi à justifier et à rendre compte du nouveau rôle des étudiants. Alors, l'appel aux arguments employés par le Ralliement est-il la simple survivance d'un morceau de son discours ?

Il est plausible que cette explication soit partiellement juste, d'autant plus que l'idéologue principal des débuts de la « nouvelle vague » étudiante avait lui-même tenu ce discours pendant le Ralliement. On peut lire encore, de sa plume, cette référence à un élément de théorie sociologique qu'on avait entendu plusieurs fois pendant le Ralliement : « une société dans laquelle il n'y a pas de contestation est une société amorphe, vouée à la disparition[39] ». Survivance, certes, mais pourquoi ? N'est-ce qu'un résidu insignifiant ?

L'introduction de la catégorie « jeunesse » n'est pas gratuite. L'appel à la gauche a une fonction essentiellement symbolique et il n'est d'aucune importance que le rôle maintenant attribué à la jeunesse comme « avant-garde révolutionnaire » constitue un schisme par rapport à l'idéologie référentielle. On se réclame de la gauche, on ne se réclame pas de sa lettre ni de sa logique initiale.

Définir le nouveau rôle de la jeunesse, c'est un peu réintroduire le principe de réalité dans le discours. C'est mettre entre parenthèses le langage abstrait d'usage trop métaphorique pour faire coller la conscience à son

---

[36] Ronald CORMIER, l'Évangéline, 15 août 1968.
[37] Ibid.
[38] Paul-Eugène LEBLANC, Entrevue, l'Embryon, décembre 1970.
[39] Ronald CORMIER, l'Évangéline, 15 août 1968.

objet, précisément la société acadienne de qui il fut toujours question. Les étudiants sont perçus par le reste de la société comme des jeunes à qui il reste plusieurs épreuves de passage à affronter avant « d'atteindre ce degré de maturation indispensable à une action positive adulte[40] ». Les catégories de la culture acadienne ne sont pas celles du socialisme : il faut donc utiliser le même code culturel dans le nouveau message idéologique pour que celui-ci soit compris du public qu'il vise. Bernard Gauvin illustre parfaitement ce « retour aux sources » ou cette deuxième dimension du discours : « La jeunesse francophone est appelée à devenir le moteur du progrès de la société dont elle est le reflet et le produit. Elle a le devoir de contribuer à faire prendre conscience à la population de sa situation et de l'aider à sortir de son état intolérable[41]. »

Paul-Eugène Leblanc, alors secrétaire général de la Fédération des Étudiants, écrivait dans le même sens ce communiqué à l'Évangéline :

La cause défendue par la FEUM est toujours celle des francophones du Nouveau-Brunswick... C'est souvent le propre d'une population sous-développée d'être inconsciente et de ne pas comprendre les changements et les bouleversements sociaux qui peuvent survenir. Il n'en demeure pas moins que ces changements et ces développements doivent se produire. Il est normal que l'élément jeune de la société s'en charge. La FEUM s'en est occupée dans le passé et s'en occupe aujourd'hui et s'en occupera dans l'avenir. La contestation n'est pas morte en Acadie[42] !

Un autre signe de l'enracinement du discours, de sa concrétisation dans une histoire vécue, c'est la reconnaissance de la fonction de l'Université de Moncton dans la société globale. L'université est d'institution très récente, ses effets dans la praxis ont peu affecté la vie et les représentations traditionnelles. Découvrir et revendiquer pour elle un nouveau rôle n'est pas seulement reproduire un discours entendu ailleurs et lui emprunter sa fonction symbolique, c'est aussi faire une nouvelle analyse de la situation acadienne, actualiser en même temps une tradition et un discours apparemment étranger : « On ne semble pas se rendre compte du rôle que l'Université a à jouer dans le milieu, c'est-à dire de penser l'avenir du groupe social dans lequel elle se trouve pour ensuite passer à l'action[43]. » « L'Université de Moncton devrait être l'avant-garde des revendications sociales du groupe francophone. Elle ne l'est certes pas[44]... »

---

[40] Jean-Eudes GENDRON, Liaisons, 15 novembre 1967.

[41] Bernard GAUVIN, « Les Acadiens », dans Conditions préalables au développement des Provinces de l'Atlantique, prospectus.

[42] P.-E. LEBLANC, l'Évangéline, 10 avril 1969.

[43] Bernard GAUVIN, « Le portrait d'un vieillard », l'Insecte, avril 1968.

[44] Ronald CORMIER, « L'U. de M. et la prostitution », la Moustache, 10 juillet 1969.

Si ces derniers textes ne sont pas tout à fait contemporains des premiers cités, on a vu qu'ils étaient en germe dans les écrits de Ronald Cormier. Ce qu'il est important de retenir, c'est qu'il n'y a pas incompatibilité entre le discours d'allégeance socialiste aux résonances internationales et celui qui s'annonce plus nationaliste. Ils se chevaucheront souvent, ils s'interpénétreront pour ne faire finalement, dans le projet nationaliste et socialiste, qu'un seul et même discours. La fonction symbolique de l'image bolchevique sera reprise et menée jusqu'à sa conclusion logique — le projet révolutionnaire — par le journal *l'Insecte* et son équipe; la fonction réaliste du discours le sera elle aussi, conjointement à l'autre, par l'équipe de la FEUM. Il aurait été infructueux de les opposer ou de les extraire de leur relation complémentaire.

L'aventure suivante de Michel Blanchard concrétise subtilement l'unité dualiste du langage dont il vient d'être question. Convoqué au tribunal pour avoir ignoré l'injonction lui interdisant l'accès du campus de l'Université de Moncton, il refusa de subir son procès en langue anglaise et fut emprisonné. Après un mois de détention, il faisait la déclaration suivante : « C'est une véritable humiliation pour tous les francophones de la province qu'une personne doive s'excuser d'être canadienne-française et d'avoir voulu être traitée comme telle... En perdant mon procès, je ne perdais rien. Je suis plus un instrument qu'autre chose dans cette affaire. J'ai voulu faire prendre conscience à la population de la condition déplorable des francophones du Nouveau-Brunswick..., des déportés, des exploités. Les gens du peuple ne connaissent pas leurs dictateurs et ils ne peuvent pas identifier l'*establishment*[45]... » Dans une « Lettre ouverte à M. Richard Harfield », madame Mathilda Blanchard écrivait de son côté : « Ce que l'on n'a pas compris, c'est que ce n'était pas « BLANCHARD » qui était en prison, mais toute la francophonie de la province qui était derrière les barreaux[46]. » Au premier

---

[45] Michel Blanchard, interviewé dans *le Progrès-l'Évangéline*, 3 décembre 1970. Aussi ce communiqué de presse : « Je tente, depuis cinq mois, d'obtenir un droit et non un privilège qui revient aux francophones du Nouveau-Brunswick. Pas une seule association ou organisme français n'a osé appuyer ma demande, exception faite de l'AFNE et du CRAN... L'Université de Moncton demande à la Cour de me jeter en prison pour outrage à la Magistrature. Voilà la réponse de l'Université à ceux qui lui demandent de jouer le rôle qu'elle doit jouer en tant que seule Université francophone à l'extérieur du Québec... Face à cette situation, je me vois dans l'obligation de refuser l'ordre de la cour... Je ne serai pas en cour le mercredi 14 octobre 1970; je serai à mon poste avec ma pancarte; la police pourra venir; je n'aurai que ma pancarte portant les mots PROCÈS FRANÇAIS pour me défendre... Et s'il vous plaît, trouvez donc un policier qui puisse s'exprimer en français ! » (*Le Progrès-L'Évangéline*, 15 octobre 1970.)

[46] *Le Progrès-L'Évangéline*, 15 février 1971.

acte anarchiste qui consistait à ignorer ostentatoirement une décision de « justice », l'auteur en ajoutait un à fonction éminemment historique : l'exemple sacrificiel[47].

III. La critique de la tradition

Sans une confrontation quelconque avec la vie acadienne comme avec ses fondements culturels, le discours initial « gauchiste » aurait vite perdu son sens et son pouvoir symbolique. La nouvelle conscience qu'invoquait Ronald Cormier serait devenue un rêve marginal que le temps aurait rapidement refoulé dans les ombres de la vie privée. Il fallait que le langage s'adaptât de quelque façon à la vie pour conserver toutes ses fonctions spécifiques, c'est-à-dire pour demeurer, dans le rapport dialectique avec la praxis collective, parole agissante.

Or, dès le début de 1968, après la publication du premier numéro de l'Insecte, toute une série d'événements a donné l'occasion aux étudiants de concrétiser leur discours et de l'adapter à la situation. Il est nécessaire de relater à grands traits le procès de ces événements qui ont inauguré en Acadie une nouvelle forme de pratique sociale.

En février 1968, une grève est déclarée à l'université ayant pour origine une augmentation des frais de scolarité; pendant cette grève, des étudiants de la province, anglais et français, manifestent devant le parlement de Fredericton, sont reçus par le premier ministre. Mais très vite le conflit déborde les limites strictement économiques et met en cause l'inégalité du rapport des deux sociétés de la province. On convoque à l'université de nombreuses assemblées où les débats sont passionnés, on vote sur de nombreuses motions, on fait des analyses économiques, sociologiques et politiques, on rédige des mémoires, on invite des professeurs, des « professionnels », des « spécialistes » à faire des conférences publiques ou à participer à des tables rondes : tout cela suivi de près par la presse, les caméras de télévision et de

---

[47] Camille Richard donna de l'événement l'interprétation suivante : « Je voudrais... rendre hommage à Michel Blanchard qui a récemment accepté l'emprisonnement afin de défendre au Nouveau-Brunswick le droit de soutenir un procès dans la langue française. La cause du procès français symbolise bien, à mon sens, le dépassement de l'idéologie de la survivance acadienne assurée, ainsi que l'impuissance des élites acadiennes à faire face efficacement au pouvoir anglo-saxon dominateur. Quant au geste posé par Blanchard, c'est un cri de désespoir, symbole d'une culture qui agonise... ». « La peur acadienne va-t-elle s'implanter au Québec ? » (Le Devoir, 15 décembre 1970.)

cinéma[48]. Des élèves et étudiants français de la région de Moncton défilent devant l'hôtel de ville pour protester contre l'unilinguisme de la ville et pour demander l'application des recommandations du Rapport Laurendeau-Dunton. À ces événements s'ajoute le fameux voyage diplomatique des « Quatre Acadiens » en France et de leur retour triomphal à Moncton présenté par *l'Évangéline* comme le signe annonciateur d'une nouvelle Renaissance.

Ce voyage qui avait pour but de conclure une entente de coopération avec la France fut de grande portée symbolique. Les dirigeants acadiens avaient non seulement obtenu une aide financière, technique et « culturelle »; ils avaient dans leur société redoré leurs blasons, raffermi leurs pouvoirs, confirmé la justesse de leurs thèses idéologiques et, par rapport à la société anglaise, ils avaient démontré leur force politique effective en dehors des structures formelles du pouvoir politique. L'événement, son exploitation idéologique et politique mirent un terme à l'effervescence nationaliste de l'université.

En 1969, le mouvement néo-nationaliste est reconstitué à l'université et entreprend toute une série d'actions spectaculaires. Du point de vue idéologique, il tient pour acquis les analyses de 1968 sur le rapport de domination entre les deux sociétés et les prolonge dans une critique radicale du nationalisme acadien et de l'élite au pouvoir. Les manifestations qui en 1968 étaient dirigées contre les institutions et les symboles de la domination anglaise se tournent alors vers les institutions acadiennes très personnalisées, avant tout l'Université de Moncton. L'équipe de *l'Insecte*, pour mobiliser l'université, occupe le pavillon central pendant une semaine et en est finalement expulsée par la police. Des résolutions sont votées par la FEUM demandant la démission du recteur de l'université puis de tout son Conseil exécutif. Les bureaux du recteur et du doyen de l'école des Sciences sociales sont littéralement pris d'assaut par des étudiants. Le recteur est obligé de diriger son administration de sa résidence pendant plusieurs semaines. Le licenciement massif des professeurs et étudiants de sociologie, les expulsions des étudiants engagés et la proclamation d'injonctions contre beaucoup d'entre eux sont le dernier acte de deux années d'agitation universitaire qui avait donné représentation dans la société de conflits fondamentaux.

---

[48]Ce sont ces événements que Pierre Perrault et Michel Brault ont tournés pendant deux ans pour faire le très beau film qu'est *l'Acadie, l'Acadie*. Voir aussi Raymond LEBLANC, « La contestation étudiante », dactylographié, Bibliothèque de l'Université de Moncton, 1969, pp. 94-104.

Le Ralliement avait en 1966 ébauché une critique de la culture et du pouvoir acadien. On peut interpréter les analyses critiques et polémiques des étudiants entre 1967 et 1969 comme l'approfondissement et la systématisation de l'œuvre critique du Ralliement.

Parmi ceux qui définirent l'idéologie du Ralliement, il se trouve un personnage qui fit personnellement la transition entre la première et la seconde phase du néo-nationalisme : Roger Savoie. Si son rôle a pu être sous-estimé en 1966 du fait qu'il ne signa pas de texte capital, il faut reconnaître la conférence qu'il donna à Moncton en 1968 comme étant le texte clé qui contient déjà toute la thématique du néo-nationalisme d'après le Ralliement. Cette conférence, la seule qu'il donna, fut un événement décisif dans l'évolution du mouvement néo-nationaliste. Ce témoignage signé de « La Rédaction » de l'Insecte ne laisse aucun doute quant au pouvoir de leadership que Roger Savoie pouvait alors exercer : « M. Roger Savoie, prêtre laïcisé, était une des figures les plus progressives à l'Université de Moncton. À la suite de son départ, les jeunes intellectuels ont ressenti dans leur entourage un manque d'appui, ce qui a provoqué une certaine confusion chez eux. Mais son intervention de jeudi où il mentionnait la fierté acadienne a suscité dans le milieu un regain de vie[49]. »

Cette conférence que Roger Savoie prononça dans une boîte à chansons surpeuplée et devant un auditoire exceptionnellement attentif est trop longue pour être reproduite intégralement. En voici quelques extraits :

> Nous attendons peut-être que la Ste Vierge vienne nous secourir, nous attendons que d'autres nous prennent en pitié, nous attendons que le Québec nous vienne en aide, nous attendons que la France opère notre renaissance. « L'Acadie renaît », crie-t-on à grands coups de manchettes. Ça fait des années que le Frère Bernard nous a fait croire en la renaissance acadienne. Mais toujours ça vient d'un autre, toujours la survivance vient d'en haut, ou d'en bas, ou d'à côté, ou d'outre-mer. Mais pas de notre âme, pas du dedans...
> Nous sommes de grands improvisateurs mais de piètres penseurs. Savons-nous ce que c'est

---

[49] « Sous le nez de la pitié », l'Insecte, 26 janvier 1968. Quant à Bernard Gauvin, l'un des leaders universitaires, il a personnellement reconnu en Roger Savoie une sorte de maître : « Je crois que la plupart d'entre nous ont été élevés dans un milieu catholique, ce qui voulait dire très souvent : il ne faut pas poser de question, il faut accepter le statu quo, il ne faut pas douter parce que c'est dangereux, on commet des péchés et ces trucs-là... Bon. Le concile est arrivé et disons qu'il y a eu certains changements. Roger Savoie est allé au concile, il est arrivé ici, il vient nous dire : « Il vous est permis de douter, il vous est permis de penser, il vous est permis d'avoir des idées à vous-mêmes. » Alors pour moi, et pour d'autres jeunes que je connais à l'université, ça a été tout un événement; on s'est mis à penser et on a rejeté automatiquement un tas de choses... Ça a été le début d'une remise en question, non seulement une remise en question de la religion, mais de presque tout... » (L'Acadie, L'Acadie.)

qu'une université ? Et pouvons-nous nous imaginer l'enthousiasme qui aurait pu nous étreindre à l'idée que nous allions pouvoir inventer quelque chose de jeune, de dynamique, d'avant-garde en fait de conception d'université ? Or, cet enthousiasme s'est dégonflé comme un ballon d'enfant. On est en train de bâtir une université sur les plus mauvais modèles. Elle est déjà vieille en naissant, parce qu'elle a été pensée par des gens qui sont vieux d'esprit et qui n'ont été capables de faire que de la très mauvaise imitation...
On annonce à grand renfort de publicité que la France va envoyer des professeurs... Mais que fait-on avec eux ?... S'ils ont leur franc-parler on les dénonce, on les réprimande, parfois on les congédie, on fait le vide d'air autour d'eux, on les considère comme des incapables et des révolutionnaires, inaptes à comprendre notre milieu. « Pensez comme nous, ou ne pensez pas du tout... » Et ce sont des attitudes comme celle-là qui me font suggérer que nous sommes un peuple improvisé, malgré les coups d'encensoir que se donnent périodiquement les apôtres de la bienséance et de la bonne intention...
Les prophètes de la rectitude acadienne nous annoncent, le trémolo à la voix, que nous possédons tous nos moyens de culture ou à peu près. Nous avons un poste de radio, soit, mais dont les directeurs sont soumis aux pressions d'un petit groupe de gens bien-pensants. Nous avons un journal, mais il est médiocre et fermé... Tous les collaborateurs étrangers ne réussiront pas à faire de l'Évangéline un bon journal aussi longtemps qu'on ne réglera pas le problème central, vital, qui est un problème de liberté d'expression et de pensée. Ceux qui pensent et qui disent ce qu'ils pensent sont systématiquement écartés du journal ou progressivement réduits au silence. Qu'a-t-on fait, pour ne citer qu'un exemple, de Jean Hubert ?
Comment pouvons-nous espérer bâtir une culture quand les jeunes artistes, les jeunes intellectuels partent du pays parce qu'ils n'y trouvent pas un endroit où respirer un peu confortablement ? On les considère comme des libres-penseurs, des têtes folles et des révoltés, bref, des originaux. Car il n'y a pas de place pour l'originalité en Acadie[50]...

Quand deux ans plus tard l'occasion lui fut offerte, au Québec, de publier une analyse de sa société, Roger Savoie l'intitula : « La répression en Acadie ». Commentant les événements qui venaient de secouer l'Université de Moncton, il écrivait :

Ce qui se passe aujourd'hui n'est que la suite logique d'une politique obscurantiste qui sévit en terre acadienne depuis toujours, d'un climat de répression et de peur[51], créé par une élite dominatrice, paternalisante et ignorante. Si le pouvoir passe insensiblement de la main des prêtres à celle des laïcs, ce n'est pas pour nous consoler. Des deux côtés notre mal est infini, dirait Corneille...
Ça fait des années que les « patriotes » font croire au peuple en la renaissance acadienne. Mais on ne saura jamais jusqu'à quel point cette renaissance est pénible, retardée, quasi irréalisable parce qu'on s'obstine encore à prêcher la Grande Nostalgie et le respect des Traditions. Une population est en train de s'étioler et émigrer ailleurs parce qu'elle ne trouve plus dans le passé de quoi la retenir et la passionner...

---

[50] Roger SAVOIE, « Un peuple improvisé », conférence donné « Chez Lorentin » à Moncton le 5 février 1968.
[51] Cf. l'article de Camille RICHARD, « La peur acadienne va-t-elle s'implanter au Québec ? »

On organise l'éducation de façon à donner l'illusion de culture. Mais c'est la peur du savoir qu'on inocule à grande dose, la peur de l'étranger, la peur des idées nouvelles, la peur de l'initiative créatrice et de la réflexion critique[52]...

Qu'on se rappelle les bilans que faisaient de leur société les définiteurs de l'idéologie officielle acadienne : une société enfin parvenue à la maturité, consciente de son « extraordinaire épanouissement » et déjà responsable de son rayonnement à travers la province, le Canada et même le monde, en tant que figure originale de la francophonie internationale[53]; une culture à toute épreuve parce que gardienne des antiques valeurs françaises et catholiques, fidèle à sa mission spirituelle. On a vu aussi comment l'historiographie acadienne érigeait le passé en dogme et même en un mythe sacré qui fournit un fondement méta-historique à l'idéologie dominante.

Pour les nouveaux idéologues, cette idéologie et le mythe qui la fonde sont responsables de la folklorisation du peuple acadien et de sa culture. La fonction de la parole : soporifique. L'état organique de la société : le sommeil léthargique qui menace le corps d'inanition. Et son corollaire : le contentement dans l'ignorance, la vie végétative non consciente, le mouvement perpétuel dans le temps mythique qui signifie recul dans le temps historique. Le symbole syncrétique qu'on se plaît à vilipender tant il est galvaudé dans le discours officiel est celui de « Renaissance ». On lui oppose celui de sommeil pour décrire la réalité; à ses fonctions passives on oppose le réveil, la vraie naissance ou renaissance à l'histoire.

Le champ symbolique dans lequel on se déplace est toujours le même : la « fausse » renaissance ou renaissance « mythique » de la parole dominante sert de modèle à une naissance possible et authentique, c'est-à-dire historique. La connotation sacrée de la symbolique est bien conservée : c'est qu'on ne pourrait tout simplement créer un nouveau langage sans tenir compte des symboles essentiels de l'ancien, sans refaire au niveau du vécu l'unanimité que réalisait le langage traditionnel, et ceci au moyen d'un explicite très signifiant et non pas arbitraire[54].

Pour garder de la vieille rhétorique son pouvoir magique, il suffit de s'approprier ses symboles clés tout en dévalorisant leurs anciennes connotations :

---

[52]Roger SAVOIE, « La répression en Acadie », *Liberté*, n° 65, août-octobre 1969, p. 54-57.

[53]Les tournées des chorales et des comédiens acadiens au Canada, en Louisiane et en France sont interprétées en Acadie comme une preuve évidente de l'actualité de ce thème idéologique ou mythique qu'est le rayonnement.

[54]Ce processus de revalorisation des grands symboles qui s'effectue à chaque étape de la création culturelle est souvent voilé par le mythe du nouveau, paradoxe qui ne peut être surmonté sans mise en relation du manifeste et du caché ou le jeu, inhérent à toute culture comme

Dans ce coin endormi du monde, reconnu pour son ignorance légendaire, il n'est jamais question de savoir, de connaître... Et encore une fois, nous avons le plaisir d'être entretenus tous les jours par les ruminages traditionnels sur notre glorieuse patrie. Maintenant, nous pouvons nous endormir sereinement, avec l'assurance que nous n'avons pas fait fausse route, que la PATENTE et le GRAND CHARLES veillent sur nous; après 200 ans d'attente, on nous affirme : « ce n'était pas un rêve »...

À quoi bon de nouvelles presses si l'on s'en sert pour véhiculer l'histoire ternie d'un peuple à bout de souffle, fatigué d'en avaler. De grâce, Messieurs, sauvez-nous de la renaissance acadienne avant qu'elle nous tue[55].

C'est autour de cet axe symbolique qu'est la Renaissance que gravitent toutes les oppositions (ignorance/connaissance, fermeture/ouverture, conservation/création, répression/liberté...) qui veulent rendre compte de la polarité des deux idéologies.

Opposition, polarité dans les représentations des agents plus que dans la structure des discours. Ou encore, antithèses rhétoriques à l'intérieur d'un discours unique, idéal. Le langage d'inspiration marxiste ne pouvait s'intégrer dans cette histoire vécue de la langue acadienne sans s'acculturer, si l'on peut dire, dans cette tradition. Il fut nécessaire, pour les jeunes idéologues, de chercher inspiration tant dans le mythe national que dans les discours de l'élite et du Ralliement. Cette association des traditions peut d'abord surprendre : des personnages tels que Camille Richard et Roger Savoie représentent pour les jeunes l'antitraditionnel, la révolte, des actes de libération de forces jusque-là réprimées.

En vérité, leur parole fut libératrice d'un sens caché, elle fut révélatrice des possibilités jusqu'alors refoulées de l'expression culturelle acadienne. Ce fut, comme dit Fernand Dumont, « une sorte de levée de la censure qu'exerçait à sa surface tout au moins, la vieille culture[56] ». Quand une cer-

---

à tout individu, du conscient et de l'inconscient. Tout projet culturel suppose cette réunification des niveaux de significations au risque de laisser apparaître des incompatibilités sémantiques comme le fait le texte suivant : « ... Forger de *nouveaux symboles* qui permettent aux Acadiens de croire en leur identité nationale... Ceci veut dire restituer aux *Acadiens leur histoire* et les raisons qu'ils ont d'être fiers d'eux-mêmes... », Nicole MAILHOT, « Le problème national », *l'Acayen*, juin 1972. Comment « restituer » cette histoire, comment réunifier la mémoire collective au moyen de symboles qui lui sont étrangers et qui n'auraient d'autre valeur pour la culture que celle de signes neutres ? Le sens pour-soi de l'histoire est entretenu par un jeu de symboles qu'on peut certes réinterpréter, permuter, recréer, mais non carrément supprimer. Les « nouveaux symboles » ne peuvent être que variation des anciens dans une structure archétypale. Sinon le langage perd sa fonction culturelle, idéologique, il devient gratuit.

[55] P.-E. LEBLANC, *l'Insecte*, avril 1968. L'auteur fait ici référence au voyage en France des « Quatre », et aux nouvelles presses, qu'ils ont obtenues pour *l'Évangéline*.

[56] Fernand DUMONT, « Notre culture entre le passé et l'avenir », dans *Québec 71*, mars 1971, p. 32-39.

taine expression de la tradition agonise, quand son langage usé devient aussi passivement monotone que les litanies régulières du piano mécanique, alors l'acte poétique redonne aux cadavres de la vieille culture souffle vivifiant. Ce changement, explique encore M. Dumont, est bien transmutation et non pas rejet ou création pure : « Cela suffit peut-être pour suggérer que, dans les périodes de crise profonde, le vieux discours marque la continuité en explorant davantage ce qu'il comportait déjà d'implicite. Selon une démarche complémentaire au fond, ce que le vieux discours avait maintenu dans les profondeurs remonte à la surface[57]. »

« Le problème central, vital est un problème de liberté d'expression et de pensée », ... disait Roger Savoie. La valeur capitale en jeu est la liberté et non pas, comme le voulait Ronald Cormier, le point de vue matérialiste de la position socio-économique dans le rapport de production[58].

Ces deux positions axiologiques confirment la thèse précédente. La liberté chère au Ralliement et à Roger Savoie est bien la valeur fondamentale de toute création culturelle, soit la qualité permissive de toute culture vivante. Selon la même analogie qu'utilisait F. Dumont, la liberté vécue ou intuitivement présente au niveau du moi de l'individu équilibre les forces actives du ça et les forces de répression du sur-moi. La vie culturelle comme la vie consciente de l'individu se joue en ce lieu de l'équilibre possible des contraires, en ce moment de la liberté. De la vieille tradition il faut avant tout dénoncer le caractère répressif. Il faut faire la critique de l'histoire et celle de l'interprétation idéologique de cette histoire. Les témoignages ne manquent pas :

---

[57] *Ibid.* On comprendra pourquoi le prestige et l'influence des professeurs étrangers qui s'étaient solidarisés avec les étudiants ne pouvaient être qu'éphémères. S'ils ont joué un rôle important dans la récente histoire de l'Université de Moncton, il fut autre que ceux d'entraîneur, d'agitateur et même de leader qu'on leur attribua souvent. Ils furent des boucs émissaires bien plus que des « chefs de gangs ». Et comme « la gauche à l'action » « en en-tête du journal, leur fonction surtout symbolique ne dura que le temps de la découverte. L'action profonde de revitalisation du langage et du geste avait été avant tout exercée par les quelques intellectuels acadiens qui voulurent redonner un sens contemporain à la tradition ou réconcilier nature et histoire en Acadie.

[58] « La question primordiale qui est soulevée par la contestation de la jeune gauche est celle, non de la survivance de la francophonie au N.-B., mais l'émancipation socio-économique de ce groupe minoritaire important » (*l'Évangéline*, 15 août 1968); ou encore : « Les Acadiens sont une race d'affamés parce qu'ils n'ont de quoi se remplir le ventre. La culture, ils se la passent dans le cul, comme ils se passent la maison de la culture dans le cul. Ce qui importe pour eux, c'est d'avoir assez de « foin » pour se remplir la grosse dent. Être capable de survivre, de faire face à l'exploitation de capitalistes « acadiens » sans conscience sociale, de se procurer un travail qui permet d'accéder à un niveau de vie acceptable, voilà le véritable problème. » (*L'Insecte*, avril 1968.)

De nos jours, le repliement de l'Acadien sur lui-même se traduit par son allergie aux idées nouvelles. Cette allergie vivifie encore notre supposée élite acadienne, quoique je préfère l'appeler « patente »... Ce même groupe croit détenir le monopole de la vérité, ce qui fait que les membres de ce groupe tentent d'écarter les individus qui ne pensent pas comme eux... On pourrait parler du refus à Pierre Bourgault de donner une conférence sur le campus de l'Université de Moncton[59]...
N'est-il pas révélateur que le département de sociologie, dont le rôle est d'éveiller les étudiants aux problèmes actuels, est celui qui fut le plus attaqué ? Mettre des professeurs compétents à la porte, c'est nier qu'une université est une ouverture au monde et le carrefour de différentes idées; c'est nier la liberté qu'a chaque individu de s'opposer à un ordre établi; c'est faire preuve d'étroitesse d'esprit, en espérant réduire l'université à être l'esclave d'une petite élite, comme l'ont été tant d'organisations acadiennes avant elle... La peur de voir l'intelligence triompher sur un monopole révoltant; la peur de voir la compétence détrôner des conceptions arriérées : quels autres motifs peuvent être à l'origine de cette politique de nettoyage ?... Cet étouffement intellectuel risque de se répéter sans cesse s'il n'y a pas un arrêt définitif à ce contrôle absurde des idées[60].

Il est intéressant de noter la place privilégiée qu'occupe l'université dans la société globale selon les représentations des étudiants. Bien sûr, l'environnement immédiat de ce groupement social spécifique est l'université. La conjoncture pendant laquelle on écrit met en vedette l'université (pas seulement celle de Moncton) et les conflits qui opposent étudiants et pouvoirs administratifs et politiques. Mais la conscience qu'ont les étudiants de vivre au sein de leur université le drame intime de la société acadienne tout entière n'est ni une généralité, ni une évidence. En frappant l'administration d'un blâme puis en demandant la démission de leur recteur, les étudiants ne voulaient pas seulement régler un conflit de boutique mais bien intervenir dans l'histoire de leur société. En élargissant l'exigence de démission à tout l'Exécutif de l'université, les étudiants signifiaient explicitement qu'ils frappaient tout le collège directorial de la société, ce qu'ils appelaient avec autant de crainte que de mystère : la Patente. Michel Blanchard disait que « tout » était en cause dans la critique des administrateurs de l'université :

L'Insecte ne critique pas l'administration à cause d'un manque de sérieux au travail ou à cause d'une lacune d'intelligence chez ceux qui la composent. Il s'agit plutôt de raisons d'ordre social, politique et économique... Nous devons ajouter que la lourdeur de l'administration remarquée dans sa manière d'agir vient du fait que la plupart de ses membres proviennent du milieu francophone du Nouveau-Brunswick et que la manière de concevoir la politique et l'économie chez les Acadiens est depuis longtemps périmée[61].

---

[59] Bernard GAUVIN, « Le portrait d'un vieillard », l'Insecte, avril 1968.
[60] Lorraine DOUCET, la Moustache, 1er avril 1969.
[61] Michel BLANCHARD, l'Insecte, décembre 1968.

Pour les chefs nationaux, l'université représentait la preuve de l'« Acadie ressuscitée », la récompense la plus précieuse de toute l'action nationale passée. Gloire de l'Acadie moderne, elle servait de justification à l'action présente, d'exemple à l'action future, de symbole qui légitime le pouvoir présent et à venir.

Cette image d'une certaine tradition triomphante à visage contemporain, les étudiants la combattent au nom d'une autre représentation de l'université et de la société tout entière qu'elle rassemble. Pour eux, la nouvelle institution signifie d'abord critique, liberté, connaissance. Elle est le lieu où l'obscurantisme de la tradition sera découvert au profit d'une nouvelle « vision clairvoyante » des choses, le lieu de formation de nouvelles élites compétentes et connaissantes, celui où sera conçu le grand projet d'avenir de la société acadienne :

> Aujourd'hui, l'université est conçue comme une « grande famille » imbue de traditions et de méthodes archaïques; c'est une école d'élite familiale. Réduire les étudiants à une prise de responsabilité basée sur le *statu quo* ne fait que perpétuer des institutions et des structures hiérarchiques immuables, qui empêchent le progrès... « Or, l'éducation n'est pas seulement la transmission d'une culture donnée, mais celle des moyens de l'approfondir, donc de la contester » (Jacques BERQUE)[62].

On comprendra le rôle d'avant-garde attribué à une discipline comme la sociologie, à son sabir et à ses émules par les idéologues du néo-nationalisme depuis Camille Richard, ainsi que l'usage qu'ils en ont fait dans leur discours. Ce rôle est à apposer à l'historiographie conçue comme discipline apologétique par les dirigeants de l'université. Alors que l'ancien recteur de l'Université de Moncton avait fondé et pris la direction du Centre d'Études acadiennes, le département de Sociologie inauguré par Camille Richard était supprimé après trois ans d'existence[63].

Au cours d'une série d'émissions radiophoniques consacrées à l'Acadie de 1970, les jeunes idéologues dressèrent un même bilan négatif de l'élite dirigeante qui peut intégrer les écrits déjà cités dans une vision plus globale de l'histoire acadienne. Toutes les analyses partent de la valeur liberté :

---

[62] *L'Insecte*, décembre 1968.

[63] L'introduction en 1966 de la sociologie à l'université est à rattacher au projet nationaliste des dirigeants de l'époque. D'abord, la sociologie était par eux conçue comme purement instrumentale. On lui attribuait une fonction analogue à l'historiographie, discours annexe de l'idéologie nationaliste. Elle devait, comme les sciences économiques et commerciales développées parallèlement, contribuer à « moderniser » ou « technocratiser » le vieux discours. (*Cf.* les analyses du Père Cormier dans le 3ᵉ chapitre.) En fait, cette création, comme d'ailleurs le Ralliement conçu à l'origine par la S.N.A., fut une étape essentielle dans le développement du néo-nationalisme. Cette apparente contradiction est un exemple remarquable de la dialectique de la culture, qu'on peut appeler aussi ironie de l'histoire.

La S.N.A. : historiquement, c'est une élite qui a accaparé le pouvoir — avec sûrement une bonne volonté — qui a voulu assurer la survie de la francophonie du N.-B. Il faut dire que dans le contexte du passé, c'était une conception de l'autorité très paternaliste (qui existe encore aujourd'hui). Ce qui arrive, c'est qu'on a des gens paternalistes, à plat-ventre, intolérants, intransigeants, anti-progressistes en un mot[64].

Notre élite a encore la même conception que les Hébreux du temps de Moïse : on avait des chefs qui nous tombaient du ciel et qui, instantanément, avaient tous les pouvoirs et autorité[65].

Je crois qu'on est parti d'une sorte de philosophie que je considère démodée, sinon fausse. C'est cette philosophie d'élitisme, une philosophie paternaliste. Ces gens-là pensent que c'est leur devoir de veiller sur le bien de la population... Il y a la présence d'un *establishment* qui monopolise toutes les institutions[66].

Le mécanisme d'exercice du pouvoir selon le modèle intégration/répression est encore dénoncé en réponse à une interprétation de M. Jean-Louis Gagnon (semblable à celle de l'élite acadienne) selon laquelle le problème vital en Acadie serait l'absence d'une relève compétente et préparée[67] :

D'abord, il y a des jeunes pour prendre la relève... S'ils ne veulent pas prendre la relève, comme dirait M. Gagnon, c'est qu'ils ne partagent pas les conceptions de l'élite actuelle... Et d'ailleurs, on écarte systématiquement tous ceux qui pourraient prendre la relève. Premièrement, on veut que ceux qui doivent prendre la relève pensent exactement comme l'élite. Alors s'ils ne pensent pas comme l'élite, on tente de les intégrer, de les acheter, on leur donne des bonnes positions, etc. Si cette première tentative ne fonctionne pas, alors on les fait paraître comme des déviants, on leur donne des titres révolutionnaires, de communistes, d'athées, tout ce que vous voudrez. Si cette méthode-là ne marche pas, alors on prend le troisième pas : c'est de foutre à la porte[68].

Ainsi, de la conférence de Roger Savoie en février 1968 aux dernières manifestations publiques de la parole étudiante, le thème et l'objet de la critique est resté le même : l'idéologie officielle ou dominante et la pratique du pouvoir, deux modes d'actualisation de la culture acadienne qu'on peut dénommer globalement par tradition. Jusque-là, rien de bien nouveau, sinon la radicalisation de la critique. Si l'analyse s'arrêtait ici, on pourrait hâtivement interpréter le conflit idéologique comme l'expression sur le mode du discours de la concurrence de deux factions de la société face au pouvoir, l'une étant la vieille élite professionnelle nationaliste, l'autre l'élite en herbe

---

[64] Bernard GAUVIN, à l'émission *Présent* du 25 août 1970, Radio-Canada.

[65] P.-E. LEBLANC, à l'émission *Présent* du 21 août 1970, Radio-Canada.

[66] Me Roger SAVOIE, à l'émission *Présent* du 17 août 1970, Radio-Canada.

[67] Cf. à l'émission *Présent* du 21 août 1970, ainsi que les déclarations d'Adélard Savoie dans *l'Acadie Libre* (Léonard FOREST, O.N.F., 1970).

[68] Bernard GAUVIN, à l'émission *Présent* du 25 août 1970; *cf.* aussi Me Roger SAVOIE, *Présent* du 17 août 1970.

destinée de toute façon à accéder un jour à la place de la première. On en serait resté au tournoi du Ralliement. Conflits de générations, permutations de valeurs, dialectique de la répression et de l'expression, dissociation de l'idéologie et de l'« idéalogie », de la praxis et de son langage...

Le rapport des étudiants à la classe dirigeante renvoie au rapport qui l'englobe de la société acadienne à la société anglaise. C'est parce que les étudiants définissent d'une façon nouvelle le rapport à la société anglaise qu'ils définissent particulièrement leur rapport à ce que j'ai appelé la tradition. C'est maintenant la position originale des nouveaux idéologues dans cette autre relation qu'il faut interroger.

IV. L'homme colonisé

En février 1968, les étudiants de l'Université de Moncton se déclaraient en grève, avec le mot d'ordre : « le gel des frais de scolarité ». Cette grève fut capitale dans la genèse du discours des étudiants. J'ai déjà montré comment elle permit d'adapter la parole à l'histoire ou la conscience à l'objet. Mais encore, la grève rassembla les étudiants en un groupe cohérent à grande densité spatiale et morale. Elle libéra pour certains la parole que les contraintes collectives et la censure du sur-moi maintenaient captive dans les formes coutumières de la langue. Elle révéla des idéologues au public et un public à l'idéologie. Il faut voir le film de Pierre Perrault tourné avec les étudiants pour comprendre combien importante fut cette grève pour la parole, la culture et pour l'histoire du peuple acadien.

À partir de la grève de février 1968, du langage quotidien sur les « maudits Anglais », de la rhétorique officielle sur la bonne entente et le bilinguisme et du discours provocateur des journalistes étudiants, on passa rapidement à une analyse en profondeur de la culture et de la société acadienne, mais cette fois dans son rapport intime avec la société anglaise. La critique de la tradition serait incompréhensible si elle n'était étroitement associée à la critique externe, celle du rapport entre les deux sociétés. La nouveauté de l'analyse et de la prise de conscience des étudiants à partir de ce moment consiste dans la mise en corrélation explicite des critiques internes et externes et dans une compréhension globale de leurs implications.

Dans cette nouvelle lecture et interprétation de la société acadienne, le rôle de certains professeurs de l'université fut esssentiel. En 1968 et 1969, ils publièrent des analyses et firent des communications orales devant le public étudiant sur des sujets tels que l'inégalité ethnique, la dépendance culturelle, la paupérisation économique de la société française[69], etc. Une méthode de lecture de la société — l'analyse comparative — , un vocabulaire scientifique ou spécialisé, un style « objectif » : c'est tout un nouveau rapport à la société qui fut présenté à la population étudiante. Il faut aussi mentionner l'influence du rapport Laurendeau-Dunton dont les premiers tomes parurent à l'époque et dans lesquels on allait puiser toutes sortes de citations et références statistiques pour annexer à ses textes.

Comme exemple de ce nouveau modèle d'analyse comparative de la société, voici un extrait d'une conférence d'Alain Even : « Il ne s'agit pas de montrer si la population est pauvre ou non, si la région est sous-développée ou non, mais de mettre en évidence que, comparativement à la population anglaise de la province et au reste du Canada, cette population est très défavorisée[70]. » Camille Richard définissait, dans le même sens, cette « voie d'approche » :

> Considérons la situation acadienne dans son ensemble, soit la situation minoritaire de dépendance culturelle... Comment les membres d'une collectivité peuvent-ils partager le sentiment commun de participer authentiquement à une culture... lorsque, dans la réalité vécue de leur vie quotidienne, ils ne possèdent ou ne contrôlent qu'en partie seulement les moyens de se développer; lorsque le système économique dont ils vivent est non seulement

---

[69] Voici une bibliographie sélective des articles ou rapports qui furent publiés à l'époque sur la société acadienne : C.S.A. (COMITÉ SPÉCIAL D'AMÉNAGEMENT), *Rapport préliminaire de l'enquête, région Restigouche Sud*, Ministère de l'Expansion Économique Régionale, Ottawa, 1968. — P. DION, A. EVEN, J.-P. HAUTECŒUR, J. DUMAS, E. CASEY, *le Bilinguisme à la Commission d'Énergie du Nouveau-Brunswick*, Institut de Recherches en Sciences Sociales, Moncton, 1969 (2 tomes). — Alain EVEN, *les Blocages sociologiques au développement économique et social dans le Nord-Est du Nouveau-Brunswick*, Compagnie des Jeunes Canadiens, Moncton, 1967. — Alain EVEN, « Une université dans une région défavorisée », dans *la Revue de l'Université de Moncton*, mai 1969. — Alain EVEN, J.-P. HAUTECŒUR, « L'Université de Moncton, image de la situation socio-économique de la population francophone du Nouveau-Brunswick », dans *la Revue de l'Université de Moncton*, mai 1968. — Marcel FAURE, « L'Université de Moncton et la francophonie des Maritimes », dans *Dossier présenté à la Commission d'Étude sur les Relations entre les Universités et les Gouvernements*, Moncton, 1969. — Louis NÉVOT, « À propos du corps professoral de notre université », dans *Mémoire présenté à l'ACPU*, Moncton, 1969. — Camille-A. RICHARD, « L'Acadie, une histoire à faire », dans *Maintenant* n° 87, 1969. — Camille-A. RICHARD, « L'Acadie, une société à la recherche de son identité », *la Revue de l'Université de Moncton*, mai 1969. — Camille-A. RICHARD, « La récupération d'un passé ambigu », dans *Liberté*, vol. II, n° 65, 1969. — Camille-A. RICHARD, « Le milieu social francophone de Moncton », dans *la Revue de l'Université de Moncton*, 1er janvier 1969. — Jean-Claude VERNEX, « Une société en crise démographique » dans *la Revue de l'Université de Moncton*, 1er janvier 1969. — Jean-Claude VERNEX, « Densité ethnique et assimilation : les francophones à Moncton », *Revue de l'Université de Moncton*, 3 septembre 1969.

[70] Alain EVEN, « Une université sous-développée... » *loco cit.*

étranger à leur tradition, mais ne leur appartient qu'en partie; lorsque même, suprême aliénation de la conscience de soi, le nom qui sert à identifier leur société, l'Acadie, l'Acadien, est dépossédé depuis deux siècles déjà de tout contenu géographique et politique concret[71] ?

Cependant, il ne suffirait pas de déduire la parole étudiante de celle de leurs professeurs. Ceux-ci ont systématisé un discours qui existait déjà et lui ont donné une cohérence plus rigoureuse. Ils ont imprimé une parole timide et sauvage en lui ajoutant cette forme qui confère le pouvoir. Une fois de plus, le vécu et la praxis ont été déterminants dans la genèse de cette nouvelle conscience du problème acadien. Il est d'ailleurs possible que le style « savant » de certains textes ait plutôt eu pour effet de brouiller le champ sémantique du moment que de l'expliciter. Je citerai en exemple le mémoire que l'Association des Professeurs publia pendant la crise de février 68 où il est manifeste que le style des auteurs ne pouvait être adéquat à la communication comme à la « routinisation » du message :

> La constitution de la population globale du N.-B. en deux groupes linguistiquement et culturellement originaux doit engendrer des disparités plus profondes. La politique qui consiste à ignorer sciemment ou inconsciemment cette dichotomie (dualité ethnique) est funeste d'un double point de vue... La revendication de droits linguistiques et culturels recouvre une situation d'inégalité de fait qui en implique une d'exploitation et d'aliénation économique fondamentales... Nous devons nous attendre à la perpétuation de ces inégalités d'accès à la culture et à l'école si l'école en milieu francophone présente les mêmes symptômes de prolétarisation et d'aliénation économiques et culturelles. Démocratique au sens strict du terme, l'école serait libératrice. Lieu d'élection d'une « élite prolétaroïde » et d'un sous-prolétariat qui n'a pour arme blanche que sa seule bonne volonté, elle consacre les inégalités du fait qu'elle les nie ou qu'elle ne fait rien pour les résoudre[72]...

Que l'on compare ce style à celui de la conférence de Roger Savoie qui aurait été le meilleur porte-parole des jeunes idéologues s'il n'avait choisi l'exil, comme ce fut aussi le cas de Camille Richard après le Ralliement :

> La population française du N.-B. a enfin son université après une politique de retardement de la part d'un gouvernement qui a toujours été à domination anglaise. Et si nous avions, soit dit en passant, au gouvernement, une représentativité quasi proportionnelle à notre nombre ! Ceux qui sont à Fredericton sont trop souvent vendus à une mentalité de bonne entente, de prudence et de vile soumission. Or, cette université aurait dû être un projet prioritaire. Bâtir une jeune université, quel défi à notre imagination ! La vérité, c'est que cette université crève de faim et qu'on a du mal à tenir le coup, c'est que les étudiants, qui ne viennent pas des familles les plus riches du Canada, doivent payer une scolarité de plus en plus galopante. Et le gouvernement ne donne à peu près que les mêmes octrois qu'aux

---

[71] Camille RICHARD, « L'Acadie, une société... », *loco cit.*

[72] « L'Université de Moncton, image de la situation socio-économique de la population francophone du Nouveau-Brunswick », Ire partie du *Mémoire de l'Association des Professeurs de l'Université de Moncton* adressé au Gouvernement de la Province du Nouveau-Brunswick en février 1968.

universités anglaises, sous prétexte qu'il s'agit de justice et d'égalité. Mais l'injustice et l'inégalité, c'est qu'une université anglaise, et florissante depuis longtemps, a desservi la population anglophone depuis longtemps, alors qu'on nous a toujours boudés sur ce point. Et pour reprendre le temps perdu, il faudrait une aide massive et prioritaire. Bel et bien... Cette aide est si massive que nous sommes obligés d'aller demander à la France des béquilles pour qu'on ne voie pas que nous boitons[73].

Domination politique; injustice et inégalité entre les deux sociétés; idéologie de la « bonne entente »; élite acadienne collaboratrice; finalement agonie silencieuse de l'Acadie comme résultat du rapport politique, économique et culturel entre les deux sociétés : on retrouvera tous ces thèmes développés dans les textes épars des étudiants.

Le vieux discours de la Société Nationale sur la langue, la francophonie, le bilinguisme — dont on retrouve d'ailleurs des traces dans l'idéologie néo-nationaliste[74] — n'a pas été seulement modernisé ou radicalisé. Il a considérablement élargi sa problématique en faisant éclater sa spécialisation à la « culture » pour dire et expliquer la totalité de la vie publique et privée. Tout d'un coup, l'assimilation ou l'anglicisation ne sont plus présentées comme les signes maléfiques de la modernité et du matérialisme, ou encore comme le résultat de la politique machiavélique d'un pouvoir loyaliste : la langue devient l'épiphénomène d'un phénomène total qui prend nom d'exploitation, de colonisation, de domination, même si les concepts sont mal assimilés et qu'ils ne dénotent que par analogie avec des analyses faites ailleurs. Le nouveau code permet du même coup une lecture nouvelle de l'histoire de l'Acadie ainsi que l'explicitation du sentiment historique en une conscience historique critique de la conscience traditionnelle. C'est de cette conscience historique critique que découlera le nouveau projet global des étudiants intéressant toute la collectivité et définissant finalement les conditions politiques, économiques et culturelles de l'existence postfolklorique possible de leur société[75].

Malgré tous les applaudissements de l'élite acadienne — MM. A. Savoie, G. Finn, L. Richard, etc. — la nouvelle université ne disposait que de quelques milliers de dollars pour débuter. Par contre, l'Université du N.-B. renflouait ses coffres avec l'argent de la population, y inclus celui des francophones de la province depuis un bon nombre d'années. Aujourd'hui le recteur de l'U. de M., Me A. Savoie affirme que le gouvernement de son beau-frère octroie plus d'argent à l'U. de M. par étudiant qu'aux universités anglaises.

---

[73]Roger SAVOIE, « Un peuple improvisé », loco cit.

[74]Cf. « Moncton, tombeau de la langue française », l'Embryon.

[75]La première publication du Parti Acadien fournit une première synthèse de ce discours critique et positif, dont les analyses s'inspirent en grande partie de la thèse de doctorat d'Alain Even.

Vérité dite ! Mais vérité à double sens parce que l'U. de M. qui dessert 38% de la population du N.-B. ne reçoit que 25% des octrois versés aux universités. Ceci signifie que près
de 15% des dépenses des universités anglaises sont payés par les francophones[76]...
La grève des étudiants n'a pas eu de résultat concret. Pis encore, le gouvernement refuse
de reconnaître la disparité économique — ça veut dire que les francophones sont plus
pauvres que les anglophones — et l'inégalité sociale — ça veut dire que les francophones ont
moins de chance dans la vie parce qu'ils sont dominés par les anglophones — qui existe
entre les deux groupes ethniques du N.-B.[77] Est-ce que nous avons un gouvernement au
service de seulement 60% de la population ? Le programme d'opportunité et de chances
égales de Ti-Louis, c'est donc pour les Anglais seulement[78] ?
1. Les Anglais contrôlent complètement le budget de la commission scolaire. Toutes les
décisions financières dépendent de leur majorité.
2. La présence de 2 groupes culturels différents dans la commission scolaire rend difficile
la prise de décision sur le plan académique. C'est comme si les rameurs dans une chaloupe
se divisaient en 2 groupes ramant dans 2 directions opposées...
3. Les Français ne peuvent obtenir quoi que ce soit sans passer par une administration
anglaise hostile...
4. Un climat de méfiance règne chez les Français qui se sentent subjugués par la majorité
anglaise.
5. Toutes les assemblées et les discussions se déroulent en anglais à la commission scolaire.
En prenant conscience de ces faits, peut-on penser que les Français obtiennent justice dans
le système actuel[79] ?

L'enjeu n'est plus la traditionnelle survivance de la langue et de la foi ou
du « fait français en Amérique[80] » qui, selon Bernard Gauvin, font du
peuple acadien et de sa culture un fait « folklorique » dont la fonction étroitement « culturelle » n'est plus active que dans la sphère du privé et pendant
la saison touristique le long de l'Acadian Trail. La mutation est d'impor-

---

[76] Ronald CORMIER, Lettre au Rédacteur en chef, l'Évangéline, 2 février 1969.

[77] Cet exemple de traduction d'un code étranger à la culture est à rapporter à ce que j'ai écrit
concernant le langage des idéologues étrangers et son pouvoir symbolique. Pour que l'analyse
soit entendue, il faut qu'elle soit réinterprétée selon les catégories de la tradition linguistique.
Sans le traducteur, celle-ci aurait perdu beaucoup de son pouvoir d'action et de sa force idéologique.

[78] EUSÈBE L'ASSIMILÉ, « Chance égale pour tous », l'Insecte, avril 1968.

[79] Paul-Eugène LEBLANC, l'Embryon, décembre 1970.

[80] Assez curieusement, c'est un étudiant québécois militant pour l'indépendance qui prolonge
le vieux discours nationaliste canadien-français dans l'idéologie néo-nationaliste : « L'assimilation, cette arme qui décime les effectifs du Canada français... Le bilinguisme pratiqué au
Canada met en danger, depuis longtemps, toute la civilisation française de l'Amérique du
Nord... La voici donc cette arme mortelle qui affaiblit nos forces nationales. L'assimilation des
minorités françaises du Canada prend, de jour en jour, des proportions plus alarmantes; elle
gagne du terrain, les faits le prouvent... », Pierre BLUTEAU, « Essai Constitutionnel », l'Insecte, avril 1968.

tance. Ce qui est en jeu pour la nouvelle conscience, c'est la vie d'un peuple. « C'est une question de pain et d'argent, disait Roger Savoie. C'est aussi une question de dignité humaine. C'est une question de vie. Vivre, bon sens ! Vivre, non pas vivoter, non pas subsister, non pas respirer, non pas survivre. Vivre[81] ! » La différence d'avec le vieux discours — dans lequel la déportation des Acadiens était un des thèmes majeurs — c'est que la mort a perdu beaucoup de son sens mythique pour redescendre dans les régions quotidiennes de l'existence collective. Ou, si l'on préfère, les mêmes thèmes du mythe national ont été désacralisés et sont devenus des catégories de l'histoire actuelle du peuple acadien. Le mythe actualisé dans l'histoire présente, le mythe vécu, le mythe vivant : c'est peut-être là ce qui fait toute la force historique et collective de la nouvelle idéologie.

Le rapport des deux idéologies prend alors un sens nouveau en regard du mythe. Dans l'idéologie nationale dominante, le thème mythique historisé et vécu dans le présent était la Renaissance. Quant au « Grand Dérangement », il était définitivement surnaturalisé. Dans la nouvelle idéologie la mort passe au présent comme au vécu, tandis que le Grand Réveil appartient à bientôt, à ce temps promis qui réconcilie le mythe et l'utopie, le temps de la poésie[82].

La conservation de catégories culturelles profondes dans le processus de création d'un nouveau discours est importante pour une raison déjà signalée, l'impact de l'idéologie dans l'histoire, la dialectique féconde de la parole et de la praxis. Sans une certaine continuité culturelle, qu'elle soit structurale ou consciente et explicitée par le langage, les fonctions sociales de l'idéologie tendent à disparaître.

---

[81] Roger SAVOIE, « Un peuple improvisé », *loco cit.*

[82] . . . .

Retrouvailles d'un ami
Qu'on avait cru mort à jamais
Parce qu'enfoui dans la solitude
De neiges envahissantes.

« Un vent d'espoir souffle sur nos têtes
Étourdissante poudrerie
Qui fait rêver à l'été tout proche.

« Plus tard peut-être...
Sans doute...
Quelque chose me dit... »
(Extrait de Calixte DUGUAY : « Il y a toutes ces cloches », *l'Embryon*.)

Parce que le rapport entre les deux société est saisi globalement comme un rapport « colonial », par analogie surtout avec une certaine analyse de la société québécoise (Bernard Gauvin cite « Speak White » de Michel Lalonde et Raymond Leblanc aime à se référer à Gaston Miron), les divers mécanismes du colonialisme sont invoqués pour rendre compte de la situation acadienne, notamment la dépersonnalisation culturelle et l'exploitation économique :

Au départ, nous souffrons de notre passé colonial qui nous a imposé et qui nous impose encore une langue qui n'exprime pas notre personnalité collective distincte. Afin d'obtenir le respect de nos droits les plus élémentaires, nous avons dû patienter pendant deux siècles; pour gagner notre vie, l'économie nous force de parler anglais... Non seulement nous exportons une partie de notre population, mais nous exportons également une portion alarmante de nos meilleurs cerveaux. Nos ressources financières inférieures servent à alimenter des provinces plus riches telles que le Québec et l'Ontario. Loin de se limiter temporellement à l'année 1755, la déportation des Acadiens se continue d'un autre façon en 1970[83]...

Ça fait depuis 1713 que nous sommes esclaves de la domination anglaise comme le maudits COLONISÉS... Nous dénonçons le fait que l'Université de Moncton, dite française, est ridicule et moutonne dans la défense de nos droits et le développement de notre culture depuis sa fondation. Primo, par le travail licheux et sournois de ses fondateurs, elle a débuté lâchement en se disant bilingue au lieu de française tout court... Secundo, pourquoi avoir baptisé cette institution « Université de Moncton », vu que le nom Moncton vient d'un colonel qui, durant les années 1755, jura par tous les démons la mort et l'exil de nos ancêtres ?

Tertio, pourquoi avoir choisi un centre anglophone pour une université française ? On sait bien qu'elle n'est pas voulue par les autorités locales et les gens de cette ville. Ceux qui ont fréquenté ou qui fréquentent encore cette université ont encore fraîche en mémoire l'inhospitalité de cette ville néo-loyaliste et franc-maçonne. Rappelez-vous l'histoire de la tête de cochon...

Ça fait plus de 300 ans que nous sommes dans cette partie du pays et depuis la formation du Nouveau-Brunswick en province distincte (1784) on n'a pas encore vu l'utilité de nous donner tous nos droits afin que nous puissions nous épanouir dans notre langue et notre culture[84].

Dans *l'Acadie, l'Acadie*, les mêmes acteurs emploient le même langage pour se reconnaître et se dire : « En somme, on était des accusés dans un tribunal. J'ai été à l'hôtel de ville. J'ai parlé anglais. Je ne sais pas si j'ai honte. Je n'ai pas honte, parce que si j'ai été à l'hôtel de ville et si j'ai parlé anglais, je ne suis pas forcément responsable. Parce que justement j'ai été colonisé. Je n'ai plus du tout envie de demeurer colonisé[85]. »

[83]Bernard GAUVIN, « les Acadiens », *loco cit.*

[84]LES FILS DE L'ACADIE, « C'est fini », *le Progrès-l'Évangéline*, 17 nov. 1970.

[85]Bernard GAUVIN, *l'Acadie, l'Acadie.*

On voit que, malgré une certaine radicalisation de l'analyse, ce sont les thèmes les plus purs de la tradition culturelle acadienne qui passent dans le discours et recouvrent la plus grande signification symbolique : la déportation, le général Monkton, etc. Le modèle du système colonial permet de raccrocher 1755 au présent de façon logique et explicative, non plus sentimentale et cultuelle comme dans l'idéologie dominante. Les thèmes du mythe sont une fois de plus récupérés et historisés, comme s'il était impossible de donner un sens à l'histoire sans le référer à l'imaginaire collectif. Il est remarquable qu'Irène, après le départ de Blondine dans *l'Acadie, l'Acadie*, fasse ce succinct commentaire : « Le dépeuplement de l'Acadie ! La dispersion est autrement mieux organisée qu'avant par exemple[86]. »

Se dire « colonisé », c'est moins peut-être s'identifier avec le voisin québécois ou l'Algérien inconnu que s'identifier avec l'ancêtre des premiers temps, né pour vivre sur la terre conquise, mais chassé par l'envahisseur et depuis ce temps humilié, refusé, dégradé. Le « colonisé » en tant que thème idéologique existe dans la tradition acadienne et même dans l'idéologie officielle, il a moins connotation étrangère qu'on pourrait le croire.

Selon la représentation traditionnelle, l'histoire de l'Acadie, c'est essentiellement l'histoire d'un peuple libre jusqu'en 1755, puis celle d'un peuple colonisé. Pour l'idéologie officielle, la tendance exterminatrice se renversa à partir de 1881 pour être pratiquement niée de nos jours. Or, ignorer ou nier ce renversement, c'est insister sur un sentiment profond encore partagé par tout un peuple, réveiller l'expérience de l'identité minoritaire, revitaliser les plus profonds symboles collectifs. Renouer la continuité historique et la superposer à la continuité mythique, c'est en même temps disputer à l'autre la force symbolique dans la fonction idéologique et démythifier sa « mission » historique sur laquelle repose tout son pouvoir actuel[87].

---

[86] « ....

Et j'entends à gauche
La symphonie naissante
D'un peuple écrasé
Qui renoue avec de vieilles alliances
Et dont l'épiphanie nous ressemble.

« Musique d'un vent du large
Autant que musique de l'envers de nous
Concerto d'un pays que l'on réinvente... »
(Extrait de Caliste DUGUAY, « Il y a toutes ces cloches », *loco cit.*)

[87] « Le mythe de l'Acadie sauvée par le clergé, donc par la Providence, paralyse considérablement notre agir collectif... Ce mythe cache quelque vérité qu'il faut bien dire : notre clergé

« La FEUM rejette tout statut colonial pour les Acadiens » : elle a pris le pouvoir et se réclame vigie du peuple acadien. En identifiant son existence à celle de l'ancêtre, on met en doute la fidélité dont se réclament les chefs nationaux et, on l'a vu, on les accuse de collaboration avec l'autre, en l'occurrence le pouvoir politique provincial et canadien. C'est se faire l'interprète des intérêts anglais que de chanter la bonne entente et les vertus de l'harmonie ou de multiplier les renaissances et les gloires du peuple acadien. La fonction de l'idéologie dominante, tant anglaise que française, c'est d'être « de la bouillie pour les chats », c'est-à-dire essentiellement de camoufler le processus d'assimilation du peuple acadien, irréversible depuis deux cents ou trois cents ans. La fonction que se reconnaissent les nouveaux idéologues est donc de « révéler à la masse » son destin tragique et de la placer devant un choix définitif : la mort ou la vie, l'assimilation ou... le « nouvel Acadien » qui « doit naître, résolument tourné vers l'avenir sans rejeter les traditions valables de son passé[88] ».

Ainsi, c'est sur le terrain de la tradition que se fait la concurrence idéologique : ceux à qui l'élite barrait l'accès à la « chose nationale » à cause de leur manque de fidélité à la tradition accusent l'élite du même délit. Le projet effectif de l'élite doit se lire : assimilation, perte décisive de l'identité acadienne. Le contre-projet des jeunes Acadiens veut être d'expulser du vieil homme acadien l'homme colonisé pour ne garder que l'homme libre, semblable au fier ancêtre des premiers jours de la colonie[89]. À cause de l'imminence de la fin, « l'heure du choix a sonné » :

> Ce que les gens ont voulu démontrer dans leur contestation, c'est qu'à l'heure actuelle les Français du N.-B. sont en perte de vitesse. Ils font face au problème de l'assimilation de façon extrêmement menaçante, et leur lutte est non seulement une lutte de survie, mais une lutte contre le temps, contre l'évolution, parce qu'avec l'évolution rapide des techniques,

---

acadien s'il a été utile dans certains cas, a aussi et dans une large mesure contribué à notre assimilation relative... » (Michel ROY, « Assimilation francophone,... expansion économique anglophone », l'Acayen, juin 1972.)

[88] Bernard GAUVIN, « Les Acadiens », loco cit.

[89] « Il y a toutes ces cloches
　　Qui sonnent au beffroi d'un temps nouveau
　　Funérailles de pantins qu'on ensevelit
　　Dans la joie
　　Épousailles de la vraie terre marine
　　Et de l'homme d'ici... »
(Extrait de Calixte DUGUAY, « Il y a toutes ces cloches », loco cit.)

de la technologie, le danger de l'assimilation devient de plus en plus grand[90].

Il y a un danger de plus en plus grand pour le peuple acadien... Ce qu'il y a à faire, c'est une décision finale : soit pour l'assimilation, soit pour une vie communautaire, indépendante, autonome[91].

Choisir ! Or choisir, pour l'Acadie, c'est nécessairement dessiner un projet total de son avenir puisque le projet collectif défini par la classe dirigeante en revient à un projet d'autodestruction selon les étudiants. « Pour sortir d'une situation extrême, il faut prendre des moyens extrémistes », écrivait Bernard Gauvin[92]. Ces moyens, ce seront d'une part l'action « révolutionnaire » ou « gauchiste », d'autre part le projet politique nationaliste.

V. Le projet révolutionnaire

« Je sens de toutes les fibres de mes nerfs que, pour sauver le peuple, il faut une transformation radicale des structures. Dans la langue française, on appelle cela une révolution », disait en conclusion à sa conférence Roger Savoie. Il continuait ainsi :

Mais la révolution nous appartient dans la mesure où nous voulons bien la faire. Et pour la faire, il faut avant tout prendre conscience de notre mal. Nous sommes quand même en pays civilisé et nous pouvons opérer une révolution non sanglante dans la mesure où elle est pensée, où elle est organisée, où elle est voulue et où elle est faite à temps. Mais si nous la voulons, nous l'aurons. Cela ne s'improvise pas. Quand on improvise une révolution, on fait comme à Caraquet, on brûle les quais et les écoles, ce qui est peut-être un geste éloquent, courageux, mais guère payant. L'autopunition et l'improvisation, ça nous connaît. Le besoin de vivre, la volonté de créer et d'inventer, la fierté et le goût de l'autonomie, le désir de secouer le joug de la servitude, ça nous connaît peut-être aussi. J'ai dit que les Acadiens avaient plus le cœur à la révolte qu'à la vile soumission et à la docilité. Mais pour cela, il nous faut du temps et de l'intelligence. Vous allez vous demander : « Mais qui va faire la révolution, qui va organiser un parti nouveau, un front de libération ? » Je ne sais pas, et cela est inquiétant. Je ne suis pas venu ici pour proposer des réponses toutes faites mais pour contribuer à une prise de conscience de nos problèmes...

Si ma voix est une voix de protestation, je sens, je sais qu'il y en a d'autres aussi qui réfléchissent et qui attendent, qui gardent le silence parce qu'ils n'ont pas le choix. Des jeunes et des moins jeunes qui ont les mêmes préoccupations. Savoir cela donne confiance. L'avenir sera peut-être à nous après tout[93].

Le projet d'action présenté par Roger Savoie était la « révolution », harmoniquement intégrée à un projet total où sont explicités en même temps les

---

[90]Bernard GAUVIN, Émission *Présent*, Radio-Canada, 25 août 1970.

[91]Paul-Eugène LEBLANC, Émission *Présent*, Radio-Canada, 21 août 1970.

[92]Bernard GAUVIN, *l'Insecte*, avril 1968.

[93]Roger SAVOIE, « Un peuple improvisé », *loco cit.*

finalités, les objectifs et les valeurs nouvelles de la société. La révolution était l'objectif de l'action organisée, compris dans la finalité libération et vie. La révolution avait, chez Roger Savoie, quitté son univers mythique pour revêtir un sens concret, pour s'imposer dans l'histoire de la culture. Sa connotation « bolchevisante » avait bien été écartée par l'opposition au « pays civilisé », et son fondement dans l'expérience intime du peuple acadien revendiqué dans la phrase : « Les Acadiens avaient le cœur plus à la révolte qu'à la vile soumission[94]. »

Le modèle auquel Roger Savoie se réfère est celui du Québec où il réside depuis 1967 : c'est là que la « révolution » a pris sens local et atavique, d'abord dans le changement de régime de 1960 (la « révolution tranquille ») puis avec les différents mouvements qui se sont réclamés de l'indépendance jusqu'au parti de René Lévesque. On ne trouve pas, dans son discours, de référence à la tradition socialiste et révolutionnaire.

Or, le projet « révolutionnaire » de Roger Savoie, partie intégrante d'un projet plus vaste, le projet nationaliste, sera entendu par Michel Blanchard, mais relativement et petit à petit autonomisé pour devenir projet parallèle au projet nationaliste. Je dis parallèle et non indépendant. Car le projet révolutionnaire de Michel Blanchard et de *l'Insecte* ne sera jamais identifié comme internationaliste et le projet nationaliste jamais défini comme antirévolutionnaire. Les deux projets que le texte idéologique et la connaissance des acteurs m'incitent à distinguer n'ont jamais été explicitement séparés par ces acteurs. Il y eut un groupe définiteur autour de Michel Blanchard et de *l'Insecte* qui passa à l'action directe en se réclamant de la « révolution[95] ». En fait, ce qui était, avec M. Blanchard et *l'Insecte*, devenu un projet révolutionnaire fut réintégré ensuite dans le projet nationaliste qu'avait dessiné Roger Savoie en 1968. La tendance à l'autonomisation de la révolution comme finalité collective s'effaça quand ses définiteurs furent renvoyés de l'Université de Moncton. *L'Insecte* disparu fut remplacé un an après par *l'Embryon*, et on a vu comment M. Blanchard avait fait de son procès un

---

[94]La référence à la Révolution avait déjà été faite au tout début du Ralliement ainsi que le témoigne le compte rendu de la réunion du 17 décembre 1965 : « Tous s'entendent pour affirmer que nous n'entrevoyons pas une évolution lente dite normale, mais plutôt une révolution sans violence, une révolution au niveau des idées et du nationalisme en particulier. Nous n'avons pas le temps, croyons-nous, d'attendre les effets d'une évolution, il nous faut révolutionner. »

[95]Cette action directe se limite cependant essentiellement à l'Université. Il serait totalement erroné de comparer ce mouvement au Front de Libération du Québec, par exemple.

pur manifeste nationaliste. Donc, il s'agit plus d'un même projet qui se divise en deux phases que de deux projets indépendants, sinon antagonistes dans leurs développements logiques.

Il faut relier le projet révolutionnaire au premier discours « de gauche » de Ronald Cormier. Michel Blanchard succéda à Ronald Cormier à la direction du journal étudiant, héritant un peu du style et du vocabulaire du rédacteur de *Liaisons*. Ce qui a été écrit au sujet du discours « de gauche » vaut aussi pour le projet révolutionnaire.

En janvier 1968, *l'Insecte* publiait en première page un article intitulé « Sous le nez de la pitié » (allusion au voyage des Quatre Acadiens à Paris), dont voici la conclusion :

La duperie cesse aujourd'jui ! Les Acadiens ne veulent plus reconnaître leur élite qui depuis longtemps trompe son peuple, avec l'aide de différents organismes, dont la SNA, *l'Évangéline*, etc. Une frontière très nette sépare la masse de l'élite...

Et le peuple, de quoi souffre-t-il ? Non pas des Anglais, comme le prétend l'oligarchie afin de se justifier, mais il souffre justement de son élite. L'Acadie n'a pas de vrais chefs, mais plutôt un club de bourgeois engraissés par la masse, ce qui constitue un blocage à l'émancipation populaire.

Les contestations se multiplient. On désire mettre fin à l'ancien régime qui empêche l'évolution... L'establishment doit disparaître !...

Donc les étudiants, les professeurs, les foyers-écoles, les corps intermédiaires, les villages, les syndicats, enfin toute la masse, doivent exercer des pressions sur les organismes déjà existants pour obliger ceux-ci à se rendre aux désirs et aux besoins du peuple. Lui seul peut se sauver... lui seul[96] !!!

C'était encore un article de transition. Le suivant, une entrevue de Michel Blanchard par Dorval Brunelle, enregistrée en août 1968, donne précisions et éclaircissements :

En ce moment, à mon point de vue, il faut d'abord que la masse en général soit consciente avant qu'il y ait un mouvement vraiment planifié. Personnellement, ce qui m'occupe ainsi que l'équipe du journal et certains étudiants, c'est de rendre les gens conscients. Pour moi, un homme de gauche, c'est ça, c'est d'abord la conscience... Moi, je fais une différence : il y a le révolté puis il y a le révolutionnaire, c'est pas la même chose... Ce qui m'intéresse, ce sont les révolutionnaires; c'est ça qu'on essaie de trouver dans la masse, et ils vont sortir une fois qu'ils auront pris conscience des choses. Les révolutionnaires, on va les voir sortir, ils ne pourront pas faire autrement. Un révolutionnaire ne peut résister à s'extérioriser...

On veut que les pêcheurs disent : « C'est nous autres qui allons régler le problème et non pas les autres. » Comme pour l'éducation à l'université, c'est pas les Anglais qui vont régler le problème, c'est pas le gouvernement fédéral ou provincial qui va le régler, mais c'est nous qui le réglerons parce que nous avons conscience du problème...

---

[96] La Rédaction, *l'Insecte*, janvier 1968.

Les gens qui ont brûlé le quai, c'est tout de même pas les gens qui vont se coucher le soir avec des problèmes de conscience, je veux dire la vraie conscience du problème... C'est une révolte, c'est pas une révolution. Mais c'est une révolution qu'il faut installer[97]...

Il faut tout d'abord insister sur l'importance biographique du projet révolutionnaire comme la manifestation de la « volonté de puissance » d'un individu au caractère et à la spontanéité exceptionnels. Alors que pour la plupart des discours déjà rencontrés on pouvait découvrir en l'idéologue celui qui explicite la conscience possible d'un groupement ou groupe potentiel, ou encore celui qui fait passer conscience et parole privées au niveau du collectif et du public, on peut donner, dans le cas de Blanchard, une importance au sujet définiteur et à sa biographie. « Valéry était un petit-bourgeois mais tout petit-bourgeois n'est pas Valéry », écrivait J.-P. Sartre dans ses « Questions de Méthode », pour situer la place d'une biographie dans une anthropologie générale[98]. Sans Blanchard, l'Insecte n'aurait pas été, la parole collective aurait pris d'autres avenues, la praxis sociale aurait été plus « collective ». Et quand il fut écarté de la situation, la parole et la praxis retrouvèrent les voies dans lesquelles elles étaient engagées avant 1968, soit l'élaboration du projet nationaliste.

« Car Michel Blanchard était un poète, non un rhéteur », ai-je écrit ailleurs[99] en insistant sur sa position exceptionnelle à l'époque dans le rapport au signe Acadie. Il faut expliquer ici le sens du mot poète et l'importance qu'il revêt pour rendre compte de sa fonction particulière par rapport aux déterminants collectifs.

Michel Blanchard était poète par la parole et le geste, non par l'écriture. La communication qu'il voulait susciter, le message qu'il voulait faire passer, il les transmettait oralement et dans une situation directe que souvent il avait dû créer, sans la médiation de l'écrit. Poète oral, créateur de situations, actualisation originale et spontanée de la culture : tel était son rapport à l'histoire. Artiste dionysien par excellence, on peut lui appliquer ces paroles de Nietzsche : « L'homme n'est plus artiste, il est devenu œuvre d'art[100]. » Sa « révolution » était avant tout acte révolutionnaire comme « happening », au sens poétique, polémique[101]. Quant à l'idéologie ou ce qui passait dans

---

[97] « Interview avec Michel Blanchard », *Liberté*, n° 65, 1969, p. 60-68.

[98] Jean-Paul SARTRE, « Questions de méthode », dans *Critique de la raison dialectique*.

[99] « Variations et invariance de l'« Acadie » dans le néo-nationalisme acadien », *loco cit.*

[100] Friedrich NIETZSCHE, *la Naissance de la tragédie*, P. 22.

[101] Jean-Jacques LEBEL, *le Happening*; aussi Harold ROSENBERG : « Une peinture qui est un acte inséparable de la biographie de l'artiste. Le tableau lui-même est un « moment » dans la complexité impure de sa vie... La peinture acte est de la même substance métaphysique que l'existence de l'artiste. Cette nouvelle peinture a effacé définitivement toute distinction entre l'art et la vie... » (*La Tradition du nouveau*, p. 27.)

l'écriture du journal, elle était un peu la routinisation du message improvisé en situation, la codification écrite d'un sens libre. C'était le rôle des épigones que d'écrire ce que le « maître » dictait en improvisation pendant les nuits « hot » — pour garder le sens expressif du jazz — de rédaction du journal. L'idéologie, c'était un peu la dogmatisation du verbe. On allait chercher dans une écriture toute faite et vieille — les écrits révolutionnaires ou anarchistes — la rationalisation toute prête du geste, cet irréductible. En étudiant l'idéologie, parole écrite ou geste arrêté, voire recomposé, l'analyste laisse aussi échapper ce qui était l'essentiel du sens, impossible à saisir dans sa folle spontanéité : la « part maudite[102] ».

Le spontanéisme ou la croyance en l'essence révolutionnaire des « masses », tel qu'on a pu le définir pour Rosa Luxembourg par exemple, est cette vision du monde du directeur de l'Insecte qui passe dans l'idéologie. On peut la schématiser comme ceci.

Au départ, il y a division de la société en deux blocs antagonistes, la masse et l'élite : « une frontière très nette sépare la masse de l'élite ». La lutte s'exerce entre ces deux pôles et non entre la société globale et les Anglais : « Et le peuple, de quoi souffre-t-il ? Non pas des Anglais, comme le prétend l'oligarchie afin de se justifier, mais il souffre justement de son élite. » Or, la masse est toute-puissante. En elle sommeillent toutes les forces possibles de maîtrise de l'histoire : « lui (le peuple) seul peut se sauver... lui seul ! » « C'est pas les Anglais qui vont régler le problème; c'est pas le gouvernement fédéral ou provincial qui va le régler, mais c'est nous qui le réglerons », « La masse est toute-puissante, le pouvoir lui appartient[103]. » Mais la masse n'est pas consciente ni de sa situation, ni de ses pouvoirs possibles. La preuve de sa force potentielle et de la mauvaise utilisation de celle-ci, c'est la révolte aveugle : « À Caraquet, la vie est belle en général... Même les gens qui ont brûlé le quai, c'est tout de même pas les gens qui vont se coucher le soir avec des problèmes de conscience, je veux dire la vraie conscience du problème... C'est une révolte, c'est pas une révolution. » Le pouvoir politique dominant concentré sur le sujet « élite » a pour fonction l'occultation de la conscience du peuple pour perpétuer la domination : « Aucun gouvernement n'ignore le « danger » que représente la prise de conscience des masses, et j'accuse le gouvernement de garder le peuple dans l'ignorance afin de conserver son pouvoir dominateur; j'accuse

---

[102]Georges BATAILLE, la Part maudite.
[103]L'Insecte, décembre 1968.

le gouvernement d'avoir faussé le système d'éducation en y formant des aplaventristes; j'accuse le pouvoir tant économique que politique d'endormir la population par les moyens des mass-media jusqu'au point de lui « suggérer », très subtilement d'ailleurs, le bien-fondé de l'ordre établi[104] »; « Ils ne veulent pas que les gens prennent conscience. Ils réalisent que si on rend les gens conscients, probablement qu'ils pourraient plutôt se révolter[105]. » Il suffit donc, pour renverser le cours de l'histoire, de libérer la conscience : « Ce qui m'occupe... c'est de rendre les gens conscients. » Cette action s'appelle politisation : « Ce qui nous intéresse, c'est de politiser les jeunes. » Le révolutionnaire est avant tout un homme conscient qui travaille à la politisation de ses semblables, à la libération de leur conscience : « un homme de gauche, c'est ça, c'est d'abord la conscience »; « c'est ça qu'on essaie de trouver chez la masse, et ils vont sortir une fois qu'ils auront pris conscience des choses ». Finalement, l'objectif à court terme, c'est la révélation de révolutionnaires, et la finalité, c'est la révolution. La révolution à court terme, ce sont les « bombes politiques » ou la révolution de la conscience, et, dans un temps indéterminé parce qu'utopique, c'est la Révolution dont le sens n'est pas explicité. Ce passage de l'histoire au temps mythique est parfaitement illustré par cet extrait du discours de Michel Blanchard dans l'Acadie, l'Acadie :

> C'est l'impossible qu'il faut que tu fasses. Le possible, les autres le font tous les jours... À Caraquet, ils n'ont jamais parlé qu'on était pauvre avant qu'ils brûlent le quai, aux nouvelles nationales... Comprends-tu, c'est de la politique qu'on veut faire... On s'occupe de bombes politiques.

Selon la dialectique de l'auteur, la révolution ou le stade final de l'action politique est dans l'impossible possible, soit l'utopie au sens de Marcuse[106].

On voit la distance qui sépare un Cormier d'un Blanchart et la rupture de l'Insecte par rapport à Liaisons des derniers numéros en comparant le contenu du mot politisation chez les deux idéologues :

> La démocratie véritable implique une responsabilité de base de la part des citoyens. Les électeurs doivent connaître la politique, ils doivent être politisés. Une population politisée peut faire exister un gouvernement par le peuple et pour le peuple, parce que cette population va être capable de distinguer, de déterminer la différence entre la politique en vue du bien commun et la « politicaillerie » en vue du bien de la haute finance et du capital.
> La morale de cet article est la suivante : malheur à la nation qui ignore son système politique en refusant ou en s'abstenant de se politiser[107].

---

[104]Ibid.

[105]« Interview avec Michel Blanchard », loco cit.

[106]Herbert MARCUSE, la Fin de l'utopie.

[107]Ronald CORMIER, « La Démocratie, une utopie ? » dans Liaisons, 4 février 1967.

Pour Michel blanchard, « la démocratie, c'est l'art qu'a le peuple de se trahir lui-même[108] »; « les jeunes apprennent brutalement qu'il est difficile de participer aux institutions démocratiques, et surtout lorsqu'on veut y apporter des changements[109] ». On se souvient que, pour le Ralliement aussi, « politisation » au sens de prise de conscience était l'objectif majeur. Mais sans la croyance en le rapport spontané de la conscience et de la révolution, on n'avait pas le même discours, ni le même projet.

À part cette conviction éclairée en la spontanéité révolutionnaire des masses conscientes comme de la conscience des masses, le canevas idéologique est diffus. C'est comme si Blanchard avait fondé un journal pour rationaliser son action après coup ou pour l'ornementer de découpages théoriques. L'action ou la mise en situation ne mettait jamais en jeu un grand nombre d'acteurs : seuls les volontaires pouvaient participer au « happening ». Tandis que le journal avait pour fonction, d'une part de donner un sens explicite à l'action en proposant au lecteur un décodage adéquat du message, d'autre part d'élargir le public susceptible de passer à l'action « révolutionnaire » ou, au moins, de la supporter.

Pour nourrir son argumentation idéologique, l'Insecte allait puiser abondamment dans la « littérature » révolutionnaire et présentait finalement un syncrétisme unique de morceaux non choisis plus apparentés au collage poétique qu'à la structure formelle d'un texte idéologique. Une fois de plus, le journal et son impression étaient plus expression vécue, spontanéisme libertaire, finalement mise en situation, qu'écriture ou communication différée où le message codé rationnellement est premier. Il serait vain d'essayer de trouver une certaine cohérence à ces pièces détachées. On n'en retiendra que quelques exemples.

Sur la révolution : entre la proposition qui insistait sur l'essence révolutionnaire des masses et le rôle activiste que l'équipe du journal se donnait, il fallait trouver une proposition explicitant le rapport de l'avant-garde à la masse. On la trouva dans la théorie du rôle des intellectuels dans la révolution :

> La révolution n'a rien de spontané. Elle se prépare comme se prépare une guerre. Qui doit annoncer la révolution, sinon les intellectuels ? À eux de lever le levain révolutionnaire dans la pâte prolétarienne.
> Toute révolution se prépare longtemps. Mais quand on est à bout d'efforts, c'est l'éclatement sanglant de tout le peuple. Aujourd'hui, partout dans le monde, de petites minorités

---

[108]*L'Insecte*, 26 janvier 1968.
[109]*Ibid.*, décembre 1968.

essaient de faire valoir leurs idées. Ils exercent des pressions auprès des organisations politiques. Tout ce petit désordre est le signe avant-coureur d'une révolution qui devra nous frapper bientôt. L'agitation de certaines classes sociales ne peut que porter fruit. Le jour viendra où ces petites minorités grossiront et où le pouvoir sera renversé. Tous les événements historiques préparant une révolution ont tous débouché de la même façon. Il faut bien le dire : le Canada connaîtra une révolution dans un avenir très rapproché, et les bourgeois seront châtiés. C'est à nous, professeurs et étudiants, intellectuels que nous sommes, de déclencher la révolution. C'est à nous qu'incombe la tâche de déceler les moyens pour amorcer cette révolution. La population suivra nos traces ensuite[110].

Le rôle de la minorité révolutionnaire à laquelle s'identifie l'équipe de *l'Insecte* est justifié à partir de la théorie du rôle des intellectuels, aussi à partir de l'expérience de l'histoire. À la théorie s'ajoute la vision messianique de l'imminence de la révolution qui est à rapporter à la vision du monde de Blanchard, le « spontanéisme ». Mais le commentaire qu'il fait de la citation empruntée est incompatible avec la logique du texte qui exclut le spontanéisme et même implique qu'il soit combattu par l'organisation. C'est là un exemple typique du rapport de M. Blanchard à l'écriture.

Quant à la révolution, ce texte en donne la signification essentielle : elle est une vision messianique de l'histoire, tout à fait irrationnelle, parfaitement ludique. C'est un anti-projet collectif qui veut rompre avec la normalité et la continuité culturelles. Mais explicitement, le projet révolutionnaire ne se donne pas comme un anti-projet collectif, c'est-à-dire comme incompatible avec le projet nationaliste. Au contraire, certains textes font ressortir l'aspect nationaliste du mouvement : « On peut trouver chez nos francophones un potentiel d'énergie considérable susceptible de devoir servir leurs propres causes : le problème du district scolaire n° 15, l'élimination des ridicules écoles bilingues, la reconnaissance officielle de la langue française, du droit à l'autodétermination des minorités françaises et de l'État du Québec; ceci peut sembler drôle, mais les francophones du N.-B. ont le devoir d'appuyer, au moins « moralement », les aspirations légitimes des « frères » québécois de même origine[111]... »

La tentative de construire un message idéologique à partir de l'« illuminisme révolutionnaire » fut donc un échec. Le projet révolutionnaire se réduit à un collage de fragments incohérents. La fonction idéologique de l'écriture du message n'a pas été remplie. On comprendra pourquoi *l'Insecte* ne survécut pas à son fondateur. Quand *l'Embryon* publie son premier nu-

---

[110]*Ibid.*
[111]*L'Insecte*, 15 décembre 1967.

méro, le rédacteur situe d'emblée son projet dans les profondeurs de la culture et de la mémoire, non plus à la tangente de l'instant et du rêve.

Il faut ajouter une dernière remarque. Avec le projet révolutionnaire, l'idéologie néo-nationaliste risquait de retourner au campus de l'université d'où elle était définie et de se couper du reste de la société. En effet, à cause du décalage culturel qu'il introduisait dans la société, Blanchard limitait la communication à l'enceinte universitaire et ne pouvait sérieusement prétendre rejoindre « la masse » acadienne. Le projet révolutionnaire pouvait être interprété comme une pure manifestation de la « potachologie » et du ludus estudiantin.

L'université est cet espace parallèle de la société où il est permis de jouer un jeu différent du jeu routinisé et désacré de la vie publique et où il est même accepté (toléré) que certaines règles de la vie collective soient violées, mais précisément sur le mode dramatique. Il faudrait finalement lire le texte qui définit un projet révolutionnaire pour la société, non pas selon le code de la vie quotidienne ou de la vie publique, mais selon le code du théâtre et de l'art. Les deux ne sont pas sans rapport. Et précisément, le projet révolutionnaire, même ludique, n'est pas coupé du projet nationaliste[112]. Il aurait peut-être pour fonction de poétiser ce projet déjà désenchanté dans sa vieille nouveauté (pour reprendre les intuitions éclairées de Roger Savoie), de libérer une écriture et un univers mental surdéterminés par les couches des signifiés de l'histoire nationale[113].

VI. Le projet néo-nationaliste

Le débat qui depuis dix ans oppose les thèses fédéraliste et souverainiste au Québec a fortement contribué à renouveler la problématique du nationalisme acadien. On sait l'importance qu'ont accordée les minorités au Rapport Laurendeau-Dunton, en particulier la « minorité » acadienne. J'ai

---

[112] Voici ce qu'écrit Georges Lapassade sur Michel Blanchard : « Son accent d'Acadie était un élément dont il se servait toujours à son avantage; il poussait à l'extrême l'habitude, assez commune dans la nouvelle génération québécoise, d'inventer le langage à chaque instant, de créer des mots nouveaux et aussitôt oubliés... Ce n'était pas un « idéologue » et il détestait même les manies verbales et les sectarismes des groupuscules, mais il avait un programme qu'il continue de suivre avec passion : la lutte solidaire des Acadiens et des Québécois pour leur indépendance ». (*L'Arpenteur, une intervention sociologique*, p. 78.)

[113] C'était une erreur que d'interpréter les « représentations » de Michel Blanchard, avec les catégories de la pensée « normale » et donc de sanctionner à l'aide de la loi et de la police une

montré comment une certaine façon d'envisager le rapport entre les deux sociétés avait singularisé le néo-nationalisme. On peut se reporter au film *l'Acadie, l'Acadie* pour voir comment en 1968 les étudiants avaient accueilli les recommandations de la Commission royale d'enquête et combien ils étaient résolus à les voir appliquer immédiatement. Voici ce qu'on pouvait lire dans *Liaisons* à ce sujet : « Si les étudiants peuvent s'intéresser à cette Commission, son influence sera grande et le premier pas sera enfin fait, un pas solide, avec une base forte... Il est temps que les étudiants de l'U. de M. exercent une influence auprès de la société francophone. Il faut faire réaliser aux Acadiens la possibilité du biculturalisme et du bilinguisme dans la Province[114]. »

Mais, en même temps, s'explicitait un nouveau rapport à soi et à l'Acadie dont la référence était le Québec et non plus le Canada. Ce passage explicite à une nouvelle « théorie » de la nation acadienne, Bernard Gauvin en a laissé un témoignage saisissant. Membre d'une délégation de l'Université de Moncton qui s'était rendue à l'hôtel de ville de Moncton pour réclamer la « bilinguisation » des services municipaux, il devait déclarer après l'audience :

> Moi, je revendique pour du français, je sais que si je vais à l'hôtel de ville gueuler pour du bilinguisme — d'abord, je ne crois pas au bilinguisme — je sais que je n'en obtiendrai pas. Et même si j'en obtenais, je me demande ce que ça vaudrait. Je ne saurais probablement pas quoi en faire. Je ne sais pas s'il y a de la place pour ça... Je le fais pour montrer au Québécois que le bilinguisme c'est de la bouillie pour les chats... Et c'est à se demander encore une fois si le seul endroit au Canada où il peut y avoir une identité culturelle, c'est-à-dire un développement culturel, un épanouissement collectif de la francophonie, ce n'est pas au Québec[115].

La référence tourne du Canada au Québec, comme à l'antithèse. Ce dernier témoignage est des plus intéressants :

> Je crois que je me sens plus canadien-français qu'acadien. Moi, je me sens chez nous où je peux développer ma personnalité. Ça donne qu'au N.-B., à Moncton, je ne trouve pas que je peux la développer beaucoup... Ce serait à mon avantage d'être né au Québec. D'ailleurs, je me rends compte depuis un certain temps que je suis plus intéressé à la politique québécoise qu'à la politique canadienne. Sans m'en rendre compte, je m'aperçois que je.

---

existence qui était vécue sur le mode poétique. Mais c'est le propre des mécanismes de la pensée et de l'action normalisée que de réprimer ou d'exterminer toute manifestation « anomique » qui tendrait à modifier l'unité explicite de cette pensée et de cette action, le jeu conjoint de l'idéologie et de la praxis dominantes.

[114]Alain TREMBLAY, Marc BASTARACHE, *Liaisons*, 4 février 1967. Voir aussi l'article de Léon THÉRIAULT : Moncton, tombeau de la langue française », *loco cit.*

[115]*L'Acadie, l'Acadie.*

lis tous les journaux, les articles du Québec : Cardinal qui s'en va à une conférence sur l'éducation au Gabon; toute l'histoire du Général de Gaulle. Je lis plus ces histoires-là que les trucs de la conférence constitutionnelle[116]...

L'attraction qu'exerce le nationalisme québécois sur le néo-nationalisme acadien est grande. Pendant le Ralliement déjà, elle fut sensible, bien que contrariée par la tendance canadienne du vieux nationalisme. Dès 1968, elle devient déterminante. Aussi, faudrait-il déchiffrer la genèse du projet annexionniste et sa composition à partir du modèle québécois. Raymond Leblanc dira, dans une conférence intitulée « Acadie libre — Québec libre » : « Les Québécois sont nos frères, nous avons une seule et même lutte, notre indépendance[117]. » La référence au Québec deviendra, dans le projet des jeunes nationalistes, union du devenir acadien au devenir québécois[118].

Le droit à l'autodétermination de la nation québécoise est devenu celui de la « nation francophone ». Les États généraux du Canada français avaient peut-être séparé nationalisme québécois et nationalisme des minorités; ils avaient cependant permis aux Québécois et aux jeunes idéologues acadiens d'unifier leurs discours et leurs projets :

La nation francophone du Canada n'est plus exclusivement québécoise. Elle déborde en effet largement les frontières du Québec et englobe plusieurs régions du Nord et de l'Est de l'Ontario, de même que la partie Nord du N.-B. Nous pouvons donc constater que le « cœur » de la nation francophone du Canada est groupé en un territoire relativement homogène et facilement localisable.

Cette nation a le droit de s'unir en un État afin de préserver ses droits et de s'épanouir sans contrainte, selon ses aspirations profondes. Si elle ne prend pas cette décision, c'est la déchéance et la disparition de toute culture dont le fondement est français en Amérique du Nord.

Toutefois, il importe de dissiper quelques craintes de la part du Québec... En effet, le peuple acadien doit conserver son identité propre et la nouvelle union ne pourra se réaliser qu'à condition de reconnaître l'existence d'une véritable nation acadienne... Il faudra concevoir une formule permettant à la nation acadienne de s'unir sans s'intégrer...

Donc, deux seules options possibles : vivre dans un État souverain francophone et associé au Canada, ou décliner lentement mais sûrement vers l'assimilation complète et notre disparition nationale. Mon choix est fait, à vous d'en faire autant[119].

---

[116] Bernard GAUVIN, enregistrements prêtés par Pierre Perrault.

[117] Raymond LEBLANC, conférence donnée à l'Université de Moncton, 3 décembre 1970, reproduite partiellement dans la revue *Mysterious East*, mars-avril 1971.

[118] « Que nous le voulions ou non, notre destin global est lié à celui du bloc québécois... » (Michel ROY, « Assimilation francophone... » *loco cit.*)

[119] Pierre BLUTEAU, « Essai constitutionnel », *loco cit.*

C'est encore chez Roger Savoie qu'il faut aller chercher la première formulation acadienne du projet séparatiste et indépendantiste inspiré de l'exemple québécois :

> Allons-nous comprendre un jour que les Acadiens sont les seuls qui pourront prendre en charge leur avenir ? Qu'il nous appartient de prendre le volant de notre voiture et que nous sommes les uniques responsables de notre destinée ? Que nous pouvons, si nous le voulons, si nous avons assez de confiance et de lucidité, nous donner à nous-mêmes le visage national et culturel que nous aurons choisi ?...
>
> Depuis des siècles, les Acadiens se sont contentés de pleurer sur leur sort... Mais je crois que ces temps sont révolus. Je crois que la génération montante en a assez de cette pitié qui a toutes les odeurs du masochisme. Je crois que le temps est venu où nous pourrons vraiment nous réveiller et peut-être bâtir un coin de terre qui soit à nous...
>
> C'est parce que le gouvernement provincial se fiche éperdument de la renaissance culturelle acadienne que les Acadiens devront prendre en main leur destinée, à commencer par une indépendance culturelle, ce qui conduit inévitablement à une indépendance politique...
>
> Avons-nous réfléchi à ce qui nous arriverait si le Québec faisait sécession ? Ce n'est pas là une question oiseuse, comme celle de savoir si les anges ont des ailes, car nous savons tous l'immense popularité de René Lévesque et la fascination que sa thèse souveraineté-association exerce sur un nombre croissant de gens au Québec...
>
> Annexion au Québec : ... Plus je tourne la question, et la question est irritante et angoissante, plus cette dernière solution me semble la seule plausible, dans la mesure où la population acadienne du N.-B. opte pour la culture française. Soyons réalistes. Nous sommes à peu près un quart de million de Français au N.-B. Si nous voulons vivre en français il faut nous intégrer à une communauté française plus vaste. La France est trop loin. Nous pourrons nouer des relations avec elle. Nous le devrons. Des relations officielles cette fois, non pas des relations improvisées. Mais le Québec est là tout près. Je vous avouerai franchement... Nous avons infiniment plus de chance à vivre pleinement notre vie à côté du Québec qu'à côté de Fredericton...
>
> De toute façon, que le Québec se sépare ou non, que la confédération soit sauvée ou non, nous avons des problèmes graves en tant que communauté française et il me semble que les partis politiques actuels rivalisent à tirer la couverture de la popularité de leur côté... La solution se trouve sûrement ailleurs que dans les deux vieux partis politiquement traditionnels. Peut-être faut-il constituer un autre parti pour déconstiper les propagandistes du *statu quo* et du sommeil. Quoi qu'il en soit, nous avons besoin d'une profonde restructuration politique de la province[120]...

Chez Roger Savoie, il n'y a pas de référence significative à l'histoire du peuple acadien — par la symbolique comme par les temps forts de la mémoire collective — plus de trace de ce qui faisait dans l'idéologie officielle l'identité nationale. L'« acadianité » s'efface devant la « culture française »

---

[120]Roger SAVOIE, « Un peuple improvisé », *loco cit.*

et la « communauté française » qui va de l'Europe à l'Amérique[121]. Dans le projet d'annexion au Québec indépendant, l'avenir de cette « véritable nation acadienne », dont faisait grand cas Pierre Bluteau dans son « Essai constitutionnel », est pour le moins problématique. Faut-il interpréter le projet d'annexion au Québec comme le renoncement au nationalisme acadien et comme la simple unification à la société française du Québec comme à la communauté française mondiale[122] ?

Un article ultérieur pourrait peut-être fournir un élément de réponse. Roger Savoie écrivait : « Ce qui est obscène et immoral, c'est de chanter la gloire de la culture acadienne d'une part et de dégommer habilement tous ceux qui pourraient en créer une d'autre part... Ça fait des années que les « patriotes » font croire au peuple en la renaissance acadienne. Mais on ne saura jamais jusqu'à quel point cette renaissance est pénible, retardée, quasi irréalisable parce qu'on s'obstine encore à prêcher la Grande Nostalgie et le respect des Traditions[123]...

Ce que connotent les vieux signes et symboles d'identité acadienne est pour Roger Savoie tellement apparenté à une formation idéologique et à une classe spécifique qu'il est devenu inévitable de s'en séparer. Selon lui, l'intellectuel acadien est condamné à renoncer au langage qui dit l'acadianité s'il a renoncé à l'obscénité. Quant à la culture possible que pourraient « créer » les jeunes, les intellectuels et les artistes, elle est objectivement impossible en terre acadienne où sévit une obscure répression. Elle est catégoriquement niée ou refoulée dans les impuissantes profondeurs de l'être.

La difficulté d'être acadien sans pouvoir se dire et se reconnaître, l'angoisse provoquée par l'indéfinissable quand on a vécu pourtant sa certitude, conduisent l'idéologue à ce paradoxe : fonder le projet néo-nationaliste sur le refus de ses fondements. Ronald Cormier avait déjà montré pendant le Ralliement combien il était contradictoire pour un jeune Acadien d'affirmer sa volonté de puissance et par ailleurs de la rendre intelligible en une langue

---

[121]On comprendra ce que peut avoir d'abstrait cette identification pour ces gens sédentaires qui me demandaient souvent si je prenais mon « char » pour me rendre en France et si là-bas on parlait anglais... , comment on pouvait faire aussi pour « vivre » avec seulement du français.

[122]On sait pourtant quelle distance les Acadiens ont maintenue dans l'histoire par rapport à leurs « cousins du Québec », ceci autant dans les institutions que dans les représentations collectives : » Nous entretenons depuis toujours une singulière méfiance, quand ce n'est pas de l'hostilité, envers le Québec, pourtant notre seul point d'appui concret sur le continent. (Michel Roy, « Assimilation francophone », loco cit.)

[123]Roger Savoie, « La répression en Acadie », loco cit.

usée et stéréotypée. C'est de cette contradiction qu'est né le projet néo-nationaliste, dramatique tentative de réconcilier nature et histoire.

Dans cette première phase, le néo-nationalisme est l'aventure d'une négation qui conduit à un projet désespéré. Parce que la critique oppose comme irréconciliables la tradition et le nouveau, parce que dans son radicalisme et son intuition utopique elle est encore incapable de trouver la relation entre le présent et le possible, le dépassement de la critique en projet historique est rendu impossible : reste le choix d'assumer la négation, dramatique tentative de vivre la séparation, d'être dans l'absence[124].

Le projet de Roger Savoie sera entendu par les jeunes idéologues du néonationalisme. L'Acadie et l'Acadien recouvreront toute leur positivité dans un véritable manifeste nationaliste que publiait l'*Évangéline* sous cette signature : « Les Fils de l'Acadie ». Le projet politique de l'annexion au Québec y est bien précisé, mais l'importance du manifeste réside avant tout dans sa signification culturelle. En se réappropriant le signe « Acadie », les auteurs contestaient l'ancien rapport au symbole et donnaient à la culture le signifié positif et historique nécessaire à la formulation d'un nouveau projet collectif. Ils revendiquaient la légitimité historique pour collectiviser leur parole, ils définissaient une nouvelle conscience à partir du vieux sentiment historique connoté par le symbole « Acadie ». Voici le texte :

> C'est fini pour nous, Acadiens de jouer à l'agneau si doux dont on a longtemps qualifié notre race... Ça fait depuis 1713 que nous sommes esclaves de la domination anglaise comme de maudits COLONISÉS. Il est temps pour nous de nous affirmer et de choisir entre vivre dans une société où nous pourrons nous épanouir librement dans notre culture acadienne ou de nous angliciser une fois pour toutes. Pour nous, la meilleure solution serait encore l'annexion territoriale du N.-B. au futur pays du Québec...
> Nous sommes d'accord avec les Québécois qui veulent leur indépendance, car nous voulons la nôtre aussi[125].

Le projet politique est aussi et avant tout un projet culturel qui consiste à donner de soi une représentation assez cohérente pour que celle-ci puisse entrer en concurrence avec le vieux nationalisme, passé non encore dépassé,

---

[124]Roger Savoie et Camille Richard ont assumé cette négation en allant vivre, le premier en France, le second au Québec. Ce divorce était inévitable pour les pionniers du néo-nationalisme. Mais il est très significatif que leurs « héritiers » ne soient plus acculés au même sort. Parce que l'infrastructure de la société acadienne a sensiblement changée (introduction d'organismes fédéraux par exemple et donc création d'emplois pour les jeunes intellectuels), mais aussi parce que le néo-nationalisme est passé dans sa phase constructive, la création du Parti Acadien et d'une revue néo-nationaliste en étaient deux indices.

[125]LES FILS DE L'ACADIE, « C'est fini », *loco cit.*

assez collective aussi pour faire l'unanimité possible des esprits. Le nouveau rapport à l'Acadie a pour fonction de refaire la nation, soit l'unité du sens de l'histoire par un véritable retour aux sources qui est épuration du symbole, nouvelle explicitation du rapport au signifiant. C'est à partir d'une telle « renaissance » sémantique que le nouveau projet collectif est possible[126].

L'Embryon posait le problème dans un article intitulé « Maître chez nous », un autre emprunt à la « révolution tranquille » :

> Les francophones du N.-B. doivent se constituer un pouvoir politique à l'intérieur de leur propre communauté s'ils désirent encore assumer véritablement leur avenir en tant que collectivité vivante et distincte. Il est grand temps que les Acadiens du N.-B. cessent de se définir comme une minorité par rapport à une majorité anglophone car, du point de vue démographique, ils forment une majorité dans plusieurs comtés.
>
> Enfin il est urgent que les francophones se définissent par rapport à eux-mêmes et s'inventent un projet collectif avec des objectifs précis s'ils veulent parvenir à s'émanciper[127].

« Se définissent par rapport à eux-mêmes » et non plus dans les termes de la Commission B. B. ni dans ceux de l'idéologie nationaliste officielle tel est bien ce que firent « Les Fils de l'Acadie ». Quant au « projet collectif », il est explicité dans le détail par plusieurs textes, en particulier le *Manifeste Politique* de Raymond Leblanc dont il développera chacun des points dans sa conférence du 3 décembre 1970 à l'Université de Moncton :

> Les conditions (théoriques) de notre libération.
> 1. Nous libérer de notre peur qui est à l'origine religieuse.
> 2. Nous libérer de la domination du système anglophone actuel, canadien et américain, nous libérer du système capitaliste actuel.
> 3. Refuser toute idéologie... axée sur le passé, tout nationalisme de grande famille dispersée, et concentrer nos énergies sur le sort des francophones du N.-B.
> 4. Opter pour la collectivité différente, opter courageusement en toute lucidité, pour cette collectivité, la nôtre, pour son fait français ou son assimilation.
> 5. Comprendre que c'est sur le statut linguistique que doit se fonder notre projet collectif et qu'on ne peut dissocier culture et économie comme le font l'élite et les patenteux de l'Union des Provinces Maritimes.
> 6. Se dessiner une géographie, regrouper tous les comtés à majorité francophone et, là où c'est impossible (Northumberland et Westmorland), rejoindre tous les francophones du littoral afin que la force et le poids de ces francophones en tant que majorité sur son propre terrain, puisse s'affirmer dans tous les domaines. Cette région, groupant toutes les minorités importantes du littoral, de Memramcook à Edmundston, se nommera Acadie, avec statut unilingue français, avec langue du travail, le français.

---

[126] Voici en quels termes *l'Acayen* définissait ce projet culturel dans un éditorial : « Notre revue se veut aussi une contribution à la recherche d'une définition globale de l'Acadie... L'équipe de *l'Acayen* est consciente de l'urgence d'une solution globale... »

[127] *L'Embryon*, décembre 1970.

7. Fonder ce projet sur une idéologie socialiste; s'assurer, en d'autres mots, que les Acadiens et les francophones de cette nouvelle Acadie aient un mot à dire sur leur économie, leur politique, leur culture, leur avenir. Établir une politique économique, créer un parti acadien socialiste afin d'affirmer et de maintenir au provincial les droits de cette nouvelle collectivité francophone au sein d'une province bilingue.

8. Se créer une nouvelle origine, l'avenir, vouloir le suicide collectif, et s'annexer au Québec, se québéquiser, rejoindre nos frères québécois qui parlent la même langue que nous, le français, opter pour que la région Acadie devienne un comté au sein d'un Québec fort, souverain, puis à la longue, État indépendant et socialiste. Pays, petite nation avec son ouverture sur le monde.

9. En dehors de ce projet, je ne vois d'autres solutions que l'assimilation, l'union aux Provinces Maritimes, l'annexion au Québec des 3 comtés à majorité francophone, le Madawaska, les comtés de Gloucester et de Restigouche. Un peuple n'est véritablement lui-même que s'il le devient dans tous les domaines... Fini le temps de quémander, il est temps de créer un pays, de devenir des hommes, de prendre en main notre destinée[128].

Raymond Leblanc développe le projet présenté par Roger Savoie en 1968. Il définit les principaux axes du projet néo-nationaliste, il fait la synthèse du Ralliement et du mouvement étudiant d'inspiration socialiste qui l'a suivi. Il a aussi subi l'influence du Parti Québécois, vécu comme ses membres l'enthousiasme de l'idée d'indépendance. L'identification est forte au point de fondre le projet néo-nationaliste acadien dans le projet politique québécois.

L'explicitation de l'option politique fondamentale et des objectifs qui s'en déduisent a pourtant laissé dans l'ambiguïté les fondements culturels de ce projet. Le problématique rapport aux temps forts de la mémoire collective, aux symboles, au langage, la négation paradoxale parce que dogmatique de la mythologie, la confusion du manifeste et du caché dans la dialectique de la culture n'ont pas été résolus dans le discours de Raymond Leblanc. Le rapport explicite à la culture est exprimé par le « fait français », le « statut linguistique », soit en des termes limitatifs et à la limite abstraits.

La langue est le signe d'identité privilégié aux dépens de tout l'héritage culturel vécu dans le sentiment historique[129]. Ce privilège ira jusqu'à la proposition du « statut unilingue français », manifestement une excroissance de la fixation linguistique, incompatible avec les autres éléments de la situation

---

[128]Raymond LEBLANC, « Manifeste Politique », l'Embryon, décembre 1970.

[129]R. LEBLANC signait en 1968 un article avec Y. DAIGLE et L. LEBLANC dont voici la conclusion : « Il n'y a donc pas de renaissance en Acadie parce que l'Acadie est chose du passé. Il y a cependant une révolution qui s'opère dans notre milieu, une révolution qui nous encourage à crier tous bas : « Vive la francophonie libre ! » (L'Évangéline, 28 mars 1968.) Pour bien montrer l'ambiguïté fondamentale du statut de cette francophonie, il suffit de la resituer dans le discours d'un Gérard Pelletier, d'un Michel Debré, d'un Houphouët Boigny ou d'un Senghor chez qui elle prend des colorations diverses mais parfois un sens incompatible avec les visées indépendentistes du Québec ou de l'Acadie.

historique. C'est comme si la société n'avait de culture au présent qu'une langue et qu'à partir de celle-ci il était possible de créer une culture « totale », « nouvelle origine » dans laquelle le nouvel homme acadien serait enfin chez lui. « Pays, petite nation » : peut-on ainsi projeter une nation dans l'avenir sans réunifier le temps ? Comment créer l'original sans revenir de quelque façon à l'originel ? Le « baptême » n'est-il pas une deuxième naissance qui doit réconcilier chez l'homme les antinomies; au moins lui permettre de se re-connaître, de se ré-unir, de se réaliser ? « En gros, nous sommes donc, à défaut d'un autre nom, Canadiens français; mais notre véritable origine, elle se situe dans l'avenir, c'est une origine à créer. Les jeunes aujourd'hui sont beaucoup plus prêts à se faire hara-kiri, nier l'Acadien, valoriser le Québécois... Linguistiquement, culturellement, la nouvelle origine des Canadiens français est le Québec, un Québec fort, indépendant, un pays qui soit à la mesure de notre nouvelle réalité, de notre baptême pour utiliser un vieux mot, d'un baptême qui nous rende à notre humanité, quittant le vieil homme pour se retrouver dans le nouvel homme[130]... »

L'ambiguïté essentielle se situe toujours autour du signe Acadie. Refuser de l'évoquer ou de se réclamer de lui, c'est se couper de l'histoire, de la culture-nature. « Qui sommes-nous ? Quelque chose défigurée par la peur, l'élite, par la structure économique anglophone, par le manque d'identité. L'Acadien n'habite pas le monde, il ne possède pas une culture[131]. » Ce qu'il lui resterait, c'est une langue différente de celle de l'autre, à partir de quoi il doit être possible de reconstruire le monde. Sans l'explicitation d'une conscience historique critique de la conscience mythique qui a fondé jusqu'à ce jour le nationalisme acadien, l'idéologie néo-nationaliste, comme l'idéologue, restera dépossédée.

Voici d'autres exemples de la position ambiguë de l'auteur face au signe (et dans le signe) « Acadie » : l'unité géographique projetée sera nommée

---

[130] Raymond LEBLANC, « Acadie libre — Québec libre », loco cit.

[131] Ibid. On peut encore lire dans l'éditorial cité de l'Acayen : « Peut-être sommes-nous condamnés, nous les francophones du Nouveau-Brunswick, à ne pas avoir de nom... Pour nous, en effet, l'Acadie a une connotation linguistique et géographique... Quant à notre histoire, c'est la totalité de notre passé que nous voulons assumer et non pas une partie seulement... » Discours remarquable qui définit le lieu du projet néo-nationaliste d'abord par son absence, puis qui recherche dans le temps et l'espace commun ce nom déjà prononcé, l'Acadie. La conscience d'un passé qui fait à lui seul une totalité, tel est le dépassement de l'ambiguïté du discours néo-nationaliste. Elle devrait être la condition du développement d'une véritable historiographie acadienne, sans laquelle tout projet politique ne saurait prétendre à la totalité, sans laquelle tout « néo-nationalisme » se révélerait finalement n'être qu'une variation de la mythologie traditionnelle.

« Acadie »; le futur parti politique sera le « parti acadien ». Et l'exceptionnelle illustration de cette conscience problématique est la suivante : « Et puis
le mot Acadie nous appartient : est-ce qu'on va se le faire voler par le maire
Jones qui voudrait le coller sur l'Union des Provinces Maritimes[132] ? » Entre
le sentiment historique et la conscience historique, il y a brouillage. Il n'est
pas clair pour R. Leblanc que, malgré les ruptures provoquées par la domination anglaise et malgré, en certains secteurs, l'absence d'explicitation de
la culture, il est une continuité de l'implicite ou une permanence du caché.
Pour « les Fils de l'Acadie », le rapport au signe « Acadie », signifiant et
signifié, avait été, sinon éclairci, du moins volontairement réapproprié. Quel
sens durable peut avoir le projet politique qui ne remplit pas les conditions
culturelles qui permettraient sa cohérence ? L'annexion au Québec
sera-t-elle un contrat politique ou bien assimilation culturelle ? L'Acadie,
comté du Québec, sera-t-elle de culture québécoise, « québéquisée », ou
bien sera-t-elle enfin peuple et culture libérés du joug « colonial » et protégés par un État fort et indépendant ? Autrement dit, est-ce que l'Acadie est
un projet national ou bien est-ce qu'elle se dissout dans le projet national
québécois ? On voit que le problème soulevé par la conférence de Roger
Savoie n'est pas encore résolu par Raymond Leblanc. « Vouloir le suicide
collectif » est incompatible avec « vouloir se créer une origine », à moins
que cette origine n'ait rien d'originaire et que le « baptême » ne soit pas
« renaissance » mais création dans un monde sans histoire, celui de l'éternel
retour.

Le projet politique a deux dimensions — le Parti Acadien, l'indépendance, l'annexion — et le modèle socialiste auquel devrait « coller » l'idéologie nationaliste, c'est le modèle du Parti Québécois avec ses oscillations
tantôt plus nationalistes, tantôt plus socialistes, tantôt plus linguistiques
comme l'unilinguisme français. Ce projet est un acquis dans la nouvelle
idéologie nationaliste acadienne dont on peut trouver de nombreuses expressions[133] : « Pour permettre une bonne coexistence de valeurs culturelles et
économiques, il faut que notre région tombe sous la direction d'un parti
politique fort... Je pense ici à un parti qui pourrait s'appeler « Parti acadien » et serait de tendance socialiste... On peut même ajouter que notre
unique chance de survivre comme Français en demeurant sur ce territoire
consiste à s'annexer au Québec. L'idée de survivre dans une province à

---

[132]*Ibid.*; voir aussi le *Progrès-l'Évangéline*, 4 décembre 1970.
[133]Alexis LANDRY, « La séparation », *l'Évangéline*, 26 avril 1970.

majorité anglaise me semble peu souhaitable culturellement[134]. »
Il sera même présenté par Michel Blanchard à la S.N.A. lors de son
assemblée de 1970 : « En référence à un document contenant des statistiques
et préparé par le « Comité d'Études socio-économiques sur la situation des
Francophones aux Maritimes », il est proposé par Michel Blanchard et
appuyé par M. Joseph-Yvon Thériault « qu'un comité d'étude soit formé par
le Conseil d'Administration de la S.N.A. pour étudier l'éventuelle possibilité d'une annexion du Nord et du Nord-Est du Nouveau Brunswick à la
Province de Québec, que ce comité fasse rapport d'ici deux ans et propose
par la suite des solutions à ce sujet[135]. »

Comment définit-on le socialisme ? Et quelle est sa fonction rhétorique ?
Le socialisme est parfois confondu avec le nationalisme économique.
« Prendre contrôle du pouvoir économique, c'est déjà se diriger vers le socialisme », disait R. Leblanc[136]. Et c'est ainsi qu'il envisageait le socialisme
dans sa conférence.

> C'est un socialisme qu'il nous faut, tous pour un, chacun pour tous, pour sortir de nos
> régionalismes et de nos disputes d'esprit de clocher, pour concentrer toutes nos énergies à
> prendre en main notre avenir et se refuser au profit qui grossit le plus riche sans rien chan-
> ger à la situation de la masse. Il nous faudra, un jour, nationaliser les industries pour que

---

[134]Paula THÉRIAULT, l'Écho, 13 mars 1970. Voir aussi la proposition des étudiants de
Bathurst dans l'Évangéline du 5 mars 1970.

[135]Procès-verbal de l'assemblée Générale de la S.N.A. du 2 février 1970. « Un climat
d'extrême tension, écrivaient Pierre Bluteau et Richard Deschamps, s'installa dans la salle à la
lecture de cette proposition. Les parrains de la proposition durent même aller jusqu'à susciter et
provoquer la discussion afin que les délégués, à demi paralysés par la prise de conscience de
leur situation de minoritaires, puissent enfin se prononcer et décider de leur avenir collectif pour
la première fois de leur histoire. Après une discussion enflammée, le vote fut pris : 44 se
prononcèrent pour et 61 contre. L'enthousiasme chez les délégués favorables (45% des
votants) nous permet de croire que le mouvement annexionniste est bel et bien lancé... » (Québec Presse, 1er mars 1970.) Voici par comparaison ce que pouvait écrire en 1964 un journaliste
de Liaisons : « Les Français aux Maritimes, de plus en plus conscients de leur rôle dans la
société des Maritimes, rejettent presque toutes les manières de penser si chères à leurs pères...
Au lieu de voir les Anglais des Maritimes comme leurs patrons inatteignables, ils les voient
maintenant comme leurs compatriotes. Ils ont ceci de différent avec les Québécois : il n'y a pas
de séparatistes, ni d'esprit de séparatisme chez les Acadiens... Ce n'est pas l'assimilation qu'on
cherche, c'est la collaboration... Vu notre puissance numérique, on n'a pas le choix. Seul, le
Français aux Maritimes n'est rien. On entrevoit bien le paradoxe : sans les Anglais, l'Acadien
n'est rien; sans le Québec, l'Acadien n'est rien. Il faut concilier les deux points de vue... La
situation n'est pas embarrassante du tout, elle est dans la logique des choses ». (Lucille
FOUGÈRE, Liaisons, octobre 1964.)

[136]Émission Présent, Radio-Canada, 25 août 1970.

le profit retourne aux travailleurs, il nous faudra avoir la mainmise sur le capital, créer le pouvoir politique de la masse...

Opter pour l'Acadie, opter pour le Québec, c'est aussi opter contre le capitalisme américain, qui exploite le Tiers-Monde, qui exploite l'Acadie et le Québec, contre sa société de consommation qui fait des hommes des robots et de la conscience un roman à l'eau de javel[137]...

Le socialisme est un syncrétisme de théories économiques, d'idéologies politiques et d'affinités culturelles qui permet à l'idéologie nationaliste de se raccrocher à une idéologie plus vaste, de se solidariser avec les États en lutte de libération, de se définir totalité opposée au modèle lui aussi très syncrétique de capitalisme. L'idéologie socialiste, qui devra être la bannière du Parti Acadien, est en continuité avec les premières velléités gauchissantes du néo-nationalisme acadien manifestées dès le Ralliement.

Cette représentation du socialisme est aussi en affinité structurelle avec la pensée économique traditionnelle, celle qui a engendré les coopératives, les caisses populaires et la Société l'Assomption. Le socialisme projeté, défini par des valeurs plus qu'en termes économiques, est une interprétation du système social total de la société acadienne traditionnelle[138]. On voit que les premières offensives « gauchistes » de Ronald Cormier notamment n'étaient en définitive pas incompatibles avec les catégories de la culture acadienne. Un certain modèle du socialisme, surtout s'il demeure dans les régions de la symbolique, des valeurs, de la connotation — à supposer qu'il puisse en être autrement et qu'en ce cas on puisse parler de « socialisme scientifique », ce qui ne sera pas discuté ici — peut aussi bien fréquenter les fronts « révolutionnaires » que les clubs de golf. Il en est de même de la « révolution » dont on a vu se réclamer autant Léon Richard de la Société Nationale que Michel Blanchard.

---

[137]R. LEBLANC, « Acadie libre—Québec libre », *loco cit.*

[138]Comme pendant le Ralliement, la pensée économique du néo-nationalisme n'a pas été développée. Il faudra attendre la publication du livre *le Parti Acadien* pour que soit levée l'indétermination du modèle acadien du socialisme, en particulier dans ses aspects socio-économiques. L'explication de ce modèle est des plus intéressantes : alors que les idées générales reproduisent les grands thèmes idéologiques du socialisme, les plans d'applications concrètes, riches de poésie, d'idéalisme et d'utopie, sont vivement inspirés de la tradition acadienne, de son mythe, de sa vision du monde. On retrouve par exemple, l'importante valeur du « service » en opposition au profit, la communauté du village opposée à la concentration urbaine, la petite industrie contre la grande, les activités de la terre, de la forêt et de la mer, les coopératives, etc. On ne peut s'empêcher de penser au modèle de la commune chinoise adapté à la tradition acadienne, ou encore aux descriptions idéales qu'ont données les historiens acadiens des villages ancestraux par des lecteurs de Che Guevara.

Les dernières précisions quant au projet politique et socialiste concernent le rapport des idéologues au peuple acadien. De la tradition, on avait en particulier critiqué le pouvoir oligarchique de l'élite et la « philosophie » justificatrice de ce pouvoir. Les nouveaux idéologues devaient redéfinir cette « philosophie ». Ils n'avaient pas répondu à la question de savoir si la « population » était prête à faire le même choix nationaliste ou si elle allait lâcher son avant-garde. Question fondamentale s'il en est ! Pour lever provisoirement et judicieusement l'indétermination, il fallait que soit bien précisé le rapport des jeunes définiteurs à leur public potentiel. Il fallait, soit affirmer que « la population suivra », c'est-à-dire répondre positivement à la question, soit reporter la question en introduisant cette variable de passage au socialisme qu'est l'animation, la participation, les initiatives communautaires, etc. Les deux types d'arguments furent invoqués. Pour Michel Blanchard, l'action spectaculaire devait éveiller la conscience des masses aux problèmes de leur société et délivrer leur toute-puissance révolutionnaire. Cette étape franchie, le peuple deviendrait seul maître de l'histoire, et du même coup l'élite se verrait supprimée. Pour Raymond Leblanc, instaurer le socialisme devrait consister à « créer le pouvoir politique de la masse ». C'est dans les entrevues collectives enregistrées par Radio-Canada que se trouvent le mieux résumées ces deux conceptions :

> Il y a moyen de faire quelque chose si on peut organiser une sorte d'animation qui se ferait auprès de la population, qui permettrait à la population de faire voir ses propres besoins, de dire si vraiment elle attache de l'importance à la survivance française... Il reste à faire un véritable effort qui n'a pas été fait, faire une animation auprès de la population[139].
>
> J'ai entretenu l'espoir, dans le passé, de récupérer une certaine partie de l'élite. À l'heure actuelle, je n'y crois pas et malheureusement (ou heureusement), je crois que nous en sommes rendus au point où si on veut atteindre la masse, il va falloir faire tomber des têtes, il va falloir déloger les élites en place de façon à ce qu'elles ne puissent plus se réorganiser; viser à ce que, de l'élite, le concept même disparaisse, ou que l'écart entre les masses et les élites se rétrécisse de plus en plus[140].

D'un côté, animation et participation sont privilégiées, de l'autre, action directe contre l'élite : travail à la base selon le modèle d'une démocratie populaire et action directe pour supprimer un terme immuable, « l'*establishment* ». Les premiers font directement référence à une idéologie et une pratique qui ont été vulagrisées par des organismes d'émanation fédérale dépendant du programme A.R.D.A. qui fonctionnent au Nouveau-Brunswick dans une relative autonomie par rapport au pouvoir acadien.

---

[139] Me Roger SAVOIE, Émission *Présent*, 17 août 1970.
[140] Bernard GAUVIN, Émission *Présent*, 25 août 1970.

Pratique et idéologie aussi du Parti Québécois, des comités de citoyens et de nombreuses expériences communautaires du Québec[141]. Les autres sont partisans de l'action radicale ou du « coup de force » contre l'élite au pouvoir : « il faut s'engager immédiatement, il faut trouver des solutions originales et différentes, radicales s'il le faut[142] »; « Pour sortir d'une situation extrême, il faut prendre des moyens extrémistes[143] »; « Faire tomber des têtes... » C'est en supprimant l'un des termes du rapport qu'on veut résoudre le problème du pouvoir et de la différence entre l'élite et la masse : faire disparaître le concept pour changer le monde.

Ces tendances sont conciliées, comme action parlementaire et action extra-parlementaire. Dans l'actuelle phase du néo-nationalisme, elles ne sont pas *incompatibles*. Paul-Eugène Leblanc, président de la Fédération des étudiants en 1968-1969 puis animateur au C.R.A.S.E. (Comité Régional d'Aménagement du Sud-Est) en fournit un autre exemple : « Les francophones ont à inventer dans les prochaines années de nouvelles formes d'action... Les moyens radicaux deviendront de plus en plus en vogue tout comme au Québec dans la mesure où la représentation politique leur sera défendue. En d'autres mots, si on ne permet pas aux gens de s'exprimer dans la démocratie, ils trouveront d'autres moyens de le faire. « Remets le glaive à son fourreau, car tous ceux qui prennent le glaive périront par le glaive » (St Mathieu)[144]. »

Finalement, c'est dans la plus sereine tradition que se trouve le néo-nationalisme dans sa confrontation avec l'histoire. Les sources d'inspiration d'un Mgr Robichaud, d'un Adélard Savoie, d'un Fernand Arsenault et des indépendantistes acadiens sont moins antagonistes qu'une première analyse pouvait le laisser croire. Le village idyllique du pays d'Évangéline raconté par Longfellow et par Anselme Chiasson n'est pas sans profonde relation avec la ferme collective imaginée par les premiers idéologues du Parti Acadien. Et l'Acadie ? il faut sûrement considérer l'« obscénité » qu'elle a pu provoquer

---

[141]C'est en se réclamant de ce modèle que fut fondée l'A.F.N.E. (Association des Francophones du Nord-Est) concurrente de la S.N.A. dans cette région, que fonctionnent aussi les comités régionaux d'aménagement où furent employés Michel Blanchard, Bernard Gauvin et Paul-Eugène Leblanc. Cette tendance est si importante qu'il est possible qu'elle s'impose comme axe idéologique clé dans le futur, comme on peut le voir dans la redéfinition actuelle de... la S.N.A.

[142]Bernard GAUVIN, Émission *Présent*.

[143]IDEM, *l'Insecte*, avril 1968.

[144]P.-E. LEBLANC, *l'Embryon*, décembre 1970.

comme la première manifestation du néo-nationalisme, soit de la tradition reconquise. Ces dernières observations rejoignent celles que fit Fernand Dumont après la « crise d'octobre » au Québec : « Que l'on m'explique un peu pourquoi des jeunes apparemment si écervelés et si étrangers aux générations plus âgées parlent du Québec avec un attachement que peu de nationalistes du passé ont osé proclamer, pourquoi les gens les plus détachés de nos valeurs traditionnelles sont paradoxalement les plus soucieux de leur trouver un avenir; pourquoi aussi, à ces chercheurs de traditions, la crise d'octobre n'a trouvé à opposer qu'une *réaction* plus ouvertement vouée, en apparence, au passé. Batailles de traditions qui finissent par suggérer l'hypothèse que les nouvelles valeurs pourraient bien être... traditionnelles[145]. »

Ce qui fait la force du néo-nationalisme et son importance culturelle indépendamment de son pouvoir politique actuel, c'est en dernière analyse sa recherche dramatique d'une filiation avec la tradition culturelle acadienne. Filiation aussi bien par rapport au « principe » qu'aux manifestations, tant dans les profondeurs de la culture qu'à la surface, malgré les catégoriques étiquettes de la conscience des acteurs sociaux. Aux deux niveaux, a été découvert le rapport intimement permanent du signifiant et du signifié, de la « nature » et de l'histoire. Est-ce parce que le même a été privilégié aux dépens du différent ? Parce que la valeur et le principe d'unité ont été jugés plus significatifs du point de vue déterminé par les hypothèses ? Les analyses ne sont pas exclusives, les points de vue sont multiples. Les couches de sens s'entrelacent, et privilégier les unes ne signifie pas nécessairement ignorer ou anéantir les autres. Sens et contresens ne deviennent intelligibles qu'à l'intérieur d'une tradition, c'est-à-dire partie du tout érigée en totalité relative, microcosme cohérent par rapport à la cohérence du macrocosme. Sens et contresens sont aussi réversibles : il suffit de choisir son endroit.

---

[145] Fernand DUMONT, *la Vigile du Québec*, p. 232.

CONCLUSION

« Acadie, pays que les Acadiens n'habitent plus depuis plus de deux siècles; Acadie qui cependant habite toujours les Acadiens... »

(Camille RICHARD, dans *le Devoir*, 15 décembre 1970, p. 5.)

Au moment de conclure, il est impossible d'éviter le retour à la question initiale et de ne pas revenir sur les premières intentions. Qu'étaient-elles ? En même temps, traiter chaque unité idéologique de façon monographique et envisager le tout idéologique à la façon d'une synthèse, comme une ouverture sur la société globale; appréhender chaque discours idéologique du triple point de vue de la genèse, de la structure et des fonctions; comparer les unités idéologiques pour identifier les lieux de ressemblance et de différence, situer l'unique dans le multiple, confronter la continuité et les ruptures; passer par dénivellations successives du discours à la culture et à la société pour éviter la trop grande régionalisation des différents niveaux de la société. Le but du travail était de proposer une interprétation de la société acadienne à partir de sa culture, en particulier des idéologies produites à une époque déterminée.

Des trois discours analysés, les deux premiers, le discours historique et le discours nationaliste, sont originaires de la même époque et de la même crise de la société acadienne qu'on peut approximativement appeler crise d'adaptation ou d'ajustement à l'époque et à la conjoncture provinciale et nationale. Chacun vise à lever toute l'incertitude de la situation de crise; chacun a pour fonction de remédier au désordre de la praxis par l'ordonnance du logos; chacun définit un projet qui vise à réconcilier l'histoire et la culture-nature, l'action et les valeurs, l'ancien et le nouveau. Il n'y a toujours pas de place en Acadie pour le multiple du réel ou du possible; le principe mythique de l'unité primordiale est toujours incompatible avec la vision plus moderne du dualisme, du pluralisme et de la dialectique; la hiérarchie des choses, des êtres et des valeurs continue de ramener à son ordre les déplacements aventureux et les déviations considérées comme des égarements.

Il est une seule interprétation possible de l'histoire acadienne qui est celle de la tradition ossifiée en un mythe; c'est cette interprétation que veut rappeler à toute la nation la Société Historique pour que le passé ne soit pas oublié et pour que les enseignements de l'histoire continuent de guider les contemporains et les générations futures. Le culte du passé et des ancêtres fait de l'histoire un transcendantal, il situe dans le sacré le rapport à cette histoire. Le monde pur et numineux du passé sert de référence et de modèle au présent chaotique, il est cet au-delà dans lequel chaque Acadien contemporain et avant tout les chefs doivent trouver leur raison d'être et la révélation de leur mission.

L'écriture de l'histoire sert le culte du passé. L'écrit bâillonne la parole. C'est un peu comme l'uniforme appliqué sur un rôle, un costume sur un corps. Le culte suppose un dogme, des rites, des lieux et temps sacrés, des officiants, des fidèles. La Société Historique a rassemblé chacun de ces éléments. Et le culte qu'elle officie, c'est un culte rendu non seulement au passé, mais peut-être avant tout à la société présente, c'est un rite qui permet à la société de se régénérer périodiquement, de se représenter fidèle à son modèle idéal, d'assurer son consensus, en un mot, d'affirmer son identité ou son indivisible unité. L'histoire comme tradition écrite est un rite essentiel qui permet de redire et de refaire la nation acadienne au moment où on la sentait menacée.

Voilà l'essentiel de l'analyse du discours historiographique : genèse en une époque de crise et de mutation; structure d'un mythe; fonctions de conservation et de reproduction de la culture et de la société selon un idéal strictement traditionnel.

Le discours nationaliste de la nouvelle Société Nationale des Acadiens est originaire de la même conjoncture : une situation de passage définie comme critique, parfois alarmante du point de vue de la survivance française. Mais, contrairement au discours historique, l'idéologie prend ici deux dimensions très explicites : conservation et innovation, fidélité et rupture, continuité et adaptation. Le principal définiteur de ces deux orientations est le même que celui qui donnait à la Société Historique sa principale fonction ritualiste et cultuelle. On essaie, au moyen du discours, de ramener à l'unité les contradictions constatées dans la situation, de rendre parfaitement compatibles des termes qui en apparence s'opposent et découvrent des visions du monde différentes. Le culte au passé, le respect des valeurs ancestrales et la fidélité à la mission sont rendus compatibles avec le changement dans l'action, l'ouverture au moderne, l'adaptation aux rythmes et aux modes environnants. Le surnaturel rencontre l'histoire ou l'événement, l'idéalisme le réalisme. Comme l'archevêque et l'homme d'affaires font tous deux partie de l'Acadie contemporaine, il faut plus que jamais réunifier le différent, rassembler les parties, ramener au même.

Les deux tendances dans le style, le langage et le projet ne sont pas des variations délibérément déviantes, jamais elles ne sont l'occasion de schismes. Les modifications et les innovations se font toujours dans le plus strict respect de la norme unitaire, les passages sont réglementés par le code traditionnel, des rites les accompagnent, les vieilles légitimités sont toujours honorées en dernière instance. Alors qu'à la Société Historique on tentait de fétichiser les formes et le sens traditionnels, à la Société Nationale on tend à donner signification nouvelle aux vieilles formules et formules neuves aux significations anciennes.

La dialectique n'est qu'apparence, les changements de costumes affaire de jour. Il n'est d'ancien et de nouveau qu'à la surface des choses : on revêt plus volontiers et plus aisément une parure à la mode qu'un vieux costume d'oligarche. Un éditorial de 1970, dans une grande économie rhétorique, résumait en ces termes l'éthos fondamental du discours nationaliste :

> Les choses qui nous unissent sont bien plus importantes que les choses qui nous séparent...
> Mais nous avons une destinée commune. Il ne suffit plus de dire : nous sommes venus et nous sommes restés. Il faut grandir, se développer, devenir Canadien à part entière. Et pour cela, il faut faire cause commune...
> Tous unis pour formuler les objectifs de la francophonie des Maritimes et utiliser toutes nos ressources pour les atteindre...
> Qui doit changer ? Ceux du nord ou ceux du Sud, ceux des villes ou ceux des campagnes, les pêcheurs ou les cultivateurs, les jeunes ou les vieux, ceux en place ou les autres ?...
> Alors qui doit changer ? Mais personne. Il suffit de travailler ensemble, d'utiliser tous nos talents, toutes nos ressources, toutes nos énergies.
> Nos grand-pères l'ont fait pour survivre. Nos pères l'ont fait pour vivre. Et c'est ce que nous allons faire pour nous épanouir[1].

L'idéologie nationale vise avant tout à refaire l'unité dans et par le discours. La règle du « juste milieu » est ce tour de passe axiologique qui vise à exclure toute possibilité de division dans la société et dans la culture. Et pourtant, elle n'a qu'une valeur rhétorique. Elle est de nécessité empirique. Quant à l'unité, elle reste une valeur traditionnelle, un héritage impératif imposé par le passé sans être vraiment réactualisé dans un projet résolument contemporain. Au lieu du projet total d'une société acadienne qui réaliserait dans le langage et dans l'histoire possible une unité réelle, la Société Natio-nale veut réaliser cette unité autour des « objectifs de la francophonie des Maritimes ». Son projet essentiel est de résoudre la crise de la « relève » en rendant compatibles tradition et situation, non pas d'expliciter pour aujour-d'hui et demain une signification vivante à l'Acadie. Projet profondément conservateur, héritage d'une signification à transmettre sans altération de la forme, et au négatif, fonction de répression de toute expression « nouvelle » de la vision du monde originaire. L'Acadie est avant tout mystère à défendre, à protéger et à vénérer alors que, pour le néo-nationalisme, elle sera le lieu d'une recherche (vécue et intelligible), la possibilité d'une cri-tique et la source d'une inspiration utopique.

Un autre discours apparaît dans la société acadienne un peu plus tard que les deux autres parce qu'il s'édifie à partir de la critique de ceux-ci : c'est l'idéologie néo-nationaliste. Je ne reviendrai pas sur la critique de l'histo-

---

[1] Éditorial anonyme, l'Évangéline, 21 avril 1970.

riographie traditionnelle parce qu'elle était, jusqu'en 1971, à l'état embry-onnaire. Mais il faut prévoir son développement et sa constitution en une nouvelle école historiographique, complémentaire de l'idéologie néo-natio-naliste comme l'historiographie traditionnelle pouvait l'être du vieux natio-nalisme.

Il faudrait, dans l'histoire de l'Acadie, retracer la genèse de l'idéologie néo-nationaliste dont l'originalité est le projet indépendantiste ou annexion-niste pour en saisir toute la signification historique et l'importance dans la culture[2]. Sans ces études historiographiques approfondies, beaucoup de re-cherches sur le présent resteront inachevées, beaucoup de phénomènes incompréhensibles.

À l'occasion du Ralliement de la Jeunesse Acadienne, des intellectuels tentent une percée dans la société. C'est l'irruption soudaine de nouvelles figures, d'un discours aux accents nouveaux et aux références extra-traditionnelles, c'est la création d'un lieu scénique où seront proposées des nouvelles représentations de la société, la création aussi de rôles, la reven-dication de nouveaux statuts, de neuves légitimités, de droits inspirés d'autres sociétés, de pouvoirs parallèles. Des intellectuels (statut nouveau dans la société) font la critique du vieux nationalisme, du rapport tradition-nel aux symboles, du rapport de l'élite traditionnelle à la population aca-dienne. Mais le lieu investi pendant le Ralliement est emprunté à l'espace coutumier et le temps qui fut accordé aux « jeunes » pour prendre la parole ne dure qu'une fin de semaine. C'est comme une interruption provisoire du cours normal de la vie de la société, comme un intermède symbolique qui donne aux uns l'illusion du pouvoir et permet aux autres d'entendre les do-léances d'une faction dissidente de la jeunesse « cultivée ».

Parce que l'événement est extraordinaire, il revêt une très grande impor-tance symbolique. Les idéologues du Ralliement ont essayé de représenter devant toute la société son propre drame, ils ont fait connaître leur juge-ment, ils ont ouvert une percée vers le possible. Mais leur message idéolo-gique reste surtout critique, il ne propose pas à la société un projet vraiment positif. La structure idéologique comporte des trous et des ambiguïtés, le syncrétisme du discours n'est pas assuré. Le message n'est pas assez total

---

[2]Maurice Séguin a fait dans ce sens un travail très intéressant pour le Québec : *l'Idée d'in-dépendance au Québec : genèse et historique.* Voir aussi, sous la direction de Fernand Dumont, Jean-Paul Montminy et Jean Hamelin, *Idéologies au Canada français, 1850-1900* et Fernand Dumont, Jean Hamelin, Fernand Harvey et Jean-Paul Montminy, *Idéologies au Canada français, 1900-1929.*

pour constituer un univers autonome, pour créer un public. Il est encore explicité dans des cadres traditionnels, réglementé par les ordres du vieux pouvoir, soumis en cas d'excès libéralistes aux vieilles sanctions. Ce que le Ralliement ne peut réaliser, les idéologues du mouvement étudiant vont tenter de le réaliser à partir de 1968 : c'est la deuxième phase de l'idéologie néo-nationaliste.

1968 est l'année de la « révolution culturelle » dans les universités de nombreux pays, notamment du Québec et de l'Acadie. À l'Université de Moncton elle est l'occasion de réclamer la libéralisation de certaines institutions, le pouvoir étudiant à l'université, finalement de découvrir l'horizon possible et plus ou moins dévoilé de la « révolution ». Mais avant tout, on assiste à la revendication véhémente d'un nouveau possible collectif pour toute la société acadienne, à la découverte du « Nouvel Acadien » jusqu'alors renfermé dans l'ancien, réprimé par la force de l'histoire, refoulé par la vieille conscience nationaliste.

La critique qu'adressait le Ralliement à l'ancienne élite et à l'idéologie nationaliste est reprise, avec les mêmes connotations symboliques, dans le même esprit dramaturgique. Les références aux sociétés et aux cultures extérieures sont cependant moins abstraites, moins idéalistes : de l'horizon personnaliste on passe à celui, très concret, de la société québécoise. Le projet qui se dessine en 1968 est inspiré de celui du Parti Québécois. Chez certains idéologues, l'annexion signifie même « québéquisation », l'Acadie s'efface. C'est la contre-partie du projet de l'élite au pouvoir : la « maritimisation » des Acadiens dans l'Union des Provinces anglaises des Maritimes.

Il est difficile de proposer une interprétation complète et définitive du néo-nationalisme parce que celui-ci est toujours en gestation. En 1971, les quelques idéologues qui en ont défini les grandes lignes sont, ou bien exilés, ou bien entièrement occupés par le travail « à la base », dans ce travail quotidien qui consiste à défendre les lieux précaires qu'ils ont investis, les rôles qu'ils ont conquis auprès des populations de chômeurs dont ils sont devenus les porte-parole, les.pouvoirs parallèles qu'ils ont ajoutés aux réseaux traditionnels ou plutôt qu'ils ont contribué à séparer des anciennes hiérarchies. À une première phase idéologique a succédé une phase stratégique, de conquête de nouveaux lieux, de nouveaux rôles, de positions plus sûres parmi un public moins mouvant que le public étudiant. De cette recherche est né le premier Parti Acadien, et l'on ne peut manquer d'être frappé par l'indétermination de son « programme » et par l'incertitude de son projet nationaliste. En un sens, le premier discours du Parti Acadien semble — du strict point de vue idéologique — marquer un recul par rapport au projet néo-nationaliste analysé dans cet ouvrage. La visée de la totalité (dans le langage) du premier discours néo-nationaliste n'est pas aussi radicale. Mais la fonction du discours aussi a changé : il vise un changement direct et imminent de la praxis collective. Il doit être autant instrument de parti que rhétorique nationale. Et pour cette raison, le projet d'indépendance, tout projet faisant de l'Acadie une totalité, est abandonné. Le Parti doit concilier l'ancien nationalisme et la nouvelle forme d'action nationale, il ouvre une troisième voie pour le discours national, soit peut-être la synthèse du nationalisme de la Société Nationale et du néo-nationalisme ? Car cette synthèse reste à trouver, comme dépassement de l'opposition provisoire entre la tradition et le nouveau.

Une fidélité fondamentale a été explicitée pour la première fois par le néo-nationalisme : les vieux symboles et le vieux rapport à l'« Acadie » qui étaient rejetés par le Ralliement et par ceux qui s'en sont directement inspirés ont été réappropriés, redéfinis dans le contexte d'une nouvelle lecture de la situation acadienne, réévalués dans un nouveau projet. L'Acadien s'est dédoublé : le « Vieil Acadien », l'homme minoritaire et colonisé, a été objectivé, révélant du même coup le « Nouvel Acadien », l'homme retotalisé, l'homme libre. Pendant le Ralliement, la libération était opérée par l'Idée, dans la métaphysique; elle devient ici psychologique, sociologique, historique. Le projet de l'homme nouveau est clairement politique : il s'appelle Indépendance. Il est aussi passionnément poétique : il s'appelle Liberté[3].

Telle est la véritable « création » culturelle qui s'impose à l'observateur de l'Acadie : de la vieille structure des catégories de la pensée acadienne on a permuté des termes, on en a ressuscité d'autres, on en a supprimé. L'unique du vieux nationalisme a retrouvé son sens pleinement traditionnel et vivant, sa force coercitive, son énergie créatrice. Les fondements ont été redéfinis dans leur essence mythologique et non plus selon la tardive interprétation de la Renaissance acadienne. Une nouvelle conscience historique a recouvré le sens continu de l'histoire, du mythe des origines à l'utopie qu'il contenait déjà.

De la nouvelle lecture de la situation historique acadienne est né le projet néo-nationaliste : c'est dans ce dernier acte que se manifeste pourtant l'héritage tragique de la nouvelle idéologie.

---

[1] *Cf.* Raymond LEBLANC, « Le mot (pour nos frères québécois) », *l'Embryon*, décembre 1970.

Il faut rappeler le statut quasi clandestin du néo-nationalisme et du mouvement social qui le supporte, l'interdit effectif qui le frappe depuis les débuts, les multiples sanctions dirigées contre ses leaders et idéologues. Mais ceci n'épuise pas le fait de la difficulté de l'idéologie à trouver sa pleine cohérence, de l'impossibilité pour les idéologues du néo-nationalisme de définir pour la société acadienne un projet entier, de reconstruire pour demain la totalité défaite par l'histoire. Les chefs actuels et les idéologues de la Société Nationale qui ont essayé de rajeunir l'ancien nationalisme ont manifestement échoué dans leur tentative d'explicitation d'un projet collectif contemporain pour l'Acadie : ils ont défini d'une part un projet de restauration de l'ancien ordre social et spirituel de la société; d'autre part ils ont essayé de rendre compatible ce projet avec les exigences empiriques de la vie moderne, avec les coordonnées de la situation provinciale et nationale toujours indépendantes du nationalisme acadien. Un projet spécifique qui ferait de l'Acadie-nature, de l'Acadie-culture, de l'Acadie-histoire et de l'Acadie-société une totalité n'a pas encore été explicité, tant par l'ancien que par le néo-nationalisme.

Une constante de l'ancien nationalisme me paraît très importante : le refus de la politisation, le retranchement explicite dans le « culturel » (langue, religion, droit, folklore), le renoncement à reconstituer la totalité, à penser l'Acadie comme une présence entière. Peu importe ici les causes de cette limitation, elles sont d'ailleurs faciles à imaginer. L'important, c'est que cette limitation s'impose par tradition, elle est comme un acquis, un postulat à ne pas remettre en cause. Pour le nationalisme traditionnel, le fait minoritaire est un donné, la malédiction historique comme un héritage à assumer, l'Acadie essentiellement une mission spirituelle et non pas une société globale. Valeur, l'Acadie s'impose de tradition comme une norme. La transgresser revient à nier l'Acadie. Faire passer la valeur dans le fait, c'est-à-dire faire de l'Acadie chose politique, fait possible à construire, revient selon la pensée dominante à détruire la tradition issue de la Renaissance, à nier et le nationalisme et l'ordre social traditionnellement acadiens.

Formuler un projet néo-nationaliste, cela suppose une rupture radicale en même temps qu'une reconnaissance aussi radicale des origines. Mais où situer la coupure ? Comment concilier pour la conscience collective ces contraires apparents ? Comment réconcilier l'intuition et la mémoire ? Le dessein de l'Acadie-société globale suppose que soit rendue à la clarté première l'Acadie mythique. Dans quel langage pourra être exprimée cette clarté initiale (initiatique[4]) si l'on veut éviter la surdétermination du langage traditionnel ? On ne crée pas une tradition *ex nihilo*; « la tradition des générations mortes pèse d'un poids très lourd sur le cerveau des vivants[5] ». Et pourtant : ce que l'idéologie nationale n'a pu construire méthodiquement par la rhétorique, ce que peut-être elle ne pourra jamais dire parce que dans cet essai collectif d'interprétation la réification l'emporte, la musique et la poésie semblent s'en rapprocher. Qu'on me permette de citer en entier ce poème de R. Després :

Un pays d'emprunt
Accroché au cintre de la mémoire
Beau manteau d'apparat
Et qui s'effiloche de l'intérieur
Dans l'ultime trahison
Des manches muettes
Et des épaules ployées.

Un pays transi et frileux
Comme un hôtel de brume
qu'on aime et qu'on évoque
À grand geste de grève
Et de héros engloutis
Un pays qui est à nous sans l'être
Fait de visages timides
De sourires inavoués
Et d'impossibles retours.

Un pays comme une maîtresse partagée
À même la couche des plus forts
A même la fourberie réinventée
Et ce goût de haine au réveil.

Et coup à coup
Un pays dévoré
Par un feu longtemps contenu
De guitares qui chantent
De poèmes qui lèchent le cœur
De coudes serrés dans la
pénombre du songe.

Un pays au galbe chaud
Un pays au manteau de brume
Rompu comme des os
Trop longtemps cravachés.

---

[4] Le cinquième degré de l'initiation dans le culte de Mithras était celui de la nation, la connaissance du mystère national.

[5] Karl MARX, *le 18 Brumaire*.

Tout à coup
Un pays nu sans frisson
Un pays de prunelles fières
Et de poings tendus

Vers la lumière.
Tu es, mon Acadie
  — Et sans douleur cette fois —
Pays de partance[6].

Une question se pose : est-il objectivement possible à l'Acadie de se créer comme société globale ? Quelles sont ses « chances objectives » de conquérir le fait ? Il ne fait plus de doute pour les Québécois que le Québec peut objectivement conquérir son indépendance et vivre comme une société autonome, siéger aux Nations unies et ouvrir des ambassades dans le monde. Peut-être ne suffit-il que d'une conjoncture favorable ! Mais l'Acadie est-elle condamnée à n'être que dans la valeur, fait désespérément idéologique, « pays de partance » seulement dans les structures de l'imaginaire ?

Existe-t-il un seuil minimum de viabilité pour les sociétés ? Celui-ci varierait énormément d'une situation à l'autre, il est de toute façon impossible de le déterminer *a priori*. Cette question du seuil de viabilité d'une société acadienne libérée de la dépendance anglaise est souvent revenue dans les discussions sur l'indépendance. Il semblait pour certains qu'un tel seuil hypothétique n'était pas atteint, que les conditions nécessaires à la vie n'étaient pas remplies. Mais alors, comment expliquer la survivance acadienne, sa résistance à l'assimilation, la grande vitalité d'un tel foyer culturel comme les idéologies présentées dans ce travail ont pu le démontrer ? Et comment ne pas apercevoir toute cette force réprimée, latente, qui surgit en des occasions libératrices comme celle qu'ont filmée Brault et Perrault pour faire *l'Acadie, l'Acadie* et comme celle qu'a provoquée à Moncton la première projection publique du film ?

Jusqu'aujourd'hui, l'Acadie vivait dans son silence. Et quand on disait « crier », c'était au figuré, on ajoutait « tout bas » pour ne pas induire l'auditeur en erreur : « Il y a cependant une révolution qui s'opère dans notre milieu, une révolution qui nous encourage à crier tout bas « Vive la francophonie libre[7]. » » Jusqu'aujourd'hui, l'Acadie vivait retranchée dans la peur : « De quoi s'agit-il au juste, se demandait Camille Richard ? D'un phénomène difficilement palpable, il est vrai, dont on sent intuitivement la

---

[6] Dans *l'Acayen, loco cit.*, p. 32.
[7] Y. DAIGLE, L. LEBLANC et R. LEBLANC, dans *l'Évangéline*, 28 mars 1968.

présence plus qu'on le mesure, et dont les manifestations sont à la fois d'ordre sociologique : car il s'agit d'une sorte de climat qui s'installe dans les activités diverses de la vie sociale et auquel on s'habitue; et aussi d'ordre psychologique : car la peur devient contrainte, répression de l'intérieur, intériorisée presque dans la conscience sociale comme norme de conduite[8]. » Jusqu'aujourd'hui, l'Acadie vivait dans l'humiliation : « Humiliation d'une petite nation dispersée et déjà en partie assimilée, dont même les élites autochtones s'empressent de cacher sous le boisseau les quelques rares étincelles nationalistes susceptibles d'alimenter leur conscience historique anomique. Beaucoup d'Acadiens... sont des gens humiliés depuis deux longs siècles déjà. Mais on s'habitue à l'humiliation comme à la peur. Humiliés parce que sans véritable patrie, sans pays qui soit vraiment leur. Humiliés parce que forcés à toujours quémander, à quêter, à faire les premiers pas. Obligés de revenir obstinément à la charge, sans perdre patience, et surtout sans crier trop fort sa révolte. Humiliés de la complicité des élites acadiennes. Humiliés de se sentir des citoyens de seconde zone, à qui on donne à l'occasion, pour apaiser leur colère, des miettes linguistiques d'un bilinguisme intégral à sens unique, cela pour assouvir pourtant une soif non pas d'affiches bilingues mais de culture. Humiliés de posséder une langue autrefois si belle, aujourd'hui souvent bâtarde. Peur de crier leur condition humiliante de bâtard culturel[9]. » Jusqu'aujourd'hui, l'Acadie vivait dans la dépossession : de sa langue, de sa terre, de ses ancêtres, de son temps, de son être.

Mais aujourd'hui... Le poète a chanté l'Acadie numineuse. On a aussi assisté en Acadie à la création d'un nouveau personnage, la Sagouine[10], substitut de la vieille identification à l'héroïque Évangéline. En personnalisant l'Acadie par les jeunes leaders étudiants de 1968-1969 et non plus par ses notables, Pierre Perrault a repeuplé l'espace imaginaire de la société, il a provoqué la valorisation de nouveaux symboles qui sont pure réminiscence des plus anciens. L'enthousiasme qu'ont suscité en Acadie les deux œuvres est très significatif. Dans l'action, les signes du changement s'étaient multipliés; dans l'idéologie, le néo-nationalisme avait aussi actualisé la vision du monde; mais il manquait à l'imaginaire et à l'onirique de puissants symboles capables de revivifier le langage, de libérer la parole et la poésie.

---

[8] Camille RICHARD, « La peur acadienne va-t-elle s'implanter au Québec », loco cit.

[9] Ibid.

[10] Antonine MAILLET, la Sagouine, op. cit.

« Renaissance », serait-on tenté de dire une fois de plus, ou « réveil » comme l'écrit régulièrement *l'Évangéline*. Mais dans l'acception mythologique de ces termes, c'est toujours de la « culture » qu'il est question, de cette zone de la valeur coupée du fait, totalité du privé indépendante du public, conscience de la totalité qui ne coïncide pas avec la totalité de la conscience.

La création de l'Acadie comme société globale ne peut commencer que lorsque la valeur n'est plus seulement reproductrice d'elle-même, mais productrice du fait. J'ai relevé au cours de ce travail plusieurs indices qui tendent aujourd'hui à confirmer que ce processus de création est réellement commencé. À la phase de la conscience et du langage succède une ébauche de pratique qui vise à construire le lieu physique de leur production : c'est par exemple le passage des idéologues néo-nationalistes du tremplin de l'université ou des studios de Radio-Canada à ce qu'on appelle « l'animation sociale » dans les milieux ruraux. La rupture avec les pratiques traditionnelles, tant idéologiques que stratégiques, est entamée. La rupture avec la société anglaise l'est aussi. Elles ont provoqué une première crise dans les années soixante. D'autres signes de crise sont apparus depuis, notamment à l'occasion de la querelle linguistique qui opposa le maire de Moncton aux citoyens acadiens de la ville.

Qu'est-il objectivement possible de prévoir à partir de ces prémisses ? Du point de vue sociologique, la comparaison entre la société acadienne et la société québécoise de ces quinze ou vingt dernières années semble l'opération la moins aléatoire et la moins sujette au prophétisme. Il est regrettable que des analyses comparatives n'aient pu être faites dans le cadre du présent travail. D'un point de vue plus général, la mise en corrélation plus étroite de l'Acadie et du Québec peut être une anticipation des plus fructueuses. Car l'histoire de l'Acadie n'est pas autonome. Dans le passé, elle fut une parenthèse dans l'histoire du Canada loyaliste. Dans le présent, on la dit être un partenaire dans la confédération, mais on peut prévoir la fin prochaine de ce thème idéologique. L'histoire du Québec sera peut-être déterminante pour l'Acadie.

Il appartenait à cette recherche de se limiter à la production idéologique de la société acadienne, ce qui comporte le danger de surévaluer l'idéologique quand vient par exemple le moment de donner une conclusion générale, de proposer une vision projective de ses possibles. Sans une investigation dans la vie quotidienne des classes sociales, dans leurs praxis et dans leurs rapports, sans une même connaissance des rapports, idéologiques

ou non, entre la société anglaise et la société acadienne du Nouveau-Brunswick, il est un grand risque de ne pouvoir distinguer entre le possible et
l'impossible, découvrir les « chances objectives » du possible. Dans le cas
de l'Acadie, la difficulté est lourde de conséquences. Car privilégier les
idéologies et la culture en revient à oublier l'absence, cette absence indéfinie
de la société cachée par la toute présence de ses représentations. À certains
niveaux, la société acadienne coïncide avec la société anglaise : où et
comment opérer la discrimination ? Et pourtant, dans le discours, la société
acadienne possède toute la rigueur et l'assurance d'une théorie. Quand on
pense en termes de projet collectif et quand vient la nécessité de conjecturer
à partir de comparaisons avec le Québec, les absences cachées manifestent
alors toute l'incertitude de l'opération.

L'existence de l'Acadie est problématique. La connaissance qu'on a d'elle
est surtout intuitive. L'interroger de multiples points de vue est aussi urgent
que de l'investir, c'est une façon de l'envahir, c'est contribuer à la créer. Le
mythe de l'Acadie n'est plus tout-puissant contre l'envahissement de l'événement. L'action consciente doit remplacer le rite ou, mieux encore, le
mythe devenir clairvoyant.

ANNEXE

ANNEXE

Tableau chronologique : Acadie, Québec, Canada

1955-1971[1]

	ACADIE (N.-B.)	QUÉBEC	CANADA
1955	Bicentenaire de la déportation des Acadiens.		Victoire du Parti Conservateur de John Diefenbaker.
1957	Fondation de la Société Nationale des Acadiens (SNA) qui remplace la Société Nationale l'Assomption.		
1959		Mort de Maurice Duplessis	
1960	– Victoire de Louis Robichaud, 3e premier ministre acadien. – Premier congrès quinquennal de la SNA. C'est le XIIe congrès national acadien. – Création de la Société historique Acadienne (SHA).	Victoire du Parti Libéral de Jean Lesage.	
1961		– Fondation du Ralliement pour l'Indépendance nationale (RIN).	

[1] N'ont été retenus que les événements qui ont quelque signification du point de vue de cette recherche. Il ne s'agit nullement d'un tableau historique exhaustif.

	ACADIE (N.-B.)	QUÉBEC	CANADA
1961		– Inauguration de la Maison du Québec à Paris. – Création du ministère des Affaires culturelles et d'un département du Canada français d'outre-frontière.	
1962		Les Libéraux sont reportés au pouvoir après la nationalisation de l'électricité.	
1963	Création de l'Université de Moncton.	– Première manifestation du Front de Libération du Québec (FLQ) – Publication du Rapport Parent sur l'éducation au Québec.	– Victoire des Libéraux de Lester B. Pearson. – Institution de la Commission royale d'enquête sur le bilinguisme et le biculturalisme.
1964	Louis Robichaud lance l'idée de l'Union des provinces Maritimes à Charlottetown.	Création du ministère de l'Éducation (Bill 60)	
1965.	– XIVᵉ Congrès national acadien. – Rapport de la Commission d'enquête sur l'œuvre de la Presse acadienne.		– Deuxième gouvernement minoritaire de L. B. Pearson. Le trio Marchand-Pelletier-Trudeau est élu à Ottawa. – Publication du Rapport préliminaire de la Commission Laurendeau-Dunton.
1966	Ralliement de la Jeunesse acadienne.	Victoire de l'Union Nationale de Daniel Johnson.	

ANNEXE (*suite*)

Tableau chronologique : Acadie, Québec, Canada

	ACADIE (N.-B.)	QUÉBEC	CANADA
1967	Adélard Savoie, ancien conseiller juridique de la Compagnie l'Assomption est nommé recteur de l'Université de Moncton, remplaçant le R. P. Clément Cormier.	– Réunion des États généraux du Canada français à Montréal. – Fondation du Mouvement Souveraineté-Association (MSA) de René Lévesque. – Visite du général de Gaulle : « Vive le Québec libre ! »	– Publication du premier volume de la Commission Laurendeau-Dunton. – Fêtes du Centenaire de la Confédération canadienne.
1968	– Réception à l'Élysée des « Quatre Acadiens » par le général de Gaulle. Entente de coopération technique et culturelle. – Ouverture à Moncton d'une école normale « bilingue » sur le campus de l'Université de Moncton. – Grèves et manifestations des étudiants acadiens nationalistes : grandes marches de protestation sur l'Hôtel de ville de Moncton et sur le Parlement de Fredericton: affaire de la tête de cochon.	Fondation du Parti Québécois par la fusion du RIN et du MSA.	Pierre Elliott Trudeau est élu chef du Parti Libéral et devient premier ministre.
1969	– Vaste mouvement de contestation à l'Université de Moncton. Fermeture du département de sociologie. Mesures disciplinaires prises contre les leaders étudiants néo-nationalistes. – L'Université de Moncton décerne un doctorat honorifique à P. E. Trudeau.	– Assises nationales des États généraux du Canada français. – Adoption du *Bill 63* sur les langues suivie de vastes mouvements de contestation.	

	ACADIE (N.-B.)	QUÉBEC	CANADA
1969	- Louis Robichaud reconnaît officiellement le principe du bilinguisme dans la province. - Le journal l'Évangéline devient le Progrès-l'Évangéline.		
1970	- Fin du « règne Robichaud ». Victoire du Parti Conservateur de Richard Hatfield. - Publication du Rapport Deutsch sur l'Union des provinces Maritimes. - Crise de la SNA. Le congrès quinquennal est annulé. Michel Blanchard propose à l'assemblée annuelle qu'une étude soit faite sur l'annexion éventuelle des Acadiens au Québec. - **Affaire du « Procès en français : Michel Blanchard** fait un mois de prison pour avoir refusé de subir un procès en anglais. - L'Université de Moncton décerne un doctorat honorifique à Keneth Irving.	- Victoire des libéraux avec Robert Bourassa. Le Parti Québécois remporte 23% des suffrages. - Enlèvement de Richard Cross et Pierre Laporte : « Crise d'octobre ».	Application de la Loi des mesures de guerre : occupation du Québec par l'armée canadienne.
1971	- Création du Conseil des premiers ministres des provinces Maritimes. - Nomination de M. Hédard Robichaud au titre de Lieutenant-Gouverneur de la province. C'est le premier Acadien à détenir ce poste. - Construction à Moncton de la Place l'Assomption, symbole de la Renaissance acadienne.		

BIBLIOGRAPHIE[1]

ABDEL-MALEK, Anouar. *Anthologie de la littérature arabe contemporaine.* Seuil, Paris, 1965.

——. « Esquisse d'une typologie des formations nationales dans les trois continents », *Cahiers internationaux de sociologie*, XLII, 1967.

ALTHUSSER, Louis. *Pour Marx.* Maspéro, Paris, 1965.

ANSART, Pierre. « Marx et la théorie de l'imaginaire social », *Cahiers internationaux de sociologie*, XLV, 1968.

COLLECTIF. « Anthropologie et impérialisme » I et II, *les Temps modernes*, nos 293-294, 1970, et nos 299-300, 1971.

COLLECTIF. *Le Parti Acadien.* Parti-Pris, Montréal, 1972.

AXELOS, Kostas. *Le Jeu du monde.* Édition de Minuit, Paris, 1969.

——. *Vers la pensée planétaire.* Éditions de Minuit, Paris, 1964.

BALANDIER, Georges. « Contribution à l'étude des nationalismes en Afrique noire », *Zaïre*, VIII, avril 1954.

——. « Messianismes et nationalismes en Afrique noire », *Cahiers internationaux de sociologie*, XIV, 1953.

BARTHES, Roland. *Mythologies.* Seuil, Paris, 1957.

BASTIDE, Roger. « Mythes et utopies », *Cahiers internationaux de sociologie*, XXVIII, 1960.

BATAILLE, Georges. *La Part maudite.* Éditions de Minuit, Paris, 1967.

BENVENISTE, Émile. *Problèmes de linguistique générale.* Gallimard, Paris, 1966.

BERQUE, Jacques. *L'Orient second.* Gallimard, Paris, 1970.

BOSSUET. *Choix de sermons.* Didier et Cie, Paris, 1881.

BOURDIEU, Pierre, Abdelmalek SAYAD. *Le Déracinement.* Éditions de Minuit, Paris, 1964.

---

[1]Ne figurent ici que les livres et articles cités dans le texte. Pour un inventaire bibliographique sur l'Acadie, voir M.-A. Tremblay. « L'état des recherches sur la culture acadienne », dans *Situation de la recherche sur le Canada français*, Québec, PUL, 1962.

BOURDIEU, Pierre, Jean-Claude CHAMBOREDON. Jean-Claude, PASSERON. *Le Métier de sociologue*, I, Mouton-Bordas, Paris, 1968.

BRUN, Régis. « Inédit, deux lettres acadiennes », *le Devoir*, 14 novembre 1969.

BRUNET, Michel. *Canadians et Canadiens*. Fides, Montréal, 1954.

CADIEUX, Jean. « La mutualisation de la Société l'Assomption », *la Revue de l'Université de Moncton*, I, mai 1968.

——. « Les raisons de notre existence », *Revue Économique*, Université de Moncton, févr. 1963

CAILLOIS, Roger. *Le Mythe et l'Homme*. Gallimard, Paris, 1938.

——. « Prestiges et problèmes du rêve », sous la direction de Roger CAILLOIS et E. G. VON GRUNEBAUM, dans *le Rêve et les Sociétés humaines*. Gallimard, Paris, 1967.

CASEY, J., P. DION, J. DUMAS, A. EVEN, J.-P. HAUTECOEUR. *Le Bilinguisme à la Commission d'énergie du Nouveau-Brunswick*. Institut de Recherche en Sciences sociales, Fredericton, 1969 (polycopié).

CASGRAIN, H. R. *Un pèlerinage au pays d'Évangéline*. Cerf, Paris, 1889.

CHARTRAND, Francine. *L'Idéologie de la survivance chez les Acadiens de Portsmouth*. Thèse de maîtrise en sociologie, Québec, université Laval, 1963.

CHIASSON, Anselme. *Chéticamp; histoire et traditions acadiennes*. Éditions des Aboiteaux, Moncton, 1961.

——. *Les Légendes des Îles de la Madeleine*. Éditions des Aboiteaux, Moncton, 1969.

COMITÉ SPÉCIAL D'AMÉNAGEMENT. *Rapport préliminire d'enquête; Région Restigouche Sud*, ministère de l'Expansion économique régionale, Ottawa, 1968.

CORBIN, Henry. « Songe visionnaire en spiritualité islamique », sous la direction de Roger CAILLOIS et G. E. VON GRUNEBAUM, dans *le Rêve et les Sociétés humaines*, Gallimard Paris, 1967.

CYR, Roger. *La Patente*. Éditions du Jour, Montréal, 1964.

DELAGARDE, Roger. *Pour une délimitation d'un territoire d'aménagement au Nouveau-Brunswick*. Thèse de maîtrise en sociologie, université Laval, Québec, 1965.

DUMONT, André. « Rendez nous notre terre », *l'Acayen*, juin 1972.

DUMONT, Fernand. *La Dialectique de l'objet économique*. Anthropos, Paris, 1970.

——. « L'étude systématique de la société globale canadienne-française », *Recherches sociographiques*, I, 1962.

——. « Idéologie et savoir historique », *Cahiers internationaux de sociologie*, XXXV, 1963.

——. *Le Lieu de l'homme*. HMH, Montréal, 1968.

——. « Notes sur l'analyse des idéologies », *Recherches sociographiques*, IV, 2, 1963.

——. « Notre culture entre le passé et l'avenir », *Québec 71*, n° 20, mars 1971.

——. *La Société québécoise*. Schéma établi par Pierre St-Arnaud, université Laval, Québec, 1970 (polycopié).

——. *La Vigile du Québec; Octobre 70, l'impasse ?* HMH, Montréal, 1971.

DUMONT, Fernand (Sous la direction de), Jean-Paul MONTMINY et Jean HAMELIN. *Idéologies au Canada français, 1850-1900*, PUL, Québec, 1971.

۞ DUMONT, Fernand, Guy ROCHER, « Introduction à une sociologie du Canada français », *Recherches et Débats*, mars 1961.

DURKHEIM, Émile. *Les Formes élémentaires de la vie religieuse*. PUF, Paris, 1969.

DUVIGNAUD, Jean. « Esquisse d'une sociologie du nationalisme tunisien », dans *les Nationalismes maghrébins*, Fondation nationale des Sciences politiques, Paris, 1966.

——. « L'idéologie nationale en Tunisie », *Revue de l'Institut de sociologie*, n°s 2-3, 1967.

——. *Spectacle et Société*. Denoël/Gonthier, Paris, 1970.

ÉLIADE, Mircéa. *Aspects du mythe*. Gallimard, Paris, 1963.

——. *Le Mythe de l'éternel retour*. Gallimard, Paris, 1949.

EVEN, Alain. *Les Blocages sociologiques au développement économique et social dans le Nord-Est du Nouveau-Brunswick*. Compagnie des Jeunes Canadiens, Moncton, 1967 (polycopié).

——. *Le Territoire Pilote du Nouveau-Brunswick ou les blocages culturels au développement économique; contribution à une analyse socio-économique du développement*. Thèse de doctorat de 3e cycle, Université de Rennes, 1970.

——. « Domination et développement au Nouveau-Brunswick », *Recherches sociographiques*, XII, 3, 1971.

——. « Une université dans une région défavorisée », *la Revue de l'Université de Moncton*, mai 1969.

EVEN, Alain, Jean-Paul HAUTECOEUR, René-Jean RAVAULT. « L'Université de Moncton, image de la situation socio-économique de la population francophone du Nouveau-Brunswick », *la Revue de l'Université de Moncton*, I, 1968.

FANON, Frantz. *Les Damnés de la terre*. Maspéro, Paris, 1961.

———. *Sociologie d'une révolution*, Maspéro, Paris, 1959.

FINK, Eugen. *Le Jeu comme symbole du monde*. Éditions de Minuit, Paris, 1966.

FOUCAULT, Michel. « Nietzsche, Freud, Marx », dans *Nietzsche*, Cahiers de Royaumont, Philosophie VI, Éditions de Minuit, Paris, 1967.

GALLIPEAU, Pierre. « La Gazette des campagnes », *Recherches sociographiques*, X, 2-3, 1969.

GOFFMAN, Erving. *Asiles*. Éditions de Minuit, Paris, 1968.

GOLDMANN, Lucien. *Le Dieu caché*. Gallimard, Paris, 1959.

———. *Recherches dialectiques*. Gallimard, Paris, 1959.

———. *La Création culturelle dans la société moderne*. Denoël, Paris, 1971.

GOSSELIN, Émile, Marc-Adélard TREMBLAY. « Loomervale, un cas de désintégration sociale », *Recherches sociographiques*, I, 3, 1960.

GRANGER, Gaston. *Essai d'une philosophie du style*. A. Colin, Paris, 1968.

GROULX, Lionel. *Notre maître le passé*. Bibliothèque de l'action française, Montréal, 1924.

HALBWACKS, Maurice. *La Mémoire collective*. PUF, Paris, 1950.

HAUTECOEUR, Jean-Paul. « Variations et invariance de l'« Acadie » dans le néo-nationalisme acadien », *Recherches sociographiques*, XII, 3, 1971.

JAULIN, Robert. *La Paix blanche*. Seuil, Paris, 1970.

LAPASSADE, Georges. *L'Arpenteur; une intervention sociologique*, Éditions de l'Épi, Paris, 1971.

LAZURE, Jacques. *La Jeunesse du Québec en révolution*. PUQ, Montréal, 1970.

LEBEL, Jean-Jacques. *Le Happening*. Juliard, Paris, 1965.

LEBLANC, Émery. *Les Acadiens*. Les Éditions de l'Homme, Montréal, 1963.

———. *Les Entretiens du village*. Moncton, 1959.

LEBLANC, Raymond. « Acadie », *Liberté*, 65, 1969.

——— . *La Contestation étudiante*. Bibliothèque de l'Université de Moncton, 1969 (polycopié).

——— . « Petit-Codiac », *Poésie 70*, Éditions de l'Hexagone, Montréal, 1971.

LÉGER, Antoine J. *Les Grandes Lignes de l'histoire de la Société l'Assomption*. Imprimerie Missionnaire Franciscaine, Québec, 1953.

LÉGER, Médard. *Du miel au fiel*. Édition à compte d'auteur, 1970.

LINTON, Ralph. *The Cultural Background of Personality*. N. Y., D. Appleton-Century Co., 1945.

LUKACS, George. *Histoire et Conscience de classe*. Éditions de Minuit, Paris, 1965.

MAILHOT, Raymond. *La « Renaissance acadienne »; l'interprétation traditionnelle et le Moniteur Acadien*. Thèse de D.E.S. en histoire, Université de Montréal, 1969.

MAILLET, Antonine. *La Sagouine*. Éditions Leméac, Montréal, 1971.

MALINOWSKI, Bronislas. *A. Diary in the Strict Sense of the Term*. Harcourt, Brace and World, N. Y., 1967.

MANNHEIM, Karl. *Idéologie et Utopie*. Rivière, Paris, 1956.

MARCUSE, Herbert. *Éros et Civilisation*. Éditions de Minuit, Paris, 1963.

———. *La fin de l'utopie*. Seuil, Paris, 1968.

MARX, Karl. *Le 18 Brumaire de Louis Bonaparte*. Éditions Sociales, Paris, 1946.

———. *L'Idéologie allemande*. Éditions Sociales, Paris, 1966.

MAUSS, Marcel. *Œuvres*. Éditions de Minuit, Paris, 1968 (3 tomes).

MERCIER, Paul. « Remarques sur la signification du « tribalisme » actuel en Afrique noire », *Cahiers internationaux de sociologie*, XXXI, 1961.

MOUSNIER, Roland. *Les Hiérarchies sociales de 1450 à nos jours*. PUF, Paris, 1969.

MUCCHIELLI, Roger. *Le Mythe de la cité idéale*. PUF, Paris, 1960.

NIETZSCHE, Friedrich. *La Naissance de la tragédie*. Gonthier, Paris, 1954.

PERELMAN, Charles. *Éléments d'une théorie de l'argumentation*. PUB, Bruxelles, 1968.

POULANTZAS, Nicos. *Pouvoir politique et Classes sociales*. Maspéro, Paris, 1969.

RICHARD, Camille-Antoine. « L'Acadie, une histoire à faire », *Maintenant*, n⁰ 87, juin-juillet 1969.

———. « L'Acadie, une société à la recherche de son identité », *Revue de l'Université de Moncton*, II, 1969.

———. « Connaissons mieux notre milieu : un plaidoyer en faveur de la recherche en Sciences sociales », *Revue Économique*. Université de Moncton, septembre 1964.

———. *L'Idéologie de la première convention nationale acadienne*. Thèse de maîtrise en sociologie, université Laval, Québec, 1960.

———. « Le milieu social francophone de Moncton », *Revue de l'Université de Moncton*, I, janvier 1969.

———. « La peur acadienne va-t-elle s'implanter au Québec », *le Devoir*, 15 décembre 1970.

———. « La récupération d'un passé ambigu », *Liberté*, II, 65, 1969.

——. « Société acadienne et transformations sociales », *Revue économique*, Université de Moncton, janvier 1965.

RICOEUR, Paul. « Existence et herméneutique », *Dialogue*, IV, 1965.

RIOUX, Marcel. *La Question du Québec*. Seghers, Paris, 1969.

ROCHER, Guy, et autres. *Le Nouveau Défi des valeurs*. HMH, Montréal, 1969.

Sr ROSE-MARIE. *Marie dans l'éducation nationale en Acadie*. Fides, Montréal, 1944.

ROSENBERG, Harold. *La Tradition du nouveau*. Éditions de Minuit, Paris, 1962.

——. « Tragédie et comédie de l'histoire », *les Temps modernes*, 1949.

SARTRE, Jean-Paul. *L'Idiot de la famille*. Gallimard, Paris, 1971.

——. « Questions de méthode », dans *Critique de la raison dialectique*. Gallimard, Paris, 1960.

SAVOIE Adélard. « L'Université, l'élément le plus marquant de l'histoire acadienne », *Vie française*, vol. 22, 3-4, 1967.

——. « Mission de l'université », *la Revue*, Université de Moncton I, 1958.

SAVOIE, Roger. « La répression en Acadie », *Liberté*, II, 65, 1969.

SÉGUIN, Maurice. *L'Idée d'indépendance au Québec; genèse et historique*. Boréal-Express, Trois-Rivières, 1968.

STEINER, Rudolf. *Friedrich Nietzsche*, Rudolf Steiner Publications, Englewood, N. J., 1960.

TREMBLAY, Marc-Adélard. « Les Acadiens de la Baie française : l'histoire d'une survivance », *Revue d'Histoire de l'Amérique française*, XV, 4, mars 1962.

——. « Niveaux et dynamismes d'acculturation des Acadiens de Portsmouth », *Anthropologica*, III, 2, 1961.

——. « La société acadienne en devenir : l'impact de la technique sur la structure sociale », *Anthropologica*, VIII, 2, 1966.

Sous la direction de Pierre Elliott TRUDEAU, *la Grève de l'amiante*. Éditions du Jour, Montréal, 1970.

VERNEX, Jean-Claude. « Densité ethnique et assimilation : les francopones à Moncton », *Revue de l'Université de Moncton*, III, septembre 1969.

——. « Les francophones à Moncton : essai de carte synthétique », *Revue de l'Université de Moncton*, I, janvier 1970.

——. « Une société en crise démographique », *Revue de l'Université de Moncton*, I, janvier 1969.

WEBER, Max. *Essais sur la théorie de la science*. Plon, Paris, 1965.

Journaux et périodiques

Le Devoir, Montréal, 14 nov. 1969; 15 déc. 1970.
L'Évangéline ou *le Progrès-l'Évangéline*, Moncton, N.-B.
Le Magazine Maclean, Montréal, 1963.
Mysterious East, Fredericton, March-April 1971.
Québec-Presse, Montréal, 1ᵉʳ mars 1970.
La Vérité, Montréal, juin 1963.

Publications des étudiants de l'Université de Moncton (N.-B.)

Liaisons, l'Insecte, la Moustache, l'Embryon;
L'Écho, Collège de Bathurst, N.-B.

Émissions radiophoniques

Émission Présent, Radio-Canada, Moncton, N.-B., du 17 août au 28 août.
Émission mensuelle du Conseil de la vie française, Radio-Canada, Montréal, mars 1959.

Films

Brault, Michel, Pierre Perrault, *l'Acadie l'Acadie*, Office national du Film, 1971.
Forest, Léonard, *Acadie libre*, film satellite tiré de *les Acadiens de la dispersion*, Office national du Film, 1969.

Documents disponibles aux archives de l'Université de Moncton et au Secrétariat de la Société nationale des Acadiens

Les *Cahiers* de la Société historique acadienne, 1961 et suivantes.
Rapports annuels, comptes rendus de séances, conférences, documentation interne, La Société nationale des Acadiens, Moncton, N.-B.
Documentation préparatoire, Ralliement de la Jeunesse acadienne, Moncton, N.-B.
Faure, Marcel, « L'Université de Moncton et la francophonie des Maritimes », dans *Dossier présenté à la Commission d'étude sur les relations entre les universités et les gouvernements*, Moncton, 1969.
Hubert, Jean, *l'Évangéline au service de l'Acadie*, févr. 1962.

Mc Kernin, Harold, *Rapport sur le Ralliement des Jeunes francophones des Maritimes à la Commission du Centenaire*, Moncton, 1966.

Mémoire présenté à la Commission Laurendeau-Dunton, Société nationale des Acadiens, Moncton, 1965.

Mémoire de l'Association des professeurs de l'Université de Moncton adressé au Gouvernement de la province du Nouveau-Brunswick, févr. 1968.

Mémoire de l'Association des professeurs de l'Université de Moncton présenté à l'Association canadienne des professeurs d'Universités, 1969.

Rapport de la Commission d'enquête sur l'œuvre de la presse acadienne, Moncton, 1964.

INDEX DES NOMS PROPRES

Abdel-Malek, Anouar, 11
Acadian Trail, 280
Acadie, *passim* (voir aussi Arcadie, Cadie, Fils de l')
Acadie, L', l'Acadie, 247, 256, 267, 268, 282, 283, 290, 294, 379
Acadie Libre, L', 275
Acadiens, *passim* (voir aussi « Quatre Acadiens », Parti)
Acayen, L', 249, 256, 271, 299, 301
Acte des Écoles Publiques (1871), 139
Albert, G., 219
Algérie, 188
Allain, M., 75
Althusser, Louis, 12, 16
Aménagement Régional du Développement Agricole, 24, 305
Américain, 238, 261
Amérique, 189, 217, 280, 295, 297
Amérique latine, 260
Anglais, 51, 61, 69, 77, 84, 104, 160, 165, 168, 188, 232, 276, 280, 287, 289, 303
Angleterre, 86, 241 (voir aussi Nouvelle-)
Anne, Sainte, 74 (voir aussi Dames de)
Ansart, Pierre, 12
Arcadie, 69, 76
Arsenault, Fernand, 228, 238, 239, 306
Arsenault, J.-E., 104
Association Acadienne d'Éducation, 107, 108, 115, 142
Association Canadienne des Éducateurs de Langue française, 41, 161, 164
Association des Étudiants de l'Université de Moncton, 262

Association des Francophones du Nord-Est, 100, 265, 306
Association Générale des Étudiants du Québec, 203
Association des Instituteurs acadiens, 142
Association des Professeurs de l'Université de Moncton, 278
Association du Monument National, 261, 262
Assomption nationale, 152 (voir aussi Fête)
Assomption, Notre-Dame de l', 62, 91, 98, 130-132, 134, 203, 218, 261
Atlantic Provinces Economic Council, 172
Atlantique, 77, 241
Axelos, Kostas, 33

Balandier, Georges, 8
Barthes, Roland, 57, 177, 178
Bastarache, Alfred, 190
Bastarache, Marc, 294
Bastide, Roger, 132
Bataille, Georges, 289
Bathurst, 303
Beaubassin, 77
Beaulieu, Jacques, 196, 201, 202, 209
Beckett, Samuel, 252
Beauséjour, 44
Bédard, Mère Saint-Marc, 47, 73, 83
Bélanger, C., 219
Belcourt, Abbé Blanchette, 81
Belle-Île, 44, 45
Belle-Île-en-mer, 45, 46
Belliveau, Wellie-J., 67
Bergeron, Gérard, 256

Bernard, Antoine, 62, 66, 81, 203, 268
Berque, Jacques, 8, 228, 274
Benveniste, E., 16
Bilinguisme à la Commission d'Énergie du Nouveau-Brunswick, Rapport du, 169
Blanchard, Mme Mathilda, 265
Blanchard, Michel, 247, 251, 253, 255, 256, 265, 266, 273, 286-288, 290-293, 303, 305, 306
Blondin, Monique, 231
Blondin, Robert, 197, 201
Blondine, Maurice-Hautecœur (personnage de *l'Acadie, l'Acadie*), 283
Bluteau, Pierre, 256, 280, 295, 297, 303
Boigny, Houphouët, 300
Bonaparte, Louis, 12
Bossuet, Jacques Bénigne, 129, 130
Boston, 77
Boudreau, Alexandre, 125, 126, 172, 184, 186, 189
Boudreau, Éphrem, 52, 74, 76
Boudreau-Nelson, Mme, 58
Bourdieu, Pierre, 6, 153
Bourgault, Pierre, 273
Bourgeois, Mgr François, 58
Bourgeois, Philias, 65, 73, 83
Bourgeois, Frédéric, 73
Bourque, M., 219
Bourque, Paul, 172
Bourque, Rodolphe, 75
Brault, Michel, 256, 257, 267, 319
Brazeau, Jacques, 200, 203, 230
Brebner, John Bartlett, 88
Bretagne, 46
Brésil, 178
Brouillet, M., 176
Brun, Régis, 80, 84-87, 256
Brunelle, Dorval, 287
Brunet, Michel, 48, 73, 82
Brunswickois. Voir Néo-

Cadie, 69
Cadieux, Jean, 26, 170, 174-176, 178, 181, 185, 186, 243
Cahiers, Les, 21, 27, 32, 39, 42-45, 55, 58-60, 63, 64, 66, 82-84, 86, 87, 154, 203

Caillois, Roger, 34
Cain, Claude, 24
Camara, Mgr (Brésil), 178
Campeau, Francine, 211
Canada, 24, 53, 107, 137, 138, 155, 159, 160, 162, 163, 165-167, 196, 201, 233, 240-242, 252, 257, 270, 278, 280, 292, 294, 295
Canada français, 10, 45, 92, 138, 140, 157-159, 174, 220
Canadian, 159
Canadiens, 116, 220, 313
Canadiens français, 48, 69, 110, 155, 157, 161, 162, 188, 189, 206, 219, 220, 280, 301
Cap Breton, 74
Cap Sable, 83
Caraquet, 29, 44, 240, 285, 289
Cardinal, Jean-Guy, 295
Casey, E., 277
Casgrain, Abbé H.-R., 120
Centenaire. Voir Commission, Confédération
Centre d'Études Acadiennes, 43, 274
Cercle Jean-XXIII, 231
Chamboredon, J.-C., 6
Chambre de Commerce, 142
Charron, Claude, 165
Chartrand, Francine, 10
Che Guevara, 304
Chéticamp, 72, 75
« Chez Lorentin », 242
Chiasson, Père Anselme, 40-43, 45, 49, 52, 53, 56-58, 60, 61, 63, 65, 66, 68, 70-73, 75, 77-82, 87, 306
Chiasson, Euclide, 101
Clark, Andrew Hill, 87, 88
Collège Saint-Joseph, 26, 66, 82, 97, 99, 121, 196, 202, 249
Commission des Provinces Maritimes, 168
Commission du Centenaire, 199
Commission Pichette, 190
Commission royale d'enquête sur le bilinguisme et le biculturalisme, 41, 162-164, 166, 241, 242, 294, 299
Comité des Jeunes, 198
Comité d'Études socio-économiques sur la

situation des Francophones aux Maritimes, 303
Comité pour le Procès du Bilinguisme, 256
Comité du civisme (organisme provincial), 196
Comité Régional d'Aménagement du Nord, 24, 27, 265
Comité Régional d'Aménagement du Nord-Ouest, 24
Comité Régional d'Aménagement du Sud-Est, 24, 306
Comité Spécial d'Aménagement, 277
Concile (Vatican II), 206, 210, 222, 224, 236
Confédération, 147, 158-164, 199, 241
Congo, 260
Conseil de Vie Française, 95, 97
Corbin, Henry, 6
Cormier, Adrien (juge), 172
Cormier, Clément G., 75, 82, 231
Cormier, Père Clément, 40-43, 50, 55, 56, 61, 64, 68, 69, 71, 82, 87, 92, 95, 96, 98, 109, 121, 127, 128, 131, 149, 151-157, 161, 170, 188, 274
Cormier, Éric, 172
Cormier, Livin, 74, 75
Cormier, Ronald, 211, 216, 218, 219, 226, 228, 240, 249-252, 259, 261-266, 272, 280, 287, 290, 297, 303
Corneille, Pierre, 269
Courtaud (abbé), 72
Cousineau, Mgr Albert, 129
Cuba, 188, 203
Cumberland (comté), 86
Cyr, Roger, 7

Daigle, Alban, 107, 134, 143
Daigle, Euclide, 45, 101, 106, 129, 142, 145, 146, 159, 182
Daigle, Y., 300, 319
Dames de Sainte-Anne, 210
D'Anjou, René, 125
Debré, Michel, 300
De Gaulle, Général Charles, 45, 271, 295
Desbiens, Jean-Paul, 200
Deschamps, Richard, 303
Després, R., 318

Devoir, Le, 84, 113, 116, 187, 256, 309
Dion, Léon, 200
Dion, P., 277
Direction de la Citoyenneté Canadienne, 197
Documentation préparatoire, 162, 201, 215, 222, 243
Doiron, Irène (personnage de l'Acadie, l'Acadie), 283
Doucet, Anselme (lieut.-colonel), 67
Doucet, Lorraine, 273
Duguay, Calixte, 281, 283, 284
Dumas, J., 277
Dumont, André, 257
Dumont, Fernand, 5, 9, 10, 12-15, 20, 47, 48, 55, 109, 124, 129, 271, 272, 307, 314
Duplessis, Maurice, 158
Durkeim, Émile, 10, 194
Duvignaud, Jean, 35

École Consolidée de Rogersville, 262
École de commerce de l'Université Saint-Joseph, 170
École de la Renaissance, 153
École des Sciences sociales, 267
École Polytechnique, 176
Edmundston, 29, 299
Église, 8, 34, 75, 79, 107-109, 135, 138, 139, 141, 153, 167, 210, 236
Éliade, Mircéa, 63, 72
Élysée, L', 45
Embryon, L', 253, 254, 286, 292, 299
Encycliques Léon XIII, 124
Engels, 124
Entremont, Père Clarence d', 63, 70, 83
Espagne, 260
État du Québec, 292 (voir aussi Province, Québec)
États généraux du Canada français, 159, 295
Europe, 45, 198, 297
Eusèbe L'Assimilé, 280
Évangéline (personnage fictif), 59, 119, 320
Évangéline (poème), 102
Évangéline, L', 23-25, 27, 41, 42, 46, 62,

100, 103, 104, 106, 111, 113, 122, 125, 136, 139, 142, 146, 155, 160, 165, 171, 177, 180, 183, 185, 186, 191, 192, 230, 252, 255, 257, 259, 260, 261, 264, 267, 269, 271, 287, 313, 320 (voir aussi *Progrès*-)

Even, Alain, 10, 24, 101, 169, 277, 279

Falardeau, M., 241
Fanon, Frantz, 11
Faure, Marcel, 277
Fédération des Caisses populaires, 142, 180, 243
Fédération des Étudiants de l'Université de Moncton, 251-253, 264, 265, 267, 284, 306
Fête de la Saint-Jean, 155
Fête de l'Assomption, 155
Fils de l'Acadie, Les, 247, 282, 298, 299, 302
Filteau, Jacques, 25, 104
Fink, Eugen, 33
Finn, Gilbert, 45, 170, 172, 279
Flaubert, Gustave, 17
Forest, Léonard, 275
Foucault, Michel, 18, 19
Fougère, Lucille, 99, 250, 303
Foyers Écoles, 142
Français, 168 (voir aussi Canadiens français, Québécois, Acadiens)
France, 44, 45, 50, 66, 70, 143, 259, 267-271, 279, 296, 298 (voir aussi Nouvelle-)
Franco-Ontariens, 162
Fredericton, 45, 84, 92, 101, 164, 166, 182, 241, 257, 278, 296
Front de Libération du Québec, 188, 286

Gabon, 295
Gabriel (personnage fictif du poème *Évangéline*), 59
Gagnon, Abbé Antoine, 81
Gagnon, Jean-Louis, 275
Gallipeau, Pierre, 109, 110
Garde, Roger de la, 10
Gaudet, Placide, 37, 65, 79, 80, 82
Gaudet, Vidal, 81

Gauvin, Bernard, 256, 264, 268, 273, 275, 280, 282, 284, 285, 295, 305, 306
Gauvin, Raymond, 255
Gendron, Jean-Eudes, 250, 264
Georges, Père, 65, 78
Géorgie, 77
Gérin, Léon, 10
Gheerbrant, A., 252
Ginsberg, Allen, 102
Gloucester, 300
Goffman, Erving, 17
Goldman, Lucien, 13, 18, 29, 33
Gorhan's Rangers, 78, 86
Gosselin, Mgr P.-E., 136, 156, 189
Gouvion, Colette (*l'Express*), 236
Grande-Bretagne. Voir Angleterre
Grand-Pré, 44, 71, 92, 104
Granger, Gaston, 19, 20
Grand-Sault, 257
Grèce, 69, 73, 260
Groulx, Chanoine Lionel, 138, 150
Gueguen, Joseph, 84, 85

Haché, Jocelyn (*L'Écho*), 259
Halifax, 86
Halbwachs, Maurice, 54, 60
Hamelin, Jean, 314
Harfield, Richard, 265
Harvey, Fernand, 314
Hautecœur, J.-P., 33, 277
Hébreux, 275
Hubert Jean, 25, 42, 103, 105-108, 111-116, 123, 135, 165, 171, 185, 269
Hugo, Victor, 74

Île-du-Prince-Édouard, 104
Îles-de-la-Madeleine, 44
Imprimerie Acadienne Ltée, 171
Insecte, L', 26, 249-254, 260, 265-268, 273, 286-292
Institut de Memramcook, 185, 197
Irlandais, 79

James, Williams, 186
Jaulin, Robert, 18
Jean XXIII, 152 (voir aussi Cercle)

Jérusalem (céleste), 260
Johnson, Bertrand, 197

Kant, Emmanuel, 13

Lafrance, Abbé, 81
Lagacé, Murielle, 212, 213, 226
La Havane, 31
Lalonde, Michel, 282
Lamennais, Félicité Robert de, 79
Lanco, maire, 45
Landry, P.-A., 79, 302
Lapassade, Georges, 293
Laplante, Sœur Corinne, 69, 76, 81
Laporte, Pierre, 188

Laurendeau-Dunton. Voir Commission,
    Rapport
Lauvrière, Émile, 53, 56, 61, 73
Lawrence, 77
Lazure, Jacques, 200, 256
Lebel, Jean-Jacques, 288
Lebel, Louis, 21, 91, 97, 98, 104, 105,
    106, 110, 111, 118-120, 122, 124, 134,
    139, 143, 151, 159, 160, 171
Leblanc, Conrad, 218, 219, 231, 239, 243
Leblanc, Émery, 25, 40, 42, 69, 126, 140,
    171
Leblanc, Mme J.-E., 125, 136, 137
Leblanc, Joanne, 218, 219, 231, 239, 243
Leblanc, L., 300, 319
Leblanc, Paul-Eugène, 119, 253, 256, 263,
    264, 271, 275, 280, 285, 306
Leblanc, Ph. P., 262
Leblanc, Raymond, 3, 27, 218, 219, 231,
    239, 243, 254-256, 267, 295, 299,
    300-316, 319
Lefebvre, Père Camille, 65, 81, 203
Léger, Antoine-J., 135
Léger, A.-L., 79
Léger, Médard, 7, 37, 49, 50, 52, 56, 65,
    70, 72, 74, 78, 79, 82
Lénine, Vladimir, 191
Léon XIII. Voir Encycliques
Lesage, Jean, 30
Lévesque, René, 198, 200, 286

Liaisons, 26, 99, 249-253, 258, 260, 287,
    290, 294
Liberté, 255, 256
Linton, Ralph, 14
Longfellow, Henry W., 71, 77, 78, 102,
    306
Lorrain, André, 200
Lorentin. Voir « Chez Lorentin »
Louisbourg, 44, 77
Louisiane, 44, 46, 137, 270
Lukacs, George, 12
Luxembourg, Rosa, 289

Maclean, Magazine, 113, 116
Madawaska, Le, 27
Madawaska, 28, 100, 300
Mailhot, Nicole, 271
Mailhot, Père, 230
Mailhot, Raymond, 66, 81, 182
Maillet, Antonine, 27, 320
Malinowski, Bronislas, 18
Maintenant, 256
Manifeste Politique, 299
Mannheim, Karl, 208
Marcel, Gabriel, 235
Marcuse, Herbert, 290
Marieville, 94
Maritimes, Provinces, 42, 54, 78, 86, 114,
    125, 160, 165, 166, 168-170, 201, 206,
    220, 222, 223, 227, 230, 240, 243, 257,
    313
Marrou, Henri Irenée, 86, 87
Martell, R., 117
Marx, Karl, 1, 10, 12, 124, 176, 252, 318
Mathieu, Saint, 306
Mauss, Marcel, 35, 40, 194
McKernin, Harold, 197, 200, 209, 225
Médéric, Frère, 165, 183
Mélanson, Mgr, 138
Memramcook, 31, 71, 84, 95, 151, 202,
    203 (voir aussi Collège, Institut)
Mercier, Paul, 16
Merton, Thomas, 10
Mer Rouge, 131
Microbe, Le, 251, 253
Ministère du Travail, 217

Miron, Gaston, 102, 282
Miscouche, 262
Mithras (culte), 318
Moïse, 275
Moncton, 27, 28, 31, 39, 42, 94, 95, 101, 104, 126, 166, 170, 197, 240, 254, 260, 267, 268, 294, 321 (voir aussi Université de)
Moniteur Acadien, 139, 182
Monkton, Général, 282, 283
Montminy, Jean-Paul, 314
Montréal, 159
Monument national, 262
Morin, Jacques-Yvan, 200
Moscou, 31
Mounier, Emmanuel, 235
Mousnier, Roland, 150
Moustache, La, 251, 253
Moyen-Âge, 124
Mucchielli, Roger, 49, 79

Nadel, S. F., 16
Nietzsche, Friedrich, 288
Néo-Brunswickois, 160
Nevers, Edmond de, 10
Névot, Louis, 277
Northumberland, 299
Notre-Dame de l'Assomption. Voir Assomption, Fête, Place, Société
Nouveau-Brunswick, 3, 22, 30, 39, 44, 92, 94, 100, 103, 108, 110, 113, 120, 121, 126, 163, 187, 196, 200, 209, 231, 240-243, 252, 255, 257, 264, 266, 272, 273, 275, 278, 279, 282, 292, 294, 295, 298, 301, 303, 305, 322
Nouvelle-Angleterre, 44, 107
Nouvelle-Écosse, 10, 86
Nouvelle-France, 130

Office National du Film, 256, 257, 275
Œuvres Nationales Acadiennes. Voir Souscription pour les
Ontariens. Voir Franco-
Ontario, 282, 295
Ordre de Jacques-Cartier, 113, 193

Organisation des Nations Unies, 156
Orient, 261
Ottawa, 24, 164, 182

Palais, Le (mairie), 45
Panet, Mgr, 71, 72
Paquet, Mgr, 56
Paris, 31, 45, 287
Parsons, Talcott, 10
Parti Acadien, 249, 257, 302, 303, 306, 315
Parti Acadien, Le, 249, 255, 256, 279, 304
Parti Québécois, 167, 300, 302, 306, 315
Pascal, Blaise, 13
Passeron, J.-C., 6
« Patente, La », 7, 252, 259, 271, 273
Paul VI, 224
Paz, Octavio, 102
Pelletier, Gérard, 300
Péloponèse, 69
Perelman, D., 16
Perrault, Pierre, 256, 257, 267, 276, 319, 320
Petitcodiac (rivière), 86
Pézet, Julien, 197, 210, 217, 225, 226
Philistins, 131
Pie XII, 141
Place l'Assomption, 31, 170
Pléiade. Voir Ronsard
Plessis, Mgr, 75
Poirier, Bernard, 125, 160, 174
Poirier, Pascal, 65, 130
Poirier, Réjean, 257
Poitou, 44, 46
Polonais, 79
Port-Royal, 44, 77
Pothier, Bernard, 87, 88
Poulantzas, Nicos, 12-14
Poulin, Pierre, 10
Presse Canadienne, 230
Progrès-l'Évangéline, Le, 39, 41, 42, 52, 54, 60, 62, 67, 68, 102, 153, 161, 166, 168, 170, 172, 174, 177-179, 185, 188, 191, 192, 265
Province, La Belle, 165 (voir aussi Québec)

Pucelle d'Orléans, 131

Provinces Maritimes. Voir Maritimes, Union des

« Quatre Acadiens », 267, 271, 287

Québec, 3-5, 10, 11, 23, 28, 44, 66, 71, 72, 81, 92, 113, 133, 138, 143, 155, 157-159, 161, 165, 169, 190, 192, 200, 206, 213, 216, 218, 220, 240, 241, 254, 255-257, 266, 268, 282, 286, 294, 295, 296-298, 301-303, 306, 307, 315, 319, 322

Québécois, 116, 117, 137, 160, 162, 247, 293-295, 301, 303, 319 (voir aussi Parti)

Québec-Presse, 256

Racine, Jean, 13

Ralliement de la Jeunesse Acadienne, 4, 20, 21, 23, 26, 29, 31, 32, 100, 130, 195-205, 207-316, passim

Rangers. Voir Gorhan's

Rapport de la Commission d'enquête sur l'œuvre de la Presse acadienne, 125, 168, 172, 183

Rapport Laurendeau-Dunton, 158, 267, 296 (voir aussi Bilinguisme, Commission royale d'enquête)

Reflet du Nord, 27

Reine d'Angleterre, 241 (voir aussi Canada)

Renan, Ernest, 109, 144

Restigouche, 300

Révolution française, 50, 59

Revue de l'Université de Moncton, 26

Revue Économique, 26, 31, 170, 181

Richard, Camille, 10, 26, 29, 31, 68-70, 73, 101, 182, 187, 197-203, 205, 207, 209-211, 213, 214, 217, 219, 222-224, 226, 229, 230, 234-236, 239-243, 256, 266, 269, 270, 274, 277, 278, 298, 309, 319, 320

Richard, Léon, 45, 104, 107, 126, 127, 129, 139, 157, 171, 175, 196, 279

Richard, Mgr, 65, 262

Richard, Rachel, 200, 202, 203, 231, 236, 239

Ricoeur, Paul, 18

Rimbaud, Arthur, 239

Ringuette, G., 231

Rioux, Marcel, 5, 61, 166, 200

Robichaud, Louis, 24, 30, 31, 39, 101, 125, 164, 182, 255

Robichaud, Mgr Norbert, 59, 107, 108, 130-132, 134, 138, 141, 156, 157, 160, 181, 182, 191, 228, 306

Rogersville, 261, 262 (voir aussi École de)

Rocher, Guy, 5, 133, 200

Romains, 74

Rome, 73

Ronsard, 124

Rosenberg, Harold, 67, 288

Roy, Michel, 284, 295, 297

Ryan, Claude, 200

Sagouine, La, 28, 320

Saint-Arnaud, Pierre, 10

Saint-Basile, 240

Saint-Jean (rivière), 84

Saint-Jean (ville, N.-B.), 166

Saint-Jean-Baptiste. Voir Fête, Société

Saint-Laurent (fleuve), 74

Saint-Maurice, Faucher de, 73

Saint-Père le Pape, 224

Saint-Père, Rameau de, 61

Saint-Pierre et Miquelon, 44

Sainte-Croix (Pères), 82, 139, 171

Sainte-Marie de Kent, 71

Sartre, J.-P., 17, 288

Savoie, Adélard, 41, 45, 93, 117, 119, 120, 123, 129-131, 139, 140, 144, 156, 159-162, 164, 166, 173, 279, 306

Savoie, Calixte, 165, 232, 233, 236

Savoie, Pierre, 99, 214, 219, 226, 240

Savoie, Richard, 172, 173, 175

Savoie, Roger, 195, 197, 198, 215, 222, 235, 242, 255, 256, 268-272, 278, 279, 281, 285, 286, 293, 296-298, 300, 302, 305

Savoie, Me Roger, 256, 275

Savoie, Roméo, 211, 232, 236

Sayard, A., 153

Séguin, Maurice, 314

Senghor, Léopold Sedar, 300

Serment d'Allégeance, 232
Sévigny, Robert, 200
Shédiac, 44
Société Historique Acadienne, 20-23, 28, 30, 32, 37, 39-48, 55, 58, 59, 63, 64, 82, 84, 87, 89, 90, 100, 105, 118, 129, 150, 154, 193, 203, 214, 311, 312
Société Historique de la Vallée du Richelieu, 93
Société Historique et Littéraire Acadienne, 39
Société Mutuelle l'Assomption, 31, 98, 101, 170
Société Nationale des Acadiens, 20-26, 28, 30, 39, 41, 42, 45, 59, 69, 82, 91, 92, 95, 96, 99-101, 110-120, 123, 125, 126, 128, 131-135, 142-146, 147, 149, 151, 153, 157-159, 164-167, 171, 176, 178, 182-186, 189, 190, 194, 196-201, 204, 205, 209-214, 225-227, 233, 240-244, 251, 255, 259, 274, 275, 287, 303, 306, 312, 313, 316, 317
Société Nationale l'Assomption, 30, 79, 93, 95-98, 122, 126, 135, 142, 165, 173, 243, 251, 303
Société Radio-Canada, 94, 97, 101, 119, 182, 197, 255, 256, 257, 275, 305, 321
Société Saint-Jean-Baptiste, 92, 159
Société Saint-Thomas d'Aquin, 104
Sormany, Dr Albert-M., 52, 66, 81, 262
Souscription pour les Oeuvres Nationales Acadiennes, 110
Steiner, Rudolph, 19

Tao (chinois), 261
Tiers-Monde, 304
Thériault, Joseph-Yvon, 303
Thériault, Léon, 294
Thériault, Paula, 303
Travail. Voir Ministère

Touraine, 10
Traité d'Utrecht, 64
Tremblay, Alain, 294
Tremblay, Marc-Adélard, 10
Trudeau, Pierre Elliott, 11, 164
Trudel, Clément, 241
Tunisie, 35, 228

Union des Provinces Maritimes, 167, 169, 302
Université de Moncton, 4, 10, 23, 25, 26, 28, 31, 33, 41, 42, 83, 87, 93, 101, 123, 126, 163, 164-166, 170, 178, 197, 249, 250, 251, 254, 256, 257, 260, 261, 264, 265, 267-269, 272-274, 276, 279, 280, 282, 286, 294, 299, 315
Université du N.-B., 279
Université Laval, 10, 14
Université Mount Allison, 160
Université Saint-Joseph, 41, 95, 154, 164
Untel, Frère. Voir Desbiens
Utrecht. Voir Traité d'

Vadeboncœur, Pierre, 200
Vérité, La, 116
Vernant, J.-P., 63
Vernex, Jean-Claude, 169, 277
Verrazano, Giovanni da, 69
Vierge, Sainte, 121, 268
Vigneault, Gilles, 207
Vietnam, 252, 260, 261
Villebon, 69
Volga, 203
Voltaire, François Marie Arouet, 191

Weber, Max, 11, 19
Westmorland, 299

Yvan (pseud.), 260

Zen-bouddhisme, 261

INDEX DES CONCEPTS

acculturation, 51, 105, 205, 241, 271
animation, 190, 191, 305, 306, 321
annexion, 254, 255, 257, 295-298, 300, 302, 303, 314, 315
assimilation, 106, 108, 140, 155, 169, 254, 277, 279, 280, 284, 285, 297, 299, 302, 303, 319, 320

bilinguisme, 103, 104, 108, 114, 163-167, 169, 220, 241, 255, 256, 276, 277, 279, 280, 282, 292, 294, 300, 320
biographie, 40, 43, 63-67, 82, 223, 288
bourgeoisie, 23, 25, 112, 179, 200, 205, 206, 216, 217, 219, 226, 249, 252, 253, 259, 260, 262, 287, 288, 292

capitalisme, 174, 175, 177-181, 243, 272, 299, 304
classe sociale, 6, 7, 11, 14, 16, 23, 40, 86, 105, 113, 121, 123, 135, 142, 179, 199, 203, 204, 206-208, 210-213, 216-218, 222-227, 229, 232-234, 238, 239, 243, 259, 260, 276, 285, 297, 321
christianisme, 71, 76, 78-81, 91, 134, 136, 153, 186, 188, 189, 191, 227, 228, 235, 238
clergé, 23, 25, 26, 41, 66, 84, 115, 131, 139-141, 146, 158, 172, 210, 211, 283
colonialisme, 238, 247, 276, 279, 282-284, 298, 302, 316
communisme, 177, 178, 186, 188-191, 261, 275
conscience (collective, historique, natio-nale, sociale), 5, 29, 92, 110, 122, 123, 142, 156, 160, 161, 203, 204, 207-209, 212, 219, 222, 227, 229, 233-235, 238, 244, 254, 263, 265, 271, 272, 278, 279, 281, 285, 287-291, 302, 303, 305, 316, 317, 320, 321
contre-idéologie, 199, 204, 219
coopérative (mouvement coopératif), 142, 173, 179, 180, 181, 186, 187, 304
crise, 28, 49-51, 55, 57, 101, 103, 108, 109, 112, 118, 128, 134, 184, 187, 188-193, 207-212, 214, 216, 222, 223, 227, 233, 272, 277, 307, 311, 313, 321
critique, 43, 61-64, 66, 70, 83, 85-88, 90, 100, 112, 115-117, 187, 196, 198, 200, 204, 207, 208, 210, 213, 215-227, 229, 231, 243, 245, 253, 255, 256, 261, 266-268, 270, 272, 273-276, 279, 298, 301, 305, 312-315
culte, 40, 55, 58, 64, 67, 89, 93, 118, 120, 129, 136, 138, 152, 216, 311, 312
culture, 4, 8, 9, 11, 13-15, 18-20, 22, 26, 32-37, et passim

démocratie, 180, 184-186, 188-191, 200, 210, 216, 217, 225, 239, 244, 278, 290, 291, 305, 306
déportation (des Acadiens), 3, 30, 51, 54, 60, 68, 69, 77, 80-82, 92, 94, 97, 102, 117-123, 151, 265, 281, 282, 283
discours, passim
domination, 278, 279, 282, 289, 298, 299, 302
droite, 200, 206, 219, 250, 252, 258, 259, 262
économie, 34, 103, 108, 125, 126, 142, 143, 168, 170-181, 183, 184, 193, 205,

206, 218, 220, 223, 230-232, 239, 242, 243, 266, 272-274, 277, 278, 279, 282, 284, 290, 299-304, 313

éducation, 57, 59, 103, 107, 114, 123, 127, 139, 142, 146, 176, 183, 197, 217, 220, 270, 274, 290

élite, 7, 22, 23, 25, 34, 39, 66, 86, 99, 101, 105, 106, 112-115, 118, 119, 121, 123, 127, 140-143, 146, 158, 161, 166, 169, 172, 176, 178, 179, 181, 184, 186, 190, 193, 196, 204-208, 210-213, 215, 216, 218-220, 225, 230, 231, 236, 239, 243, 244, 253, 255, 257, 259, 266, 267, 269, 271, 273-275, 279, 284, 287, 289, 299, 301, 305, 306, 314, 315, 320

empathie, 17

empirisme. Voir hyper-empirisme

engagement, 11, 95, 166, 183, 192, 199, 200, 201, 203, 204, 207, 212, 213, 221, 224, 226, 235, 238, 239, 250, 251, 258

épistémologie, 9, 11, 14, 15

eschatologie, 76

ethnocentrisme, 61

ethnocide, 168, 255

existentialisme, 235

fédéralisme, 161, 187, 293

gauche, 197, 199, 200, 222, 225, 249-252, 258-263, 266, 277, 283, 285, 287, 290, 304

généalogie, 43, 44, 46, 50, 63, 64, 66, 67

héros, 66, 67, 73, 78, 79, 81, 83, 122, 123, 176, 226

historiens, 4, 18, 31, 42, 45, 46, 61, 63, 66, 80, 82, 84, 88, 90

historiographie, 4, 18, 27, 28, 32, 39, 40, 45-47, 49, 53, 55-57, 59, 61, 62, 64-66, 68, 82-90, 203, 231, 256, 270, 274, 301, 312, 314

humanisme, 235, 236, 243, 251, 258, 260

hyper-empirisme, 6

identité, 3, 6, 8, 80, 123, 202, 203, 214, 220, 231, 240, 283

idéologie, 4-37 et *passim* (voir aussi contre-idéologie)

idéologues, 8, 22-26, 41, 42, 46, 60, 61, 84, 86, 89, 90, 105, 110, 116, 132, 135, 145, 152, 154, 156, 164, 174, 175, 177, 181-185, 191, 193, 194, 197, 208, 211, 221, 225-228, 231, 233, 236, 242, 244, 256, 258, 262, 263, 271, 274, 278, 280, 288, 290, 295, 297, 305, 306, 314-317, 321

imaginaire, 3, 11, 12, 15, 34, 35, 45, 48, 59, 67, 89, 95, 112, 127, 128, 132, 191, 193, 202, 217, 218, 242, 259, 283, 319, 320

indépendance, 93, 169, 189, 241, 247, 254, 256, 257, 280, 285, 286, 293, 295-298, 300-302, 314, 316, 319

individuation, 255

infrastructure, 11, 223, 229, 298 (voir aussi superstructure)

intellectuel, 22, 23, 25, 28, 39, 46, 62, 85, 89, 112, 117, 135, 158, 198, 200, 203, 205, 208, 210, 213, 214, 216, 217, 221-224, 227, 229, 231, 233-235, 240, 242-244, 256, 268, 269, 272, 291, 292, 297, 298, 314

interprétation, 5, 11, 14, 17-20, 22, 69, 85, 89, 94, 118, 123, 185, 186, 188, 249, 259, 261, 266, 268, 272, 276, 304, 311, 315, 318

invariant, 33, 101, 102

jeunesse, 100, 106-112, 146, 195, 196, 198-213, 216, 220, 222, 224-233, 236, 239-247, 249, 250, 252, 258, 262, 263, 267, 269, 273, 276, 280, 284, 294, 297, 299, 314

jeu, 33, 40, 47, 89, 90, 101, 135, 178, 184, 186, 189, 194, 202, 214, 224, 227, 258, 260, 270, 293, 294

leadership, 200, 210, 217, 225, 226, 230, 268

magie, 10, 34, 35, 60, 89, 193, 214, 270

martyr, 79, 81, 91, 93, 188, 189, 203

manichéisme, 187, 190

marxisme, 217, 271

masse, 63, 112, 122, 203, 207, 208, 210-212, 216, 217, 233, 252, 262, 263, 287-293, 305

mémoire collective, 40, 47, 54, 60, 93, 112, 118, 134, 194, 241, 271, 296, 300, 317

messianisme, 8, 118, 180, 189, 244, 292

minorité, 200, 229, 230-236, 238, 241, 277, 280, 283, 291, 292, 293, 295, 299, 303, 316, 317

mission, 34, 59, 66, 75, 81, 111, 114, 119, 130, 133, 136, 138, 142, 156, 157, 159, 162-164, 166, 180, 189, 193, 208, 210, 212, 213, 218, 230, 242, 262, 270, 311, 312

mythe, 4, 5, 24, 28, 32, 40, 48, 49, 56, 63, 64, 67, 68-77, 82-90, 94, 102, 103, 116-120, 123, 127, 130-134, 162, 165, 167, 182, 188, 191, 194, 214, 215, 217, 218, 235, 255, 270, 271, 281, 283, 300, 301, 304, 311, 312, 316, 317, 321, 322

nation, 4, 11, 16, 25, 31, 39, 41, 62, 68, 92, 97, 99, 103, 109-113, 120-124, 126, 128, 131-133, 136-138, 142, 144, 145, 147, 163, 186, 188, 204, 209, 219, 221, 227, 230, 240, 242, 290, 294, 295, 297, 299-301, 311, 312, 318, 320

nationalisme, 8, 11, 22-24, 26-31, 41, 46, 55, 117, 128, 144, 147, 150, 151, 154-169, 172, 173-177, 180-183, 190, 193, 194, 202, 206, 209, 211, 213-220, 223, 226, 231, 234, 236, 239, 240, 242, 243, 249, 254, 256, 257, 265, 267, 274, 280, 281, 292-295, 297-303, 307, 313-317

néo-nationalisme, 22, 24, 27, 29, 31, 32, 167, 200, 208, 214, 218, 221, 222, 224, 226, 228, 229, 231, 235, 236, 239-242, 244, 247, 249, 250, 254-257, 267, 268, 274, 279, 280, 286, 293-295, 297-301, 304-307, 313, 317, 320

normal, 221-224, 227, 229, 231, 252, 261, 293, 294

objectivité, 5, 9, 10, 12-14, 17, 61-63, 83, 84, 88, 207, 221, 322

parole, 4-6, 8, 16, 21, 23, 28, 34, 60, 68, 89, 124, 128, 169, 177, 193, 194, 197, 204, 205, 220, 228, 234, 257, 258, 270, 275, 320

pathologie, 221, 224, 229, 231, 233, 234

patriotisme, 34, 42, 58, 79, 96, 110, 122, 130, 132, 136, 143-147, 159, 161, 162, 173, 174, 188, 189, 196, 203, 214, 215, 218, 219, 222, 242, 262

personnalisme, 235, 315

pluralisme, 194, 202, 223, 229, 261, 311

poésie, 288, 291, 293, 294, 304, 316, 318, 320

politique, 11, 24, 103, 113, 143, 145, 151, 156, 158, 166, 168, 182-187, 189, 193, 198, 222, 224, 228, 234, 236, 239-242, 249-252, 254, 255, 257, 258, 260, 261, 266, 269, 273, 278, 279, 284, 285, 289-294, 296, 298-302, 304, 305-307, 316, 317

positivisme, 19, 33, 34

pouvoir (s), 4, 16, 19, 24, 30, 32, 71, 99, 101, 112, 115, 117, 140, 178, 180, 182, 189, 190, 205-211, 213, 217, 221, 224, 225, 232, 233, 257, 258, 262, 267, 273-275, 278, 279, 284, 289, 299, 303, 305, 306, 315

praxis, 7, 13, 14, 33, 98, 109, 118, 124, 170, 178, 184, 190, 199, 202, 208, 213, 214, 229, 242, 258, 264, 276, 288, 294, 321

prêtre, 8, 23, 71, 75, 81, 85, 93, 115, 121, 136, 139-141, 150, 191, 197, 238, 268

providence, 46, 48, 51, 75, 81, 82, 94, 119, 129, 130, 133, 134, 139, 146, 162, 181, 188, 189, 191, 209, 218, 230, 242, 283

réel (irréel), 3, 11, 12, 15, 16, 34, 35, 95, 101, 206, 208, 260

relativisme, 206, 207, 214, 223, 225

religion, 82, 106, 133, 191, 215, 218, 220, 228, 243

renaissance (acadienne), 66, 68, 69, 79-82, 91, 97, 117, 118, 120, 122, 123, 126, 127, 129, 131, 138, 141-143, 153, 155, 173, 177, 189, 203, 209, 244, 267-271, 281, 284, 296, 297, 300, 302, 316, 317, 321

restauration, 128, 129, 134, 135, 140, 141, 143, 146, 147, 150, 154, 170, 173, 176, 181, 187

rêve, 3, 34, 127, 143, 260, 266, 271, 293

révolution, 285-293, 299, 300, 304, 305, 315, 319

rhétorique, 16, 82, 95, 121, 154, 181, 189, 254, 270, 271, 276, 288, 303, 313, 316, 318

rite, 4, 8, 9, 23, 34, 40, 54, 64, 90, 93, 94, 99, 118, 128, 135, 136, 145, 151, 152, 154, 178, 181, 194, 210, 214, 215, 258, 312, 322

sacré, 35, 45, 48, 56, 57, 72, 73, 76, 87, 93, 120, 124, 128, 144, 150, 151, 167, 169, 187, 188, 191, 194, 206, 210, 214, 218, 222, 223, 229, 260, 270, 311, 312

science, 221-224, 227-233, 243, 304

sentiment historique, 54-57, 61, 62, 119, 146, 279, 300, 302

séparatisme, 157-160, 163, 219, 240, 241, 303

socialisme, 177, 178, 180, 217, 218, 261, 264, 265, 286, 300, 302-305

sociologie, 4-7, 10, 11, 15, 19, 20, 27, 34, 46, 47, 122, 204, 205, 208, 211, 222-224, 230, 231, 236, 259, 263, 266, 267, 273, 274, 277, 316, 320, 321

sociologues, 8, 9, 31, 102, 187, 197, 205, 223, 225, 233, 238

structure, 5, 12-14, 32, 39, 89, 97, 103, 106, 128, 129, 134, 140, 178, 190, 193, 204, 208, 215, 223, 241, 250, 258, 274, 291, 301, 319

style, 19, 20, 28, 33, 99, 151, 154, 161, 186, 188, 193, 215, 254, 277, 278, 312

subjectivité, 9, 20, 47, 61

survivance, 8, 94, 97, 101-103, 105, 111, 114, 125, 126, 129, 130, 134, 136, 143, 160, 171, 205, 206, 209, 241, 263, 266, 268, 272, 280, 305, 312, 319

symbole, 15, 27, 30, 34, 49, 57, 68, 97, 102, 112, 128, 138, 144, 146, 147, 167, 187, 188, 194, 199, 202, 204, 213, 214, 217, 218, 220, 224, 235, 240, 242, 243, 257, 258, 259-261, 263, 264, 266, 267, 270-272, 274, 283, 290, 297-300, 304, 314-316, 320

syncrétisme, 15, 20, 59, 89, 98, 132, 136, 162, 169, 173, 188, 194, 230, 270, 291, 304, 314

syndicat (syndicalisme), 178, 179, 234, 250, 251

théorie, 10-12, 16, 20, 30, 86, 118, 123, 135, 144, 203, 208, 212, 213, 216, 217, 220, 221, 226, 227, 239, 244, 263, 292, 294, 304, 322

tradition (s), passim

unilinguisme, 300-302

utopie, 133, 189, 202, 208, 238, 242, 281, 290, 298, 304, 313, 316

vision du monde, 13-16, 32, 33, 87, 123, 128, 131, 173, 176, 179, 184, 185, 204, 216, 218, 222, 223, 232, 235, 289, 292, 304, 312, 313, 320

TABLE DES MATIÈRES

Page

Préface de Pierre PERRAULT IX

INTRODUCTION 1
   I.   Le choix de l'objet 3
   II.   Sur l'idéologie et la méthode 11
   III. Le découpage de l'objet 20
   IV. La période considérée 29
   V.   Sur le plan 32

CHAPITRE PREMIER : LA SOCIÉTÉ HISTORIQUE ACADIENNE   37
   I.   La Société Historique Acadienne 39
   II.   De la précarité des temps présents 46
         1.   *Deux lectures de la situation* 47
         2.   *La crise de la société traditionnelle* 49
         3.   *La langue et la foi* 51
         4.   *L'ignorance ou l'oubli* 53
   III. L'écriture de l'histoire 54
         1.   *Les Acadiens et l'histoire* 55
         2.   *Une école parallèle* 57
         3.   *Le projet historiographique* 59
         4.   *La généalogie, les biographies et la petite histoire* 63
   IV. Mythique Acadie 68
         1.   *L'ancienne « Cadie » ou « Arcadie »* 69
         2.   *Une communauté harmonieuse* 70
         3.   *Une histoire paradigmatique et des ancêtres héroïques*   72
         4.   *Un christianisme primitif* 75
         5.   *Le Grand Drame* 77
         6.   *La résurrection sous le signe de la Providence* 80
   V.   Projet critique 83

CHAPITRE II : LA SOCIÉTÉ NATIONALE DES ACADIENS :
    LE PROJET DE RESTAURATION 91
  I.   La Société Nationale des Acadiens 92
  II.   De l'angoisse en Acadie 101
    1.   *De la crise culturelle à la désagrégation sociale* 103
    2.   *La crise de la nation* 109
    3.   *La critique de l'élite et la crise du pouvoir* 112
  III.   « Les Acadiens hier et aujourd'hui » 117
    1.   *Premier volet : la Déportation* 119
    2.   *Deuxième volet : la Renaissance* 120
    3.   *Troisième volet : l'Épanouissement* 123
  IV.   Le projet de restauration 128
    1.   *De la restauration des valeurs* 129
    2.   *De la restauration sociale* 135
    3.   *Du patriotisme* 143

CHAPITRE III : LA SOCIÉTÉ NATIONALE DES ACADIENS :
    LES SIGNES DU CHANGEMENT 149
  I.   « Nos plusieurs maîtres » 150
  II.   L'Acadie, le Québec et le Canada 155
    1.   *Acadie-Québec* 157
    2.   *Acadie-Canada* 161
    3.   *L'Union des Provinces Maritimes* 167
  III.   La voie du juste milieu en économie 170
    1.   *Vision traditionnelle et révision culturelle* 173
    2.   *« Pour une société saine »* 177
  IV.   La voie du juste milieu en politique 182
    1.   *« Money talks » ou le réalisme en politique* 184
    2.   *Barbarie et civilisation* 187
    3.   *De la vérité* 190

CHAPITRE IV : LE RALLIEMENT DE LA JEUNESSE
    ACADIENNE 195
  I.   Le Ralliement de la Jeunesse Acadienne 196
  II.   Le paradigme d'un discours précurseur 204
  III.   Une crise de la société globale 209
  IV.   La critique de l'idéologie nationaliste 213
  V.   Sur le normal et le pathologique 221

VI.   Pour une nouvelle intelligibilité de l'Acadie 229
VII. Le néo-nationalisme est un humanisme 235

CHAPITRE V : LE PROJET NÉO-NATIONALISTE 247
  I.   Le mouvement étudiant 249
  II.   « La gauche à l'action » 258
  III. La critique de la tradition 266
  IV.   L'homme colonisé 276
  V.   Le projet révolutionnaire 285
  VI.   Le projet néo-nationaliste 295

CONCLUSION 309
ANNEXE : Tableau chronologique : Acadie, Québec, Canada 323
BIBLIOGRAPHIE 329
INDEX DES NOMS PROPRES 337
INDEX DES CONCEPTS 345

COMPOSÉ À L'ATELIER DE
LA TRIBUNE DE LÉVIS INC.
ET
ACHEVÉ D'IMPRIMER
LE QUINZE JUIN 1975
PAR L'ÉCLAIREUR LTÉE
POUR
LES PRESSES DE L'UNIVERSITÉ LAVAL
SAINTE-FOY, QUÉBEC (10e)